Barbara Hölscher · Justine Suchanek (Hrsg.)

Wissenschaft und Hochschulbildung
im Kontext von Wirtschaft und Medien

Barbara Hölscher
Justine Suchanek (Hrsg.)

Wissenschaft und Hochschulbildung im Kontext von Wirtschaft und Medien

VS VERLAG

Bibliografische Information der Deutschen Nationalbibliothek
Die Deutsche Nationalbibliothek verzeichnet diese Publikation in der
Deutschen Nationalbibliografie; detaillierte bibliografische Daten sind im Internet über
<http://dnb.d-nb.de> abrufbar.

1. Auflage 2011

Lektorat: Frank Engelhardt / Cori Mackrodt

VS Verlag für Sozialwissenschaften ist eine Marke von Springer Fachmedien.
Springer Fachmedien ist Teil der Fachverlagsgruppe Springer Science+Business Media.
www.vs-verlag.de

Umschlaggestaltung: KünkelLopka Medienentwicklung, Heidelberg
Gedruckt auf säurefreiem und chlorfrei gebleichtem Papier
Printed in Germany

ISBN 978-3-531-15261-5

Inhalt

IV. Management der Universität

Einleitung

Barbara Hölscher und Justine Suchanek

1 Anstelle eines Vorworts

Wir danken allen, die bei der Herstellung dieses Sammelbandes mitgewirkt haben. Vor allem gilt unser herzlicher Dank den Autorinnen und Autoren für ihre Geduld und ihre verständnisvolle Ausdauer während des Entstehungsprozesses dieses Werkes.

Ebenso bedanken wir uns vielmals bei Herrn Frank Engelhardt vom VS Verlag für sein Interesse und die Geduld sowie bei Frau Cori Mackrodt für ihre umfassende Hilfe bei den Korrekturarbeiten.

Schließlich möchten wir Frau Julie Rechlin für die Unterstützung bei der Formatierung und Frau Christa Görsch für Hilfestellungen bei den Schreibarbeiten herzlich danken (beide an der Christian-Albrechts-Universität zu Kiel).

2 Worum geht es?

Seit einigen Jahren haben sich die Anforderungen an die Wissenschaft und an ihre zentralen Organisationen, die Universitäten sehr verändert. In der diesbezüglichen Debatte werden gern Schlagworte wie „Bologna-Prozess" und „Ökonomisierung der Wissenschaften und Hochschulen" verwendet. Das vorliegende Sammelwerk befasst sich mit solchen veränderten gesellschaftlichen Anforderungen an die Wissenschaft und an die Hochschulen. Vor allem geht es darum, wie die steigenden Erwartungen an Effizienz und Effektivität innerhalb des Wissenschafts- und Hochschulsystems in Informationen und strukturelle Neuerungen umgesetzt werden und wie die Hochschulen auf die neuen Funktionsanforderungen reagieren. Zugleich ist von Interesse, inwieweit die Wissenschaft den Umweg über die Medien sucht, um sich und ihren Kerninstitutionen im steigenden Wettbewerb Legitimation zu verschaffen. Dies wirft unter anderem die Frage auf, ob der medialen Selbstdarstellung von Wissenschaft und Hochschulen auf der institutionellen, programmatischen bzw. curricularen Ebene möglicherweise keine oder andere Strukturen entsprechen.

Grundlage des diagnostischen Sammelbandes ist die Hypothese über die rezente gesellschaftliche Entwicklung zu einer *Wissensgesellschaft*, wobei vor allem die neuen gesellschaftlichen Anforderungen an die Wissensproduktion und die Hochschulausbildung thematisiert werden. Hierbei ist zunächst das *Verhältnis von Wissenschaft und Wirtschaft* zu spezifizieren: Wie ist die gegenwärtig beobachtbare „Ökonomisierung des tertiären Bildungssystems" zu beschreiben? Welchen Wandlungstendenzen unterliegen die Spannungslinien zwischen Wissenschaft und Wirtschaft? Wohin mag sich die gesellschaftliche Funktion von Wissenschaft und Hochschule entwickeln? Diese und weitere Fragen stehen in je verschiedener Hinsicht bei den Beiträgen im Raum. Doch nicht nur die Forschung steht vor der Forderung nach der Kapitalisierung des Wissens, auch die Lehre sowie die Ausbildungsinhalte werden unter dem Aspekt der *Employability, der zukünftigen Beschäftigungsfähigkeit*, umstrukturiert. Die Universität bildet für ein immer breiteres Segment des Arbeitsmarktes aus und die Wirtschaft will mitbestimmen, welche Qualifikationen vermittelt werden. Mit dieser Thematik befassen sich ebenfalls einige Beiträge.

Zeitgleich ist beobachtbar, dass die Wissenschaft und die Hochschulen den Weg über die Medien wählen, um sich im Wettbewerb zu behaupten, wobei aber auch vermehrt über Hochschulen und die Notwendigkeit der in Gang gesetzten Hochschulreform berichtet wird. Zu der *Kopplung zwischen Wissenschaft sowie Hochschulen und Medien* wird in einigen Beiträgen an folgende Fragestellungen angeknüpft: Wie ist die Kopplung zwischen Hochschulen und Medien zu beschreiben? Welche Bedeutung kommt den Medien und der viel zitierten Medienkompetenz im Wissenschafts- und Hochschulsystem zu?

3   Überblick über das Werk

Im einem *Teil I* wird die *Relevanz von Wirtschaft und Medien für die Universität* beleuchtet. Der erste Beitrag geht der Frage nach, inwieweit Wirtschaft und Medien fördernd oder schwächend auf Lehre und Forschung einwirken. Dabei lässt sich in allen Bereichen der Organisation Hochschule die Übernahme von wirtschaftlichen und medialen Strukturprinzipien erkennen. Die Wirtschaft soll zur Organisationsoptimierung beitragen und die Medien sollen Forschung und Lehre instrumentell stützen. Ob die Durchdringung dieser Strukturprinzipien funktional oder dysfunktional für die Ziele der Universität sind, hängt nach Ansicht des Autors davon ab, wie autonom Universitäten bestimmen können, was sie wollen und was sie nicht wollen.

Der zweite Beitrag fokussiert die Erwartungen von Wirtschaft und Medien an die Wissenschaft; das heißt, an ihre institutionalisierten Repräsentanten, wobei insbesondere die Legitimationsstrategien thematisiert werden, mit denen die Wissenschaft auf die Ökonomisierung und Medialisierung der Gesellschaft reagiert.

Im nächsten *Themenblock II* wendet sich das Buch den *Dynamiken und Nebenfolgen der Kopplung Wissenschaft – Wirtschaft – Medien* zu. Im ersten Beitrag werden die Folgen und Rückwirkungen der Medialisierung von Wissenschaft diskutiert. Da diese immer mehr in den Sog der medialen Operationslogiken geraten, stellen sich die Fragen, wie Wissenschaft ihre Öffentlichkeiten konstruiert, die sie zur Vertrauensherstellung adressiert und wie die Öffentlichkeit Wissenschaft konstruiert. Der Autor zeichnet dabei unter Illustrationen zwei historische Entwicklungslinien nach: Zum einen wird Wissenschaft, insbesondere ihre Verfahren zur Konfliktlösung und Qualitätssicherung, die Funktionsweise ihrer Verhaltensnormen und deren Versagen sowie ihr zunehmender Wettbewerb zum Gegenstand medialer Dauerbeobachtung. Zum anderen verändert sich die unter medialer Beobachtung stehende Wissenschaft dahingehend, dass sie auf die Öffentlichkeit reagiert und sich anzupassen sucht.

Ob die Auswirkungen einer stärkeren Transferorientierung seitens der Universität zu einer „Ökonomisierung der Wissenschaft" führen, wird im folgenden Beitrag entlang der Transformation der Geisteswissenschaften zwischen 1990-2007 aufgezeigt. Eine empirische Diskursanalyse relevanter historischer Debatten, Denkschriften und aktueller Diskursformationen legt den Wandel der Selbstbeschreibungen der Geisteswissenschaften von einem klassisch-akademischen Diskurspol zu einem transakademisch-managerialen Diskursregime offen. Diese Transformation, die sich komplex, hybrid und Paradoxien verarbeitend vollzieht, ist dabei den Dynamiken eines neuen systemischen Rückkopplungsverhältnisses von Politisierung, Medialisierung und Ökonomisierung geschuldet.

Der dritte Beitrag des Teils II untersucht die Wirkungen der Universitäts-Wirtschaftsbeziehungen in Deutschland. Strittig ist, welche Auswirkungen die neue „dritte Funktion" der Hochschulen, der Wissenstransfer in die Wirtschaft, für die akademische Forschung und Lehre hat und zukünftig haben wird; und ob diese „dritte Funktion" die „Humboldtsche" Universitätsidee der Einheit von Forschung und Lehre untergräbt. Wie sich der Wissens- und Technologietransfer an Hochschulen niederschlägt, zeigen die Autoren anhand empirischer Analysen: Transferinfrastrukturen bauen vor allem auf Personenkenntnissen und persönlichen Beziehungen auf. Transferaktive Wissenschaftler haben dabei ein starkes akademisches Selbstverständnis. Ihr Ziel ist weniger eine institutionelle Reputation und Patentverwertung als vielmehr eine durch ihr eigenes Forschungsinteresse motivierte Finanzierung von Projekten. Deshalb müssen Anreize für Transfertätigkeiten der Wissenschaftler so gestaltet werden, dass Kooperationen forschungsinteressant sind.

Wie dies gelingen kann, wird im nächsten Beitrag anhand eines Modellprojekts zum Wissenstransfer für Sozial- und Wirtschaftswissenschaften exemplarisch aufgezeigt. Durch die Zentralisierung dezentraler Wissensbestände in einer allgemein zugänglichen Pädie im Internet kann nicht nur das Kommunikationsaufkommen zwischen Wissenschaft und Öffentlichkeit erhöht werden, auch können neue Anreize für Wissenstransfer gesetzt werden: Wissenschaftler können ihre öffentliche und wissenschaftsinterne Präsenz erhöhen und ihr Wissen auf einfache Art popularisieren. Darüber hinaus ermöglicht der Netzwerkcharakter des Transferprojekts auf einfache Art und Weise die persönliche Zusammenführung von Wissensanbietern und Wissensnachfragern.

Der folgende Beitrag reflektiert die Kopplung zwischen Wissenschaft und Praxis kritisch am Beispiel der soziologischen Beratung. Der Rekurs auf (sozial)wissenschaftliche Methoden und Deutungsmuster, die Autorin spricht auch von einer Ver(sozial)wissenschaftlichung, gehört zum Standardrepertoire vieler Beratungsformate wie Supervision, Coaching, Karriereberatung, Mediation und Organisationsberatung. In diesem Anwendungsprozess soziologischen Wissens in der Praxis zeigt sich ein Strukturwandel im Verhältnis von Wissenschaft und Praxis, der als neuer Modus der Wissensproduktion in der Entgrenzung von Wissenschaft und Praxis zugespitzt wird.

Der *Teil III* setzt sich mit der *Zukunft der Hochschulbildung* auseinander. Die aktuelle deutsche Hochschulreformdebatte fokussiert vor allem Organisations-, Steuerungs- und Finanzierungsfragen. Der erste Beitrag beschäftigt sich in diesem Rahmen mit den Trends der Hochschulbildung und konkretisiert zukünftige Handlungserfordernisse entlang verschiedener Spannungsfelder und komplexer gesellschaftlicher Leistungserwartungen, die insbesondere aus dem Bologna-Prozess resultieren.

Im zweiten Beitrag werden die europäischen Hochschulreformbemühungen hinsichtlich ihrer Forderungen nach „employability", das heißt, nach der professionellen Relevanz des Studiums näher betrachtet. Dieses zentrale Thema der Sorbonne- und Bologna-Erklärungen erfordert hochschulische Maßnahmen zur Erleichterung des Übergangs in das Erwerbsleben und zur Sicherung des beruflichen Erfolgs der Absolventen. Allerdings betont der Autor, dass dieser Prozess keineswegs als eine instrumentelle Subsumption der Hochschulen unter ökonomische Prozesse verstanden werden darf. Vielmehr sind Hochschulen gefordert, gleichzeitig zu professioneller Relevanz und zu gesellschaftlichen Erfordernissen, einen Beitrag zur wissensgesellschaftlichen Entwicklung beizutragen.

Der anschließende Beitrag befasst sich mit den Fragen, inwiefern Medienkompetenz, unter heutigen Bedingungen der Hochschulreformierung, ein Fundament für „employability" darstellt und inwiefern Medienkompetenz zudem als eine Basis für die professionelle „Kompetenzdarstellung" im Wissenschafts- und Hochschulbetrieb anzusehen ist. Die Autorinnen kommen zu dem Schluss, dass Medienkompetenz in der heutigen Zeit sowohl für Hochschullehrende wie für Studierende ein zentrales Fundament für Employability wie auch für die berufliche Kompetenzdarstellung zu sein scheint. Denn in der diagnostizierten Wissensgesellschaft ist Medienkompetenz als eine zentrale Basis für die organisationale ebenso wie für die individuelle berufliche Selbstinszenierung anzusehen.

Im folgenden Beitrag bestätigen sich diese Überlegungen empirisch. Untersucht man zum Beispiel die Professionalisierungsanforderungen von Wirtschaftsunternehmen in Stelleninseraten, so kann der Trend beobachtet werden, dass solche Professionalitätsprofile nachgefragt werden, die wie eine Art Portfoliopaket geschnürt werden. Zu den Wissenstypen, die im Zusammenhang mit der gesellschaftlichen Entwicklung zu einer Wissensgesellschaft interpretiert werden können – denn gerade von Hochschulabsolventen wird ein wesentlicher Beitrag zur Innovationsfähigkeit von Unternehmen erwartet –, treten neoliberalistische Forderungen nach Persönlichkeitsbildung und Kernkompetenzen für Change-Management-Prozesse.

Im Bologna-Prozess werden des Weiteren neue Anforderungen an die Internationalisierungsstrategien von Hochschulen formuliert. In der europäischen Bildungslandschaft soll die Mobilität von Wissenschaftlern ebenso wie von Studierenden unter anderem auch mit Blick auf „employability" gefördert werden. Der vorliegende Beitrag betrachtet in der sozialwissenschaftlichen Forschung bisher vernachlässigte Inhalte und Probleme der studentischen Mobilität empirisch.

Im Zuge der akademischen Professionalisierung mit der gegenwärtig erwarteten Herausbildung von „Kernkompetenzen" geht auch die Erwartung einher, Lehr-Lern-Prozesse stärker medial einzubinden, um so den Erfordernissen einer Wissensgesellschaft besser entgegentreten zu können. E-Learning spielt in der universitären Lehre eine immer größere Rolle, allerdings ohne dass nach der Sinnhaftigkeit und Effizienz des Einsatzes neuer Medien gefragt wird. Im abschließende Beitrag des Teils III wird exemplarisch anhand der Lehre in den Wirtschaftswissenschaften untersucht, inwieweit der Einsatz neuer Medien Qualitätsverbesserungen nach sich zieht oder auch nur nach sich ziehen kann.

Im *Themenblock IV* wird auf die *Notwendigkeit eines neuen Managements an Hochschulen* eingegangen, das den veränderten Anforderungen an Hochschulen, die dem Bologna-Prozess geschuldet sind, gerecht wird. Hierfür bieten sich zwei Steuerungsmodelle an, zum einen die Kontextsteuerung und zum anderen die interne Selbststeuerung. Im ersten Beitrag wird diskutiert, inwiefern es im Rahmen der Hochschulreformen sinnvoll sein könnte, Change Management-Prozesse an Hochschulen durch ein Organisations-Coaching zu begleiten. Dabei gilt es zunächst, den Ursachen der relativen Reformresistenz, die häufig den Hochschulen unterstellt wird, nachzugehen. Denn erst auf dieser Folie können Prozesse eines Change Management an Hochschulen und ein mögliches Hochschul-Coaching sinnvoll diskutiert werden.

Der abschließende Beitrag sieht enorme Potentiale von Effektivität und Effizienz in der hochschulinternen Prozessoptimierung und stellt ein Instrument vor, mit Hilfe dessen sich Hochschulabläufe, angefangen bei den Führungsprozessen bis hin zu den Supportprozessen, optimieren lassen. Mit einem aktiven Prozessvergleich zu einem Referenzmodell könnten Hochschulen ihre Selbstbeobachtung systematisieren und ihr Selbststeuerungspotential deutlich erhöhen.

I. Relevanz von Wirtschaft und Medien für die Universität

Mögliche Funktionen von Wirtschaft und Medien für die Universität

Günter Endruweit

1 Einleitung

Wenn Soziologen von Funktionen, früher zur besseren Unterscheidung manchmal auch Eufunktionen genannt (Theodorson/Achilles 1969: 136; Marshall 1994: 161), reden, dann meinen sie damit meistens, entsprechend einer ihrer wichtigeren Theorien, solche beobachteten Folgen einer Ursache, die die Anpassung oder Angleichung eines bestimmten Systems fördern. Dabei denken sie zugleich auch an Dysfunktionen, unter denen sie solche beobachteten Folgen verstehen, die die Anpassung oder Angleichung eines bestimmten Systems schwächen (Merton 1967: 51). Anpassung und Angleichung sind dabei Faktoren der Stabilität oder gar des Überlebens eines sozialen Systems. Bei manchen Systemen, etwa einer Gesellschaft, mag Fördern oder Schwächen nicht einfach feststellbar sein, weil das System keine eindeutige oder unumstrittene Zieldefinition hat; selbst wenn es bei dem Ziel um das Überleben des Systems geht, ist die positive oder negative Wirkung nicht immer zweifelsfrei.

Bei einem System, das eine Organisation ist, ist der Fall vergleichsweise einfach. Eine Organisation ist nämlich ein soziales System mit überdurchschnittlich spezifizierter Zielbestimmung (Endruweit 2004: 23). Die Universität ist eine solche Organisation, und ihre Ziele sind i. d. R. „Lehre und Forschung"[1], wie sie das Landeshochschulgesetz für Schleswig-Holstein definiert – und in anderen Bundesländern ist es ebenso. In den Gesetzen werden sie meistens als Aufgaben bezeichnet, und dann werden zusätzlich öfter Weiterbildung und Selbstverwaltung genannt. Die erste ist aber nur ein Unterfall der Lehre, und die zweite ist eine Hilfsaufgabe für Lehre und Forschung oder ein Instrument zur Durchführung von Lehre und Forschung. Denn diese beiden sind nach Art. 5 III GG „frei". Je freier eine Tätigkeit sein soll, desto mehr muss sie in Selbstverwaltung ausgeübt werden.

---

1   § 2 I des Hochschulgesetzes (HSG) für Schleswig-Holstein vom 4. Mai 2000 (GVOBl. 2000, S. 416) i. d. F. vom 10. Dez. 2004 (GVOBl. 2004, S. 477). Es heißt dort, die Hochschulen dienten „der Pflege und der Entwicklung der Wissenschaften und der Künste durch Forschung, Lehre, Studium und Weiterbildung ... ." Danach wären Forschung und Lehre nur Instrumente, und nur als solche wären sie nach Art. 5 GG frei, nicht aber die „eigentlichen" Ziele der „Pflege und Entwicklung der Wissenschaften", die der Staat dann gängeln könnte. Solch eine pfiffige Umgehung der Verfassung hätte vor dem Bundesverfassungsgericht keinen Bestand; dann sollte man sie lieber gleich lassen. Das schleswig-holsteinische Gesetz wird hier als Beispiel für die auch in anderen Bundesländern ähnlich festzustellende Tendenz zitiert (vgl. zu Baden-Württemberg und Nordrhein-Westfalen die Angaben bei Neumann 2000: 15).

In diesem Beitrag soll überlegt werden, in welcher Weise Wirtschaft und Medien fördernd oder schwächend auf Lehre und Forschung an Universitäten wirken können. Das sind hier natürlich nur Annahmen. Je weniger die Annahmen plausibel sind, desto mehr bedürfen sie der empirischen Überprüfung, um als wissenschaftlich anerkannt werden zu können. Das kann hier nicht geleistet werden, sollte aber angesichts der Wichtigkeit nicht aus dem Auge verloren werden.

Es geht hier nur um die Wirkung von Wirtschaft und Medien auf die Universität. Interessant wäre auch die Betrachtung der umgekehrten Wirkungsrichtung. Die ist aber so schwierig festzustellen, dass man ein Forschungsprojekt bräuchte, das in einem Aufsatz erst recht nicht dargestellt werden kann. Vielleicht interessiert das einmal die HRK (Hochschulrektorenkonferenz) oder die KMK (Kultusministerkonferenz)? Es müsste in der Hochschulpolitik um mehr gehen als lediglich um die Bewältigung „des cohortes toujours plus nombreuses de jeunes gents médiocrement doués et faiblement motivés" (Coenen-Huther 2000: 94).

2 Wirtschaft und Universität

Der Rektor des Imperial College in London, Sir Richard Sykes, sagte: „In Deutschland kann jeder zur Uni gehen. Es gibt zu viele Studenten, enorme Aussteigerquoten, und die Studiendauer ist schrecklich lang."(zit. nach Handelsblatt vom 18.04.2006) Stellen wir uns vor, über die Fabriken einer Branche würde gesagt: „Es gibt keine Qualitätskontrolle bei der Anlieferung von Halbzeug, enorme Ausschussproduktion, und die Fertigungszeit ist schrecklich lang." Was würde der Vorstand dann tun? Wenn ihm beim Blick in die Bilanz ganz rot vor den Augen würde und keine realistische Chance bestünde, dass sich das im nächsten Quartal ändert, würde er Insolvenz anmelden. Können die Universität und die Bildungspolitik überhaupt von der Wirtschaft vor allem lernen, dass man defizitäre Klitschen schließen muss?

Es sind vorrangig drei Bereiche, für die derzeit eine Beteiligung der Wirtschaft an den Universitäten diskutiert wird: Finanzierung, Ausbildung und Leitung.

2.1 Finanzierungsverbreiterung

Eine große Hoffnung in der Politik, aber auch in manchen Hochschulbereichen, ist eine nicht nur indirekte Finanzierung der Universitäten durch die Wirtschaft über die Steuern, auf deren Verteilung sie ja doch kaum Einfluss hat, sondern durch direkte Zuwendungen der Wirtschaft an die Universitäten. So erklärte Hans-Robert Metelmann, Bildungsminister in Mecklenburg-Vorpommern, die staatlichen Mittel für die Hochschulen könnten nicht erhöht werden und „die Universitäten müssen auf andere Quellen setzen – auf Mäzene, Sponsoren, Industriekooperationen und Spenden ihrer Alumni"(zit. nach Die Zeit vom 17.11.2005: 48), im Wesentlichen also auf Direktzuwendungen der Wirtschaft. Die Wirtschaft scheint die Erwartungen zu ahnen. So kündigte die „Wirtschaftswoche" im Mai 2006 eine Jahrestagung am 18. und 19. September an zu dem Thema „Unternehmen Hochschule:

Finanzierung heute und morgen". Die sechs Hauptthemenblöcke begannen ganz klassisch mit „Gewährleistung finanzieller Mittel durch Bund und Länder", gingen weiter über „Studiengebühren" und „Wirtschaftliche Eigenständigkeit" sowie zwei weitere Punkte, um erst im sechsten und letzten Bereich ganz verschämt auf Eigenleistungen über „Nationale und internationale Gelder aus Netzwerken zwischen Industrie, Mittelstand und Hochschulen" zu kommen (Einladungsschreiben der Zeitung vom 24.05.2006). „Vertreter von Hochschulen und der öffentlichen Hand" genossen gegenüber der allgemeinen Tagungsgebühr von 1.799 Euro „einen Sonderpreis von 449 Euro zzgl. MwSt. p. P."

Seit auch die Universitätsangehörigen größtenteils nur im Hier und Heute leben, wissen sie kaum noch, dass der Wechsel des finanziellen Trägers keine Katastrophe ist, sondern eher alte Universitätstradition:

> „Anfangs hatten sich die Hochschulen finanziell durch die Gebühren der Studenten allein tragen können, die grundsätzlich der Besoldung der Professoren dienten. Zwischen dem 13. und 14. Jahrhundert ermöglichten vor allem die Zuwendungen der Päpste die Bezahlung der Universitätsprofessoren.... Auch waren zahlreiche Kollegien... durch Vermächtnisse und Stiftungen bedeutender Persönlichkeiten gegründet worden. Die ökonomische Krise führte jetzt zu einem teilweise abrupten Versiegen dieser Quellen, und die Universitäten sahen sich finanziell immer ausschließlicher auf feudale Unterstützung oder auf Mäzene angewiesen, ..." (Cardini/Beonio-Brocchieri 1991: 160).[2]

Nachdem nun auch die demokratischen Nachfolger der feudalen Gewalten fast insolvent sind und deshalb Studiengebühren auch bald im letzten Bundesland eingeführt sein werden[3], sind wir zu einem guten Teil wieder im 13. Jahrhundert angelangt und können den Kreis von Neuem beginnen. Übrigens wird für die Inflationszeit 1922/23 viel dramatischer als heute gesagt: „Ständig neu erlassene Sparmaßnahmen brachten die Universitäten nicht selten an den Rand ihrer Existenz" (Müller 1990: 91).

Aber vielleicht könnte nun die Wirtschaft helfen. Schließlich hat sie jetzt eine weit größere Finanzkraft als die öffentlichen Haushalte und dies trotz der vorangegangenen Finanzkrise im Jahre 2009.

Leider gibt es keine Vorbilder in den USA, auf die man sich unter Ausschluss jeglicher Übertragbarkeitsprüfung berufen könnte. Da selbst die Colgate University in Hamilton, NY, nicht von Zahnpasta lebt, blieben nur solche Einrichtungen wie das General Motors Institute in Flint, MI, und das College of Insurance in New York, die zwar hohe Eintrittsvoraussetzungen haben, aber einen ziemlich engen geistigen Horizont, so dass sie nicht als Vorbild für eine Universität taugen.

Ähnlich wie in Flint und New York investiert die deutsche Wirtschaft durch von ihr unterhaltene Hochschulen, sofern nicht Staat und/oder Studierende kräftig subventionieren, so gut wie ausschließlich in den billigen Nachwuchs an Betriebswirten. Die wesentlich

---

2   So wurden Kleriker, die von ihren Amtspflichten unter Belassung ihrer Pfründe befreit waren, als Lehrkräfte auch für nichttheologische Fächer eingestellt. Später waren appropriierte Landgüter (so noch bei Gründung der Universität Berlin) oder säkularisierte Klostergüter wesentliche Geldquellen (Müller 1990: 24/25).

3   Im Juli 2006 sah die Lage folgendermaßen aus: Studiengebühren von 500 Euro pro Semester (mit verschiedenen Ausnahmen) haben beschlossen Baden-Württemberg (zum SS 2007), Bayern (SS 2007), Hamburg (SS 2007), Hessen (WS 2007/08), Niedersachsen (WS 2006/07), Nordrhein-Westfalen (WS 2006/07; jede Hochschule entscheidet über die Höhe bis max. 500 Euro) und Saarland (WS 2007/08). Die anderen Bundesländer werden nach der Sommerpause entscheiden (Frankfurter Rundschau vom 25.07.2006: 24) bzw. haben nunmehr in der bekannten Weise entschieden.

teureren Ingenieure lässt sie sich kühl kalkulierend lieber gratis vom Staat liefern. Ließe sich vielleicht die Hochschulfinanzierung durch ein Modell von „Auslagenerstattung" durch die Nutznießer der staatlichen Investitionen in Bildung verbessern?

In einer Hinsicht aber könnten die USA durchaus Vorbild für die deutsche Wirtschaft sein. Dort ist es weit verbreitet, dass ein Unternehmen oder eine reiche Familie oder Einzelperson einer Universität eine Bibliothek, ein Institutsgebäude oder einen Hörsaal spendet, über der bzw. dem dann nach bewährter Sponsorenart in goldenen Lettern der Name des Spenders angebracht wird. Möglicherweise ist das deutsche Spenden- und Stiftungsrecht vergleichsweise mangelhaft oder auch der Gemeinsinn der Wirtschaft oder der Wirtschafter. Sie beschränken sich in Deutschland eher auf die Mitgliedschaft in Fördervereinen, entweder für die ganze Universität oder auch wieder nur für die Betriebswirtschaftslehre oder die Technik; schon die Volkswirtschaftslehre geht meist leer aus, und die Förderung der Kunstgeschichte obliegt vornehmlich den Oberstudienratswitwen.

Alteingeführt ist dagegen die Erteilung von Forschungsaufträgen an ein Institut oder einen Professor, vor allem im naturwissenschaftlich-technischen Bereich. Hier wird Forschung von der Wirtschaft voll finanziert, Forschung, die es sonst meist gar nicht gäbe. Häufig wird sie auch mit Studium verbunden, wenn etwa ein Studierender oder eine Studierende im letzten Semester an einem Forschungs- oder Entwicklungsprojekt für ein Unternehmen praktisch arbeiten und zugleich darüber seine oder ihre Diplomarbeit oder heute auch Bachelor- oder Masterarbeit anfertigen kann, wodurch die Lehre besser mit der Berufswelt verbunden wird. Ähnlich, aber keineswegs gleich ist die Kooperation von Wirtschaft und Universität im Rahmen von staatlichen Förderprogrammen.[4] Sie arbeiten zusammen wie im vorher erwähnten Fall der Forschungsaufträge an ein Institut, lassen sich aber einen erheblichen Teil der Kosten aus Steuermitteln bezahlen. Diesen „Förderverbünden" wird manchmal der Vorwurf gemacht, die staatlichen Subventionen hätten lediglich einen Mitnahmeeffekt, sie würden sowieso vorgesehene Forschungskooperationen für die Wirtschaft nur verbilligen und so staatliche Mittel aus Gebieten abziehen, die für die Wirtschaft nicht von Interesse seien.

Die Funktion der Finanzierungsverbreiterung hat die Finanzierung von Universitätsaktivitäten durch die Wirtschaft aber nur dann, wenn der Staat nicht seine eigene Finanzierung in entsprechendem Maße verringert. Dann ginge es nur um eine „Umschulterung" der Kostenlast. Diese wäre aber dysfunktional, weil die Wirtschaft, da die Hochschulfinanzierung nun einmal nicht zu ihren genuinen Aufgaben gehört, nicht zu einer so stetigen Finanzierung verpflichtet ist wie der Staat.[5] Deshalb kann man der Universität mit gutem Gewis-

---

4   In Schleswig-Holstein gibt es z. Zt. die Programme „Betriebliche Innovationen", „Hochschule, Wissenschaft, Transfer", „Forschung, Entwicklung, Technologietransfer" und das Teilprogramm „Wissenschaft + Wirtschaft" (statt „+" muss es „und" heißen) innerhalb des Programms „e-region". Daneben gibt es noch Bundesprogramme (Ministerium für Wissenschaft. Wirtschaft und Verkehr 2006: 7-9).

5   Deshalb sind auch sog. Stiftungsprofessuren auf längere Sicht dysfunktional. Sie sind von der Wirtschaft gestiftete Lehrstühle (Personal- und Sachmittel von etwa 150.000 Euro pro Jahr) für einen zumeist im recht speziellen Interesse der Stifterin liegenden Wissenschaftsbereich. Da die Stiftung aber als Anstoß gedacht ist und vereinbart wird, dass nach etwa fünf Jahren die Universität die weiteren Kosten übernimmt, ist, jedenfalls bei stationären Etats wie zur Zeit, nach fünf Jahren die Opferung einer dann gerade frei werdenden Professur fällig, die nicht im Interesse der Stifterin liegt.

sen eigentlich nur wünschen, dass sie auf finanzielle Dienstleistungen der Wirtschaft nie vertraue.

Leistungen der Wirtschaft an die Universität seien allesamt dysfunktional, behaupteten manche in der Hochzeit der Kapitalismuskritik; sie machten die Universitäten einseitig abhängig von der Wirtschaft, machten sie geradezu zu einem Instrument der Wirtschaft und nähmen ihr die gesamtgesellschaftliche Funktion, indem sie ihr den Wahrheitsauftrag nähmen. Das ist bei allgemeinen Spenden, aber auch bei der Finanzierung eines Hörsaalgebäudes oder einer Bibliothek schwer vorstellbar; denn deren Nutzung wird ausnahmslos von den Universitätsgremien bestimmt. Aber bei der Erteilung von Forschungsaufträgen ist es eine pure Selbstverständlichkeit, dass sie im Interesse des Auftraggebers erfolgt. Da für die Universität kein Zwang zum Abschluss eines Vertrages besteht, hängt es einzig und allein von ihr ab, ob die Freiheit von Forschung und Lehre durch solche Aufträge beeinträchtigt wird. Wenn einzelne Professoren sich aus finanzieller Unersättlichkeit oder fachlicher Engstirnigkeit zu sehr in die Abhängigkeit von Wirtschaftsforschungsmitteln begeben, sind sie charakterlich für ihr Amt ungeeignet, obwohl sie sich noch verlogenerweise hinter Art. 5 III GG verstecken können. Leider reicht dieser Mangel dienstrechtlich nicht aus, um sie dorthin zurückzuschicken, wo sie hergekommen sind. Allerdings würde die Macht der vorhandenen Instanzen ausreichen, um Missbrauch der Forschungsfreiheit zu verhindern, wenn diese Macht denn verantwortungsbewusst benützt würde.

2.2 Organisationsoptimierung

Der Weg der deutschen Universität von einer Anstalt zu einer Körperschaft des öffentlichen Rechts war lange ein Balancieren zwischen Staats- und Selbstverwaltung. Sogar wenn es um die „Beförderung der vaterländischen Industrie" ging, wie die Bekanntmachung über die Vereinigte Real- und Gewerbe-Schule in Stuttgart sagte, die dann über Polytechnische Schule, Polytechnikum und Technische Hochschule zur Universität wurde (Voigt 1979: 13), war von Mitwirkung der Wirtschaft nicht die Rede. Erst neuerdings ist sie über ein in Schleswig-Holstein „Hochschulbeirat"[6] genanntes Gremium vorgesehen. Im z. Zt. geltenden schleswig-holsteinischen Hochschulgesetz aus dem Jahr 2000 heißt es u. a.:

> „Die Hochschule bildet zur Verbindung mit der Arbeits- und Berufswelt und den regionalen Verwaltungsträgern einen Beirat. Der Beirat berät die Hochschule bei der Umsetzung wissenschaftlicher Erkenntnisse in die Gesellschaft und der Einbeziehung von Gegenwartsfragen in Lehre und Forschung…" (§ 19a HSG des schleswig-holsteinischen Hochschulgesetzes).[7]

Dementsprechend wurde das Gremium besetzt mit einem Geschäftsführenden Gesellschafter eines Industrieunternehmens, einem hohen Gewerkschaftsfunktionär, einem Oberbürgermeister, einem Chefredakteur und einer Verlegerin.[8]

---

6   In den anderen Ländern überwiegend Hochschulrat, aber auch Kuratorium, Universitätsrat, in Baden-Württemberg gar Aufsichtsrat genannt.

7   Die A-Nummer des Paragrafen lässt vermuten, dass er ziemlich spät im Gesetzgebungsverfahren hinzukam.

8   Siehe das Personal- und Vorlesungsverzeichnis der Christian-Albrechts-Universität zu Kiel, z. B. Wintersemester 2002/03: 10.

In dem Entwurf eines neuen Hochschulgesetzes aus dem Ministerium für Wissenschaft und Wirtschaft wird der Hochschulbeirat zum Hochschulrat und zu einem der drei Organe der Universität und hat u. a. die Aufgaben:

> „Wahl und Abwahl der Präsidentin oder des Präsidenten, Entscheidung bei Anrufung durch die Kanzlerin oder den Kanzler ... [bei Widerspruch des Kanzlers gegen einen Beschluss des Präsidiums; G.E.], Genehmigung der Satzung über Qualitätssicherung ... und der Satzungen in Selbstverwaltungsangelegenheiten ..., Beschlussfassung über den Haushaltsplan sowie über die Struktur- und Entwicklungsplanung der Hochschule, Beschlussfassung über die Grundsätze für die Verteilung der Finanz- und Sachmittel sowie der Personalausstattung ..."; seine fünf ehrenamtlichen Mitglieder müssen „mit dem Hochschulwesen vertraute Persönlichkeiten aus Wissenschaft, Wirtschaft, Kultur und Politik aus dem In- und Ausland" sein (§ 19 des Entwurfs einer Neufassung des HSG, Stand 05.04.2006).[9]

Nach der Begründung des Gesetzentwurfes soll der Hochschulrat „als Gremium der Externen einen Kontrapunkt zu dem ausschließlich mit Mitgliedern der Hochschule besetzten Senat" bilden. Für die drei Universitäten des Landes Schleswig-Holstein soll ein gemeinsamer Hochschulrat gebildet werden (§ 20 des Entwurfs), der ein „gemeinsames Aufsichtsgremium" darstellen soll (vgl. Begründung des Entwurfs). Angesichts der Kritik, vor allem aus den Hochschulen, hat das Kabinett am 04.07.2006 den Entwurf so geändert, dass der Präsident vom Senat gewählt und die abschließenden Beschlüsse über den Haushalt ebenfalls vom Senat gefasst werden (vgl. Kieler Nachrichten vom 05.07.2006: 13).

Wie auch immer dieses Gesetzgebungsverfahren weitergehen, reformiert und später weiter reformiert werden mag, die Tendenz in Bezug auf die Wirtschaft bleibt die gleiche: Die Wirtschaft soll helfen, die Organisation der Universität zu optimieren. Dazu sollen Vertreter der Wirtschaft einige bisher vom Staat erledigte Lenkungsfunktionen übernehmen. Von der noch richtungslosen „Verbindung mit der Arbeits- und Berufswelt" im geltenden Gesetz geht es im Entwurf des neuen Gesetzes zu ganz konkretem und (mit-) entscheidendem Einfluss bei Personal- und Haushaltsentscheidungen. Dabei ist es keineswegs so, dass der Staat bisher alles schlecht machte; er konnte sogar ungemein schnell handeln.[10] Es ist auch nicht so, dass man von der Wirtschaft immer bessere Organisationserfolge erwarten könnte; die von führenden Wirtschaftlern mit gestalteten Hartz-Reformen in der Arbeitsverwaltung haben gezeigt, dass betrieblich sehr erfolgreiche Ökonomen bei den komplexeren Verhältnissen der öffentlichen Verwaltung überfordert sein können. Es mag sogar sein, dass diese Richtung nur eingeschlagen wurde, damit Politiker und Verwalter einen großen Teil der undankbaren Bildungspolitik loswerden – die Funktion der Wirtschaft als Ersatzstaat ist deutlich.

Denkbar wäre natürlich, dass man diese Funktionen in die Eigenverantwortung der Universität gäbe; schließlich ist „mehr Autonomie für die Hochschule" derzeit ein allgegenwärtiges Schlagwort der Bildungspolitiker. Glücklicherweise haben sie es nicht gemacht. Denn dabei wäre vermutlich keine laufende Reform in dem Sinne herausgekommen,

---

9 Zur Geschichte der Neufassung vgl. Carstensen/Kayenburg/Jager 2004.
10 Vgl. die beiden Daten in diesem Schreiben: „Aus Ihrem Bericht vom 4. Juni d. Js. habe Ich ersehen, dass die Zuwendungen zu Gunsten einer Universität in Frankfurt a/M. die Möglichkeit geben, sie aus eigenen Mitteln zu unterhalten. Da auch im Übrigen die Vorbereitungen soweit gediehen sind, dass im Winterhalbjahr 1914/15 mit dem Unterricht begonnen werden kann, will Ich nunmehr die Universität Frankfurt a/M. hierdurch in Gnaden errichten .... Neues Palais, den 10. Juni 1914, gez. Wilhelm" (zit. nach Müller 1990: 93).

dass bei der Organisation der Universitätsausbildung das Verhältnis von Aufwand und Ertrag eine größere Berücksichtigung fände als bisher. Man kann das sehr positiv noch damit begründen, dass „the best professors see their work as a ‚calling' – something to which they are committed by intellectual interest – not just a job" (Altbach 2004). Demnach hätten die besten Professoren kaum Interesse für die Selbstverwaltung; aber dann könnten ja vielleicht die schlechteren diesen Job machen. Allerdings gibt es bei allen Professoren keinen Anlass zu der Vermutung, dass sie Universitätsentscheidungen grundsätzlich nicht im Interesse ihres Fachs träfen, sondern im gesamtgesellschaftlichen Interesse, das zu einem guten Teil eben auch ein wirtschaftliches (nicht automatisch auch: der Wirtschaft) ist.

Hier setzt die Kritik dieser Entwicklung an, die behauptet, die Organisation der Universität auch nur ein bisschen nach wirtschaftlichen Kriterien sei dysfunktional. Bildung sei nun einmal kein Wirtschaftsgut wie Filzpantoffeln oder Schmelzkäse, sondern etwas ganz Besonderes im geistigen Sinne, und im rechtlichen Sinne sei es gar ein „Bürgerrecht", wie der Soziologe und zeitweilige Politiker Ralf Dahrendorf einst propagierte (vgl. Dahrendorf 2002: 117). Ob das stimmt, mag dahingestellt bleiben. Jedenfalls ist sicher, dass eine Universität, die wesentlich durch Kosten-Nutzen-Denken, durch Aufwands- und Ertragsrechnung, durch Kostenstellen- oder gar Profit-Center-Strukturen bestimmt ist, keine Universität im Sinne Wilhelm von Humboldts ist, der über sein Modell, das lange Vorbild für einen großen Teil der Welt war, u. a. das Folgende sagte:

> „Da diese Anstalten ihren Zweck indes nur erreichen können, wenn jede, soviel als immer möglich, der reinen Idee der Wissenschaft gegenübersteht, so sind Einsamkeit und Freiheit die in ihrem Kreise vorwaltenden Prinzipien. Da aber auch das geistige Wirken in der Menschheit nur als Zusammenwirken gedeiht, und zwar nicht bloß, damit einer ersetze, was dem anderen mangelt, sondern damit die gelingende Tätigkeit des einen den anderen begeistere und allen die allgemeine, ursprüngliche, in den Einzelnen nur einzeln oder abgeleitet hervorstrahlende Kraft sichtbar werde, so muss die innere Organisation dieser Anstalten ein ununterbrochenes, sich immer selbst wieder belebendes, aber ungezwungenes und absichtsloses Zusammenwirken hervorbringen und unterhalten." (Humboldt 1957: 126)

Obwohl der alte Humboldt hier über den damals noch gar nicht bekannten Begriff der Synergie mehr sagt als den jungen Unternehmensberatern, die ihn ständig im Munde führen, jemals einfallen könnte und obwohl man davon bei den letzten Reformen Vieles hätte bewahren oder wieder einführen können (Endruweit 2002: 13-15, 57-63), spielen Humboldts Gedanken heute, außer in Festreden, keine Rolle mehr in der deutschen Universität.[11] Eine Universität, die sich so weit von Humboldt entfernt hat, kann nicht mehr verlangen, „in Einsamkeit und Freiheit", also mit voller Autonomie und Selbstorganisation zu wirken, sondern sie muss sich den üblichen Effizienzkriterien unterordnen, wenn sie nicht jeden Anspruch auf staatliche Förderung verlieren will.

Deshalb ist der Einwand, wirtschaftliche Entscheidungskriterien seien in der Universität dysfunktional (referiert bei Tenorth 2005), von vornherein verfehlt. Es ist aber nicht verfehlt, die Reformvorschläge nach wirtschaftlichen Kriterien zu beurteilen. Wenn der

---

11   Ähnlich Bundesbildungsministerin Annette Schavan in Frankfurter Rundschau vom 25.07.2006: 24. Das entspricht der Tendenz in den USA: „Today, there seems to be a shift in what society seeks from the university. Students and parents increasingly favor professional degree programs that will help students get a first job, rather than the liberal education that is capable of enriching their lives" (Duderstadt 1999: 6).

Hochschulrat ungefähr so wirken soll wie der Aufsichtsrat einer Aktiengesellschaft, dann wird er das ohne Hinzutreten weiterer Umstände nur dann tun, wenn er auch so arbeiten kann wie ein Aufsichtsrat. Das ist aber nicht der Fall. Denn seine Mitglieder, die von ihren eigenen Entscheidungen überhaupt nicht berührt werden, arbeiten vier Jahre vollkommen ehrenamtlich (vgl. § 19 III des Entwurfs). Vor allem aber: „Sie dürfen entscheiden, ohne zu haften" (Neumann 2000: 15). Gerade wenn man dafür Spitzenleute haben möchte, ist zu bezweifeln, dass ihr Arbeitseinsatz mehrfach im Jahr dem einmaligen Aufwand des Mitglieds einer Berufungskommission einer Fakultät gleichkommt. Man müsste wohl doch das durchaus sinnvolle Ziel von nicht mehr Wirtschafts-, aber mehr Wirtschaftlichkeitsorientierung in der Organisation der Universität auf anderem Wege zu erreichen versuchen.

Die Bestrebungen, vom traditionellen Rektoratssystem auf das Präsidialsystem umzustellen, ist eindeutig ein Versuch, der Wirtschaft mehr direkten Einfluss auf die Universität zu geben. Rektor kann nur ein Professor werden, Präsident aber jede geeignete Person, auch von außerhalb der Universität. Dabei wird vor allem an Personen mit Führungserfahrungen aus der Wirtschaft, gelegentlich auch der öffentlichen Verwaltung, gedacht. Die bisher mit diesem Modell gemachten Erfahrungen brachten kaum ganz überzeugend bessere Ergebnisse, teils weil die Universität im Übrigen blieb, was sie war, teils weil die Professoren manchen Ansatz eines Präsidenten ins Leere laufen ließen, aber wohl auch, weil das System einer Unternehmenssteuerung auf eine Universität nicht übertragbar ist, ohne dass auch erheblicher Schaden entsteht.

2.3 Ausbildungsmodernisierung

Während bei den bisher besprochenen Funktionen Vertreter der Wirtschaft schon vielfach aktiv beteiligt sind, haben sie von ihrer großflächigen Beteiligung an der Ausbildungsmodernisierung erst aus der Zeitung erfahren, als 29 europäische Bildungsminister 1999 in Bologna vereinbarten, überall Bachelor- und Masterstudiengänge einzuführen, um die Hochschulabsolventen durch internationale Vergleichbarkeit der Abschlüsse für den weltweiten Arbeitsmarkt einheitlicher und dazu auch praxisnäher vorzubereiten (vgl. auch FondsMagazin, Februar 2006: 38). Allerdings hatte der Bundesverband der Deutschen Industrie im Juni 1997 in seinen Leitsätzen der deutschen Wirtschaft für eine Reform des staatlichen Hochschulwesens schon gefordert:

> „Die deutschen Hochschulen brauchen ein neues Selbstverständnis. Nicht der staatliche Bildungsauftrag, sondern die Orientierung an Kundenwünschen – von Gesellschaft, Studierenden und Unternehmen – muß Maxime für das Leistungsangebot werden." (zitiert nach Liebermann/Loer 2006: 326)

Nicht so lobbyistisch-konkret, sondern politisch-vager hatte aber schon 1990 der schleswig-holsteinische Ministerpräsident Björn Engholm gefragt: „Brauchen wir nicht kompatible Magister-, Diplom- und Staatsprüfungsordnungen? Vielleicht auch eine breitere Palette von Studienabschlüssen nach angelsächsischem Vorbild?" (s. Festansprache, in: Rektorat der Universität Kiel 1991: 10)

Nach den bisherigen Diplomstudienordnungen studierte man „ein Fach". Wer ein Diplom machte, machte es in Physik, Volkswirtschaftslehre, Soziologie usw. Mit dem Diplom konnte man in alle Praxisfelder dieses Fachs gehen, weil man für keines hinreichend konkret und für die anderen dann höchstens oberflächlich vorbereitet war. Das war der allgemeine Zustand, wenngleich einzelne Universitäten auch in bestimmte Praxisfelder relativ intensiv und zertifiziert einführten, etwa die Psychologie in das Personalwesen oder die klinische Psychologie. In den Magisterstudiengängen, in denen zwei oder gar drei Fächer zu studieren waren, konnte schon aus Zeitmangel keine Praxisorientierung stattfinden. Diese wurde in den Staatsexamensstudiengängen bei der Medizin durch die institutionelle Verflechtung von Hörsaal und Klinik recht gut erreicht. In den Lehramtsstudiengängen gab es ein bisschen pädagogisch-psychologisch-soziologische Generalorientierung; im Übrigen wurden lauter kleine Privatdozenten ausgebildet, die erst im Referendariat so richtig merkten, wo sie gelandet waren. Und in Jura machten die Professoren zumeist die reine Wissenschaft und überließen die Praxis den Repetitoren und Referendarausbildern. Manche merkten erst während des Referendariats, dass diese Praxis nichts für sie war, blieben aber nach dem Prinzip des nun einmal begonnenen Blödsinns dabei. Das ist etwas überzeichnet, aber es war die allgemeine Tendenz und deshalb durchaus reformbedürftig.

Das soll ab 2010 anders sein. Die auf Grund der Bologna-Beschlüsse[12] einzurichtenden und inzwischen eingerichteten Bachelor- und Masterstudiengänge sollen nach den für ihre Genehmigung maßgeblichen Grundsätzen u. a. auf die „Schaffung neuer inhaltlicher und zeitlicher Verbindungsstellen zur beruflichen Anwendung und Praxis und damit Steigerung der Berufsfähigkeit der Absolventen" ausgerichtet sein, wobei der BA-Studiengang ein grundständiges Studium ist, „das zu einem ersten berufsqualifizierenden Abschluss führt. In einem System mit gestuften Studienabschlüssen ist der Bachelor der Regelabschluss eines Hochschulstudiums. Das BA-Programm muss deshalb auf berufliche Tätigkeiten ausgerichtet und dabei … auf ein oder mehrere Berufsfelder abgestellt werden" (vgl. Eckwerte 2003, unter II und III). Erst bei den daran für einen Teil der Bachelors (oder Bacheloren?) anschließenden Masterstudiengängen[13] ist nach „stärker anwendungsorientiert" und „stärker forschungsorientiert" zu unterscheiden. Auch diese Studiengänge sind im Ausland schon stark spezialisiert, wie etwa der Master in Peace and Conflict Transformation der norwegischen Universität Tromsø zeigt (AFB-Info 1/2006: 1). In Deutschland gibt es ebenso Ansätze von höchster Praxisnähe. So will eine Akademie für Kulinaristik in Zusammenarbeit mit der Steinbeis-Hochschule und den Universitäten Tübingen, Bayreuth, Gießen u. a. einen Master in Kulinaristik ausbilden (vgl. Süddeutsche Zeitung vom 04.08.2006: 9) und die Universität Kiel einen Master of Schulmanagement (vgl. Kieler Nachrichten vom 01.06.2006: 17).[14]

Die Funktion der Wirtschaft im neuen Studiengängesystem ist eindeutig: Sie ist das Leitbild der Universitätsausbildung. Deshalb soll auch im Rahmen der Qualitätssicherung bei der Akkreditierung die zukünftige Entwicklung des Arbeitsmarktes berücksichtigt wer-

---

12   Am 19.06.1999 von 29 europäischen Bildungsministern unterzeichnet und 2003 von 33 Staaten angenommen (Eckwerte 2003, unter II), 2006 schon von 45 Staaten (Mitteilung der Hochschulrektorenkonferenz nach http:/www.hrk.de/service_fuer_hochschulmitglieder/155.php vom 22.05.2006).

13   Nach den Planungen in Nordrhein-Westfalen werden etwa 50 Prozent der Universitäts- und 30 Prozent der Fachhochschul-Bachelorabsolventen ein (konsekutives) Masterstudium aufnehmen können (Forschung & Lehre 4/2005: 174).

14   Die Väter dieses Bastards sollte man m. E. zum Ehrenmaster of Sprachcrime ernennen.

den.[15] Dazu muss man aber auch sagen, dass es nicht nur „die Wirtschaft" ist, die in Zukunft Ziel und Inhalt der Berufsausbildung im Bachelorstudiengang bestimmen soll, sondern der öffentliche Dienst ist auch ein wesentlicher Abnehmer von Universitätsabsolventen, und die „freien Berufe" bestehen fast nur aus ihnen. Allerdings werden diese beiden Sektoren des Arbeitsmarktes sich wohl weit überwiegend aus dem Masterreservoir bedienen, wenngleich es auch dort eher der „stärker anwendungsorientierte" Typ werden muss. Ganz deutlich wird die Berufsfeldorientierung, wenn man sich die dritte der drei Säulen der Bachelorausbildung (grundlegendes Fachwissen, Methodenkompetenz und Schlüsselqualifikationen) ansieht: „Zu den Schlüsselqualifikationen zählen insbesondere Kommunikations- und Teamfähigkeit, Präsentations- und Moderationskompetenzen, Fähigkeit zur Nutzung moderner Informationstechnologien, interkulturelle Kompetenzen und Fremdsprachenkenntnisse" (Eckwerte 2003, unter III.).[16] Spätestens bei den Schlüsselqualifikationen bleibt die Wissenschaft vor der Tür, und Jürgen Klinsmann und Thomas Gottschalk haben beste Aussichten auf Lehraufträge und Honorarprofessuren, falls sie nicht peanuts und akademische Ehre als unzumutbare Frechheit empfinden.

Bei der Universität ab 2010 geht es also nur noch sehr wenig um Bildung und fast nur um Ausbildung. Aber das ist schon lange die Entwicklungsrichtung. Wenn man davon ausgeht, dass ein Mensch ausgebildet ist in dem Maße, in dem er Kenntnisse und Fähigkeiten in seinem Beruf hat, und gebildet in dem Maße, in dem er Kenntnisse und Fähigkeiten außerhalb seines Berufs hat, ist die Universität schon heute eine Einrichtung, deren Gegenstand Ausbildung ist und die nur Gelegenheit zur Bildung bietet. Das zeigen nicht nur das Kümmerdasein des Studium Generale und die Seltenheit von Fachfremden in Lehrveranstaltungen; das erkennt man bereits daran, dass in vielen Studiengängen die Wissenschaftstheorie gar nicht vorgesehen ist, die es erlauben würde, wenigstens das eigene Fach und das eigene berufliche Tun einmal aus der philosophischen Vogelperspektive zu betrachten. Deshalb ist die Verlagerung des Schwergewichts in der Universitätslehre vom Studium einer Wissenschaft zum Erwerb einer Berufsqualifikation ein Wechsel des „Produktionsprogramms" vom Wissenschaftler zum Akademiker. „Das Studium einer Wissenschaft besteht nicht in der ‚Wissensvermittlung' oder dem Aneignen eines ‚Stoffs', der schon fertig vorliegt – denn dies befähigte nicht zur Geltungsüberprüfung" (Liebermann/Loer 2006: 324), die die Haupttätigkeit eines Wissenschaftlers sein muss – wessen sonst? Die Qualifikation dafür kann aber nicht auf dem Abhaken von Modulen beruhen, sondern verlangt einen gewissen Reifungsprozess. Reife entsteht aber zu einem guten Teil in Muße; wer auszog, um schneller reif zu werden, kam meistens nur verdorben zurück. Deshalb gilt zumindest für die Einrichtungen, aus denen Wissenschaftler hervorgehen sollen, dass sie „constituent des organisations d'un type particulier, face auxquels le schéma classique d'input-output perd toute valeur opératoire" (Coenen-Huther 2000: 94). Nun könnte man meinen, auch diesen Bewerbern um eine Wohnung im Elfenbeinturm könne eine vorherige solide Berufsqualifikation für die Alltagswelt, wie durch ein Bachelorstudium vermittelt, durchaus helfen, den Höhenrausch zu vermeiden. Das kann richtig sein, muss aber wohl

---

15   So Joachim Lage, der das für verfassungswidrig hält, weil damit ein außerwissenschaftliches Kriterium die Wissenschaftsfreiheit einschränkt.
16   Damit werden so richtig Experten ausgebildet – nach der alten US-amerikanischen Scherzdefinition mit der Frage „Who is an expert?" und der Antwort „Somebody who is from out of town and who has slides".

nicht zum Zwang werden. Aus unseren so ungemein egalitären Schulen haben wir endlich gelernt, dass manche Begabung verkümmert, wenn man sie ins Korsett des Durchschnittlichen presst. Ist es ausgeschlossen, dass das auch für unsere Universitäten gilt, wenn deren unumgängliche Hauptfunktion demnächst in der Qualifikation für den gehobenen Dienst und seine Äquivalente liegt?

Ist das alles noch Funktion oder schon Dysfunktion? Dies entscheidet sich danach, ob man die nun auch rechtlich-offizielle Hinwendung zur Berufsausbildung in der Universität für funktional oder dysfunktional hält. Angesichts der langen, auch von den Universitäten tatkräftig, obwohl nicht immer konsequenzenbewusst geförderten Entwicklung in diese Richtung kann man sie wohl nur noch für funktional halten. Andernfalls wäre das Universitätssystem mit knapp 1,5 Millionen Studierenden nicht zu rechtfertigen. Zudem ist die stärker strukturierte Studien- und vor allem Lehrgestaltung durch (hoffentlich!) in ihrer Reihenfolge festgelegte „Module" mit studienbegleitenden Prüfungen ein bisher von den Universitäten weitgehend verweigertes Desiderat, obgleich manche Fächer, etwa Jura, Medizin und Wirtschaftswissenschaften, schon seit langem eine mehr oder weniger strikte Systematik im Lehrangebot kennen, wobei allerdings studienbegleitende Prüfungen i. d. R. uneinsichtig als Voraussetzung, nicht als Bestandteil der Abschlussprüfung betrachtet wurden.

Interessanter ist die Frage, ob die nicht beabsichtigten Nebenfolgen, die beim Militär jetzt Kollateralschäden heißen, funktional oder dysfunktional sind. Als solche können hier genannt werden, und zwar der Kürze halber mehr oder weniger in Hypothesenform:

1. Die Fachhochschulen werden innerhalb weniger Jahrzehnte in die Universitäten eingegliedert sein.

    Die Bachelorstudiengänge an beiden Hochschularten sind gleichwertig; denn „Masterstudiengänge beider Hochschularten stehen den Bachelorabsolventen der jeweils anderen Hochschulart offen" (Eckwerte 2003, unter IV).[17] Das ist natürlich nur dann vertretbar, wenn sie nicht nur gleichwertig, sondern auch gleichartig sind; sonst müsste man für die Absolventen der jeweils anderen Hochschulart Vorsemester einrichten, in denen sie auf den Stand derjenigen Kommilitonen gebracht werden, die in ihrer Hochschulart geblieben sind.[18] Wenn beide Hochschularten in 90 Prozent ihrer Lehre gleich sind und die Universitäten nur noch Promotion und Habilitation als Privilegien haben, spricht nur wenig gegen eine Zusammenlegung. Großbritannien hat es mit der Eingliederung der Polytechnics in die Universitäten vorgemacht.

2. Die Qualifikation der Universitätsprofessoren wird sich der der Fachhochschulprofessoren annähern.

    Bisher hatten die meisten Universitätsprofessoren die Zeit bis zur Emeritierung zur einen Hälfte auf und zur anderen Hälfte vor der Schulbank verbracht; die Praxis kannten sie nur im Ausnahmefall. Wenn sie nun wesentlich auf Anwendungsorientierung und Berufsfähigkeit lehren sollen, werden sie diese in der Regel erst einmal selbst kennenlernen müssen. Einige Jahre Berufserfahrung außerhalb der Hochschule werden bei

---

17 Man sieht also, dass die Klausel „ohne die unterschiedlichen Bildungsziele dieser Hochschularten in Frage zu stellen" (Eckwerte 2003, unter II) ein Lippenbekenntnis ist, das in der Praxis gar nicht erreicht werden soll.

18 Das wird allerdings auch ein Problem, wenn in derselben Hochschulart Absolventen verschiedener Bachelorstudiengänge in dasselbe Masterstudium wechseln.

ihnen bald genauso Einstellungserfordernis sein wie jetzt bei den Fachhochschulprofessoren. Was die Einführung der Juniorprofessur eingeleitet hat, wird dann wohl die Regel: Die Habilitation wird zum akademischen Jodel-Diplom. Und das ist gut so.

3. Die Universitätslehre wird kostengünstiger werden, weil sie sich den Kosten der Fachhochschullehre annähern wird.

    Bisher haben sich die Kosten für die Ausbildung eines Studenten in demselben Fach zwischen Universität und Fachhochschule sehr stark unterschieden.[19] Vermutlich werden die Fachhochschulen die neuen Studiengangsbestimmungen nutzen, um ihre Investitionen in die Lehre zu erhöhen. Aber die Universitäten werden ihre bisherige Kostenhöhe nicht länger rechtfertigen können. Zudem droht ihnen eine Krise ihres Selbstverständnisses.[20]

4. Je mehr sich die Studiengänge unterscheiden, desto verschwommener werden die Fachprofile.

    Das Bachelor-/Master-System soll die „Vergrößerung der Vielfalt und Förderung differenzierter Studienangebote" (Eckwerte 2003, unter II) bewirken,[21] und ein Ziel der allgemeinen Hochschulreform ist u. a., „die Profile der beteiligten Hochschulen zu schärfen" (Ministerium für Wissenschaft, Wirtschaft und Verkehr 2006: 10).[22] Wie dabei aber die Studienabschlüsse einheitlicher werden können, können sicherlich nicht einmal die Bologna-Minister erklären; einheitlicher wird nur das Etikett, die Inhalte werden sich immer mehr unterscheiden. Dieses Instrumentarium ist zur Erreichung der großen Ziele nicht nur ungeeignet, sondern sogar schädlich. Das ist eben Politik. Die Funktion der Wirtschaftsvertreter in den Universitätsgremien wird dabei sein, für die Einstellung von Personal zu sorgen, welches zu diesen Zielen beitragen kann und will. Die Fakultäten haben bei Berufungen bisher oft nach Kolleginteresse entschieden, und das war forschungszentriert.[23] Die Studenteninteressen an der Lehre spielten eine Nebenrolle, Probevorlesung und studentische Stellungnahme im Berufungsausschuss konnten gegen eine lange Publikationsliste kaum ankommen, bisher abgehaltene Lehrveranstaltungen, Fähigkeit und Bereitschaft zur Erfüllung des geltenden Lehran-

---

19 Beispiele hierzu finden sich in Endruweit 2002: 59.

20 „Entweder halten sie ... an der Humboldt'schen Einheit von Forschung und Lehre fest. Dann müssen sie hinnehmen, dass sie in der heutigen Massenhochschule eher in der Master- und einer strukturierten Doktorandenausbildung tätig sind und damit nur den geringeren Teil der Studienplätze anbieten. Oder aber sie wollen auch ... der quantitativ dominante Hochschultypus bleiben, dann können sie ihr identitätsbestimmendes Abgrenzungsmerkmal zu den Fachhochschulen, nämlich die Einheit von Forschung und Lehre, nicht mehr durchhalten" (Zechlin 2006: 446).

21 Anfang 2006 gab es in Deutschland 2.138 Bachelor- und 1.659 Masterstudiengänge (FondsMagazin, 02/2006: 38).

22 Im Übrigen ist die Profilschärfung schon ein sehr alter Hut: In der 1. Hälfte des 13. Jh. warb die Universität Toulouse um Studenten mit dem Hinweis, dass in ihr diejenigen Werke Aristoteles' behandelt würden, die der Papst den Universitäten verboten hatte (Cardini/Beonio-Brocchieri 1991: 15).

23 Über die psychosozialen Folgen der reinen Forschungsorientierung sagte der ehemalige Präsident der University of Michigan, ein Ingenieurwissenschaftler: „Pressures on faculty for success and recognition have led to major changes in the culture and governance of universities. The peer-reviewed grant system has fostered fierce competitiveness, imposed intractable work schedules, contributed to a loss of collegiality and community, and shifted faculty loyalties from the campus to disciplinary communities. Publication and grantsmanship have become a one-dimensional criterion for academic performance and prestige, to the detriment of teaching and service" (Duderstadt 1999: 6). Die verstärkte Lehrorientierung durch die neuen Studiengänge in Deutschland könnte also vielleicht Kooperation und Universitätsorientierung fördern.

gebots wurden oft nur nebenbei angesprochen. Der Universitätslehrer der Zukunft wird stark an den bestehenden Studiengangausrichtungen orientiert sein müssen. Sonst müsste man ja mit Änderungen wieder in die Akkreditierungsmaschinerie, oder bei informeller Missachtung der gültigen Regelung drohte das Ende des Studienganges wegen Qualitätsverlusts. Je mehr sich aber das Lehrpersonal an den berufsfeldtypischen Besonderheiten des Studiengangs ausrichtet, desto mehr muss auch beim Forschen und Publizieren die Einheit des Faches zerfasern und in verschiedene Richtungen auseinanderdriften. Profilierung der Studiengänge ist Segmentierung des Fachs. Zugleich wird die Mobilität von Lehrenden und Studierenden beeinträchtigt. Auf die wissenschaftlichen Fachgesellschaften wird der Zwang zu viel Integrationsarbeit zukommen. Soviel zu den vermutlich nicht bedachten und daher nicht gewollten dysfunktionalen Wirkungen der neuen Ausrichtung der Studiengänge an Wirtschaftsinteressen. Eindeutig positiv wirkt sich das Leitbild der Wirtschaft bei einigen Funktionen aus, die zumeist beabsichtigt sind, nämlich:

1. Kostenersparnis durch Verkürzung der Studienzeit, allein schon durch das modulare System,[24] das die Universitätslehrer zu einem regelmäßigen Angebot von festgelegten Pflichtveranstaltungen zwingt und die Studenten zu dessen turnusmäßiger Wahrnehmung (Wex 2005: 539).

2. Internationale Vergleichbarkeit der Studienabschlüsse und damit erleichterter internationaler Wettbewerb der Hochschulen und Absolventen, leider nicht materiell durch den Inhalt des Studiums, sondern nur formell u.a. durch das Leistungspunktesystem (vgl. Eckwerte 2003, unter VII 2) und das „Diploma-supplement" (vgl. Eckwerte 2003, unter VIII), bei dem zu wünschen ist, dass außer den geprüften Teilfächern auch die Prüfer genannt werden.

3. Transparenz der Studienangebote (vg. Eckwerte 2003, unter II) und ihrer mehr oder weniger erfolgreichen Annahme, wodurch ein potenzieller Arbeitgeber wesentlich besser die Passgenauigkeit des Bewerbers für einen angebotenen Arbeitsplatz prüfen kann als mit den bisher wenig aussagekräftigen Qualifikationsnachweisen, so dass Fehlbesetzungen vermindert und Einarbeitungszeiten verkürzt werden können.

4. Höhere Qualifikation der Berufsanfänger; denn die neuen Studiengänge werden erheblich unbequemer sein als die demnächst auslaufenden alten.

---

24 Demgegenüber wird die Studienzeit durch die Einführung des Bachelorstudiengangs, der „zu einem ersten berufsqualifizierenden Abschluss führt" (Eckwerte 2003, unter III), wohl nur in relativ wenigen Fällen zu einer Studienzeitverkürzung führen, weil möglichst gleich ein Masterstudium angeschlossen werden wird (z. Zt. streben drei Viertel der BA-Studienanfänger den Masterabschluss an; vgl. FondsMagazin, Februar 2006: 39). Die Gesamthochschulen haben gezeigt, dass an einen Dipl.-Ing (FH) i. d. R. der universitäre Dipl.-Ing. angehängt wurde. Die einschlägigen Berufsverbände haben erklärt, dass nach ihrer Ansicht der Bachelor nicht reiche, um Arzt, Richter oder Anwalt zu werden (Forschung & Lehre 10/2005, S. 519); ein führender Industrieller meinte, der Bachelor sei ein „besserer Facharbeiter oder Geselle" (Arend Oetker in „Die Welt" vom 10.12.2005, zit. nach Forschung & Lehre 2/2006: 63), wobei er es allerdings lobend und empfehlend meinte, in der m. E. irrigen Annahme, die Universität könne diese berufsqualifizierende Ausbildung besser machen als das duale System; die Regierung selber sagt, der Bachelor führe in den gehobenen Dienst und erst der Master in den höheren (Eckwerte 2003, unter X); die Evangelische Kirche Deutschlands will „keine Bachelor-Pastoren" (Bischof Huber in Forschung & Lehre 8/2006: 429), in der Katholischen Kirche dagegen ist seit spätestens 1139 der Bachelor conditio sine qua non für das Priesteramt.

3 Medien und Universität

Das Verhältnis zwischen Universität und Medien ist längst nicht in dem Umfang behandelt worden wie die Beziehungen mit der Wirtschaft. Es ist dann auch weniger problematisch, so kann man vermuten. Die beiden folgenden möglichen Funktionen der Medien sind wohl die wichtigsten.

3.1 Informationen über die Universität

Niklas Luhmann behauptet: „Was wir über unsere Gesellschaft, ja über die Welt, in der wir leben, wissen, wissen wir durch die Massenmedien" (Luhmann 1996: 9). Das ist wie Manches, was Luhmann sagt, auf den ersten Blick ziemlich selbstverständlich und daher wenig erkenntnisträchtig; erst bei einigem Nachdenken erschließt sich die Brisanz solcher Aussagen. In der Tat: Aus eigener Erfahrung wissen wir nur wenig von unserer Welt. Selbst in unserem eigenen Fach kennen wir zumeist nur einige Beispiele, und wir können nicht sagen, wie repräsentativ sie für das Ganze sind. Die Universität als solche, eine einzelne Universität, die Wissenschaft und jedes einzelne Fach sind also bei der Nachwuchsrekrutierung und damit für ihr Überleben von dem Bild abhängig, das die Medien von ihnen in der Öffentlichkeit vermitteln. Das gilt nicht nur für die Erschließung von Begabungen aus bisher bildungsfernen Gruppen, sondern auch derjenige, der vor zwanzig Jahren selbst ein Studium abgeschlossen hat, kann nur Weniges über sein eigenes Fach und seine eigene Studienstätte sagen, das in der Gegenwart Gültigkeit hat. Bei anderen Fächern und Studienorten wird der Vorurteilsanteil immer höher. Es ist also für die Universität sehr wichtig, wie sie und die Wissenschaften in den Medien dargestellt werden. Zwar leisten die Gymnasien hier auch gute Zubringerdienste, aber verständlicherweise nur für die Fächer, die sie lehren, und bei diesen manchmal auch in einer Weise, die das Schulfach anders darstellt als das wissenschaftliche Fach ist.

Mit Medien sind hier im Wesentlichen die klassischen öffentlichen gemeint, nämlich Zeitung, Zeitschrift, Radio und Fernsehen. Deren Funktion ist nun aber nicht Werbung für Wissenschaft und Universität, sondern Information darüber, in der Hauptsache Tatsachenmitteilungen (Nachrichten) und Meinungsbildung (Kommentierung). Ihr Adressat – und von dem sind sie abhängig, und nach dem müssen sie sich zu einem guten Teil richten – ist die Öffentlichkeit. Über die meint ein Wissenschaftler, der allerdings nicht Sozialwissenschaftler ist:

> „Die Öffentlichkeit, weitgehend lernunwillig, hat längst die Unkenntnis der wissenschaftlich-technischen Wohlstandsgrundlagen zur Selbstverständlichkeit erhoben. Unsere Politiker sind kaum besser informiert. Auch sie ‚leben' weitgehend von der Berichterstattung der Medien und von der Meinung der Feuilletonisten, die in der Regel dem symmetrischen Argument und der nüchternen, durchdringenden Analyse technisch-wissenschaftlicher Sachverhalte weniger zugetan sind als der Anprangerung punktueller Missstände." (Mohr 1988: 111)

Nicht alle seiner Kollegen, aber viele von ihnen sehen es ebenso.

Dabei sind die Medien keineswegs blind für Wissenschaft und Universität. Jede bessere Zeitung hat ihre oft wöchentliche Hochschulseite. Fernsehsendungen wie „Galileo",

„Welt der Wunder", „Planetopia", „Clever" oder „nano" kommen wöchentlich oder fast täglich. Allerdings zeichnen sich manche – der angebliche Zielgruppengeschmack entscheidet schließlich über die Quoten – durch marktschreierischen Ton, allzu bemühte fröhliche Verstehbarkeit und den auch sonst anzutreffenden hysterischen Schnitt aus. Ein Professor für Medieneinsatz in der Wissenschaft kommentiert:

> „Nur ‚fun' vor der Glotze, nur aktuelle ‚Hypes' … bringen noch keine Kenntnisse oder bleibende Erkenntnisse hervor, sondern gaukeln Pseudowissen vor, das sich letztlich als ‚Informationsmüll' … erweist" (Floto 2006: 44).

Was machen die Wissenschaftler in dieser Lage? Sie wenden sich voller Hochmut ab, statt ihrerseits zu versuchen, auf die Medien Einfluss zu nehmen. Zwar gibt es einige, die geradezu mediengeil sind und bei jeder Gelegenheit etwas sagen, auch wenn sie nichts zu sagen haben, jedenfalls nichts Wissenschaftliches, wozu die persönliche Meinung ja nicht zählt. Aber die meisten hätten wohl sogar große Schwierigkeiten, allgemein Verständliches zu sagen. Sogar den Soziologen, die von Amts wegen einen besonders guten Draht zur Gesellschaft (kommunikationswissenschaftlich: Öffentlichkeit) haben müssten, bescheinigt derjenige von ihnen, der z. Zt. wohl am häufigsten in den Medien präsent ist, sie gründeten „ihren professionellen Stolz … geradezu auf ihrer ‚kommunikativen Inkompetenz' für öffentliche und praktische Belange" (Beck 2005: 345). Damit immunisieren sie sich gegen die befürchtete Gefahr einer „Wissenschaft-Medien-Kopplung und Medialisierung der Wissenschaft" (Peter Weingart, zit. nach Floto 2006: 45).

Wenn die Funktion der Medien u. a. die Information der Öffentlichkeit über das Tun der Universitäten ist, was andererseits eine Bringschuld der Universitäten gegenüber der Gesellschaft als ihrer Unterhaltsverpflichteten ist, dann kann das nur durch eine gemeinsame Anstrengung zu sachlich richtiger und formal verständlicher Information über den Alltag der wissenschaftlichen Arbeit geleistet werden. Wenn ein nüchterner Bericht über Fehlschläge in der mikrobiologischen Forschung zwei Bewerber für das Studium der Biologie motiviert, ist die Funktion besser erfüllt, als wenn ein wunderbares Filmwerk über eine Forschungsexpedition in die Antarktis 2.000 Studienbewerber aktiviert, die aber vor allem einmal Pinguine knuddeln wollen. Viel versprechende Ansätze zu einer kooperativen Erfüllung dieser Informationsfunktion gegenüber der Öffentlichkeit gibt es in gemeinsam erarbeiteten Hochschulbeilagen von Tageszeitungen.[25] Könnte nicht auch eine Hochschulredaktion bei der HRK (Hochschulrektorenkonferenz) oder notfalls der KMK (Kultusministerkonferenz) zusammen mit der ARD so etwas für den Rundfunk und das Fernsehen versuchen? Ein gutes Beispiel für eine zweckmäßige Sendung nur aus Medienhand ist die wöchentliche „Campus und Karriere" im Deutschlandfunk; aber sie ist nur eine ausführliche Nachrichtensendung.

---

25   So die semestermonatliche Beilage „unizeit" der Kieler Nachrichten.

3.2 Information in der Universität

Im zunehmenden Maße stützen sich Lehre und Forschung innerhalb der Universität auf Medien. Das sind nicht nur die eben erwähnten organisatorisch-technischen Großsysteme Presse, Funk und Fernsehen, sondern in besonderem Maße auch überwiegend rein technische Systeme vom Beamer bis zum Internet. Deren Nutzung gehört gar zu den „Schlüsselqualifikationen", die in den neuen Bachelorstudiengängen eigens gelehrt werden sollen, weil das angeblich den „veränderten Qualifikations- und Kompetenzprofilen" (Eckwerte 2003, unter III) für Akademiker entspricht.

Diese Medien müssen mehr als materiale Nutzungsgelegenheiten, als Instrumente gesehen werden und nicht als Personen oder Organisationen, die direkten Einfluss auf die Universität nehmen können. Das wird besonders deutlich beim immer noch besonders verbreiteten Medium, dem (Lehr-)Buch. Es wird von Universitätsangehörigen für Universitätsangehörige gemacht, und seine Funktion oder Dysfunktion ist ein universitätsinternes Problem. Dasselbe gilt auch für Medien, die von außerhalb in die Universität kommen. Wie man den Projektor oder das Internet nutzt, hängt allein vom Nutzer ab, auch wenn es deshalb oft falsch gemacht wird. Damit gehört es nicht zu den Aspekten des Funktionsthemas, das hier im Mittelpunkt steht, nämlich das Hineinwirken außeruniversitärer Kräfte in die Universität.

Allerdings gehört zu diesem Thema eine indirekte Funktion von Medien, eine insbesondere des Fernsehens. Sie gehört nicht zur Information in der Universität, sondern zu deren Vorfeld, zur Fähigkeit zur Aufnahme von Information in der Universität. Selbst in Landschafts- und Tierfilmen sind Kameraführung und Schnitt von chronischer Zappeligkeit und unenglischer Hast. Die Gewitter ziehen in Nullkommanichts auf, und die Kuh säugt das Kalb höchstens zwei Sekunden. Die „Bitte um kurze Antwort" wird zur Diktatur der Oberflächlichkeit. Mit zwanzig Jahren solcher Medienerfahrung, zu der auch Musikuntermalung an den abwegigsten Stellen gehört, kommen die Erstsemester in die Universität und erwarten dort auch dauernd Action wie beim Musikvideo mit sechzig Einstellungen in drei Minuten. In einer dreiviertelstündigen Vorlesung sind sie dann physisch konzentrationsunfähig und psychisch frustriert. Nun ist die nüchterne Vorlesung kein Selbstzweck. Vielmehr ist in den Natur- und Sozialwissenschaften die geduldige Beobachtung eine der Hauptforschungstechniken; denn es geht um Vorgänge in der Natur und nicht um Inszenierungen eines Hippie-Regisseurs. In den Geisteswissenschaften sind aufmerksames Lesen komplexer Texte und systematisches Nachdenken unerlässlicher als hechelndes Assoziieren von funzelnden Videoclips. In diesem Bereich werden Studierende durch Medien oft mental und physisch verkrüppelt und für Studium und Forschung untauglich gemacht.

4   Ergebnis

Wirtschaft und Medien werden stärker als bisher in die Universitäten hineinwirken. Das wird weniger durch das Handeln einzelner Personen oder Gruppen geschehen als vielmehr durch die Übernahme von Strukturprinzipien aus diesen Bereichen in die Universitäten. Damit haben die Universitäten noch zu einem gewissen Grade die Chance zur Entscheidung darüber, was sie bei sich wirksam werden lassen wollen und was nicht. Ob die Wirkungen von Wirtschaft und Medien dann funktional oder dysfunktional, positiv oder negativ im Hinblick auf die Ziele der Universität sein werden, hängt davon ab, wie diese Ziele aussehen werden. Das zu einem hohen Grade selbst bestimmen zu können, wäre erst wahre Autonomie der Universitäten, viel wichtiger als die Ernennung von Professoren. Das setzt aber voraus, dass die Universitäten selbst sich darüber verständigen, was sie wollen und was sie nicht wollen. Es wird höchste Zeit, damit intensiv zu beginnen, falls es nicht schon längst zu spät ist.

5 Literatur

Altbach, Philip G. (2004): The Costs and Benefits of World-Class Universities In: Academe, No. 4/2004.

Beck, Ulrich (2005): Editorial. In: Soziale Welt 4/2005: 345.

Cardini, Franco/Beonio-Brocchieri, M. T. Fumagalli (1991): Universitäten im Mittelalter, München: Südwest-Verlag.

Carstensen, Peter Harry/Kayenburg, Martin/Jager, Jost de (2004): Neue Weichenstellungen für den Wissenschaftsstandort Schleswig-Holstein, Kiel: CDU-Fraktion im Schleswig-Holsteinischen Landtag.

Coenen-Huther, Jacques (2000): Les sociologues et la crise de l'université: peur, aveuglement ou complicité? In: Revue européenne des sciences sociales, Tome XXXVIII, No. 119, 2000: 89-102.

Dahrendorf, Ralf (2002): Über Grenzen. Lebenserinnerungen, München: Beck.

Deutscher Hochschulverband (Hrsg.) (1988): Almanach, Band II, Bonn.

Duderstadt, James J. (1999): New Roles for the 21st-Century University. In: Issues in Science and Technology online, Winter 1999: 1-9.

Eckwerte für die Genehmigung von Bachelor- (BA) und Masterstudiengängen (MA) an den Hochschulen des Landes Schleswig-Holstein (2003) vom 29.10.2003, Kiel: Ministerium für Bildung, Wissenschaft, Forschung und Kultur.

Endruweit, Günter (Hrsg.) (2002): Beiträge zur Soziologie, Band V, Kiel: Christian-Albrechts-Universität, Institut für Soziologie.

Endruweit, Günter (2002): Die Universitätsidee in Zeiten des Sparzwangs, und: Wohin mit der deutschen Universität? In: Ders. (2002): 5-15 und 57-63.

Endruweit, Günter (2004): Organisationssoziologie, 2. Auflage, Stuttgart: Lucius & Lucius.

Floto, Christian (2006): Reicht nicht: Wissensshows in der Glotze. In: Rotary-Magazin, 02/2006: 44-45.

Forschung & Lehre (verschiedene Ausgaben und Jahrgänge).

Humboldt, Wilhelm von (1957): Über die innere und äußere Organisation der Höheren wissenschaftlichen Anstalten in Berlin. In: Wilhelm von Humboldt, Auswahl und Einleitung von Heinrich Weinstock, Frankfurt am Main: Fischer, 1957: 126-134.

Lage, Joachim (2005): Akkreditierung als rechtswidrige Parallelverwaltung. In: Juristenzeitung 2005: 698-707.

Liebermann, Sascha/Loer, Thomas (2006): Krise der Kritik. In: Forschung & Lehre 2006: 322-326.

Luhmann, Niklas (1996): Die Realität der Massenmedien, 2. Auflage, Opladen: Westdeutscher Verlag.

Marshall, Gordon (Ed.) (1994): The Concise Oxford Dictionary of Sociology, Oxford/New York: Oxford University Press.

Merton, Robert K. (1967): On Theoretical Sociology, New York/London: The Free Press/Collier-Macmillan.

Ministerium für Wissenschaft, Wirtschaft und Verkehr (Hrsg.) (2006): Wissen schafft Arbeit, Kiel.

Mohr, Hans (1988): Wissenschaft – Ethos – Öffentlichkeit. In: Deutscher Hochschulverband (1988): 99-115.

Müller, Rainer A. (1990): Geschichte der Universität, München: Callwey.

Neumann, Manfred J. M. (2000): Ohne Preis kein Fleiß In: Frankfurter Allgemeine Zeitung v. 4.11.2000: 15.

Rektorat der Universität Kiel (Hrsg.) (1991): 325 Jahre Christian-Albrechts-Universität zu Kiel. Jubiläumsfestakt am 15. November 1990, Kiel.

Tenorth, Heinz-Elmar (2005): Milchmädchenrechnung. In: Die Zeit vom 6.10.2005: 89.

Theodorson, George A./Achilles G. (1969): A Modern Dictionary of Sociology, London: Methuen.

Voigt, Johannes H. (Hrsg.) (1979): Festschrift zum 150jährigen Bestehen der Universität Stuttgart, Stuttgart: Deutsche Verlags-Anstalt.

Voigt, Johannes H. (1979): Lehre zwischen Politik und Wirtschaft 1829 – 1864. In: Ders. (1979): 13-138.

Wex, Peter (2005): Das bolognakonforme Diplom. In: Forschung & Lehre 2005: 538-540.
Zechlin, Lothar (2006): Im Zeitalter des Wettbewerbs angekommen. In: Forschung & Lehre 2006: 446-448.

Legitimationsprobleme der Wissenschaft in der modernen Gesellschaft – Die Erwartungen von Wirtschaft und Medien

Manfred Mai

1 Einleitung

Die Freiheit von Wissenschaft und Forschung ist in modernen Gesellschaften rechtlich verankert, so z. B. im Grundgesetz der Bundesrepublik Deutschland. Unabhängig von dieser Garantie wissenschaftlicher Autonomie richten sich vonseiten der Wirtschaft Erwartungen an die Wissenschaft, sich ihren Interessen zu öffnen. Auch die Politik erwartet von der Wissenschaft eine verstärkte Zuwendung zu Problemen, die zu sichtbaren Erfolgen und ökonomisch verwertbaren Innovationen führt. Nur so können z. B. ein höheres Wirtschaftswachstum und die Ziele der EU, Europa zum dynamischsten Wirtschaftsraum der Welt (Lissabon-Strategie) erreicht werden. Auch die Öffentlichkeit und die Medien verstärken den Druck auf die Wissenschaft, sich mehr konkreten gesellschaftlichen Problemen zuzuwenden anstatt an sich selbst gestellte Fragen zu beantworten.

Durch die wissenschaftspolitischen Maßnahmen der jüngsten Zeit – „Pakt für Innovation" zwischen Bund und Länder, „Hochschulfreiheitsgesetz" in Nordrhein-Westfalen – sind die Hochschulen in einer neuen Situation: Sie müssen sich im Wettbewerb neu aufstellen. Zumindest die universitäre Wissenschaft ist deshalb verstärkt darauf angewiesen, ihr Handeln gegenüber Wirtschaft und Öffentlichkeit zu legitimieren. Das gilt auch für bestimmte Fächer und Forschungsgebiete innerhalb der Hochschule.

Da den Hochschulen immer mehr Autonomie eingeräumt wird, entscheiden sie selbst ihr Forschungsprofil. Die ohnehin schwachen Schutzräume der Geistes- und Sozialwissenschaften werden durch den Wettbewerb mit den Natur- und Ingenieurwissenschaften weiter geschwächt, da sie für die Legitimation der Universität scheinbar weniger bringen als die eher angewandten und praxisnahen Wissenschaften. Peter Weingart (2006) spricht in diesem Zusammenhang von einer deutlichen Zurückhaltung der Geisteswissenschaftler gegenüber den neuen Medien. Im Folgenden soll diese neue politische Situation, die ein Reflex auf die Ökonomisierung und Medialisierung der Gesellschaft ist, und die möglichen Legitimationsstrategien der Wissenschaft dargestellt werden.

2 Zum Verhältnis Wissenschaft und Medien

Das Verhältnis von Wissenschaft und Medien ist historisch zum großen Teil durch gegenseitige Ignoranz geprägt. Bis heute sind in allen Disziplinen Wissenschaftler, die in den Medien zu sehr präsent sind, in der *scientific community* nicht besonders angesehen. Ein

„Fernsehprofessor" oder „Feuilletonsoziologe" bezahlt seine Popularität nicht selten mit einem Reputationsverlust bei den Fachkollegen. Gut geschriebene Monographien, die sich an ein interessiertes Publikum außerhalb der eigenen Wissenschaftsgemeinde wenden, haben in Publikationslisten keinen Stellenwert. Wissenschaftsjournalismus gilt als Berufsfeld für gescheiterte Wissenschaftler oder – wie es der Präsident einer großen naturwissenschaftlichen Vereinigung einmal ausdrückte – für Absolventen von Schmalspurstudiengängen wie den Bachelor. Auch vonseiten der Medien hält sich das Interesse an der Wissenschaft in Grenzen, wenn man von spektakulären Fällen – Tsunamis, Klimakatastrophen, Störfälle – absieht, bei denen zudem auch Wissenschaftler zu Wort kommen, die zwar medientauglich, aber in der *scientific community* eher Außenseiter sind.

Gründe für diese gegenseitige Ignoranz sind die unterschiedlichen Rationalitäten von Wissenschaft und Medien sowie die teilweise gegensätzlichen Handlungsorientierungen der in diesen Subsystemen tätigen Akteure. So sind Wissenschaftler eher introvertiert und langfristig an der Lösung eines Problems, Medienschaffende dagegen eher extrovertiert und an mehreren kurzfristigen Fragen orientiert. Das gegenseitige Misstrauen zwischen Wissenschaftlern und Journalisten wird durch ihre unterschiedlichen Sprachen und Denkweisen gefördert: Wissenschaftler beklagen die Verkürzung und Zuspitzung ihrer Ausführungen durch die Medien, während Journalisten beklagen, dass Wissenschaftler nie zum Punkt kommen und ihren nicht vermittelbaren Jargon pflegen und überhaupt ihr Fachgebiet für den Nabel der Welt halten.

Dabei braucht die Wissenschaft eher die Medien als umgekehrt. Was nicht in den Medien ist, wird von der medialisierten Gesellschaft mangels eigener Erfahrung kaum wahrgenommen. Die Medien können dagegen auch ohne Wissenschaft gut leben – dafür sorgen die Ereignisse in Politik, Kultur, Sport und nicht zuletzt die in den Medien selbst. Der Wettbewerb um die zentrale Ressource in der Mediengesellschaft – Aufmerksamkeit – erzwingt von allen Wettbewerbern ein medienkompatibles Verhalten. Wer sich nicht auf die mediale Logik (Mai 2005) einlässt, riskiert nicht mehr wahrgenommen zu werden. Wenn die Wissenschaft von der Politik mehr Ressourcen fordert, muss sie sich auch auf die mediale Logik einlassen und muss wie alle anderen gesellschaftlichen Subsysteme und Institutionen dafür um Zustimmung und Akzeptanz werben. Schließlich sind es politische Institutionen, die über die Verteilung öffentlicher Mittel entscheiden und diese gegenüber der parlamentarischen und medialen Öffentlichkeit rechtfertigen.

> „Die konstitutive Abhängigkeit der Wissenschaft von gesellschaftlichen Ressourcen (Geld und Zeit) bedeutet unter diesen Bedingungen zugleich eine konstitutive Abhängigkeit vom Vertrauen des externen Publikums." (Weingart 2005: 10)

3   Wissenschaft, Wirtschaft und Medien als Subsysteme und Institutionen

Die Ausdifferenzierung und Institutionalisierung gesellschaftlicher Subsysteme ist teilweise ein Jahrhunderte dauernder Prozess und immer wieder von Rückschlägen bedroht. In demokratisch verfassten Staaten sind die relative Autonomie und Unabhängigkeit von Wissenschaft, Wirtschaft und Medien rechtlich – teilweise in den Verfassungen – gesichert.

Erst durch diese, durch einen politischen Akt vollzogene rechtliche Absicherung können sich die spezifischen Rationalitäten der jeweiligen Subsysteme entfalten: Wissenschaft kann sich auf die Suche nach Erkenntnissen konzentrieren, die Ökonomie auf die optimale Verteilung von Gütern und die Medien auf die Herstellung von Öffentlichkeit.[1] Heteronome Forderungen, dies z. B. alles nach ethischen Grundsätzen zu tun, können daher von den Akteuren in den jeweiligen Subsysteme mit dem Hinweis auf die systemfremde Forderung abgewiesen werden: Eine gerechte Verteilung von Gütern im Sinne der Ethik ist eben etwas anderes als eine ökonomisch optimale, wie sie idealtypisch ein freier und transparenter Markt gewährleistet.

Dennoch können auch vermeintlich systemfremde Ziele von der Politik durchgesetzt werden. In demokratisch verfassten Gesellschaften gelingt der Politik die Durchsetzung ihrer Ziele nur auf dem Wege der Verhandlung und der Einbindung der betroffenen Akteure (Mayntz 1992). Das klassische Instrument dafür ist die Rechtsetzung. Im Prozess der Gesetzgebung sind alle relevanten Akteure und Interessen eingebunden. Das Ergebnis ist zwar häufig nur der kleinste gemeinsame Nenner. Aber die Struktur politischer Mehrebenensysteme (mit der Folge der „Politikverflechtungsfalle"), von Verhandlungsnetzwerken und Entscheidungsroutinen des politisch-administrativen Systems verhindern in der Regel radikale Optionen, die einen Akteur, der über politischen Einfluss oder gar über eine Vetoposition verfügt, zu sehr benachteiligen.

Das vermeintliche Steuerungsdefizit der Politik in modernen Gesellschaften ist im Wesentlichen eine Folge der Politikverflechtung mehrerer Politikebenen und demokratischer Selbstbeschränkung (Scharpf 1989; Mayntz 1995): Die Politik überlässt die Lösung z. B. wissenschaftlicher oder wirtschaftlicher Fragen den dafür kompetenten Subsystemen und sichert deren weitgehende Autonomie daher nicht nur aus demokratietheoretischen Überlegungen, sondern auch wegen der Chance auf eine effizientere und problemadäquatere Lösung komplexer Probleme durch die entsprechenden Subsysteme.[2]

Die Autonomie der gesellschaftlichen Subsysteme ist immer relativ. Dem Vorteil der Effizienzsteigerung steht der Nachteil gegenüber, dass Problemlösungen in dem einen Bereich zu Probleminputs in anderen werden können. Zudem sind die Systeme nicht wie es das idealtypische Modell der soziologischen Systemtheorie nahe legt, einander gleichrangig (Luhmann 1996). Zumindest der Bereich der Politik ist insofern allen anderen Bereichen gegenüber dominant, als politische Entscheidungen Einfluss auf Ressourcen und Rechte der einzelnen Subsysteme haben. Das Ausmaß der politisch zugestandenen Rechte und Ressourcen bestimmen den Grad an Autonomie von Wissenschaft, Wirtschaft und Medien. Mit anderen Worten: Ohne finanzielle Unterstützung und ohne Selbstverwaltungsrechte bleibt die Autonomie der Wissenschaft nur eine abstrakte Idee. Deshalb ist das Ausmaß der finanziellen Förderung und der rechtlichen Absicherung ein Indikator für die Bereitschaft der Politik, die Unabhängigkeit der jeweiligen Subsysteme zu garantieren.

---

1   „Wenn wir über die Widerständigkeit klagen, die von Ökonomie, Politik, Recht und Wissenschaft gegen unsere moralischen Ansprüche entfaltet wird, dann müssen wir zunächst einmal erkennen, dass diese Widerständigkeit (...) auch auf den Grundrechten beruht, die ihnen ihre Eigenständigkeit garantieren." (Münch 1995: 29).

2   Autoritäre Regime kennen dieses Problem nicht: Es gehört zum Kennzeichen totalitärer Regime, dass sie sämtliche Bereiche der Gesellschaft ihren ideologischen Zielen unterordnen (Pfahl-Traughber 2004).

Die Unabhängigkeit von Wirtschaft, Wissenschaft und Medien ist zugleich ein wichtiger Indikator für die Entwicklung einer Demokratie. In totalitären Staaten sind alle diese Bereiche politisch, ideologisch oder religiös überformt. Das heißt, dass die negativen Folgen der autonomen Wirtschaft, Wissenschaft und Medien keine Belege für politische Steuerungsdefizite sind, sondern Konsequenzen der demokratischen Selbstbindung, diese Bereiche weitgehend sich selbst regulieren zu lassen. Erst bei negativen Folgen für das Gesamtsystem oder wichtige andere Subsysteme (z. B. die natürliche Umwelt) sind politische Interventionen legitim, die dann gleichwohl an der Rationalität der jeweiligen Subsysteme scheitern können.

Historisch ist die Emanzipation dieser Bereiche mit sozialen Bewegungen und Denkschulen verknüpft. Den nachhaltigsten Einfluss auf die Befreiung der Wissenschaft von den Zwängen des Absolutismus und der Religion dürften die Aufklärung und ihre Protagonisten – Rousseau, Voltaire, Kant, die Enzyklopädisten um Diderot – gehabt haben. Für die Wirtschaft waren es u. a. Adam Smith und sein wohl prominentester Rezipient, Karl Marx, die die Eigenständigkeit der ökonomischen Logik und die Vorteile der Arbeitsteilung herausarbeiteten. Schließlich waren Forderungen nach „Preßfreiheit" ein fester Bestandteil der Freiheitsbewegungen spätestens seit der Französischen Revolution. Alle drei Bereiche haben sich zu gesellschaftlichen Bereichen mit jeweils spezifischer Rationalität entwickelt, ohne sich dabei von gesamtgesellschaftlichen Entwicklungen gänzlich abzukoppeln. Sie blieben z. B. immer mit der Politik verbunden.

Wirtschaft, Wissenschaft und Medien sind auf vielfältige Weise miteinander verknüpft. Das wird besonders deutlich, wenn man die Makroebene der abstrakten und konstruierten Funktionslogik verlässt und die Mesoebene der Institutionen und Akteure innerhalb dieser Bereiche betrachtet. Spätestens auf dieser Ebene werden ihre Interdependenzen und institutionelle Verschränkungen sichtbar. Alle gesellschaftlichen Subsysteme haben Schnittstellen, mit denen sie mit anderen Subsystemen kommunizieren. Wissenschaft findet nicht in „Einsamkeit und Freiheit" oder im „Elfenbeinturm" statt, sondern „Wissenschaft" ist ein aus mehreren Institutionen bestehendes Netzwerk. In der Bundesrepublik Deutschland sind das z. B. die jeweiligen Ministerien in Bund und Ländern, der Wissenschaftsrat, die Hochschulrektorenkonferenz (HRK), die Wissenschaftsorganisationen (Deutsche Forschungsgemeinschaft, Max Planck Gesellschaft, Fraunhofer Gesellschaft, Leibniz-Gemeinschaft, Helmholtz-Gemeinschaft), die Akademien der Wissenschaften, wissenschaftliche Vereinigungen (z. B. die Deutsche Physikalische Gesellschaft und viele andere berufsständische Organisationen) und als Koordinierungsinstitution die Gemeinsame Wissenschaftskonferenz GWK (als Nachfolgerin der Bund-Länder-Konferenz).

Alle diese Organisationen und Institutionen sind „die Wissenschaft". Ihre Aufgaben und Interessen sind durchaus unterschiedlich. Dennoch haben sie ein gemeinsames Ziel: Im Wettbewerb mit anderen Subsystemen um Ressourcen möglichst viel für „die Wissenschaft" zu erreichen. Ein supranationales wissenschaftspolitisches Ziel ist z. B., bis 2010 den Anteil der Ausgaben für Forschung und Entwicklung auf 3% des Bruttoinlandprodukts zu steigern. Nur so könne sich die EU zum dynamischsten Wirtschaftsraum der Welt zu entwickeln. Dieses Ziel wurde auf einer Konferenz der EU 2000 in Lissabon verabredet ("Lissabon-Strategie") und wird 2007 von kaum einem Staat der EU oder Bundesland erreicht: In der Bundesrepublik Deutschland lag der Anteil der Ausgaben für Forschung und Entwicklung 2003 bei 2,5% (54,5 Milliarden Euro), wobei etwa zwei Drittel auf die Wirtschaft entfallen (BMBF 2006). Um diese (Selbst-)Verpflichtung gegenüber der EU zu erreichen, haben Bund und Länder verschiedene Strategien entwickelt: Fokussierung auf strategische Technologiefelder mit besonderen Wachstumschancen wie z. B. Life Sciences, Neue Werkstoffe oder Nanotechnologie.[3]

Die Wissenschaft, die Medien und die Wirtschaft sind für die vorliegende Frage nach dem Legitimationsbedarf der Wissenschaft nur unzureichend charakterisiert, wenn man sie auf ihre makrosoziologischen Rationalitäten – Erkenntnissuche, Herstellung von Öffentlichkeit, optimale Verteilung von Gütern – reduziert. Unterhalb der Makroebene haben sich verschiedene Institutionen und Strukturen ausdifferenziert, die jeweils unterschiedliche Interessen vertreten und zwar sowohl innerhalb eines Subsystems als auch gegenüber Institutionen anderer Subsysteme. So konkurrieren z. B. innerhalb der Wissenschaft interdisziplinäre hochschulübergreifende Forschergruppen oder einzelne Institute um Drittmittel; Die verschiedenen wissenschaftlichen Stiftungen und Vereinigungen wie die Deutsche Forschungsgemeinschaft, die Max-Planck-Gesellschaft oder die Fraunhofer-Gesellschaft konkurrieren um Einfluss und letztlich um Ressourcen bei der Bundesregierung und bei der EU. Diese Institutionen der Mesoebene – weder der einzelne Wissenschaftler noch „die Wissenschaft" – sind die eigentlichen Adressaten der Frage nach der Legitimität und der Erwartungen vonseiten der Medien und der Wirtschaft.

Auch die Medien und die Wirtschaft sind – nicht nur als Träger von Erwartungen an die Wissenschaft – in sich ausdifferenziert: Bei den Medien wären das z. B. die Massenmedien Presse und Rundfunk sowie zunehmend das Internet. Im Bereich der Wirtschaft sind das neben einzelnen (Groß-)Unternehmen vor allem ihre Verbände. Bei der Vielfalt von Institutionen wird deutlich, dass „die Medien" und „die Wirtschaft" unterschiedliche Erwartungen an „die Wissenschaft" haben – genauer: an ihre institutionalisierten Repräsentanten.

Während das Interesse der Medien an der Wissenschaft nicht besonders ausgeprägt und eher kurzfristig ist, hat die Wirtschaft konkrete und längerfristige Interessen an der Wissenschaft, wobei die Medien und die Politik zum Teil als Verstärker dieser ökonomischen Interessen fungieren. Auf den kürzesten Nenner gebracht erwartet die Wirtschaft von der Wissenschaft, dass sie sich ihren Interessen öffnet. Wissenschaft ist nur insoweit für die Wirtschaft interessant, sofern ihre Ergebnisse z. B. in Form von Patenten und innovativen Produkten wirtschaftlich verwertbar sind. Vonseiten der Wirtschaft existieren daher relativ genaue Vorstellungen über die zu erreichenden Ziele der Wissenschaft und über die Instrumente, wie diese Ziele zu erreichen sind. Die Wirtschaft – konkret: ihre Vertreter in den Gremien der Wissenschaftsorganisationen und in den Parlamenten – erwartet z. B. die Konzentration auf bestimmte Forschungsfelder, die einen besonders hohen Wert für die Wirtschaft haben. Die Forderungen an die Adresse der wissenschaftlichen Organisationen lauten daher:

---

3 Die Sozialwissenschaften spielen in diesem forschungspolitischen Ansatz im Übrigen nicht einmal mehr über die Rolle der Begleitforschung. In den 1980er Jahren gab es noch einen regelrechten Boom sozialwissenschaftlicher Begleitforschung wie Technikfolgen-Abschätzung u. ä. Diese aus kritischer Intention erwachsene Begleitforschung hat sich inzwischen zu einem Teil der Implementationsstrategie gewandelt (Mai 2006). Es geht heute nicht mehr wie in den 80er Jahren um eine mögliche Rückholbarkeit vor allem riskanter Technologien, sondern um eine möglichst rasche Einführung von Innovationen.

- Praxis- und anwendungsorientierte Forschung und Entwicklung,
- schneller Transfer von Erkenntnissen der Wissenschaft in konkrete Produkte und Innovationen,
- Abstimmung wichtiger Ziele zwischen Staat, Wirtschaft und Wissenschaft.

Diese Ziele werden von den Vertretern der Wirtschaft in den zahlreichen Gremien, in denen die Wirtschaft zusammen mit Vertretern der Wissenschaft und der Politik Sitz und Stimme haben, diskutiert und abgestimmt. In allen Wissenschaftsorganisationen gibt es derartige Gremien – Kuratorien, Senate, Ausschüsse – mit Vertretern aus Wirtschaft, Wissenschaft und Politik (vgl. Max-Planck-Gesellschaft 2001).

Die Politik verfügt ebenfalls über eine Reihe gemeinsamer Gremien und Kommissionen, in denen die Ziele zwischen Bund und Ländern sowie der Wissenschaft und Wirtschaft abgestimmt werden wie z. B. den Wissenschaftsrat, die Bund-Länder-Kommission (BLK) und deren Nachfolgerin (seit 2008) die Gemeinsame Wissenschaftskonferenz (GWK). Auch in der Legislative gibt es in den entsprechenden Parlamentausschüssen oder Enquêtekommissionen Schnittstellen zwischen Wissenschaft, Wirtschaft und Politik. Die Spitzenverbände der Wirtschaft (Bundesverband der Deutschen Industrie, Industrie- und Handelskammern) sowie die Parteien und Gewerkschaften haben ebenfalls zahlreiche Gremien, in denen wissenschaftspolitische Ziele diskutiert und gegebenenfalls als Forderungen veröffentlich werden.

4   Wissenschaft und mediale Öffentlichkeit

Die Medien sind eher indirekt an diesem Prozess beteiligt. Die Wissenschaft ist für die Medien nur insoweit interessant, als es Spektakuläres (z. B. geklonte Lebewesen) oder Aktuelles (z. B. Bilder vom Marsmobil) zu berichten gibt, von dem eine hohe Reichweite erwartet wird. Das Interesse der Medien an der Wissenschaft kann sich schnell ändern. Sendeplätze und -zeiten müssen gegenüber anderen Themen gerechtfertigt werden. Die Programmplanung folgt dabei dem vermuteten oder gemessenen Zuschauerinteresse.

Zurzeit sind Wissenschaftsmagazine relativ populär und fast alle TV-Sender haben entsprechende Formate als Teil ihrer Profilbildung im Angebot – ebenso wie Kochsendungen, Lifestylemagazine, Comedy- u. a. Formate (Wenk 2006). Bei nachlassender Reichweite werden sie ebenso schnell wieder aus dem Programm genommen, wie sie durch den gegenwärtigen Boom hineingenommen wurden. Zwischen dem öffentlich-rechtlichen Rundfunk und den Privatsendern gibt es insofern einen Unterschied, als ARD und ZDF durch ihren gesetzlichen Auftrag zur „Grundversorgung" dazu verpflichtet sind, auch solche Sendungen anzubieten, die sich nicht rechnen. Das betrifft tendenziell auch Wissenschaftsmagazine.

Der normale Gang der Wissenschaftspolitik – die Abstimmung forschungspolitischer Ziele, die Festlegung von Budgets und Programmen – ist weder für die Öffentlichkeit noch für die Medien besonders interessant. Auch die politische Öffentlichkeit im engeren Sinn sieht in der Wissenschaftspolitik eher ein Thema für Spezialisten. Strategisch fällt es für die Parteien für die Fragen nach Machtsicherung und Mehrheitsbildung nicht ins Gewicht. Keine Wahl und keine Mehrheit drohen verloren zu gehen, weil die Regierung z. B. einer

Empfehlung des Wissenschaftsrats einer Fokussierung auf bestimmte Forschungsfelder gefolgt – oder nicht gefolgt – ist.

Wissenschaftpolitik ist noch mehr auf eine Teilöffentlichkeit beschränkt als die Wissenschaft selbst, die sich für die Medien immerhin noch popularisieren und in zuschauerkompatible Formate verwandeln lässt. Diese weitgehende Beschränkung der Wissenschaftspolitik auf die unmittelbar betroffene Klientel ist aber auch eine Chance für sachgerechte Entscheidungen, die in Politikfeldern, die unter medialer Dauerbeobachtung stehen, nicht möglich sind und daher eine symbolische Politik fördern. So sind etwa in der Sozial- und Arbeitsmarktpolitik selbst geringfügigste Änderungen (z. B. bei den Bemessungsgrundlagen für Empfänger von Transferleistungen) politisierbar und mobilisierungsfähig, während selbst einschneidende Änderungen im Wissenschaftstarifvertrag außerhalb der unmittelbar Betroffenen kaum wahrgenommen werden.[4]

5 Renaissance der Wissenschaften durch gefährdeten Aufschwung?

Im Jahr 2006 meldeten die Medien verstärkt einen Fachkräftemangel, der im Kern ein Mangel an Naturwissenschaftlern und Ingenieuren ist. Dieser Befund aus einschlägigen Studien (Boston Consulting 2006) wurde von den Ingenieur- und Industrieverbänden aufgegriffen und zur Forderung an die Politik verdichtet, mehr gegen den Ingenieurmangel zu tun:

> „Auch im Bereich (…) der hochqualifizierten Mitarbeiter hat Deutschland seit 1995 in fast allen Bereichen Plätze gegenüber anderen Industrienationen verloren. Bei uns ist in vielen Technologiefeldern bereits ein Fachkräftemangel zu beklagen, besonders in den Bereichen Maschinenbau und Chemie. Wir halten die Steigerung der Attraktivität einer Ingenieurausbildung für eine notwendige Voraussetzung, um in Zukunft ausreichend Studenten für die Technikwissenschaften zu rekrutieren." (Boston Consulting 2006: 89 f)

Mit dieser Verknüpfung der Wissenschaft mit Wirtschaftswachstum erhalten nun vor allem die Natur- und Ingenieurwissenschaften einen Popularitätsschub. Damit folgt die Politik einem Muster, das sich Mitte der 1960er Jahre regelmäßig wiederholt. Damals hatte Georg Picht aufgrund der gegenüber anderen Industrieländer deutlich geringeren Abiturientenzahlen für die Bundesrepublik Deutschland eine „Bildungskatastrophe" diagnostiziert. Damals schon ging es vorrangig um Ingenieure – und teilweise auch um Lehrer –, da der Vorsprung des Ostens („Sputnikschock") gegenüber dem Westen auch eine strategische Bedeutung hatte. Ende der 1960er Jahre wurde auf die Herausforderung der neuen Informations- und Automatisierungstechnik mit der Forderung nach Informatikern und Nachrichtentechnikern

---

4 Die Hoffnung auf eine Politisierung der Wissenschaft, wie sie Ende der 1960er Jahre im Zusammenhang mit der Studentenbewegung und allgemeinen Demokratisierung auflebte, sind nicht erfüllt worden. Wissenschaftsläden oder die Forderung, dass auch nichtwissenschaftliche Mitarbeiter „paritätisch" über akademische Angelegenheit „mitbestimmen" sollen – so eine der damaligen Forderungen – wirken in der heutigen Wissenschaftspolitik wie Fremdkörper. Die letzten Graffitis, die die Wissenschaft den Verwertungsinteressen des Kapitals entreißen und in die Hände des Volkes legen wollten, sind längst verblasst.

reagiert.[5] Heute sind es die Lebenswissenschaften, die Werkstoffwissenschaften, die Nanotechnik sowie die Informations- und Kommunikationstechnik, die die Herausforderung bilden, auf die es zu reagieren gilt.

Diese „Herausforderungen" bilden – ergänzt um die Dimension des globalen Wettbewerbs – wieder einmal die wichtigste Legitimation der Wissenschaft. Auch die Politik kann die Mittel für die Wissenschaft im Wesentlichen nur rechtfertigen, wenn sie den Zusammenhang mit Wachstum, Strukturwandel und Arbeitsplätze herstellt. Die Legitimation durch wissenschaftsimmanente Werte wie die Suche nach Erkenntnis ist weitgehend auf „Sonntagsreden" zum „Jahr der Geisteswissenschaften" u. ä. beschränkt.

Jedes Politikfeld steht mit anderen in einem Konkurrenzverhältnis um die Ressourcen Aufmerksamkeit und Finanzen. Spätestens bei den Haushaltsberatungen im Parlament müssen die Ausgaben für die Wissenschaft begründet werden. Das gelingt der ohnehin nicht besonders starken „Wissenschaftslobby" nur, wenn der Beitrag der Wissenschaft für andere zentrale Ziele – im Wesentlichen Wirtschaft und Arbeitsmarkt – hergestellt werden kann. Angewandter Forschung gelingt dies leichter als der Grundlagenforschung – auch im naturwissenschaftlichen Bereich. Die Funktionalisierung der Wissenschaft für angewandte Ziele widerspricht eigentlich dem wissenschaftlichen Ethos, der die Zweckfreiheit betont.[6] Die Konsequenz ist, dass auch zweckfreie Forschung, wenn sie ihre Nischen an den Hochschulen bewahren will, andere vermeintlich höhere Zwecke konstruieren muss, die der Politik und der nichtwissenschaftlichen Öffentlichkeit offenbar besser dienen als die reine Erkenntnissuche um ihrer selbst willen.

Institutionell ist letzteres zum Teil auf die Akademien ausgelagert worden. Hier besteht noch die Möglichkeit von Langzeitprojekten wie die Erschließung und Edition älterer Texte, ohne den ständigen Druck von Projektlaufzeiten beachten zu müssen. Aber auch innerhalb der Universitäten ist der Legitimationsdruck auf die „reine" Wissenschaft ohne ausdrückliche Verwertungsinteressen größer geworden. Durch den politisch gewollten Wettbewerb der Hochschulen müssen diese ein klares Fächer- und Forschungsprofil erarbeiten, wenn sie weiter bei der Einwerbung von Drittmitteln erfolgreich sein wollen.

Die Wissenschaftspolitik hat deutlich gemacht, dass nur die erfolgreichen Universitäten belohnt werden (Exzellenzwettbewerb). Dieser Wettbewerb ist politisch nicht unumstritten: Er wurde vor dem Hintergrund zahlreicher Studien über das deutsche Hochschulsystem ins Leben gerufen und konnte sich auf einen breiten Konsens in fast allen Parteien berufen. Das deutsche System galt als verkrustet, ineffizient und international nicht wettbewerbsfähig. Aber neben dem Minimalkonsens, dass es so wie bisher nicht weitergehen konnte, gab es in den Parteien und erst recht bei den Betroffenen in der Wissenschaft sehr unterschiedliche Vorstellungen darüber, was zu geschehen habe. Am kontroversesten sind u. a. die Punkte Studiengebühren (dafür wurde das Bundesverfassungsgericht bemüht), die Einführung der neuen Abschlüsse Bachelor und Master (bis heute verweigern sich ganze

---

5   Programmatisch dafür war das 1968 veröffentlichte Buch des ersten deutschen Informatikprofessors Karl Steinbuch („Falsch Programmiert"), das monatelang zu den meist verkauften Büchern zählte. In seiner teilweise polemischen Schrift fordert Steinbuch u. a. eine radikale Kurswende in der Bildungspolitik zugunsten der Technik. Der Begriff „Informatik" wurde übrigens von Steinbuch geprägt und in Deutschland eingeführt.

6   Aus diesem Grund gehörten z. B. die Ingenieurwissenschaften bis nach dem Krieg nicht zum Angebot der Universitäten, sondern waren auf die Technischen Hochschulen beschränkt.

Universitäten und Studiengänge – z. B. Jura, Medizin – dem Bologna-Prozess, andere streben die Wiedereinführung der Diplomstudiengänge an – insbesondere an den Technischen Universitäten – und die Einführung der Juniorprofessur bzw. die Abschaffung der Habilitation als Voraussetzung für eine Professur.

Von allen diesen wissenschaftspolitischen Entscheidungen nimmt die breite Öffentlichkeit kaum Notiz, weil die Medien die Bedeutung dieser Entscheidungen nicht relevant genug einschätzen und deshalb nicht vermitteln. Eine Ausnahme von diesem medialen Wahrnehmungsmuster ist der Ingenieurmangel, über den die deutsche Wirtschaft seit 2006 klagt. So wurde auch einer breiteren Öffentlichkeit bewusst, dass Wissenschaft am Beginn einer Wertschöpfungskette steht, die mit Wachstum und Arbeitsplätzen endet.

6 Fazit

„Wissenschaft" ist derzeit auf fast allen Kanälen im Fernsehen präsent. Was in den entsprechenden Formaten als Wissenschaft verstanden wird, ist sehr unterschiedlich: Es reicht von Sendungen für Kinder und Jugendliche über Hochglanzdokumentationen (nach dem Muster des „Discovery Channel") bis zu Abenteuersendungen, denen „Wissenschaft" nur als Aufhänger dient. Wissenschaftspolitische Fragen werden dagegen kaum in den Massenmedien angesprochen und bleiben auf Fachzeitschriften oder das Feuilleton beschränkt.

Das Bild der Wissenschaften im Fernsehen ist auf Spektakuläres, Visualisierbares und teilweise Abseitiges fixiert. Das entspricht der medialen Logik, die auch andere Bereiche überformt (Meyer 2001). Auch die Vertreter aus der Politik und der Wirtschaft beklagen sich ständig (und meist vergeblich) über die verkürzte Darstellung ihrer Inhalte in den Medien. Lediglich die Politik greift gelegentlich in das Mediensystem ein, wenn sie bestimmte Regeln für die Präsentation politischer Inhalte einfordert wie z. B. Proporzregeln bei der Besetzung von Diskussionsrunden. Die Wissenschaft hätte kaum die Autorität und Kompetenz, ähnliches von den Medien zu verlangen. Die Wirtschaft hat sich weitgehend damit abgefunden, dass von ihr ein einseitiges Bild in den Medien vermittelt wird und im Übrigen der wirtschaftliche Sachverstand in den Medien kaum vorhanden ist.

Letztlich entscheidet das von den Medien vermittelte Bild der Wissenschaft über ihr Ansehen in der Gesellschaft und damit über ihre Legitimation. Es kann daher der Wissenschaft nicht gleichgültig sein, wie sie in den Medien erscheint: Als seriöser Beitrag zum wirtschaftlichen und sozialen Fortschritt oder als ein „nice-to-have" mit gelegentlichem Unterhaltungswert. Wissenschaft und Medien haben gemeinsam die moderne Gesellschaft aus der Taufe gehoben: Die Moderne ist wesentlich eine Mediengesellschaft und eine Wissenschaftsgesellschaft. Trotz dieser Patenschaft für die Moderne finden Medien und Wissenschaft nicht recht zueinander – zu unterschiedlich sind ihre jeweiligen Funktionen im Rahmen der gesellschaftlichen Differenzierung. Wissenschaft wird nie nur unterhaltsam und damit medientauglich sein (können) und die Medien werden sich ihre Agenda nie von der Wissenschaft allein bestimmen lassen.

Die Wissenschaft braucht eher die Medien als umgekehrt: Beim Kampf um die zentrale Ressource der Mediengesellschaft – die Aufmerksamkeit – wird Wissenschaft immer mit anderen „Events" konkurrieren müssen und daher medienkompatibleren Inhalten den Vortritt lassen und lassen müssen. Schließlich kann die Wissenschaft durch die Medien auch zum Opfer ihrer gestiegenen Popularität werden, wenn die gestiegenen Erwartungen an die Wissenschaft nicht eingelöst werden: Wer ständig die Lösung bestimmter Probleme verspricht, wird irgendwann auch konkrete Lösungen anbieten müssen. Für die Wissenschaft besteht insofern eine mediale Falle: Um mehr Ressourcen und Unterstützung für ihre Arbeit zu erhalten, muss sie sich über die Medien an die Öffentlichkeit wenden. Werden diese Erwartungen nicht erfüllt verliert sie diese Unterstützung ebenso so schnell wieder. Wissenschaftler können sich dabei nicht unbedingt darauf verlassen, dass man ihnen nicht gehaltene Versprechungen ebenso nachsieht wie Politikern ihre Wahlversprechen.

7   Literatur

The Boston Consulting Group (2006): Innovationsstandort Deutschland – quo vadis? München.

Bundesministerium für Bildung und Wissenschaft BMBF (2006): Forschung und Innovation in Deutschland.

Gallus, Alexander/Jesse, Eckhard (Hrsg.) (2004): Staatsformen. Modelle politischer Ordnung von der Antike bis zur Gegenwart. Köln/Weimar/Wien: UTB.

Hack, Lothar (1986): Vor Vollendung der Tatsachen. Die Rolle von Wissenschaft und Technologie in der dritten Phase der industriellen Revolution. Frankfurt am Main: Fischer.

Héritier, Adrienne (Hrsg.) (1992): Policy-Analyse. Kritik und Neuorientierung. PVS-Sonderheft 24.

Jäckel, Michael (Hrsg.) (2005): Mediensoziologie. Grundfragen und Forschungsfelder. Wiesbaden: VS Verlag für Sozialwissenschaften.

Kaube, Jürgen (2006): Die Öffentlichkeit der Wissenschaft. Max Planck Forschung 3, 2006: 15-18.

Luhmann, Niklas (1996): Die Realität der Massenmedien. Opladen: Westdeutscher Verlag.

Mai, Manfred (2005) : Medien als soziales System. In: Jäckel, Michael (2005): 255-272.

Mai, Manfred (2006):Technikfolgen-Abschätzung und Politik. In: Wechselwirkung 136, 2006: 45-50.

Max Planck Gesellschaft (2001) www.mpg.de/pdf/jahresbericht2001/jahresbericht2001_042_047.pdf

Mayntz, Renate (1992): Policy-Netzwerke und die Logik von Verhandlungssystemen. In: Héritier, Adrienne (1992): 39-56.

Mayntz, Renate (1995): Gesellschaftliche Modernisierung und die veränderte Rolle des Staates. Göttingen. Max-Planck-Gesellschaft Jahrbuch 1995: 57-70.

Meyer, Thomas (2001): Mediokratie. Die Kolonisierung der Politik durch die Medien. Frankfurt am Main: Suhrkamp.

Münch, Richard (1995): Dynamik der Kommunikationsgesellschaft. Frankfurt am Main: Suhrkamp.

Pfahl-Traughber, Armin (2004): Staatsformen im 20. Jahrhundert I: Diktatorische Systeme. In: Gallus, Alexander/Jesse, Eckhard (2004): 223-280.

Scharpf, Fritz W. (1989): Politische Steuerung und politische Institutionen. In: Politische Vierteljahresschrift, 1989: 10-21.

Steinbuch, Karl (1968): Falsch Programmiert. Frankfurt am Main: dtv.

Weingart, Peter (2005): Die Wissenschaft der Öffentlichkeit. Essays zum Verhältnis von Wissenschaft, Medien und Öffentlichkeit. Weilerswist: Velbrück.

Weingart, Peter (2006): Demokratisierung des Zugangs zu Wissen. Interview in: Zeitenblicke 5, Nr. 3.

Wenk, Holger (2006): Kein Aschenputtel mehr: Wissen ist sexy. In: tv diskurs 4, 2006: 76-79.

II. Dynamiken und Nebenfolgen der Kopplung Wissenschaft – Wirtschaft – Medien

Die Wissenschaft der Öffentlichkeit und die Öffentlichkeit der Wissenschaft[1]

Peter Weingart

1 Öffentlichkeiten und Legitimation der Wissenschaft

Umfragen in der Bevölkerung ergeben seit vielen Jahren immer wieder das gleiche Bild: etwa die Hälfte sind zustimmende bis enthusiastische Anhänger der Wissenschaft, die andere Hälfte ist desinteressiert bis ablehnend ihr gegenüber. Kaum eine andere Institution erfreut sich eines so großen generellen Vertrauens und stößt doch gleichzeitig auf so viel Befürchtungen, wenn es um spezifische Entdeckungen und ihre praktische Umsetzung geht. Einstein und Frankenstein sind die Ikonen der Wissenschaft, Seite an Seite.

Die moderne Wissenschaft besitzt nicht die gleiche Selbstverständlichkeit in der Gesellschaft, wie andere Institutionen. Die Funktionalität wissenschaftlichen Wissens wird von ihr zwar seit dem 17. Jahrhundert behauptet. Zugleich ist dieses Versprechen jedoch mit dem grundsätzlichen Vorbehalt versehen, dass der letztgültige Beweis für die Nützlichkeit erst im Nachhinein erbracht werden kann, dass der Zeitraum bis dahin ungewiss ist, da es sich bei Forschung um einen Vorstoß in Neuland handelt, und dass die Regeln, mit denen das nützliche Wissen zu produzieren ist, keiner Kontrolle und keines Eingriffs von außen zugänglich seien. Da es der Wissenschaft um neues Wissen geht, gelten diese Bedingungen als unerlässlich. Sie bedarf der gesellschaftlichen Ressourcen, aber sie entzieht sich zugleich der Kontrolle ihrer Verwendung. Ein Wirtschaftsbetrieb scheitert am Markt, wenn er nicht das richtige Produkt herstellt oder in schlechter Qualität. Der Wissenschaftler kann nicht in gleicher Weise scheitern, weil er immer unter dem Vorbehalt forscht, das Ergebnis nicht kennen zu können, und im Fall des Misserfolgs sei eben dies das hinzunehmende Ergebnis. Damit bleibt die Wissenschaft aber auf prekäre Weise ‚in Distanz' zur Gesellschaft. Diese Distanz ist systematischer Art, sie ist keine Frage des guten bzw. schlechten Willens der Wissenschaftler, sich (nicht) verständlich mitteilen zu wollen. Sie ist vielmehr ein Ergebnis der Ausdifferenzierung der Wissenschaft, die unter anderem darin zum Ausdruck kommt, dass sie ihre Kommunikationen gegenüber der allgemeinen Öffentlichkeit abschließt, Spezialsprachen entwickelt und ihr *internes* Publikum als das vornehmlich relevante herausbildet. Auf diese Weise ist die Differenz zwischen Spezialisten und Laien konstituiert worden. Die Laien bilden das *externe* Publikum der Wissenschaft.

Die Distanz bedeutet, dass Erstaunen und Hochachtung gegenüber den Leistungen der Wissenschaftler auf Seiten des Laienpublikums immer gepaart sind mit dem Misstrauen gegenüber den unzugänglichen Methoden der Wissenschaft, ihrer unverständlichen Spra-

---

1 Dieser Beitrag entstammt weitgehend dem Buch Weingart 2005: 9-33. Wir bedanken uns beim Verlag Velbrück Wissenschaft in Weilerswist für die freundliche Genehmigung des Abdrucks.

che, ihrem Anspruch auf Autonomie. Die konstitutive Abhängigkeit der Wissenschaft von gesellschaftlichen Ressourcen (Geld und Zeit) bedeutet unter diesen Bedingungen zugleich eine konstitutive Abhängigkeit vom Vertrauen des externen Publikums.

In diesem Sinn ist von einem ‚Vertrag' die Rede, der zwischen der Wissenschaft und ihrer Gesellschaft besteht (Guston/Kenniston 1994). Das ist metaphorisch gemeint, denn dieser ‚Vertrag' ist nirgendwo kodifiziert. Er besteht jedoch in den Arrangements von Vertrauen und Kontrolle, die in verschiedenen Ländern und zu verschiedenen Zeiten getroffen sind, und unter denen die Wissenschaft gefördert wird. Dieser implizite Vertrag wird kontinuierlich zwischen dem jeweiligen Souverän und der Wissenschaft ausgehandelt. Dabei wird mal das Vertrauen ausgedehnt und auf detaillierte Kontrolle verzichtet, mal wird das Vertrauen zurückgenommen und die Kontrolle, in Gestalt der Regulierung der Forschung und/oder an sie gerichteter konkreter Nützlichkeitserwartungen, stärker betont. Die Wissenschaft ist in diesen ‚Vertragsverhandlungen' interessierte Partei ebenso wie es auf der Gegenseite die Repräsentanten der Gesellschaft sind. Beide Seiten sind gehalten, ihre Interessen zu wahren.

Aus dieser Konfrontation resultiert auf Seiten der Wissenschaft ein Legitimationsdiskurs, der sich an *die Öffentlichkeit* richtet – zunächst ganz allgemein verstanden als die Instanz, von der die politischen Entscheidungen über die Gestaltung der Vertragsbedingungen erwartet werden. Der Charakter dieser Öffentlichkeit hat sich im Lauf der letzten dreieinhalb Jahrhunderte tiefgreifend verändert. Infolgedessen haben sich auch die Legitimationsformen, die Rhetorik und die Argumente verändert, denn die Art der adressierten Öffentlichkeit bestimmt den Typus der Legitimation. Auf der Gegenseite verhält es sich ähnlich. Die Fürsten des 17. und 18. Jahrhunderts haben die Wissenschaft im Namen ihrer Untertanen für ihre wirtschaftlichen, militärischen und technischen Interessen und Bedürfnisse in Dienst genommen. Seit dem 18. Jahrhundert ist das vorrangig durch die Aristokratie geprägte Patronagesystem der Förderung der Wissenschaft allmählich durch ein zunehmend professionalisiertes System ersetzt worden, in dem die Beziehungen der Wissenschaft zur Öffentlichkeit formalisiert sind. Der Staat repräsentiert die Öffentlichkeit und erhebt in ihrem Namen Ansprüche.[2]

Die Wissenschaft war also schon immer darauf angewiesen, sich ihre Legitimität gegenüber der Öffentlichkeit zu sichern. Nur die Art und Weise, in der dies geschieht, wandelt sich mit dem Grad der Ausdifferenzierung der Wissenschaft, mit der politischen Verfassung einer Gesellschaft und mit der in ihr jeweils relevanten Öffentlichkeit. Die als Vertragsverhältnis beschriebene Beziehung der Wissenschaft zur Gesellschaft kennzeichnet die Wissenschaft als ein ausdifferenziertes Sozialsystem. Das bedeutet, dass sie gegenüber der Gesellschaft eine Grenze hat, die nicht beliebig überschreitbar ist, und eine Innenwelt, die nach außen weitgehend unbekannt bleibt. Alle Legitimationsversuche, die darauf gerichtet sind, diese Grenze einzuebnen, also zum Beispiel einer beliebigen Öffentlichkeit die Wissenschaft ‚verständlich' zu machen, oder Laien ein Mitspracherecht in der Forschung einzuräumen, sind einem Missverständnis erlegen. Würde die Wissenschaft sich fortwährend einer Massenöffentlichkeit oder auch nur einem aufgeklärten Herrscher verständlich ma-

---

2   Dabei unterscheiden sich die Arrangements in den großen Wissenschaftsnationen graduell untereinander nach dem Grad der Ausschließlichkeit, mit der der Staat die Förderung der Wissenschaft übernimmt (Shapin 1990: 1004). Aber im Prinzip ist das Verhältnis überall dasselbe.

chen wollen, das heißt, in deren Sprache kommunizieren, müsste sie dies mit dem Preis des Verlusts ihrer besonderen Leistungsfähigkeit bezahlen.[3]

Dennoch ist das Ansinnen von Politikern und Medien an die Wissenschaft, sich verständlich zu machen und Kontrollen ihrer Leistungen zugänglich zu sein, nicht nur unverwüstlich, sondern hat an Intensität zugenommen. Der Grund liegt in der tiefgreifenden Veränderung der Öffentlichkeit zu der der Massendemokratien. Sie gilt für die Gesellschaft insgesamt, aber sie betrifft die Wissenschaft in besonderer Weise.

Die moderne massendemokratische Öffentlichkeit wird primär durch die Medien vertreten, die die Ansprüche auf Mitsprache, Kontrolle und Bewertung artikulieren. Das Verhältnis der Wissenschaft zu ihren Öffentlichkeiten ist noch komplexer geworden, seitdem auch die Medien sich zu einem Sozialsystem ausdifferenziert haben. Seitdem werden die Ansprüche und Erwartungen der Öffentlichkeiten zum größten Teil über die Medien vermittelt. Die Wissenschaft ist zu einer „öffentlichen Angelegenheit" (Neidhardt 2002) in dem Sinn geworden, dass sie Gegenstand medialer Beobachtung und Berichterstattung ist. In Abwandlung von Luhmanns häufig zitiertem Satz könnte man sogar sagen: ‚Was wir über die Wissenschaft wissen, wissen wir durch die Massenmedien' (Luhmann 1996: 9). Die Medien haben inzwischen gleichsam ein Monopol in der Kommunikation zwischen den ausdifferenzierten Teilwelten der Gesellschaft. Von ihnen erhalten wir unsere Informationen über die Bereiche, in denen wir nicht selbst zuhause sind. Infolge dieser Schlüsselstellung werden die Bedingungen, unter denen die Medien Informationen ihrerseits gewinnen und weitergeben, unmittelbar interessant (ähnlich wie die Bedingungen, unter denen die Wissenschaft verlässliches Wissen produziert).

Die Adressierung der Öffentlichkeit durch die Wissenschaft erfolgt ebenfalls vorrangig über die Medien. Selbst dort, wo sie sich direkt an die Öffentlichkeit richtet, geht sie von der Öffentlichkeit aus, deren Profil und Erwartungen die Medien definieren. Sie richtet sich nach den Selektionskriterien und Rezepten, die die Medien zur Erringung und Bindung von öffentlicher Aufmerksamkeit bereithalten. Diese Zentralität der Medien für die gesellschaftliche Kommunikation mit den resultierenden Rückwirkungen auf alle anderen Teilsysteme ist mit *Medialisierung* gemeint. Damit wird auf die ‚Korrumpierungen' verwiesen, die sich daraus ergeben, dass diese Systeme sich an den Medien orientieren, die nahezu ausschließlich den Zugang zu der massendemokratischen Öffentlichkeit vermitteln. Sie geraten damit in den Sog der Operationslogiken der Medien, die unverträglich mit ihren eigenen sind.

Die Kommunikationen zwischen Wissenschaft und Öffentlichkeit bleiben nicht ohne Folgen. Die Bemühungen der Legitimitätssicherung seitens der Wissenschaft sind die ‚andere Seite' der Ausdifferenzierung, sie sind die Formen der Einbettung der sich ausdifferenzierenden Wissenschaft in die Gesellschaft. Die Schnittstelle zwischen der ausdifferenzierten Wissenschaft und ihren verschiedenen, medial vermittelten Öffentlichkeiten ist infolgedessen ein strategischer Gegenstand der (wissenschafts-)soziologischen Forschung, weil sich hier die indirekten, wechselseitigen Einflüsse, das heißt, die *Kopplungseffekte* zwischen ihnen, beobachten lassen. Die Ausdifferenzierung der Medien zwingt dabei zu einer neuen Sichtweise. Zum einen ist zu fragen, wie die Wissenschaft ihre Öffentlichkeiten

---

3   In gleicher Weise sind Ansinnen der beliebigen zeitlichen Verfügbarkeit und der absoluten Sicherheit als Missverständnisse einzuordnen (Neidhardt 2002: 23f.).

‚konstruiert', die sie zur Erlangung von Vertrauen und letztlich von Legitimität adressiert, z. B. in den PR-Kampagnen des ‚Public Understanding of Science'. Zum anderen ist zu fragen, wie die Öffentlichkeit die Wissenschaft konstruiert, wobei die Öffentlichkeit jetzt die Medien sind.[4] Schließlich muss gefragt werden, wie sich die Adressierung der Öffentlichkeit bzw. der Medien durch die Wissenschaft auf sie selbst auswirkt, welche Folgen die Medialisierung für sie hat.

Schon hier sei vorweggenommen: Das Bild, das sich auf beiden Seiten ergibt, ist nicht einfach und dichotom. Die Wissenschaft adressiert sowohl eine interessierte Öffentlichkeit vergleichsweise wissenschaftsnah als auch eine allgemeine, diffus konzipierte Öffentlichkeit, für die eine unterhaltsamere Kost zubereitet wird. Die Medien unterscheiden sich ihrerseits in ihren Konstruktionen, sie decken ein Kontinuum ab, das von den Feuilletons der Leitmedien bis zu den Horrorfilmen mit ihren ‚mad scientists' reicht.

Die im Folgenden facettenhaft beschriebenen Beispiele für die unterschiedlichen wechselseitigen Konstruktionen stehen zum Teil für sich selbst, zum Teil verweisen sie auf Fälle, die in den Essays detaillierter behandelt werden. Es geht insgesamt darum, die Vielfalt dieser Konstruktionen aufzuspüren und an ihnen die Veränderungen zu illustrieren, denen die Wissenschaft im Verhältnis zu ihrer Öffentlichkeit unterworfen ist.

2   Wandel der Öffentlichkeiten der Wissenschaft[5]

Die Situation der Naturforschung im 17. und besonders im 18. Jahrhundert unterschied sich in mehrfacher Hinsicht von der des 19. Jahrhunderts. Der Prozess der Ausdifferenzierung hatte gerade erst begonnen, das vorrangige Problem der Wissenschaft war ihre Glaubwürdigkeit in einer Welt, in der diese an sozialen Status gebunden war, und auch die bürgerliche Öffentlichkeit entstand erst im Lauf dieser Zeit. Die Wissenschaft bedurfte der Patronage, die zunächst nur der Adel gewähren konnte. Galilei dient als Höfling bei den Medicis und erhält von ihnen den Status eines unabhängigen Forschers. Er wird damit zum ersten Wissenschaftler im modernen Sinn (Biagioli 1999). Die höfische Gesellschaft ist deshalb somit das erste Publikum der Demonstrationen der Naturforscher im 17. Jahrhundert. Sie wird von den Naturforschern gesucht, weil sie ihnen den gleichen hohen sozialen Rang zu verleihen verspricht. Der soziale Rang der Zeugen öffentlicher Demonstrationen entschei-

---

4   Gisler u. a. (2004) sprechen von einer wechselseitigen 'Imaginierung' von Wissenschaft und Laien.
5   Der Gebrauch des Begriffs der Öffentlichkeit im Zusammenhang mit den Legitimationserfordernissen der Wissenschaft enthält eine Ambivalenz. In einem allgemeinen analytischen Sinn ist mit der ‚Öffentlichkeit' jeder Adressat gemeint, an den sich die Wissenschaft wendet, wenn sie um Unterstützung wirbt. Dabei kann es sich um einzelne Personen handeln ebenso wie um ein großes Medienpublikum. Hier ist das Kriterium die Orientierung der Wissenschaft nach ‚außen'. In einem zweiten historisch empirischen Sinn ist die Öffentlichkeit jener seit der Aufklärung bezeichnete offene Raum der gesellschaftlichen Kommunikation, dessen interne Strukturen und Akteure sich dramatisch verändert haben und noch weiter verändern (Neidhardt 1994: 8f; Habermas 1962; Donges/Imhof 2001). Das Interesse an den Auswirkungen dieser Veränderungen auf die Formen der Adressierung, auf die Legitimationsrhetorik, legt es nahe, den Begriff in seiner analytischen Bedeutung invariant zu halten und für die unterschiedlichen empirischen Konfigurationen zu verwenden. Dieser Hinweis ist deshalb notwendig, weil der Öffentlichkeitsbegriff zuweilen spezifischen historischen Ausprägungen vorbehalten bleibt und zudem normativ besetzt ist.

det wesentlich mit über die Glaubwürdigkeit der Darstellungen. Boyles Experimenten mit der Luftpumpe wohnen Gentlemen bei, die dem produzierten Wissen kraft ihres gesellschaftlichen Status Glaubwürdigkeit verleihen. Zeugenschaft ist umstritten. In dieser Situation also, in der die Naturforscher noch um soziale Anerkennung und Glaubwürdigkeit ringen müssen, sind experimentierende Forscher und bezeugende Zuschauer noch aufeinander verwiesen. Galileis Erkenntnisse bedürfen der Patronage des Großherzogs der Toskana, um „epistemologische Würde" zu erlangen (Hochadel 2003: 45, 26; Biagioli 1999).[6]

Das 18. Jahrhundert kennt noch nicht die strikte institutionelle Trennung zwischen Wissenschaftlern und Nichtwissenschaftlern und gilt deshalb als „goldenes Zeitalter der Amateurwissenschaftler" (Hochadel 2003: 41). Öffentliche Demonstrationen von Experimenten mit großem Überraschungs- und Unterhaltungswert beziehen das Publikum ein.

> „Im späten 17. und das ganze 18. Jahrhundert hindurch schaffen die Demonstratoren durch ihre vor Publikum durchgeführten Versuche verschiedene Öffentlichkeiten, die vom vornehmen Salon über den Universitätshörsaal und das Kaffeehaus bis hin zur Jahrmarktsbude reichen." (Hochadel 2003: 27)

Bei der Herausbildung der bürgerlichen Öffentlichkeit während des 18. Jahrhunderts wird deshalb den vielfältigen Formen öffentlicher wissenschaftlicher Praxis inzwischen eine wichtige Rolle beigemessen.

Die zunehmende Ausdifferenzierung der Wissenschaft dokumentiert sich in der schärferen Konturierung der Wissenschaftlerrolle und der Abgrenzung des Orts der Forschung. Die Akademien treten neben den Hof und geben der Wissenschaft eine institutionelle Identität. Allmählich bildet sich die soziale Rolle des Forschers heraus, der mit einem festem Salär rechnen kann. Damit verlagert sich die Glaubwürdigkeit allmählich auf die neuen Institutionen. Die Bezeugung von Phänomenen durch ein Publikum wird vor allem durch die Einführung von Präzisionsmessungen als Teil der experimentellen Praxis gegen Ende des 18. Jahrhunderts erschwert und schließlich unmöglich. Es kommt zur Einrichtung separater Experimentierräume, um der Sensibilität der Präzisionsinstrumente gerecht zu werden, und damit zur „Trennung zwischen privater Ausführung experimenteller Handlungen und öffentlicher Aufführung von Tatsachen. Ein solcher Wandel in der experimentellen Praxis ging mit der Veränderung der Umgangsformen in der Akademie einher. Das Phänomen konnte nicht mehr, wie sonst üblich, demonstriert werden, sondern es mussten Berichte über durchgeführte Präzisionsmessungen vorgelegt" werden (Sibum 1997: 257). Damit verlagert sich das Problem, andere zu überzeugen, von der unmittelbaren Demonstration von Evidenz auf die mittelbare Darstellung in Texten. Selbst die eigenen Kollegen müssen durch *Berichte* über Experimente informiert werden, und nur ein engerer Kreis unter ihnen kann gegebenenfalls an den Experimenten selbst teilnehmen. Die Kommunikation neuer Erkenntnisse spaltet sich infolgedessen in eine *primäre*, die an die Wissenschaftler gerichtet ist, und eine *sekundäre*, die sich an ein breiteres Publikum richtet. Die primäre Kommunikation wird in die Fachjournale verlagert und richtet sich in erster Linie an die Gemeinschaft der zum gleichen Gegenstand und zu den gleichen Problemen arbeitenden Forscher, in zweiter Linie an die Gemeinschaft der Wissenschaftler insgesamt. Hierin ist die Differenzierung disziplinärer Fachsprachen angelegt, die zur spezialisierten Kommunikation

---

6   Zur Rolle der Zeugen für die Etablierung von Glaubwürdigkeit s. auch Shapin/Schaffer 1985.

unter den engeren Mitgliedern der Fachgemeinschaft dienen, und den Popularisierungen, die notwendig sind, wenn diese Kommunikation an ein breiteres Publikum gerichtet wird.[7]

Wenn das 18. Jahrhundert das goldene Zeitalter der Amateurwissenschaft war, dann lässt sich das 19. Jahrhundert als das der Popularisierung der Natur-Wissenschaft einordnen. Das relevante Publikum der Popularisierungsbewegung war das gebildete, an Naturforschung interessierte Bürgertum, das sich seit dem ausgehenden 18. Jahrhundert in einem auf viele Lebensbereiche erstreckenden Vereinswesen organisierte.

> „Wissen transparent und austauschbar zu machen, es im privaten Rahmen zu kultivieren, um dadurch erst das Entstehen einer von der überlieferten Ordnung unterschiedenen bürgerlichen Öffentlichkeit zu ermöglichen, dieser ...Strukturwandel der Öffentlichkeit zur bürgerlichen Gesellschaft wurde in den folgenden Jahrzehnten maßgeblich durch den Aufschwung der Lesegesellschaften gefördert. Sie trugen erheblich zu jenem Fundamentalprozess der Verselbständigung von Wissenschaft und Kultur als autonomen Sphären bei, der spätestens seit 1800 unaufhaltsam war." (Daum 1998: 86)

Der Gründung von elf ,Naturkundlichen Vereinen' zwischen 1743 und 1800 in Deutschland folgte die von 162 während des gesamten 19. Jahrhunderts (Daum 1998: 91f.).

Die Zielsetzung der Vereine und ihre thematische Orientierung spiegeln ab 1810 die einsetzende fachliche Spezialisierung und Ausdifferenzierung insbesondere der naturwissenschaftlichen Disziplinen wider. Sie bilden das Forum für amateurwissenschaftliche Aktivitäten, die als Gegenseite zu der zunehmenden Professionalisierung der Wissenschaft verstanden werden müssen. Es handelt sich um die Begeisterung für und die nicht-professionelle Beschäftigung mit der Natur, für die der Schmetterlingssammler und die Botanisiertrommel gleichsam als ikonographische Verdichtungen stehen. Die Vereine waren die Organisationen des nichtprofessionellen Naturfreunds, der an die Stelle des „aufklärerischen Liebhabers der Wissenschaften" getreten war, „der über seine Kenntnisse im Salon zu parlieren wusste oder technischen Schaustellungen und physikalischen Experimenten auf Jahrmärkten beiwohnte. ... Die Vereine erlaubten den Amateuren, ihren Naturinteressen in der geselligen Gemeinschaft Gleichgesinnter nachzugehen und die wachsende Distanz zur akademischen Zunft zu kompensieren" (Daum 1998: 108).[8]

Etwa ab Mitte des Jahrhunderts öffnen sich die Naturvereine den Nichtmitgliedern, die sie zu ihrer Öffentlichkeit für die Verbreitung wissenschaftlichen Wissens machen und verstärkt durch Vorträge bedienen. Daum macht die terminologische Unterscheidung zwischen ,wissenschaftlichen' und ,belehrenden' Vorträgen zuerst um 1840 aus und im letzten Jahrhundertdrittel den populärwissenschaftlichen Vortrag als allgemein übliche Aktivität der Vereine (Daum 1998: 112). Diese popularisierende Verbreitung wissenschaftlichen Wissens wird nicht nur von den darauf spezialisierten Popularisierern betrieben, sondern die Vereine greifen auch auf professionelle Naturwissenschaftler zurück, die Vorträge ge-

---

7   Whitley und Bunders haben auf die Bedeutung der Popularisierung auch für die Kommunikation unter den Spezialisten, das heißt, also *innerhalb* der Wissenschaft, hingewiesen. Sie ist vor allem dann unvermeidlich, wenn es um die Kooperation zwischen verschiedenen Forschungsgebieten geht, oder um die Erlangung von Aufmerksamkeit für ein bestimmtes Gebiet und seine Forschungen. Damit wird vor allem die übliche scharfe Trennlinie zwischen wissenschaftlicher und popularisierender Kommunikation in Frage gestellt (Whitley/Bunders 1985).

8   Vereine waren überhaupt die zentrale Form der Vergesellschaftung des Bürgertums und ihre Bedeutung als Publikum deshalb nicht auf die Wissenschaft beschränkt.

gen Honorar halten. Schon damals erzwingt diese Konstellation ‚Konzessionen an den Publikumsgeschmack' in Gestalt unterhaltender Darstellung. Emil Du Bois-Reymond, gebeten, einen Vortrag in Hamburg für das Publikum etwas zu „colorieren", änderte sein Thema bereitwillig zu: "Warum müssen wir für unser tägliches Brot beten, und was versteht die Physiologie unter täglichem Brote?" (Daum 1998: 114). Die Vereine werden zur tragenden Bewegung der Popularisierung naturwissenschaftlicher Kenntnisse und adressieren eine breite Schicht bürgerlicher Öffentlichkeit. Am Ende des Jahrhunderts, am *Ostersonntag* 1899, schreibt Ernst Haeckel im Vorwort zur siebten Auflage seines populärsten Buches ‚Die Welträthsel', den „gemeinverständlichen Studien über monistische Philosophie":

> "Die vorliegenden Studien … sind für die denkenden, ehrlich die Wahrheit suchenden *Gebildeten aller Stände* bestimmt. Zu den hervorragenden Merkmalen des neunzehnten Jahrhunderts … gehört das lebendige Wachsthum des Strebens nach Erkenntniß der Wahrheit in *weitesten Kreisen*." (Haeckel 1901: III; Hervorhebung P.W.)

Dass Haeckel diese Zeilen ausgerechnet am Ostersonntag geschrieben haben will, deutet noch auf einen anderen Aspekt hin. Ab der Mitte des 19. Jahrhunderts wird die Wissenschaft vor allem in Gestalt der Darwinschen ‚Deszendenztheorie' offensiv als Weltanschauung, wenn nicht gar als Ersatzreligion zum Gegenstand eines öffentlichen Diskurses. Für das fortschrittlich gesinnte Bürgertum sowie für die Sozialdemokraten wird die Darwinsche Theorie eine Theorie der Unvermeidbarkeit des gesellschaftlichen Fortschritts. Die zahlreichen Bücher der ‚sozialdarwinistischen' Interpreten auf beiden Seiten des politischen Spektrums werden Bestseller und deuten auf ein breites öffentliches Interesse (Kelly 1981).

Die Adressierung eines interessierten Massenpublikums durch die Wissenschaft war etwa seit Mitte des Jahrhunderts zu einer Mode geworden. Schon die Kosmosvorträge Alexander von Humboldts 1827/28 in Berlin hatten „ein bunt gewürfeltes Publikum, das vom König Friedrich Wilhelm III. bis zum Maurermeister reichte", angezogen. 1852 war der erste Band bereits in sieben Sprachen übersetzt (Orland 1996: 48). In den Folgejahren expandierte der Markt für populärwissenschaftliche Medien enorm, von Zeitschriften und Büchern über Vorträge bis zu Ausstellungen in Museen, und mit dem Publikum änderte sich auch die Funktion dieser Erzeugnisse. War es in der ersten Hälfte des Jahrhunderts, gleichsam noch als Nachwirkung des 18., um den „ästhetischen, aufklärerischen und philosophischen Genuss der ‚Einheit der Natur'" gegangen, wurden in der zweiten Hälfte „Naturwissenschaft und Technik … als entscheidender Motor für den Fortschritt präsentiert", der sich für das Publikum in der Industrialisierung und in den neuen technischen Produkten wie der Eisenbahn, dem elektrischen Antrieb, dem Telegraphen, der elektrischen Beleuchtung und anderen neuen Techniken handgreiflich dokumentierte (Orland 1996: 49). Die Popularisierungsliteratur, die sich am Ende des Jahrhunderts zu einem florierenden kommerziellen Markt entwickelt hatte, propagierte die vielfältigen praktischen Nutzanwendungen der Wissenschaft. Mit dem 1. Weltkrieg, der erstmals auch ein Krieg der (industrialisierten) Wissenschaft ist, erfährt die wissenschafts- und technikbegeisterte Bevölkerung jedoch die andere Seite. Er ist die Zäsur, die das 19. Jahrhundert der bürgerlichen Öffentlichkeit vom neuen 20. Jahrhundert der Massendemokratien und ihrer Öffentlichkeit trennt.

Die entscheidenden Veränderungen im Verhältnis der Öffentlichkeit zur Wissenschaft vollziehen sich auf beiden Seiten und auf mehreren Ebenen. Zum einen verändert sich das Publikum selbst. Die Arbeiterschaft, durch die Industrialisierung zu einem nicht geringen Anteil proletarisiert, verdrängt das Bürgertum. Für eine Reihe von Autoren populärer Schriften erlangt die Wissenschaft deshalb politisch-gesellschaftliche Funktionen. In den utopisch-sozialistischen Programmen wurde der Wissenschaft eine wichtige Rolle in der Gestaltung der zukünftigen Entwicklung der Gesellschaft, der Befreiung der pauperisierten Arbeiterschaft von den falschen Idolen der Religion und der Verbesserung ihrer Lebenslage, zugedacht. Die Arbeiterschaft sollte schließlich auch die Entwicklung der Wissenschaft auf ihre Interessen lenken, nachdem sie sich durch Bildung ausreichend auf diese Aufgabe vorbereitet hatte. Die Arbeiterbildungsvereine des ausgehenden 19. Jahrhunderts in Wien und Berlin, allen voran die Berliner ‚Urania‘, nahmen deshalb die Arbeiterschaft als Publikum in den Blick. Eine Studie des Leserverhaltens der Wiener Bevölkerung aus den 1930er Jahren kommt zu dem Ergebnis, dass je weniger Bildung die Zeitungsleser hatten, umso mehr waren sie an populären Wissenschaftsartikeln interessiert, weil sie diese als Mittel zur Weiterbildung betrachteten (Felt 2000: 13). Otto Neurath entwickelte gar eine eigene Darstellungslehre für die verständliche Präsentation komplexer gesellschaftlicher (oder noch genauer: soziologischer und ökonomischer) Sachverhalte in statistischen Bildern, die die Arbeiter und später sogar die Analphabeten in den Stand versetzen sollte, diese verstehen und auf wissenschaftlicher Basis argumentieren zu können. Es ging um die Vermittlung von empirisch-überprüfbaren wissenschaftlichen Argumenten im Sinne der wissenschaftlichen Weltauffassung des Wiener Kreises, gegen Metaphysik, Ideologie, Religion und Pseudorationalismus (Nikolow 2004; s. auch Lepenies 2003: 22).

Neben dieser Veränderung des Publikums wandelte sich auch das Verhältnis der professionalisierten Wissenschaft zu ihrer Popularisierung. Bis in das frühe 20. Jahrhundert hatte sich parallel zu dem internationalen Netzwerk der zunehmend professionalisierten akademischen Wissenschaft ein ebenso internationales Netzwerk populärer Wissenschaftsautoren, Sternwarten, botanischer Gärten sowie populärer Zeitschriften etabliert. Das in diesem Arrangement bis dahin unterstellte Bild des Publikums hatte mehrere Ursprünge. Zum einen galt wissenschaftliches Wissen als nützlich, oft auch als unterhaltsam und spannend. Aufklärung war nach wie vor ein Motiv, ebenso die Unterstellung, dass es einen ‚Hunger nach Wissen gab‘. „Episch oder pragmatisch, humanistisch oder politisch, alle diese Argumente beruhten auf der hauptsächlichen philosophischen Annahme einer Kontinuität zwischen Wissenschaft und ‚common sense‘" (Bensaude-Vincent 2001: 104). Diese positive Orientierung auf ein bestimmtes Publikum wird in den 1920er und 30er Jahren von einer neuen, ganz anderen Vorstellung des Publikums abgelöst. Jetzt wird die Öffentlichkeit der Wissenschaft auf einmal als unwissend und wissenschaftlich ungebildet vorgestellt. An die Stelle der aufgeklärten Öffentlichkeit der Amateure des 18. und der wissenschaftsbegeisterten und wissenshungrigen Öffentlichkeit des 19. Jahrhunderts tritt die massendemokratische Öffentlichkeit des 20. Jahrhunderts, der von Seiten der Wissenschaft sowohl das Interesse als auch die Fähigkeit abgesprochen wird, wissenschaftliche Erkenntnisse verstehen zu können. Damit verliert aber auch die Popularisierung der Wissenschaft ihren anerkannten Status. Sie wird von Seiten der Wissenschaft nurmehr als überflüssig und störend gesehen sowie inhaltlich als ‚Verunreinigung‘ (Hilgartner 1990). Die Tätigkeit der Popularisierung als solche wird aus der Perspektive der Wissenschaft zunehmend als untergeordnet und marginal bewertet, weil sie zu der professionellen Forschungskommunikation nichts beiträgt.

Den Grund für diese Entwicklung sieht Bensaude-Vincent zum einen in der Entwicklung der Physik, genauer gesagt der Relativitätstheorie und Quantenmechanik, die sich der unmittelbaren Anschauung entzogen. Legte deren Epistemologie die Entmündigung der Öffentlichkeit nahe, so wurde sie noch durch die politische Funktion der Physik unterstützt, die diese im 2. Weltkrieg und während des Kalten Kriegs erlangte. Die Physik wurde die Leitwissenschaft, das heißt, zu einem Idealbild, an dem alle anderen Wissenschaften gemessen wurden (Bensaude-Vincent 2001: 109). Die zunehmend komplexer und abstrakter werdenden Inhalte und die dadurch bedingte mangelnde Anschaulichkeit galten im Grunde bereits für alle Naturwissenschaften. Die Physik nahm nur insofern eine Sonderstellung ein, als die Relativitätstheorie eine Veränderung des Weltbilds bewirkte, die durch die zentrale Funktion der Theorie im Zusammenhang mit dem Atombombenbau noch zusätzlich prononciert wurde.

Will man nach dem 2. Weltkrieg noch eine weitere Zäsur in dieser Entwicklung ausmachen, lassen sich die Auflösung der bürgerlichen Eliten und die fortschreitende Demokratisierung als Ursachen eines weiteren Auseinanderdriftens von Wissenschaft und Öffentlichkeit ausmachen. Obgleich die Wissenschaftler, insbesondere die Atomphysiker, zumindest in den USA, England und Frankreich, eine eminent politische Rolle in der Hochrüstung während des Kalten Kriegs und in der Etablierung der zivilen Nutzung der Kernenergie spielen, treten sie öffentlich kaum in Erscheinung. Von den spektakulären Erklärungen der Gegner einmal abgesehen, verhalten sie sich öffentlich eher unpolitisch. Das ist vielleicht ein Grund für das Misstrauen, das ihre Rolle als einflussreiche aber politisch nicht legitimierte Berater in den 1960er Jahren erregt (Price 1967; Weingart 2001: Kap. 4).

Diese beiden grundlegenden Veränderungen, die Entstehung der massendemokratischen Öffentlichkeit und die wachsende Distanz der Wissenschaft zu ihr sowie die damit einhergehende Degradierung der Popularisierung, müssen auf den Wandel der Medien bezogen werden. Die Entmündigung der Öffentlichkeit der Wissenschaftspopularisierer entspricht im größeren Rahmen dem grundlegenden ‚Strukturwandel der Öffentlichkeit‘, das heißt, der Ablösung der bürgerlichen Versammlungsöffentlichkeit des 19. Jahrhunderts durch eine *massenmedial hergestellte* Öffentlichkeit. Deren Entstehung zeichnet sich in den Zwischenkriegsjahren ab und wird zum ersten Mal in den Propagandamaschinen der europäischen Diktaturen der dreißiger Jahre erkennbar. Waren die Medien zunächst noch an Träger in Gestalt von Vereinen und Verbänden, Parteien oder Verlegerfamilien gebunden, lösen sie sich nunmehr von diesen, differenzieren sich vom politischen System und werden zu Wirtschaftsunternehmen mit dem vorrangigen Ziel, Renditen zu erwirtschaften. Ein dramatisch gesteigerter Kapitalzufluss schafft den Rahmen für eine ebenso dramatische technische Entwicklung der Medien, die die ursprüngliche Bindung an das Druckerzeugnis sprengt, vielfältige Kommunikationsformen ermöglicht und vielfältige kommunikative Bedürfnisse bedient. Die Medien sind als Wirtschaftsunternehmen nun darauf angewiesen, sich ihre Öffentlichkeiten selbst zu schaffen, indem sie ihnen Interessen und Aufmerksamkeitsbedürfnisse unterstellen. Als ausdifferenziertes Sozialsystem entwickeln sie ihre eigenen Kriterien der Selektion und Bewertung, die nicht mehr als reine Abbildungslogiken verstanden werden können (Donges/Imhof 2001: 121).

In der Zwischenkriegszeit entsteht auch der professionelle Wissenschaftsjournalismus. Die Wissenschaft wird zur Nachricht. Einstein wendet sich über das Radio noch selbst an das Publikum, aber er wird auch zugleich zur öffentlichen Figur und gar zum Objekt der Karikaturisten der großen Tageszeitungen. Das heißt, die mediale Vermittlung der Wissenschaft bildet sich als eine eigenständige Funktion innerhalb der Massenmedien heraus.

Mit dieser Veränderung der Öffentlichkeit der Popularisierer verändert sich auch die Funktion der Wissenschaftspopularisierung. Es geht nun nicht mehr um Aufklärung noch um erbauliche Teilhabe, sondern die Medien instrumentalisieren die Wissenschaft als einen Bereich unter anderen, um Aufmerksamkeit einer aus ihrer Perspektive beliebigen Öffentlichkeit zu gewinnen. Die Wissenschaft ist dann und nur dann ein berichtenswerter Phänomenbereich, wenn die infrage kommenden Inhalte Nachrichtenwert im Sinne der medialen Selektionskriterien haben. Die Öffentlichkeit, die zu Wissenschaftsthemen von ihnen adressiert wird, sind nicht mehr die ‚Wahrheit suchenden Gebildeten aller Stände‘, sondern ein amorphes und für die Medien nur aus den Leser- und Zuschaueranalysen sich erschließendes Publikum. Die Hauptsache ist, es sind möglichst viele, damit die Quote hoch genug ist, um die Werbemittel einzutreiben. Eine weitere Verwerfung als Folge der Medialisierung ergibt sich auf der sachlichen Ebene. Das Unterhaltungsbedürfnis des nichtprofessionellen Publikums, das schon immer eine Bedingung der Wissenschaftskommunikation in die Gesellschaft war, wird nunmehr durch die Produktionsbedingungen der Medien in besonderer Weise bedient. Darstellungen der Wissenschaft durch die Medien folgen den jeweils vorherrschenden dramaturgischen Formaten im Hinblick auf die narrative, zeitliche und visuelle Gestaltung (Donges/Imhof 2001: 123). Dies trägt besonders zu der Kluft und den wiederkehrenden Konflikten zwischen professioneller Wissenschaft und ihren Vermittlern in den Medien bei, weil die medialen Kriterien der Nachrichtenwerte und die der wissenschaftseigenen ‚Seriosität‘ einander widersprechen.

Seit Mitte des 20. Jahrhunderts vollziehen sich infolgedessen zeitlich parallel gegensätzliche Entwicklungen der Ausdifferenzierung der Wissenschaft einerseits und der Demokratisierung der Gesellschaft andererseits (s. auch Lepenies 2003: 22). Die paradoxe Folge ist, dass die Distanz zwischen Wissenschaft und Öffentlichkeit im Hinblick auf die Kommunikationsmöglichkeiten größer wird und zugleich die Öffentlichkeit Anspruch auf Teilhabe, Kontrolle und Nützlichkeit erhebt. Die Wissenschaft durchdringt und prägt zwar praktisch alle Lebensbereiche, doch trotz dieser Allgegenwart erscheint sie fremd, weil sie sowohl institutionell als auch kommunikativ von der Gesellschaft separiert ist. Was sich in den Labors abspielt, wie Forschung funktioniert, was die Wissenschaftler miteinander kommunizieren, bleibt der ‚Laienöffentlichkeit‘ unbekannt und verschlossen. Oft kann sie nicht einmal erkennen, worin ihre besonderen Leistungen bestehen, weil ihr die Kenntnisse zur spezifischen Zurechnung fehlen. Die Wissenschaft ist eine in vieler Weise fremde Welt, über die umso mehr Klischees gehandelt und Mythen gebildet werden. Die professionalisierte Wissenschaft hat die Öffentlichkeiten des 18., 19. und frühen 20. Jahrhunderts an die Medien verloren. Sie ist nun von den Medien abhängig, in der gleichen Weise, wie die anderen ausdifferenzierten Sozialsysteme auch. Sie bedarf jedoch in besonderer Weise ihrer Akzeptanz, weil sie abhängiger von den Ressourcenzuweisungen ist als diese. Die Aufmerksamkeit und vor allem die Zustimmung der Wahlbevölkerung, die über die Legitimität der Wissenschaft befinden und letztlich die Voraussetzung für ihren Bestand sind, scheinen von den Medien allein kontrolliert zu werden.

Aus der Gegensätzlichkeit von Spezialisierung und Professionalisierung der Wissenschaft bei gleichzeitiger Abhängigkeit von öffentlicher Zustimmung einerseits und der Demokratisierung der Gesellschaft bei gleichzeitiger Medialisierung öffentlicher Kommunikation andererseits ergibt sich für die Wissenschaft eine prekäre Lage.[9]

Sie sieht sich den Öffentlichkeiten gegenüber, welche die Medien für die Wissenschaft konstruieren, ohne dabei auf sie Einfluss zu haben. Auf der Suche nach politischer Unterstützung unternimmt sie selbst den Versuch, Öffentlichkeiten zu konstruieren. Dabei ist sie jedoch auf die Medien verwiesen.

3 Öffentlichkeitskonstruktionen der Wissenschaft

Die Stellung der Physik als Leitdisziplin, die für die Entmündigung der Laienöffentlichkeit verantwortlich gewesen sein mag, ist inzwischen erschüttert. Sie hat sie an die Biologie oder, in der modernen Sprache der Disziplinenpolitik, an die ‚Life Sciences' verloren.[10] Die Physik war aber maßgeblich und zugleich ungewollt an der Entstehung eines ganz neuen Typs von Öffentlichkeit beteiligt, der sich in den 70er Jahren des 20. Jahrhunderts herausbildete: Die Reaktionen auf die Kernkraftunglücke und der wachsende Widerstand gegen die Kernkraft insgesamt haben Bürgerbewegungen und Umweltorganisationen außerhalb der formalen Organisationen der parlamentarischen Demokratien hervorgebracht. Die Wissenschaft und mehr noch die Technik wurden das Ziel von Protesten, die von zunächst relativ kleinen Gruppen getragen, aber wirkungsvoll von den Medien verbreitet wurden. Diese Protestbewegung markierte eine neue Phase der Demokratisierung. Die Wissenschaft, die zu ihrer Entstehung beigetragen hatte, war hingegen noch dem Öffentlichkeitsbild des 19. und frühen 20. Jahrhunderts verhaftet und geriet gerade deshalb in einen so unerbittlichen Konflikt zu ihr. Die Konfrontation des von einem elitären Selbstverständnis geprägten Wissenschaftsestablishment mit den aus seiner Perspektive illegitim erscheinenden Bürgerinitiativen führte vor allem in Deutschland, aber nicht nur hier, zu einer Verhärtung der Fronten, die noch lange Zeit nachwirken sollte. Sie dokumentiert sich anschaulich in der Rhetorik und den Stereotypen, mit denen die jeweils andere Seite wahrgenommen wurde. Aus der Sicht der Wissenschaft erschien die Öffentlichkeit ‚irrational' und uninformiert zu sein.

Von der Öffentlichkeit des Public Understanding of Science zur egalitären Öffentlichkeit: Diese Sichtweise liegt auch der angelsächsischen Programmatik des ‚Public Understanding of Science' (PUS) zugrunde (Royal Society 1985). Mit ihr wird eine ‚externe' Öffentlichkeit in der Absicht wiederhergestellt, die verlorengegangene Zustimmung zurückzugewinnen. Diese Öffentlichkeit gilt als unwissend im Hinblick auf die Wissenschaft, aber als im Prinzip wissbegierig. Daraus folgt die weitere Annahme, dass sie, sofern sie ausreichend über die Wissenschaft informiert wäre, deren Ziele und Werte auch teilen wür-

---

9 Donges/Imhof sehen darin eine „neue Form der Sozialintegration moderner Gesellschaften" (Donges/Imhof 2001: 121).

10 Das zeigt sich u.a. an der Wissenschaftsberichterstattung in den Printmedien. Bis in die 1960er Jahre waren über 50% der Nachrichten in der britischen Presse von den physikalischen und technischen Wissenschaften dominiert, ab den 1970er Jahren verlagerte sich das Schwergewicht zu biomedizinischen und sozialwissenschaftlichen Themen (Bauer 2001: 168f.).

de. Sie bedürfe nur des besseren Verständnisses der Wissenschaft, um wohlwollend über ihre Förderung zu befinden. Die entsprechenden Werbekampagnen sind auf die massenmediale Aufmerksamkeit für ‚events' und ‚entertainment' gerichtet und gehen von einer unspezifischen und unstrukturierten Öffentlichkeit aus, wie sie auch die Medien für sich konstruieren.

In einer Hinsicht ist es überraschend, dass sich die im PUS-Konzept enthaltene elitäre Vorstellung der Öffentlichkeit so lange hat halten können. Die rezente Rücknahme der Formel des ‚Public Understanding' und ihre Ersetzung durch ‚Public Engagement with Science and Technology' (PEST) trägt der allgemeinen Demokratisierung Rechnung, die in anderen Öffentlichkeitskonstruktionen bereits seit längerer Zeit ihren Niederschlag gefunden hat. Eine umfassende Analyse von Lehrbüchern für Grundschulen in sechzig Ländern über den Zeitraum nahezu des gesamten 20. Jahrhunderts (1900-1995) zeigt einen grundlegenden Wandel der Vorstellungen der Stellung der Wissenschaft gegenüber dem Laienpublikum. Die Lehrbücher zu Beginn des Jahrhunderts präsentieren die Wissenschaft als eine Sammlung von Fakten, deren Ursprung entweder ganz im Dunkel bleibt oder allenfalls einigen wenigen berühmten Denkern zugeschrieben wird. Im Verlauf des Jahrhunderts treten Menschen zunehmend als Akteure auf, Wissenschaftlern wird Expertise zugeschrieben, bis gegen Ende des Jahrhunderts prinzipiell allen Menschen die Fähigkeit zugesprochen wird, an der Forschung teilhaben zu können. ‚Jeder kann Dinge und Ideen erfinden und Wissenschaft betreiben'.[11] Anfang der 90er Jahre propagieren so mächtige wissenschaftspolitische Organisationen wie die American Association for the Advancement of Science (AAAS) und die UNESCO das Motto ‚Science for all', das allen Schülern ein Gefühl der Handlungsfähigkeit vermitteln soll – „nicht nur Wissenschaft im Dienste aller, sondern Wissenschaft *durch* alle" (Mceneaney 2003: 139).

Man wird diese Veränderung des Wissenschaftsbildes und der einhergehenden Veränderung der Vorstellung der Öffentlichkeit, in der sich die säkulare Demokratisierung eindrucksvoll dokumentiert, getrost der Wissenschaft zuschreiben können. Lehrbücher für die Schule werden von Wissenschaftlern in Kooperation mit Pädagogen konzipiert. Entscheidend ist, dass die implizit adressierte Öffentlichkeit auch in diesem Kontext am Ende des Jahrhunderts egalitär konzipiert ist. Die Fähigkeit, an der Wissenschaft aktiv zu partizipieren, wird prinzipiell *allen* zugeschrieben.

Die gleiche Selbstrepräsentation der Wissenschaft als ‚inklusiv', als publikumsnah, als ‚hands on'-Aktivität, findet sich auch in den Ausstellungen der ‚Science Centers', die seit den 1970er Jahren zuerst in den USA, später auch in Europa entstanden sind. Ihre neuartige Konzipierung des Publikums stellte für das traditionelle ‚Bewahrungs'- und Ausstellungsparadigma der Wissenschafts- und Technikmuseen eine große Herausforderung dar.[12] Hier kann man streiten, ob die Öffentlichkeitskonstruktion der ‚Science Centers' nicht bereits

---

11   Diese Formulierung entstammt dem *Project 2061: Science Benchmarks*, einem von der American Association for the Advancement of Science geförderten Programm für Schulcurricula, hier das Ziel für den Abschluss der zweiten Klasse (zit. in Mceneaney 2003: 139).

12   In einer Hinsicht war die Konfrontation zwischen traditionellen Wissenschaftsmuseen und Science Centers, die sich jeweils auf die wissenschaftliche Tradition des Experimentalismus und Phänomenalismus stützen konnten, am Ende doch fruchtbar: die alten Museen haben verstanden, dass sie ‚Science in the Making' und mehr aktuelle Wissenschaft zeigen müssen. Zur Debatte in den Museen: Lindqvist 2000; sowie eine Zusammenfassung der Debatte Seltz/Sieglerschmidt 2001.

eine Konstruktion der Medien statt der Wissenschaft ist. Die Kuratoren und Ausstellungsmacher konzipieren ihr Publikum unter der Bedingung des ökonomischen Erfolgs, der die Voraussetzung für alle weitergehenden Aufklärungs- und Bildungsziele ist. Der Erfolg hat den Paradigmenwechsel bestätigt. Die Wissenschaftsmuseen, ebenso wie die Kunstmuseen, die vordem einem elitären bürgerlichen Publikum vorbehalten waren, sind einer egalitär konzipierten Massenöffentlichkeit erschlossen worden (was ihnen allerdings auch den Vorwurf der Infantilisierung des Publikums eingetragen hat). Deren Teilhabe, das heißt, ihr Eintrittsgeld, und nicht mehr die staatliche Förderung entscheidet über die Existenz der Ausstellungen. Ganz gleich, ob man sie noch der Wissenschaft oder schon den Medien zuschreiben will: die adressierte Öffentlichkeit entspricht der Gesellschaftsstruktur der modernen Demokratien, in der allein Bildungs- und Einkommensdifferenzen die Teilhabechancen bestimmen. Die ihr dargebotenen Ausstellungen folgen dem Konzept des Edutainments, der Anspruch ist nicht mehr Bildung an sich, sondern auch Unterhaltung, obwohl es immer auch schon beides war. Nur jetzt sagt man es offen, dass Bildung an sich keinen Wert mehr darstellt und es des Kitzels bedürfe, um neue Kundenschichten zu erreichen.

4   Wissenschaftskonstruktionen der Medien und ihre Öffentlichkeit

Könnten die Werbekampagnen der Wissenschaft und der (vorübergehende?) Publikumserfolg der ‚Science Centers' zu der Schlussfolgerung verleiten, dass die Wissenschaft einen hohen Rang in der öffentlichen Aufmerksamkeit genießt, vermitteln die Medien ein eher ernüchterndes Bild. Wissenschaft ist ein Thema unter vielen, und sowohl in den Printmedien als auch im Fernsehen gilt sie als nachrangig und schwer vermittelbar. Das an Wissenschaft interessierte Publikum wird durchgängig als klein eingeschätzt. Die Wissenschaftsredaktionen sind unterbesetzt, und die Stimme der Wissenschaftsjournalisten hat in den Redaktionskonferenzen weniger Gewicht als die der Kollegen aus den politischen oder Wirtschaftsressorts.

Untersuchungen der Wissenschaftsberichterstattung der Medien in Deutschland, England und den USA zeigen annähernd deckungsgleich unterschiedliche Konjunkturen. In der Nachkriegszeit bis etwa 1960 nimmt das Volumen der Berichterstattung zu, fällt dann wieder zurück, um nach Mitte der 70er Jahre erneut anzusteigen. Außerdem ändert sich die Bewertung der Wissenschaft, von einer positiven in den 50er und frühen 60er Jahren zu einer negativen in der Zeit von 1965 – 1990 und seither wieder zu einer positiven.[13] Die Gründe für diese Konjunkturen liegen im Dunkel. Es lässt sich allenfalls spekulieren, dass z. B. der Anstieg während der 70er Jahre bei gleichzeitig negativer Bewertung die breite Diskussion der Kernkraft zu dieser Zeit reflektiert. Entscheidend ist jedoch, dass sie die offenkundige Unabhängigkeit der Medien gegenüber der Wissenschaft belegen und damit die Kontingenz der öffentlichen Aufmerksamkeit, wie sie durch die Medien generiert wird.

---

13   Das Bild unterscheidet sich überdies zwischen Leitmedien und populärer Presse (Bauer 2000: 165ff.; LaFollette 1990: Kap.3).

Die Vorstellungen darüber, welches Publikum mit den großen Werbekampagnen angesprochen werden soll, sind auf Seiten der Medien ebenso unscharf, wie auf Seiten der Wissenschaft. Sie haben ebenfalls nur vage Informationen über das Publikum, das sie adressieren. Weniger als die Hälfte der in einer Untersuchung befragten Chefredakteure und Programmdirektoren wusste Konkretes darüber. „Sie orientieren sich primär an ihren direkten Abnehmern, den Medien, und erst in zweiter Linie denken sie an die Leser, Hörer und Zuschauer" (Hömberg 1990: 97). Relativ häufig werden Gespräche mit Redakteuren oder eigene Rezeptionserfahrungen genannt, was darauf hindeutet, dass „das Phantombild des unbekannten Publikums manche Züge der eigenen Mitgliedsgruppe trägt" (Hömberg 1990: 97). Ein Drittel der Wissenschaftsjournalisten behauptet, einschlägige Informationen aus empirischen Untersuchungen wie Copytests und speziellen Umfragen zu haben.[14] Das Publikumsbild der Medienverantwortlichen und der Wissenschaftsjournalisten ist dennoch eher diffus und beruht vornehmlich auf ‚weichen' Quellen (Hömberg 1990: 101). Für die Fernsehsender gilt das einfache Dogma der ‚Quote', das bedeutet die Orientierung an der Zielgruppe der 18 – 49jährigen. Entsprechend dem unterschiedlichen Auftrag der öffentlich-rechtlichen und der privaten TV-Sender ist der Druck für die ersteren nicht ganz so groß und erlaubt es ihnen, den Luxus eines gewissen Anspruchs an ihr Publikum zu stellen. Hier haben die Sachgeschichten der ‚Sendung mit der Maus' noch ihren Platz. Die privaten Sender hingegen setzen voll auf Nachrichtenwerte und haben folglich in der Präsentation von Wissenschaft die Differenzen zwischen wissenschaftlichem und alltäglichem Wissen eingeebnet. Bemerkenswert ist freilich, dass *Wissen* als neue Leitkategorie erscheint. Der Verdacht ist, dass damit wohl eher dem modischen Konzept der *Wissensgesellschaft* entsprochen werden soll, als auf ein neues Anspruchsniveau des Publikums zu reagieren. Die leitenden Printmedien wie etwa die Wissenschaftsredaktionen der FAZ oder der ZEIT zielen dagegen auf ein vergleichsweise exklusiveres Publikum ab.

Zwischen den medialen Publikumsvorstellungen und den medialen Inhalten besteht ein enger Zusammenhang. Man kann spekulieren, dass die Publikumskonstruktionen der Medien auch die Stereotypen über die Wissenschaft reproduzieren und verstärken, die sie der Öffentlichkeit unterstellen.

Mediale Stereotype der Wissenschaft: Eine Gemeinsamkeit dieser Stereotypen ist das ambivalente ‚Image der Differenz' (LaFollette 1990: 76). Der ‚Mythos der Andersartigkeit' ist geeignet, Bewunderung, Respekt, Vertrauen und Angst zugleich hervorzurufen und auf diese Weise die soziale Distanz sowie die Abgehobenheit der Wissenschaft von gesellschaftlicher Verantwortung zu unterstützen. Diese Distanz wurde in den amerikanischen Medien bis in die 1950er Jahre über die biographische Charakterisierung einzelner Wissenschaftler transportiert. LaFollette hat in ihrer umfassenden Untersuchung der ‚public images' der Wissenschaft in den USA die Stereotypen kondensiert, die die Medien von Wissenschaftlern und von der Wissenschaft kommunizierten: den *Zauberer*, den rationalen und effizienten *Experten*, den *Schöpfer* und *Zerstörer*, der ab 1930 besonders mit dem Physiker assoziiert wurde und dem Verantwortlichkeit für positive und negative Auswirkungen

---

14   Ein bekannter deutscher TV-Wissenschaftsjournalist betonte, unter anderem aufgrund eigens in Auftrag
      gegebener Studien bestens über sein Publikum Bescheid zu wissen, und die guten Quoten für seine Sendungen bestätigten dies (Private Mitteilung). Das mag in Einzelfällen und für den hochklassigen Wissenschaftsjournalismus gelten, ist aber sicher nicht die Regel.

zugerechnet wird, sowie den *Helden*, der den optimistischen Glauben an die Zukunft mit einem unersättlichen Entdeckungsdrang verbindet (LaFollette 1990: Kap.6). Auch wenn sich der Stil der Darstellung in den Printmedien im Verlauf der ersten Hälfte des 20. Jahrhunderts zu eher pragmatischen und unpersönlichen Beschreibungen gewandelt hat, lassen sich die gleichen Stereotypen über einen viel längeren Zeitraum identifizieren. Von der Literatur des 17. bis zu den populären Filmen des 20. Jahrhunderts finden sich immer wieder dieselben Muster: ausgehend von dem ,bösen Alchemisten', stehen ,edelmütige' und ,törichte', ,heldenhafte' und ,abenteuerliche' Wissenschaftler ,inhumanen', ,verrückten' (mad) und ,gefährlichen' Forschern gegenüber, denen typischerweise die Kontrolle über ihre Entdeckungen entgleitet (Haynes 2003).

Die Wissenschaftskonstruktionen der Medien lassen sich nicht eindeutig von den ,images' trennen, die die Wissenschaft selbst liefert, denn vielfach sprechen Wissenschaftler als Autoren in den Medien, und sie werden von diesen auch als ,Zeugen' für bestimmte Meinungen bzw. als Experten für ausgewählte Themen gewählt. Die Quellen dessen, was die Medien ihrerseits über die Wissenschaft wissen, sind also einerseits die Bilder, die Wissenschaftler gern von sich selbst zeichnen, andererseits die Rechercheergebnisse, Klischees und Reproduktionen von Vorurteilen, die Wissenschaftsjournalisten verbreiten, und von denen sie glauben, dass sie für das Publikum von Interesse sind, von dem sie sich wiederum eine Vorstellung machen. In jedem Fall sind es mehrfach gebrochene, konstruierte Bilder.

5 Die Medialisierung der Wissenschaft – Fazit

Die Wissenschaft ist immer öffentlich gewesen, aber ihre Öffentlichkeit hat sich im Verlauf der letzten dreieinhalb Jahrhunderte grundlegend gewandelt. Die entscheidende Veränderung ist mit dem Übergang von der bürgerlichen Öffentlichkeit des 19. und frühen 20. zur medialen Öffentlichkeit der Massendemokratien der zweiten Hälfte des 20. Jahrhunderts fixiert worden. Das Interesse richtet sich nun auf die Rückwirkungen der Kopplung des Wissenschaftssystems mit dem der Medien, das heißt, auf die Transformation der Wissenschaft, die als ihre Medialisierung bezeichnet wurde.

Zwei wechselseitig voneinander abhängige und aufeinander bezogene Entwicklungen lassen sich unterscheiden. Zum einen wird die Wissenschaft wahrhaftig zu einer „öffentlichen Angelegenheit", insofern sie zum Gegenstand medialer Dauerbeobachtung wird. Die Innenwelt der Wissenschaft, ihre Verfahren der Konfliktlösung und der Qualitätssicherung als Elemente der Wissensproduktion, die Funktionsweise ihrer Verhaltensnormen und deren Versagen, die Konkurrenz um Ansehen und Autorität, werden öffentlich gemacht. Dabei wird ,die Wissenschaft' *in* der Öffentlichkeit und *durch* sie ,konstruiert', das heißt, auf unterschiedliche Weise imaginiert und repräsentiert. In diesem Sinn kann man von einer *Öffentlichkeit der Wissenschaft* sprechen.

Zum anderen verändert sich die unter medialer Beobachtung stehende Wissenschaft. Indem sie auf die Erwartungen der Öffentlichkeit reagiert und sich anzupassen sucht, ,konstruiert' sie diese, ihre Öffentlichkeit. Diese Konstruktionen spiegelt sie in sich selbst, als Reaktionen auf vorgestellte Erwartungen. Sie wird ,medialisiert'. In diesem Sinn kann man von einer *Wissenschaft der Öffentlichkeit* sprechen.

6   Literatur

Bauer, Martin (2000): ‚Science in the Media' as a Cultural Indicator. In: Dierkes/Grote (2000): 157-178.

Bensaude-Vincent, Bernadette (2001): A genealogy of the increasing gap between science and the public. In: Public Understanding of Science, 10, 2001: 99-113.

Biagioli, Mario (1999): Galilei, der Höfling. Entdeckung und Etikette: Vom Aufstieg der neuen Wissenschaft, Frankfurt am Main: Fischer.

BMBF (2002): planet erde – 2002 Jahr der Geowissenschaften, http://www.bmbf.de/242_4652.html .

Bunders, Joske/Whitley, Richard (1985): Popularisation within the Sciences: The Purposes and Consequences of Inter-Specialist Communication. In: Shinn/Whitley (1985): 61-77.

Daum, Andreas W. (1998): Wissenschaftspopularisierung im 19. Jahrhundert. München: Oldenbourg.

Dierkes, Meinolf/Grote, Clausia v. (Hrsg.) (2000): Between Understanding and Trust. The Public, Science and Technology, London/New York: Routledge.

Donges, Patrick/Imhof, Kurt (2001): Öffentlichkeit im Wandel. In: Jarren/Bonfadelli (2001): 101-133.

Drori, Gili/Meyer, John/Ramirez, Francisco/Schofer, Evan (Hrsg.) (2003): Science in the Modern World Polity. Stanford: Stanford University Press.

Durant, John u. a. (2000): Two Cultures of Public Understanding of Science and Technology in Europe. In: Dierkes/Grote (2000): 131-154.

Einsiedel, Edna F. (2000): Understanding ‚Publics' in the Public Understanding of Science. In: Dierkes/Grote (2000): 205-215.

EU-Kommission (2001): Eurobarometer 55.2, Wissenschaft und Technik im Bewusstsein der Europäer. 12/2001.

Felt, Ulrike (2000): Why Should the Public ‚Understand' Science? A Historical Perspective on Aspects of the Public Understanding of Science. In: Dierkes/Grote (2000): 7-38.

Gisler, Priska u. a. (2004) : Imaginierte Laien. Die Macht der Vorstellung in wissenschaftlichen Expertisen. Weilerswist: Velbrück Wissenschaft.

Guston, David H./Kenniston, K. (Hrsg.) (1994): The Fragile Contract. Cambridge, MA: MIT Press.

Habermas, Jürgen (1962): Strukturwandel der Öffentlichkeit, Neuwied: Luchterhand.

Haeckel, Ernst (1901): Die Welträthsel. 7. unveränderte Auflage, Bonn: Verlag von Emil Strauß.

Hampel, Jürgen/Renn, Ortwin (Hrsg.) (1999): Gentechnik in der Öffentlichkeit. Frankfurt: Campus.

Haynes, Roslynn (2003): Von der Alchemie zur künstlichen Intelligenz: Wissenschaftlerklischees in der westlichen Literatur. In: Iglhaut/Spring (2003): 192-210.

Hilgartner, Stephen (1990): The Dominant View of Popularization: Conceptual Problems, Political Uses. In: Social Studies of Science, 20, 1990: 519-539.

Hömberg, Walter (1990): Das verspätete Ressort: die Situation des Wissenschaftsjournalismus. Konstanz: UVK.

Hochadel, Oliver (2003): Öffentliche Wissenschaft. Elektrizität in der deutschen Aufklärung. Göttingen:Wallstein.

Iglhaut, Stefan/Spring, Thomas (Hrsg.) (2003): Science + Fiction, Zwischen Nanowelt und globaler Kultur. Berlin: Jovis Verlag.

Jarren, Otfried/Bonfadelli, Heinz (Hrsg.) (2001): Einführung in die Publizistikwissenschaft. 1. Auflage, Bern: Paul Haupt.

Kelly, Alfred (1981): The Descent of Darwin. The Popularization of Darwinism in Germany, 1860-1914. Chapel Hill: University of North Carolina Press.

LaFollette, Marcel C. (1990): Making Science Our Own. Public Images of Science 1910-1955. Chicago: University of Chicago Press.

Lepenies, Annette (2003): Wissen vermitteln im Museum. Schriften des Hygiene-Museums Dresden Bd. 1. Köln u. a.: Böhlau.

Lindqvist, Svante (Hrsg..) (2000): Museums of Modern Science, Nobel Symposium 112, Science History Publications, USA.

Luhmann, Niklas (1996): Die Realität der Massenmedien. 2. erw. Aufl., Opladen: Westdeutscher Verlag.

McEneaney, Elizabeth H. (2003): Elements of a Contemporary Primary School Science. In: Drori/Meyer/Ramirez/ Schofer (2003): 136-154.

Meyenn, Karl v. (Hrsg.) (1997): Die großen Physiker, München: C.H. Beck.

Miller, Jon D. Y./Pardo, Rafael (2000): Civic Scientific Literacy and Attitude to Science and Technology: A Comparative Analysis of the European Union, the United States, Japan and Canada. In: Dierkes/Grote (2000): 81-129.

Neidhardt, Friedhelm (1994): Öffentlichkeit, öffentliche Meinung, Soziale Bewegungen. In: Sonderheft Kölner Zeitschrift für Soziologie und Sozialpsychologie, 1994: 7-41.

Neidhardt, Friedhelm (2002): Wissenschaft als öffentliche Angelegenheit, WZB Vorlesungen 3. WZB: Berlin.

Nikolow, Sybilla(2004): Planning, Democratization and Popularization with ISOTYPE, ca. 1945. A Study of Otto Neurath's Pictorial Statistics with the Example of Bilston, England. In: Stadler (2004): 299-329.

Olby, R. C./Cantor, G. N./Christie, J. R. R./Hodge, M. J. S. (Hrsg) (1990): Companion to the History of Modern Science. London & New York: Routledge.

Orland, Barbara (1996): Reisen zum Mittelpunkt der Erde. Anfänge und Aspekte einer Geschichte der Populärwissenschaft. In: Kultur & Technik, 3, 1996: 47-53.

OST/Wellcome Trust (2000): Science and the Public. A Review of Science Communication and Public Attitudes to Science in Britain, London.

Price, Don Krasher (1967): The Scientific Estate, Cambridge: The Belknap Press of Harvard University Press.

Riedel, H. (2001): Das Fernsehen entdeckt die Wissenschaft neu! In: Weitze (2001): 179-183.

Royal Society of London (1985): The Public Understanding of Science (Report of the Ad Hoc Group). London: Royal Society.

Seltz, Rüdiger/Sieglerschmidt, Jörn (2001): Public Understanding of Science and Humanities (PUSH): Neue Herausforderungen für das Museum des 21. Jahrhunderts. In: Weitze (2001): 32-48.

Sibum, O. (1997): Charles-Augustin Coulomb. In: Meyenn (1997): 243-262, 464-512.

Shapin, Steven (1990): Science and the Public. In: Olby/Cantor/Christie/Hodge (1990): 990-1007.

Shapin, Steven/Schaffer, Simon (1985): Leviathan and the Air Pump. Hobbes, Boyle and the Experimental Life. Princeton: Princeton University Press.

Shinn, Terry/Whitley, Richard (Hrsg.) (1985): Expository Science: Forms and Functions of Popularisation, Sociology of the Sciences Yearbook Vol. IX. Dordrecht: Reidel.

Stadler, Friedrich (Hrsg.) (2004): Induction and Deduction in the Sciences, (Yearbook Vienna Circle 11), Dordrecht u. a.: Kluwer Academic Publishers.

Weingart, Peter (2005): Die Wissenschaft der Öffentlichkeit. Weilerswist: Velbrück Wissenschaft.

Weitze, Marc-Denis (Hrsg.) (2001): Public Understanding of Science im deutschsprachigen Raum: Die Rolle der Museen, München: Deutsches Museum.

Die Transformation der Geisteswissenschaften 1990 – 2007

Fritz Böhler und Sabine Maasen

1 Vom drohenden Ende zur triumphalen Wende der Geisteswissenschaften?

Die Thematisierung der Geisteswissenschaften stand in den letzten 25 Jahren nahezu durchgängig im Zeichen der Krise, die von Akteuren unterschiedlichster Provenienz artikuliert und proliferiert wurde. Wissenschaftler, Politiker, Journalisten und verschiedene, nicht selten selbstberufene Bedenkenträger aus Wirtschaft und Gesellschaft waren gleichermaßen damit beschäftigt, die Situation der Geisteswissenschaften als in vielerlei Hinsicht schwierig und defizitär zu beschreiben.[1] Im Vordergrund standen dabei einerseits Klagen über die unübersichtlich gewordenen, in sich zersplitterten Disziplinstrukturen, denen zudem ein erheblicher Modernisierungsrückstand bescheinigt wurde, andererseits die zunehmende Überlastung der Universitäten angesichts stetig steigender Studierendenzahlen und stagnierender bzw. rückläufiger Finanzmittel – wovon die Geisteswissenschaften besonders betroffen waren. Hinzu kamen die langen Studienzeiten und mangelnde Berufsperspektiven von Absolventen geisteswissenschaftlicher Studienfächer sowohl hinsichtlich des universitären als auch außeruniversitären Arbeitsmarktes. Nicht zuletzt prägte die Frage, welchen Beitrag die Geisteswissenschaften überhaupt für die Gesellschaft leisten könnten und sollten, die Krisenreden der zurückliegenden Jahre.

Innerhalb dieses typischen Spektrums der Selbstproblematisierung, das den Geisteswissenschaften bisweilen die Nachrede eingetragen hat, dass die Krise vielleicht ihre eigentliche Existenzform sei, mehren sich jedoch seit einiger Zeit die Zeichen für die Entstehung einer neuen Semantik, die zunehmend an Kraft und Einfluss gewinnt. Prominente Beispiele dafür sind etwa die jüngsten Empfehlungen des Wissenschaftsrats 2006 oder das mit großem PR-Aufwand begangene Wissenschaftsjahr 2007, das als „Jahr der Geisteswissenschaften" firmierte.[2] Darin gewinnt ein Diskurs über die Geisteswissenschaften an Kontur, der nicht nur jedwedem Krisenszenario widerspricht, sondern eine regelrechte Gegenoffensive startet: Mit ungetrübtem Geltungsbewusstsein setzt er auf bewährte Leistungsstärke, neuartige Themen und ausserwissenschaftliche Sichtbarkeit.

Wer hier jedoch leichter Hand auf einen Prozess ‚gelungener Modernisierung' der Geisteswissenschaften schliessen möchte, ist gut beraten, näher hinzusehen: Vieles spricht

---

1 Bereits klassisch: Frühwald u. a. 1991. Jüngere Publikationen: Arnswald 2005; Gethmann u. a. 2005; Gauger und Rüther 2007; Berger und Keisinger 2003; Goldmann 2007. In einem weiteren Sinne die Universität adressierend, aber die Geistes- und Sozialwissenschaften im Blick habend: Albrecht und Stölting 2001; Kimmich und Thumfart 2003; Hörisch 2006.

2 Siehe dazu ausführlicher weiter unten.

dafür, dass nun auch die Geisteswissenschaften ebenso wie die übrigen Wissenschaften forciert in die Dynamiken einer neuen Form von Politisierung, Medialisierung und Ökonomisierung geraten. Dieser Prozess vollzieht sich in endogen inszenierten und exogen veranlassten Debatten *innerhalb* und *an* einer Wissenschaftskultur, die sich seit ihrer Erfindung als Statthalterin von Aufklärung, Bildung und kultureller Deutungshoheit versteht. Besonderes Gewicht gewinnt dabei auch hier das Ringen um *Relevanz*[3] – die zentrale Legitimation von Wissenschaft in der neoliberalen Gesellschaft –, ein Ringen, das sich erwartbar fundamental, langwierig und kontrovers gestaltet und höchst ambivalente Folgen zeitigt. Dies gilt nicht nur für die Debatten *über* die Geisteswissenschaften, sondern auch für die Debatten *der* GeisteswissenschaftlerInnen selbst.

Zum besseren Verständnis der nach wie vor unübersichtlichen Lage schlagen wir ein heuristisches Modell vor, das die gegenwärtigen Selbst- und Fremdproblematisierungen der Geisteswissenschaften innerhalb eines diskursiven Spektrums situiert, das sich zwischen zwei Polen bewegt: einem *klassisch-akademischen Pol* auf der einen und einem *transakademisch-managerialen Pol* auf der anderen Seite. Am *klassisch-akademischen Pol* finden sich Konzepte von Geisteswissenschaften, die sich auf Bildung und kulturelle Selbstvergewisserung, Tradition und philosophische Wahrheit berufen. Am *transakademisch-managerialen Pol* dagegen liegt das Gewicht eher auf der Betonung von Wissen als Innovationsressource, Produkt von Wertschöpfungsprozessen und Gegenstand von Managementfragen, der Orientierung an der Zukunft und den vielfältigen Bedürfnissen der Praxis. Zugespitzt: Das Spektrum spannt sich auf zwischen einem *Wahrheitspol* auf der einen und einem *Warenpol* auf der anderen Seite. [4]

Wir gehen davon aus, dass sich der von 1990 bis heute zu beobachtende Wandel geisteswissenschaftlicher Programmatik als massive Gewichtsverschiebung vom ersten zum zweiten Pol beschreiben lässt. Zugleich aber vollzieht sich diese Verschiebung alles andere als homogen, unilinear, geordnet und definitiv, denn die strategischen Ressourcen der Geisteswissenschaften (Aufklärung, Bildung, kulturelle Deutungshoheit) erzeugen bei näherem Hinsehen einen überaus fragmentierten, widerspenstigen und widerspruchsvollen Reformulierungsprozess: Während es vielen bereits ausgemacht erscheint, dass der historische Fun-

---

3   Die Forderung nach Relevanz ist freilich keine neue: Bereits die Hochschulreformakteure der 60er und 70er Jahre hatten eine solche eingefordert, allerdings in einem anders gelagerten Kontext und mit anderer Stoßrichtung: Artikuliert von einer jüngeren Wissenschaftlergeneration zielte sie primär in Richtung einer kritischen, gesellschaftswissenschaftlich informierten und explizit politisch positionierten Revision der Geisteswissenschaften, die mehr sein und bewirken sollten als die konservative Pflege bürgerlicher Kulturgüter. Und sie zielte auf die Reform einer Institution, die sich in ihrer Ordinarienherrlichkeit oft genug als entschieden feudal verfasste, antidemokratische Bastion einer Gelehrtenkurie erwies. Relevanz hieß in diesem Sinne, dass sich die Geisteswissenschaften gleichermaßen fundamental wie proaktiv für eine kritische Selbstaufklärung und Demokratisierung der Gesellschaft samt ihrer tragenden Institutionen (inklusive der Universität selbst) einsetzen sollten. Die Differenzen zum heute erkennbaren Relevanzverständnis werden im Laufe unserer Ausführungen deutlich werden.

4   Diese Polarisierung impliziert unsererseits keine Wertungsabsicht, sondern schlägt lediglich ein Sortierregister für zwei Ideologiesysteme vor, die unterschiedliche Wertordnungen (vgl.:Boltanski/Thévenot 2007) zuzuordnen sind. In diesem Sinne lässt sich der klassisch-akademische Pol als jener Ort verstehen, der die gesellschaftlichen Privilegien einer religiösen Priesterschaftsfunktion zu beerben trachtet. Die darin behauptete Wahrheitsautorität ist zuallererst einer Invisibilisierungsoperation geschuldet, die genau diese Erbfolge zum Verschwinden zu bringen trachtet. Der transakademisch-manageriale Pol hingegen dürfte eher in der Tradition technologischer Weltaneignung und einer sich neu formierenden „Projektpolis" (Boltanski/ Chiapello 2003) zu situieren sein.

dus geisteswissenschaftlicher Programmatik nur noch Baumaterial einer eher marktförmig und medial ausgerichteten Dienstleistungswissenschaft ist, zeichnet sich dagegen ab, dass die Geisteswissenschaften diesem neoliberalen Umbau eigensinnige Wendungen geben und sich vielstimmig und kontrovers an der Idee der unternehmerischen Wissenschaft abarbeiten. Zwischen der Renaissance klassischer Selbstverständnisse und einer radikalen Managerialisierung finden sich daher gegenwärtig alle denkbaren Positionen und Verwerfungen. Ein nicht enden wollender Diskurs zeigt an, dass über ein Ende oder eine triumphale Wende dieser Disziplinen noch lange nicht entschieden ist. Denn: kaum eingestandener Gegenstand der Debatte ist ja: *who decides?*

Die Perspektive der Wissenschaftsforschung, die sich bislang kaum mit den Geisteswissenschaften befasst hat, richtet sich auf die hier zu beobachtenden Wandlungsprozesse als *Symptome eines neuen Arrangements zwischen Wissenschaft und Gesellschaft*. Der alte ‚Gesellschaftsvertrag‘ beruhte auf einer sozialen und kulturellen Privilegierung des akademischen Bildungsbeamtentums und dem institutionalisierten Vertrauen in die Selbstregulierungsmechanismen der Wissenschaft, die den sorgfältigen Umgang mit öffentlichen Geldern und die Ausrichtung auf das öffentliche Interesse sicherstellten. Aus der Erosion dieses Vertrags geht ein *new deal* zwischen Wissenschaft und Gesellschaft hervor: Er beruht auf der Idee, dieses Vertrauen auf institutioneller Ebene durch kontrollierbare Verantwortlichkeiten zu ergänzen. Universitäten sollen als sich selbst steuernde organisationale, unternehmerisch funktionsfähige Einrichtungen auf einem universitären Markt agieren (Maasen und Weingart 2006). Die von ihr beherbergten Wissenschaftler und Wissenschaften bilden dabei wichtige Schaltstellen: Als „Wissenskraftunternehmer" und „-unternehmen" werden sie zunehmend den Zwängen und Bedingungen von Angebot und Nachfrage unterstellt und auf den Erfolg am wechselhaften Dienstleistungsmarkt der Wissensprodukte ausgerichtet. Daraus wiederum resultiert die Forderung einer flexibel-umweltorientierten Profilierung von Wissensfeldern, Fachbereichen, Studiengängen und individuellen Portfolios.

Dieser Prozess hat unterdessen auch die Geisteswissenschaften erreicht. Wie die kommenden Analysen zeigen werden, wird dieser Zusammenhang von den Akteuren dieses Transformationsprozesses jedoch durchweg unterschätzt oder ignoriert und damit verkannt. Dies gilt bis in diejenigen Schriften hinein, die der Managerialierung der Geisteswissenschaften positiv bis emphatisch entgegensehen. Diese *Verkennungsleistung*, so unsere These, verleiht dem Diskurs einen Gutteil seiner eigentümlichen Dynamik und Verwerfungen. Die *Ursache dieser Verkennungsleistung*, so unsere zweite These, gründet in der rezenten ‚Zumutung‘[5], sich von einer sozial und kulturell privilegierten Deutungsposition verabschieden zu sollen und sich in die Reihe der weiteren akademischen, aber auch medialen und anderen Wissensanbieter und Deutungsgeneratoren eingliedern, ja, mit ihnen auf einem unsicheren Markt von Wissens- und Deutungsdienstleistungen konkurrieren zu müssen.

Als Indikatoren dieser Beobachtung lassen sich sowohl institutionelle (z. B. Bologna-Reform, Departementalisierung, etc.) als auch diskursive Prozesse (Manifeste und Kampagnen, Programm- oder Streitschriften, etc.) festmachen. Wir konzentrieren uns vorwiegend auf die diskursiven Bewegungen – zunächst am klassisch-akademischen Pol (2), sodann am transakademisch-managerialen Pol (3). Dass es zwischen *Wahrheitspolitik (aka-*

---

5   Selbstredend wird diese ‚Zumutung‘ von vielen auch als Chance verstanden, sich in einem sich neu öffnenden soziokulturellen Optionsspektrum zu situieren und zu reüssieren.

demischer Pol) und *Warenpolitik (transakademischer Pol)* weder zu einer gelingenden Synthesierung noch einer eindeutigen Umpolung, sondern zu immer neuen Hybridisierungen, Verwerfungen und Spannungen kommt (epistemischen wie emotionalen) zeigen wir im letzten Abschnitt (4). Sicher scheint derzeit nur eines: kein Ende der Wende in Sicht. Der radikale Stellenabbau tut sein Übriges dazu (5).

2 Zwischen Renaissance und Auflösung: Erkundungen am klassisch-akademischen Pol

Wenden wir uns zunächst zwei markanten Beispielen jener Diskursformation zu, die sich noch vorrangig im Bereich des klassisch-akademischen Pols geisteswissenschaftlichen Selbstverständnisses verorten lassen. Den ersten Fall bildet die 1991 erschienene, von Wolfgang Frühwald u. a. verfasste Denkschrift „Geisteswissenschaften heute". Als zweites Exempel dient eine germanistisch bestimmte Debatte, die unter dem Titel „Kommt der Literaturwissenschaft ihr Gegenstand abhanden?" von 1997 bis 2000 im „Jahrbuch der deutschen Schillergesellschaft" geführt wurde. Steht das erste Beispiel im Zeichen einer Unternehmung, die das geisteswissenschaftliche Erbe noch einmal mit großer Geste fundamental zusammenfassen und einer zeitgemäßen Reformulierung und Autorisierung unterziehen wollte, dokumentiert die einige Jahre später geführte Germanistendebatte sowohl einige nichtintendierte Effekte dieser Modernisierungs-Initiative auf die klassischen Disziplinstrukturen, als auch das gleichwohl überwiegende Beharren geisteswissenschaftlicher Akteure auf einem Selbstverständnis, das trotz aller disziplinären Diffussionserscheinungen noch immer dem klassischen Pol zugewandt bleibt.

2.1 „Geisteswissenschaften heute"

Zu Beginn der 1990er Jahre veröffentlichte der Suhrkamp-Verlag in rascher Folge eine Reihe von Büchern, die sich ganz grundsätzlich mit der Situation der Geisteswissenschaften in Deutschland seit dem zweiten Weltkrieg beschäftigten. Mit den beiden Bänden über die „sogenannten Geisteswissenschaften" wurde die Fächergruppe nicht nur erstmals einer ausführlichen Bestandsaufnahme aus sozialwissenschaftlicher Perspektive unterworfen, sondern auch eine breite Bilanz aus der jeweiligen Innensicht einzelner Fächer selbst vorgelegt (Weingart u. a. 1991; Prinz und Weingart 1990). Beide Bände bildeten eine Art Kompendium zum institutionellen und epistemischen Status der Geisteswissenschaften zum Ende der 1980er Jahre. Programmatisch ergänzt wurden sie durch die Denkschrift „Geisteswissenschaften heute", für die eine fünfköpfige Autorengemeinschaft um den späteren DFG-Präsidenten Wolfgang Frühwald verantwortlich zeichnete.[6]

---

6   Vgl. Frühwald u. a. 1991. Alle drei Publikationen fanden ihren gemeinsamen Ursprung in einem Projektpaket, das um die Mitte 1980er Jahre auf gemeinsame Anregung von Wissenschaftsrat und Westdeutscher Rektorenkonferenz geschnürt und vom Bundesministerium für Forschung und Technologie finanziert worden war (Frühwald u. a. 1991: 7). Die Initiative reagierte auf einen komplexen Problemdruck, der aus den unbewältigten Folgen der Öffnung und Expansion des Universitätssystems seit den 1960er Jahren entstan-

Während die „Aussen"- und „Innenansichten" nur ein sehr beschränktes diskursives Nachleben genossen,[7] erzielten die „Geisteswissenschaften heute" eine ungleich stärkere Wirkung. Sie wurden zu einem der meistzitierten Referenztexte für den Diskurs geisteswissenschaftlicher Programmschriften der 1990er und 2000er Jahre, insbesondere hinsichtlich der angestrebten Modernisierung der Geisteswissenschaften als „Kulturwissenschaften". In dieser Hinsicht bildete die Denkschrift eine Art Initialzündung und Gewährsquelle sowohl für interdisziplinäre Überschreitungs- und Reorientierungsprojekte kultur- und medienwissenschaftlicher als auch historisch-anthropologischer Natur. Damit lieferte sie der nachfolgend zu untersuchenden Jahrbuchdebatte einen Gutteil ihrer Problemgrundlage.

Gleichwohl ging von der Denkschrift in wissenschaftspolitischer Hinsicht bei aller Modernisierungsrhetorik zunächst ein erheblich konservativer Impuls aus, indem sie den klassisch-akademischen Pol geisteswissenschaftlichen Selbstverständnisses noch einmal mit großer Verve aufrichtete und bestätigte. Da dieser Text in den Empfehlungen des Wissenschaftsrats von 2006 als unmittelbare Vorläuferschrift gehandelt wird, werden wir ihn und seinen Nachfolgetext (siehe 3.1) einer genaueren Betrachtung unterziehen, um so die Distanz zwischen diesen beiden Publikationen herauszuarbeiten – eine Distanz, die sowohl formal, als auch inhaltlich augenfällig wird.

Zu den formalen Elementen: Obwohl von Wissenschaftsrat und Rektorenkonferenz in Auftrag gegeben, sind es *de facto* eine Reihe hochrangiger Wissenschaftler, die mit dem Text der „Geisteswissenschaften heute" in die Öffentlichkeit treten und verantwortlich zeichnen. Damit und durch sein Erscheinen in der Reihe „Suhrkamp Taschenbuch Wissenschaft" wendet sich der Text von seinem medialen Format her primär an die wissenschaftliche Community und ihr nahestehende Personen: „Die vorliegende Denkschrift beansprucht daher in ihren analytischen und perspektivischen Teilen auch nur, eine Denkschrift für die Geisteswissenschaften und für alle diejenigen zu sein, die sie freundlich und kritisch fördern wollen." (Frühwald u. a. 1991: 14)

Dem Charakter einer Denkschrift *aus der Community für die Community* entspricht auch der Gesamtduktus des Textes selbst. Als weit ausholendes wissenschaftstheoretisches und -historisches Projekt entwirft er ein anspruchsvolles Panorama der Geisteswissenschaften, deren Analyse stets mit einer normativen Implikation verbunden wird: der unbestreitbaren Rolle der Geisteswissenschaften im Projekt der Aufklärung. Wenngleich die Geisteswissenschaften im Text als historisch-gesellschaftliche Unternehmung analysiert werden, wird ihnen grundsätzlich ein überhistorisches Selbstbestimmungsrecht zugeschrieben, das aus ihrem „ungebrochenen idealistischen Erbe" (Frühwald u. a. 1991: 10, 16) resultie-

---

den war: Trotz stetigen Anstiegs der Studenten- und Absolventenzahlen wurde das institutionelle Wachstum der Hochschulen eingefroren, was vor allem dem zwischenzeitlich fahrlässig herangezogenen Heer von Nachwuchswissenschaftlern kaum Chancen zu adäquater Weiterbeschäftigung bot (nch persönlicher Auskunft von Wolfgang Frühwald). Hinzu kam die gerade heftig geführte Kontroverse um die gesellschaftliche Funktion der Geisteswissenschaften. Diese mussten sich einerseits in Frage stellen lassen hinsichtlich ihres Beitrags zur ökonomischen Prosperität, die seit der Rückkehr der BRD in den ökonomischen Normalzyklus die Selbstverständlichkeit der Wirtschaftswunderjahre eingebüsst hatte. Andererseits profitierten sie von wachsenden Zweifeln an der Technik- und Modernisierungseuphorie (vgl. Turner 2001).

7   Nicht zuletzt deshalb, weil sie mit dem äußerst unpopulären Befund aufwarten konnte, dass sich eine wie immer geartete Krise der Geisteswissenschaften jedenfalls nicht mit Zahlen belegen ließ: Sie hatte die Ausbausphase des Hochschulsystems bis Mitte der 1980er Jahre proportional mit vollzogen und sich überdies entsprechend differenziert (vgl. Weingart u. a. 1991: 144ff).

ren soll. Zwar wird der Gesellschaft durchaus das Recht zugestanden, darauf zu dringen, dass das Wirken der Geisteswissenschaften in der Gesellschaft spürbar ankommt: „Alle Wissenschaft und insbesondere die der Öffentlichkeit zugewandten Geisteswissenschaften [werden] daran gemessen [...], ob sie zur Lösung der ‚relevanten Probleme' unserer Zeit beitragen." (Frühwald u. a. 1991: 11) Dies zu beurteilen, die ‚Relevanz' derart an sie herangetragener Probleme abzuschätzen und in die Agenda der Geisteswissenschaften aufzunehmen, obliegt allerdings ausschliesslich ihnen selbst.[8]

> „Es ist, noch einmal, *die Aufgabe* [der Geisteswissenschaften FB/SM], der disziplinäre ‚Ort' zu sein, an dem sich moderne Gesellschaften ein Wissen von sich selbst in Wissenschaftsform verschaffen, und *es ist die Aufgabe*, dies in einer Weise zu tun, dass ihre Optik auf das kulturelle Ganze, auf Kultur als Inbegriff aller menschlicher Arbeit und Lebensformen, auf die kulturelle Form der Welt geht, die Naturwissenschaften und sich selbst eingeschlossen. Wissenschaft ist kein Prozess, der einmal zu einem Ende kommt. Das hat bereits Wilhelm von Humboldt so gesehen, [...]." (Frühwald u. a. 1991: 43; Kursivierung F.B./S.M.)

Im Schutze Wilhelm von Humboldts inthronisieren und legitimieren sich die Geisteswissenschaften (einmal mehr) als höchste Erzeugungs- und Richtinstanz gesellschaftlicher Ideologieproduktion, die die Gesellschaft fraglos in Gestalt angemessen ausgestatteter Universitäten zu alimentieren hat. In diesem Sinne artikuliert sich im Privilegienanspruch der Geisteswissenschaften immer auch der Privilegienanspruch der Universität und ihres Gelehrtenadels – eine bildungsbürgerliche Bastion, die seit Beginn der Jahrhundertwende immer wieder neuen Wellen heftigster Modernisierungs- und Demokratisierungsangriffen ausgesetzt war, ohne definitiv geschliffen worden zu sein.[9]

Knapp 160 Textseiten wenden die Autoren auf, um diesen Anspruch wissenschaftshistorisch und wissenschaftsphilosophisch herzuleiten und abzusichern, gegen konkurrierende Konzepte abzugrenzen und als epistemisches Programm in verschiedene Richtungen hin auszuformulieren.[10] Das Programm ist insoweit als protomodern zu bezeichnen, als dass sein zugrundeliegendes Konzept von Wissenschaft eine immanente Referenz in Gestalt des Neuhumanismus beibehält: So bleibt es bekennenderweise bekannten idealistischen Bahnen verhaftet.

---

8   Hans Robert Jauß erinnert in dem von ihm verantworteten Kapitel explizit an das „Eigenrecht der Geisteswissenschaften, ihr Erkenntnisziel, das Geschichte und Natur des Menschen umgreift". (Frühwald u. a. 1991: 51)

9   Für die Vorgeschichte seit dem 19. Jahrhundert siehe Ringer 1983. Eine Untersuchung, die sich der Sozial- und Mentalitätsgeschichte des akademischen Bildungsbürgertums in der BRD widmet, stellt ein dringendes Desiderat dar. Ansätze finden sich dazu bei Engelhardt 1986 sowie bei Bollenbeck 1994.

10   Anders als die Denkschrift selbst, traten die eigentlichen Empfehlungen, die unmittelbar praxisorientierte, konkrete Vorschläge für die künftige institutionelle Ausgestaltung geisteswissenschaftlicher Forschung und Lehre unterbreiteten, kaum in Erscheinung, sondern blieben auf eine Existenz in Gestalt eines Sonderdrucks des BMFT beschränkt. Tatsächlich erscheinen im Nachhinein ein Großteil der darin unterbreiteten Anregungen kaum Folgen gezeitigt zu haben, so etwa der Vorschlag, im Rahmen größerer historischer Systemvergleiche „sozialkulturelle und ökonomische Fragestellungen neu aufeinander zuzuordnen." Dies mag nicht zuletzt dem rasanten Zusammenbruch der DDR und der deutschen Wiedervereinigung geschuldet sein, zeigt jedoch auf jeden Fall ein spürbares Missverhältnis in den Wirkungsgeschichten der auf dem Buchmarkt publizierten Denkschrift und dem Empfehlungsteil, dem zumindest in Teilen ein rasches Veralten und Verschwinden beschert war. Symptomatisch mag sein, dass auf Anfrage beim Wissenschaftsrat im Jahre 2005 selbst dort kein Exemplar der Empfehlungen mehr auffindbar war. Dankenswerterweise konnte Wolfgang Frühwald mit einer Kopie aus seinem Privatarchiv helfen.

Zugleich ermutigt die Schrift ausdrücklich zur geisteswissenschaftlichen Erforschung von „Technik", „Kultur" und „Medien". Durch die Aufforderung zur Integration und Kanonisierung dieser vorgängig wenig explizit fokussierten Bereiche unternimmt man offenbar den Versuch, sich ihrer als attraktive Modernisierungsressourcen der Geisteswissenschaften (auch gegen evt. konkurrierende Ansprüche anderer, „modernerer" Disziplinen) zu versichern – sowohl in Hinblick auf neue wissenschaftliche Objekte und Fragestellungen als auch auf neue Studierendenklientele. Damit wird allerdings einem folgenreichen Prozess Vorschub geleistet. Dies betrifft zum einen die Disziplinendynamik. Denn mit „Medien", „Kultur" oder „Technik" treten Ordnungsschemata auf, die sich anfänglich als neue interdisziplinäre Themenfelder (innerhalb angestammter Fächer) begreifen, um dann vielfach den Anspruch einer eigenen Disziplin oder gar die Rolle einer neuen prima philosophia zu erheben, zumindest aber ein neues, übergeordnetes Reflexionsniveau für sich zu beanspruchen (vgl. Böhme/Matussek/Müller 2002: 203ff.). Damit kommt es sowohl zu binnendisziplinären Ausdifferenzierungen als auch Entdifferenzierungen traditioneller Fächergrenzen und deren organisierender Paradigmata. Darüber hinaus wird im Namen von „Kultur" oder „Medien" eine Ausgründungswelle in Gang gesetzt, die unter Mitnahme hochinnovativer Themen- und Theoriebereiche ein Konkurrenzangebot zu den angestammten Fächern zu formulieren vermag.

Ähnlich ambivalente Folgen ziehen aber auch die methodischen und theoretischen Modernisierungsschritte nach sich, die mit den neu konstituierten Themengebieten eng verbunden sind. Insbesondere die Annäherung an postmoderne und poststrukturalistische Theoriekonzepte konfligiert empfindlich mit dem tradierten Paradigma der Hermeneutik. Indem die Einen sich veranlasst sehen, die nachhaltige Gültigkeit der Hermeneutik zu beschwören oder andere versuchen, neuere zeichen- und kommunikationstheoretische Zugriffe dem Paradigma der Hermeneutik einzugliedern, werden die korrodierenden Effekte der dekonstruktivistischen und de-humanisierenden Kräfte postmodernen Denkens überdeutlich. Der Neuhumanismus wird darüber nicht nur als Erkenntnis-, sondern auch als Wertesystem erheblich in Frage gestellt, weil sich mit der forcierten Dekonstruktion des „Menschen" durch ein eher kybernetisch-antihumanistisches Denken dessen zentrale Vorstellungs- und Legitimationsbasis „wie am Meeresufer ein Gesicht aus Sand" (Foucault 1971: 462) zunehmend aufzulösen beginnt.

Dem wiederum wird mit dem Paradigma der „Kultur" eine Rahmenkategorie entgegengesetzt, von dem man glaubt, dass es nicht nur die Funktion des alten, totalisierenden Geistbegriffs in profanisierter Form beibehalten, sondern auch diese neuen Gegenstände und Theoriekonzepte auf der Basis eines humanistischen Weltbildes eingliedern könne. Es ist daher nur folgerichtig, dass die Denkschrift neben dem „Kultur"-Begriff auch noch an die Etablierung einer „neuen Anthropologisierung des Wissens" appelliert (Frühwald u. a. 1991: 51). So wird deutlich, dass das, was die Denkschrift als allseits wünschbare Selbstmodernisierung insinuierte, die Geisteswissenschaften mithin vor erhebliche Zerreißproben stellte – epistemische, normative wie identitäre.

2.2 „Kommt der Literaturwissenschaft ihr Gegenstand abhanden?" – Eine Debatte

Ein Teil der nicht-intendierten Modernisierungsfolgen, die durch die Denkschrift-Initiative mit in Gang gesetzt wurden, lassen sich anhand einer Debatte ablesen, die von 1997 bis 2000 im „Jahrbuch der deutschen Schillergesellschaft" geführt wurde. Die Diskussion, die Einblicke in den Zustand der Germanistik als einer Kerndisziplin der Geisteswissenschaften ermöglicht, trägt deutliche Züge einer Identitätskrise, indem sie die Frage aufwirft, ob es für das Fach überhaupt noch einen verbindlichen Gegenstand gibt, um den herum sich so etwas wie ein gemeinsames Literaturwissenschaftsverständnis formulieren ließe.

Initiiert und moderiert wurde die Diskussion, in der 18 Beiträge einer Länge von drei bis zehn Druckseiten sowie drei Herausgebereinleitungen erschienen[11], von dem reputierten Germanisten und Mitherausgeber des Schillerjahrbuches, Wilfried Barner. Barner ist zum Zeitpunkt der Publikation 60 Jahre alt, Professor für Neuere Deutsche Literatur in Göttingen und fungiert vielfach als wissenschaftspolitischer Akteur seines Faches. Das Schillerjahrbuch selbst erscheint seit 1956 als Periodikum der deutschen Schillergesellschaft, die mit 3.700 Mitgliedern eine der größten literarischen Gesellschaften Deutschlands bildet und unter anderem das Marbacher Literaturarchiv unterhält. Man bewegt sich also im Kernmilieu einer traditionsbewussten Philologie, in der der klassische Kanon der deutschen Literatur und dessen Pflege eine zentrale Rolle spielen. Es erscheint daher kaum verwunderlich, wenn die Debatte vom Anliegen einer Rückbesinnung auf „die eigentliche" Funktion und Gestalt von Germanistik getragen wird. [12]

Wenn wir uns im Folgenden vorrangig auf Barners Äußerungen beziehen, dann deshalb, weil ihm als Moderator der Diskussion eine wesentliche Strukturierungs- und Selektionsfunktion zukommt. [13] Nach Barners Diagnose unterliegt die Literaturwissenschaft einer

---

11   Der Herausgeber betont, dass es noch nie eine solche Fülle von Wortmeldungen zu einem Thema gegeben habe – ein Verweis darauf, wie sehr das Thema dringliche Probleme der Disziplin berührt haben muss. (Barner 1998: 457)

12   Ein Blick auf den diskursiven Kontext mag die Spezifität der Initiative situieren: Ein Jahr zuvor etwa war der vielbeachtete Band „Literatur und Kulturwissenschaft" von Hartmut Böhme und Klaus R. Scherpe erschienen – wir stehen gerade am Beginn einer rasant anwachsenden Publikationswelle zu „Kulturwissenschaft" und/oder „Kulturwissenschaften" (Böhme und Scherpe 1996). Die Jahrbuchdebatte selbst korrespondiert mit nahezu parallelen Besinnungsprojekten, etwa in der „Deutschen Vierteljahresschrift für Literatur und Geistesgeschichte" (1999), im „Jahrbuch Deutsch als Fremdsprache" (1999) oder in den „Mitteilungen des Deutschen Germanistenverbandes" (Heft 4/1999). Außerdem steht sie in Verbindung zu einer ganzen Welle von Sammelbänden, die in den ausgehenden 1990er Jahren entstehen und damit den Boden bereiten für grundsätzlichere Kanonisierungsprojekte, mit der die Kulturwissenschaften ab der Jahrtausendwende in ihre Festigungsphase eintreten. Dazu zählen etwa: Kittler 2001; Jaeger/Liebsch/Straub 2004; Böhme u. a. 2002.

13   Barner legt offen dar, dass er die abgedruckten Beiträge einer Filtrierung unterzogen hat, mit der er nicht nur substanzielle von weniger substanziellen geschieden zu haben meint, sondern auch Stellungnahmen aussortiert hat, die ihm nicht hinreichend „Comme il faut" erschienen. Aufschlussreich ist diesbezüglich, wie mit einer bestimmten Sorte Kritik umgegangen wird, die offenbar grundsätzlichere Einwände anmeldet: Wer die von Barner vertretene Position radikaler in Frage stellt und sie mit einer der Kunstreligion nahestehenden 50er-Jahre-Germanistik in Verbindung bringt, wird als Aggressor gewertet, der „zum ‚Gegenangriff'" übergeht. Barner spricht hier von „meist jüngeren Beiträgern", denen die Fähigkeit abgesprochen wird, der dem Fach eigenen Streitkultur zu genügen, weil sie „immer noch nicht" in der Lage seien, „Problemdiskussionen als Problemdiskussionen zu führen" (vgl. Barner 1998: 457ff). Wenngleich diese Beiträge den Lesern mit der Begründung mangelnder Substanz und argumentativer Schwäche vorenthalten werden, lässt sich eine Ahnung gewinnen, dass hier eine Angst zum Tragen kommt, die sich aus Erfahrungen mit der Germanistik

problematischen Tendenz, der Abwendung von ihrem „eigentlichen" Gegenstand: der Literatur und ihrem spezifischen ästhetischen Status.

Worin besteht diese Eigentlichkeit? Der literarische Text ist für Barner Ausdruck und Vermittlungsform einer zutiefst individuellen und einzigartigen Subjektivität, Literaturwissenschaft danach eine Praktik, die genau diese Individualität und ästhetische Einmaligkeit „herauszupräparieren" (Barner 1997: 8) habe. Was aber gegenwärtig passiere, sei genau das Gegenteil: Es finde eine „Subsumtion unter das kulturell oder auch medial Allgemeine" (Barner 1997: 8) statt, die das der Literaturwissenschaft „eigentümliche emanzipatorische Potential" (Barner 1997: 8) verfehle. Stattdessen benutze man sie „als Turngeräte für beliebige methodische Experimente" (Barner 1997: 2) oder beschäftige sich lieber „substitutiv mit den brisanten Lebensphänomenen selbst [...] ‚anhand' von Literatur" (Barner 1997: 1). Diese Tendenz sei nicht ganz neu, sondern bedrohe die Literaturwissenschaft fast schon von alters her: sei es die Geistesgeschichte, die „manches klassische Drama eher wie ein philosophisches Traktat" behandelt habe, die Sozialgeschichte, die Texte „oft genug [...] zu bloßen ‚Belegen' für vorgewusste soziale Strukturen degradier[e]" (Barner 1997: 2), der „Biographismus" (Barner 1997: 2) oder die Übertragung textanalytischer Verfahren auf Inhalte und Formen anderer Medien. Gegenwärtig sei es die „Formel ‚Literaturwissenschaft als Kulturwissenschaft'", die „nicht selten imperativisch verstanden" (Barner 1997: 7) werde. Dadurch sieht er die Literaturwissenschaft von einer Art feindlichen Übernahme bedroht, von der Gefahr eines „Geschlucktwerden(s) durch etwas Umfassenderes, das die Kategorien und Maßstäbe bestimmt" (Barner 1997: 7).

Barner entwirft das Bild einer Disziplin, deren Identität einer chronischen Gefährdung ausgesetzt ist, weil man immer wieder leichtfertig etwas anderes aus ihr machen wolle, als sie „eigentlich" sei. Da in der Mediengesellschaft Literatur ihre Leitfunktion als Medium individueller Subjektivierung verloren habe, könne man „anspruchsvolle Literatur insbesondere vielen Jüngeren kaum noch *als* Literatur vermitteln" (Barner 1997: 1 Kursiv im Original.). Damit verkomme Literatur entweder zum bloß illustrierenden Exempel für eine unspezifisch-generalistische Hochschulbildung oder müsse als Steinbruch herhalten zur Bedienung eines Publikums, das mit „möglichst spektakulären (jedenfalls aktuellen) Humanphänomenen" (Barner 1997: 1) unterhalten werden wolle. Dies sei nicht zuletzt einem „wissenschaftlichen Marktdruck" geschuldet, „der längst mächtig von jenseits des Atlantiks wirkt" (Barner 1997: 6). Die Klage über Kommerzialisierung, Amerikanisierung und kulturelle Verflachung bei den nachfolgenden Forschergeneration treten hier zu einer klassisch-konservativen Kulturverfallserzählung zusammen: „Money and Thrill" drohen mit ihrem Reizpotential der ehemals richtungsbestimmenden „German Tiefe" den Rang und das Interesse abzulaufen.

Wenngleich Barner mit diesen Hinweisen auf tiefgreifende Veränderungen in den kulturellen und gesellschaftlichen Rahmenbedingungen literaturwissenschaftlicher Praxis hindeutet, scheint ihm dies kein Anlass zu sein, vom eigenen Kurs abzurücken. Im Duktus

---

in der Studentenbewegung der 60er und 70er Jahre speist, als unter dem Schlachtruf „Schlagt die Germanistik tot, macht die blaue Blume rot!" schon einmal – wenn auch unter ganz anderen Bedingungen und mit einer anderen Zielrichtung – ein Angriff erfolgte, der die Universitätsinstitution Literaturwissenschaft und ihre beamteten Akteure in ihrem gesamten Habitus, kulturellen Selbstverständnis und gesellschaftlichen Autoritätsanspruch radikal zur Disposition stellte. Vgl. die Beiträge in Bogdal und Müller 2005.

eines Hegelschen „Umso schlimmer für die Wirklichkeit!" besteht er mit Nachdruck darauf, dass es in erster Linie darum gehe, die theoretischen und methodischen Abirrungen zurückzunehmen, um zu einer Literaturwissenschaft zurückzukehren, die sich ihren „eigentlichen" Aufgaben widmet. Zwar wird in Erwägung gezogen, dass „die Weichenstellungen längst auf anderen Ebenen geschehen" könnten, was womöglich dazu führe, dass „allenfalls Kompromiss- oder Rückzugspositionen noch möglich" seien (Barner 1997: 8). Dennoch situiert Barner die Lösung dieser Problematik auf einer Ebene innerwissenschaftlicher Aushandlungsprozesse, bei der die wissenschaftliche Gemeinschaft die anstehenden Probleme weitestgehend als „aktuelle Streitfragen der Literaturbeschäftigung" (Barner 1998: 457) zu verarbeiten vermag: ein Appell an die Germanistengemeinde, sich ihres gemeinsamen Projektes zu besinnen, um die Zukunft der Germanistik unter „Betroffenen" möglichst einvernehmlich zu regeln.

Die sich an diese Exposition anschließende Diskussion zeigt jedoch, dass von einer solchen Gemeinsamkeit kaum mehr die Rede sein kann: Die Vorschläge weisen eine mehr oder weniger inkommensurable Pluralisierung und Partikularisierung der Konzepte und Interessen auf. Halten die einen eine kanonische und methodische „Ausweitung bis in Grenz- und Überschneidungsbereiche" zu anderen Disziplinen für nötig, „um Gelenkstellen zu entdecken", über die sich eine anthropologische Wende einläuten ließe (Bachmann-Medick 1998: 467), sehen andere das Heil in einer unumgänglichen Transdisziplinarisierung des Faches in Richtung Interkulturalität und Intermedialität (Schönert 1998) oder fordern eine Reformulierung im Geiste der Kulturwissenschaft (Vosskamp 1998). Letzterem widerspricht der selbst zum Kulturwissenschaftler konvertierte Hartmut Böhme. Er legt nahe, Literatur als Kunstform wieder ins Zentrum der Germanistik zu rücken, statt sich mit „Programmen der Selbstaufgabe zu überziehen" (Böhme 1998: 481), zugleich aber die Umsetzung neuer Konzepte wie Medienwissenschaften oder Kulturwissenschaft im Rahmen von Fachneugründungen nachhaltig zu unterstützen. Eine Empfehlung mit Doppeleffekt: einerseits die Emanzipation einer progressiv-eigenständigen Kulturwissenschaft, andererseits Schwächung des Konkurrenzprojekts einer kulturwissenschaftlichen Germanistik. Andere Gründe zur Abgrenzung gegenüber einer Literaturwissenschaft als Kulturwissenschaft bringt dagegen Heinz Schlaffer vor: Einer begrenzten Menge bewahrenswerter Literatur sieht er eine inflationäre Menge von Forschungsbemühungen gegenüber, die sich mit dem Ruf nach Kulturwissenschaft lediglich neue Anschluss- und Verwendungsfähigkeiten sichern wolle, um im „Gedränge der Forschung" noch Themen zu finden (Schlaffer 1998:488f).

So mündet der Barnersche Appell zur gemeinsamen Besinnung fatalerweise in die Demonstration eines sich konkurrenzierend in Stellung bringenden binnendisziplinären Spektrums, das in Formulierung partikularer Interessenlagen je eigene Vorschläge entwickelt. Ihre Gemeinsamkeit reduziert sich weitestgehend darauf, als Wissenschaftler selbstbestimmt festlegen zu wollen, wie Wissenschaft zu betreiben sei, wobei ihr Definitionsmonopol überall dort Einschränkungen erfährt, wo äussere, wissenschaftsexterne Zwänge diese nahelegen. Barners Anliegen, den theoretischen und methodischen Pluralismus wieder auf eine hegemoniale Disziplinkultur zurückzuführen, die Literatur als Literatur in einem neuhumanistischen Verständnis begreift, muss deshalb scheitern – auch wenn einige Beiträger diesbezüglich rhetorische Zugeständnisse machen. Scheitern muss aber auch die Idee, dass Wissenschaft überhaupt noch in der Lage sein könnte, ihre Agenda unabhängig von wissenschaftsexternen Kräften in Form andersgearteter wissenschaftspolitischer Interessen, kulturellen Umwälzungen und ökonomischen Rahmenbedingungen zu bestimmen. Damit wird der Kampf um wissenschaftliche Paradigmen zu einem komplexen Aushandlungsgeschehen, in dem gesellschaftliche Umweltbedingungen die wissenschaftlichen Diskurse mehr oder weniger deutlich mitformatieren, *ohne jedoch als eigentliche Probleme thematisiert und analysiert zu werden.* Was Barner zunächst als Problem auf der Disziplinebene angesiedelt hatte, die Gefahr des „Geschlucktwerden(s) durch etwas Umfassenderes, das die Kategorien und Maßstäbe bestimmt" (Barner 1997: 7), erweist sich als in einem sehr viel umfänglicheren Sinne zutreffend – als zunehmendes Spürbarwerden der Kräfte eines neuen diskursiven Poles, der die Gesamtheit des universitären Feldes einer neuen Ordnung unterwirft.

3 Erkundungen am transakademisch-managerialen Pol

Wenden wir uns mit einem Sprung in die Gegenwart nun jener aktuellen Diskursformation zu, deren Regularitäten primär von einem neuen transakademisch-managerialen Pol bestimmt werden. Unser erstes Beispiel (3.1) bildet die 2006 veröffentlichte Empfehlungsschrift des Wissenschaftsrates (WR) zur „Entwicklung und Förderung der Geisteswissenschaften in Deutschland". Sie postuliert eine Reihe bemerkenswerter Einschnitte im Selbstverständnis der Geisteswissenschaften, die sie in Gestalt ihres argumentativen Duktus und ihres medialen Formats sogleich selbst praktiziert.

Das zweite Beispiel (3.2) bildet die offizielle Webseite zum „Jahr der Geisteswissenschaften 2007". Letzteres bildet nicht nur ein PR- und Medienereignis, das die vom WR gelieferte Vorlage in einem wissenschaftspolitischen Marketingevent offenbar kongenial umzusetzen beabsichtigt, sondern signalisiert auch die forcierte Umsetzung eines grundsätzlich neuen Kopplungsverhältnisses von Wissenschaft, Politik und Ökonomie, in dem den Geisteswissenschaften aktiv eine neue (alte) gesellschaftliche Funktionsweise zugewiesen wird.

Drittens (3.3) wollen wir uns mit der Zeppelin University einem privaten Hochschulkonzept „zwischen Wirtschaft, Kultur und Politik"[14] zuwenden, das zeigt, dass und wie der neue transakademisch-manageriale Pol über programmatische Ankündigungen hinaus bereits eindrückliche institutionelle Niederschläge gefunden hat.

3.1 Crisis? What crisis? Der Wissenschaftsrat empfiehlt

Vielleicht war es die Verleihung des Leibniz-Preises 2003, die dem Konstanzer Literaturwissenschaftler Albrecht Koschorke den Mut zuwachsen ließ, in scharfer Polemik öffentlich anzuprangern, was sonst eher im Kreise von Kollegengesprächen verhandelt wird: Unter dem sprechenden Titel „Wissenschaftsbetrieb als Wissenschaftsvernichtung" stellte er den aktuellen Rahmenbedingungen geisteswissenschaftlicher Forschung eine Diagnose,

---

14 Webseite der ZU; http://www.zeppelin-university.de/index_de.php, Zugriff vom 29.10.2008

wie sie härter kaum ausfallen konnte (Koschorke 2003). Umso mehr musste erstaunen, was die ZEIT knapp 3 Jahre später verkündet. „Es gibt keine Krise!"[15] titelt sie anlässlich der Veröffentlichung der „Empfehlungen zur Entwicklung und Förderung der Geisteswissenschaften in Deutschland" (Wissenschaftsrat (WR) 2006) durch den Wissenschaftsrat und zitiert damit den Freiburger Historiker Ulrich Herbert, der als Kommissionsmitglied selbst federführend an der Abfassung der Schrift beteiligt war und auch andernorts, den Geisteswissenschaften eine Mischung aus „Larmoyanz", „Standesinteresse" und „Kulturpessimismus" vorhielt[16]. Das mag auf den ersten Blick nach einer gezielten Provokation klingen. Zieht man die Empfehlungsschrift des Wissenschaftsrates hinzu, zeigt sich, dass Herbert nur artikulierte, was das oberste wissenschaftspolitische Beratungsgremium Deutschlands zwischenzeitlich als neues geisteswissenschaftliches Selbstverständnis ausgegeben hatte. Damit aber nicht genug: Einerseits lässt sich bei näherem Hinsehen erkennen, dass dieser Appell nur ein Moment einer radikalen Neupositionierung der Geisteswissenschaften innerhalb eines transakademisch-managerialen Diskurses ist, durch die der Wissenschaftsrat dem neoliberalen Umbau der Gesellschaft umfassend Tribut zollt. Andererseits zeigt sich, dass diese Verschiebung nicht auf die Geisteswissenschaften beschränkt bleibt, sondern mit einer grundsätzlichen Neufassung der neuhumanistischen Universitätsidee einher geht, als deren wesentliche Träger die Geisteswissenschaften traditionell fungierten.

Es sind vor allem drei Dimensionen, entlang derer deutlich wird, dass die Empfehlungen des Wissenschaftsrates mit einem neuartigen Narrativ zur Selbstthematisierung der Geisteswissenschaften aufwarten: Erstens in der Dimension von Autorschaft und Adressierung („Wer spricht? Zu wem?"), zweitens in der Dimension der medialen Situierung („Wo wird gesprochen?"), drittens in der Dimension der eigentlichen Botschaft („Was wird gesagt? Welche Wirklichkeit wird konstituiert?").

▪ *Autorschaft und Adressierung*. Die „Denkschrift" vom Jahr 1991 hatte die Zukunft der Geisteswissenschaften noch auf akademischem Terrain verhandelt: Zwar lag ein wissenschaftspolitisches Auftragsverhältnis vor, die Rationalität und Rhetorik des Diskurses berührte dies jedoch kaum. Als wissenschaftliche Abhandlung einer Gruppe renommierter Fachgelehrter war sie Element im wissenschaftlichen Diskurs und wandte sich primär an die Gemeinschaft der Wissenschaftler, im erweiterten Sinne an eine einschlägig informierte und interessierte intellektuelle Öffentlichkeit.

Demgegenüber markiert die Empfehlungsschrift von 2006 schon rein äußerlich einen massiven Einschnitt. Zum einen zeichnet mit dem „Wissenschaftsrat" nun eine abstrakte staatliche Institution verantwortlich, die als offizielles, von der Politik eingerichtetes Beratungs- und Vermittlungsorgan zwischen Wissenschaft und Politik fungiert. Als Gremium von Wissenschaftlern spricht der WR der Idee nach zwar für die wissenschaftliche Gemeinschaft, agiert institutionell aber bereits auf explizit wissenschaftspolitischem Terrain, was sich im Diskurs deutlich niederschlägt. Der nämlich konstruiert eine Textschnittstelle, die im Rationalitätsmodus des aktuellen politischen Handlungsfeldes programmiert ist, um kommunikativ anschlussfähig zu werden. Das hat – wie noch zu zeigen sein wird – erhebliche Folgen, denn aus dem neuen Diskurs-

---

15   „Es gibt keine Krise", Die Zeit Nr. 6, 1.2.2006. Ein Gespräch mit Horst Bredekamp und Ulrich Herbert.
16   BZ 29.12.2006. Ähnlich auch wieder jüngst auf einer Freiburger Tagung zur Zukunft der Universität. Ein Bericht darüber in der BZ vom 12.7.2007.

typ resultiert auch eine rückwirkende Ansprache an die Wissenschaftsgemeinschaft selbst, die sich aufgefordert sehen muss, ihre Praxis in dem vom Wissenschaftsrat gesetzten politischen Rationalitätstypus zu verorten und sich darin neu „aufzustellen". Daher funktioniert die Schrift zwangsläufig als Transmissionsmechanismus, der die neue Diskursrationalität des politisch-ökonomischen Feldes in das Feld wissenschaftlichen Handelns rückkoppelt.

- *Medium.* Die neuen Verhältnisse spiegeln sich auch im veränderten medialen Erscheinungsbild der beiden Schriften wider: Mit ihrer Publikation als wissenschaftliche Monografie hatte sich die „Denkschrift" noch in der bildungsbürgerlichen Buchöffentlichkeit situiert, die sich traditionell als jener zentrale Ort des Räsonnements verstand, an dem zugleich stellvertretend, aber auch verbindlich für die Gesamtgesellschaft qua vernünftiger Rede verhandelt werden sollte, was zugleich richtig war und Recht sein sollte (vgl. Habermas 1962: 104). Damit bekräftigte die Schrift ihr Festhalten an der Notwendigkeit und Wirksamkeit der gesellschaftlichen Regulationsfunktion dieses medialen Arrangements und inszeniert noch einmal die Idee der Ausstrahlungskraft eines wahrheitspolitisch privilegierten Ortes auf die übrige Gesellschaft.

Anders die Empfehlungsschrift von 2006, die als „Drs. 7068-06, Berlin, 27. Januar 2006" auf dem Weg behördlichen Schrifttums publiziert wird. Ihr Dasein als „graues" PDF-Dokument, das man – inklusive einer Kurzversion für die Presse – vom Webserver des WR nach dem Holprinzip herunterladen oder als Druckversion beziehen kann, gibt ihr den Doppelcharakter eines zugleich bürokratieinternen Verwaltungsvorgangs und einer amtlichen Verlautbarung – in beiden Fällen konstituiert sie keinen Diskurstypus, der explizit eine bürgerliche Öffentlichkeit aufruft oder öffentliche Debatten vorsieht. Eher signalisiert sie das Gegenteil, nämlich die beschlussfassende Beendigung einer exklusiv delegierten Diskussion, und bringt bereits Momente exekutiver Verfügungsgewalt zur Entfaltung. Damit inszenieren die „Empfehlungen" sich selbst nicht mehr als intellektuelles Ereignis innerhalb einer öffentlichen Entwicklungsgeschichte vernünftigen Räsonnements, sondern als politisch-bürokratischen Steuerungsimpuls. Geisteswissenschaften beschreiben sich und verfügen über sich im Sinne einer möglichst rational zu führenden und zu bewirtschaftenden Verwaltungseinheit, deren Zielsetzung top down dem größeren Projekt „Forschungsnation Deutschland" unterstellt wird.

Angesichts dessen erstaunt es nicht, dass die Empfehlungen des Wissenschaftsrates 2006 auch inhaltsästhetisch in einem ganz anderen Kommunikationsformat auftreten als die Denkschrift von 1991. Diese hatte zur Fundierung und inhaltlichen Positionierung der Geisteswissenschaften eine klassisch-akademische Abhandlung vorgelegt und darin einen historisch-theoretischen Meditationsbogen von epischer Breite aufgeboten, der praktisch das gesamte Buch umspannte. Dagegen bieten sich die „Empfehlungen" als eine auf maximale Knappheit und minimale Zugriffs- und Informationszeit hin komprimierte manageriale Handreichung zu einer Reihe primär wissenschaftspolitisch-organisationaler Stichworte dar. Entsprechend ähnelt die Schrift weniger einem akademischen Text als einer Geschäftsbilanz oder einem Aktionärsbericht, der sich weitgehend abstrakter Leistungsindikatoren als tragender Diskursform bedient. Inhaltlich-konzeptionellen Fragen widmet die Empfehlungsschrift dagegen gerade einmal zehn der gut 100 locker bedruckten Seiten.

- *Botschaft.* Setzt man die ältere „Denkschrift" und die neueren „Empfehlungen" zueinander ins Verhältnis, stößt man rasch an Grenzen der Vermittlungsfähigkeit. Dies resultiert aus der Tatsache, dass sich die diskursive Ordnung beider Dokumente – trotz erklärter Bezugnahme auf den gleichen Gegenstand – aus den Gravitationsfeldern zweier ganz unterschiedlicher Pole speisen. Die Folge sind nicht nur disparate Formen der Problematisierung, der Argumentation und der Rhetorik; mitkonstituiert wird zugleich die Behauptung zweier unterschiedlicher Wirklichkeitsumwelten, in die die jeweiligen Dokumente eingelassen sind und aus denen sich die spezifische Rationalität ihrer diskursiven Strategien ergibt.

  Im Zentrum des Bemühens der „Denkschrift" stand, wie der Titel bereits deutlich machte, eine grundsätzliche, wissenschaftlich-geschichtsphilosophische Problematisierung geisteswissenschaftlicher Identität. Problematisierung ist dabei in einem doppelten Sinne zu verstehen: Einerseits als radikale Infragestellung, andererseits als Funktionsbestimmung innerhalb einer idealistisch-neuhumanistischen Denktradition, die angesichts kultureller und gesellschaftlicher Verschiebungen nur noch unter erhöhtem Legitimations- und Argumentationsaufwand plausibilisierbar war.

  Angesichts aktueller gesellschaftlicher Reorganisationsprozesse, die den Staatsapparat zunehmend einer neoliberalen Dienstleistungs- und Unternehmenslogik subsumieren, verlieren derartige Selbstbestimmungs- wie Deutungsansprüche ihre Legitimität. Ihr Eigensinn wird zu einem ärgerlich inkommensurablen Störfaktor, der den als notwendig erachteten gesellschaftlichen Modernisierungserfordernissen im Wege steht.

  Fasst man die „Empfehlungen" des Wissenschaftsrates 2006 ins Auge, wird deutlich, dass genau dies das Szenario ist, vor dem die Herausbildung eines transakademisch-managerialen Pols und die aktuelle Repositionierung der Geisteswissenschaften intellegibel wird. Statt der Behauptung *wahrheitspolitischen Eigensinns* und einer daraus resultierenden übergeordneten Sonderrolle situiert der Wissenschaftsrat die Geisteswissenschaften gezielt als *teilsystemische Dienstleistungseinheit* innerhalb eines gesellschaftlichen Zusammenhangs, der seine Synthese – und damit gewissermassen seine Vernunft – in der Herstellung und im Tausch von Warengütern findet. Ihren ersten Niederschlag findet dies in der Verschiebung von einer Identitäts- zu einer Leistungsprofilierung als zentraler Achse der Diskursorganisation. Daraus ergibt sich eine Abkehr von einer Ethik existenzieller *Selbstproblematisierung* hin zu der einer produktivitäts-, prozess- und organisationsbezogenen *Selbstevaluation* und *Selbstoptimierung*. Damit bilden nicht mehr Aufklärung, Vernunft und Kritik die wichtigsten Leitmotive der Argumentation, sondern Wettbewerb, Leistungsausstoß und Effizienz. Entsprechend speisen sich Vokabular und Rhetorik aus dem des modernen Managements. Dazu gehört einerseits das Verbot generalisierender Problematisierung zugunsten von konkreter Aufgaben- und Lösungsorientierung, andererseits die Überführung beliebiger Komplexitätsgrade in ‚operative Agenden', deren Herstellung und Abarbeitung im Sinne einer moralischen Pflicht verallgemeinert wird, ferner der offensiv-optimistische Gestus des selbstbewussten Leistungsträgers, der über eine beachtliche Leistungsbilanz verfügt, sowie eine proaktive Bereitschaft, Wettbewerb und Konkurrenz als herausfordernde Stimuli nicht nur des Arbeitslebens, sondern des Daseins überhaupt zu begreifen. Damit werden die Geisteswissenschaften forciert einer neoliberalen Werte-

und Handlungsordnung unterworfen, wie sie gegenwärtig in nahezu allen gesellschaftlichen Teilbereichen zum Tragen kommt.

Ein wesentlicher Bestandteil dieser ideologischen Transformation besteht darin, den Staat im Sinne moderner Unternehmensphilosophie zu einer Dienstleistungsinstanz umzubauen, die möglichst adäquate Rahmenbedingungen für den neuen flexiblen, globalen Kapitalismus bereitstellt. Dies bedeutet jedoch nicht – wie bisweilen behauptet –, dass der Staat sich auflöste, im Gegenteil: Als politisch-kulturelle Einheit von erheblicher Stabilität bildet der Nationalstaat vielmehr auch weiterhin eine wichtige Rahmengröße als institutionalisierter *Global Player* im internationalen Wettbewerb (Sassen 2008). Daher ist es nur folgerichtig, wenn der Wissenschaftsrat die Geisteswissenschaften so in dieser neuen Ideologie verankert, dass sie als wichtige Division der „Kultur- und Forschungsnation Deutschland" eine neue staatstragende Rolle für sich in Anspruch nehmen können – und so noch einmal versucht wird, einen Leistungstopos des alten Arrangements von Wissenschaft und Gesellschaft unter neuen Bedingungen wiederzubeleben. Diese Rolle wird durch drei Funktionen definiert: Erstens sollen die Geisteswissenschaften durch die Sichtbarkeit ihrer Leistung und Qualität im internationalen Verkehr eine wichtige Image-, Vertrauens- und Wertbildungsfunktion für den Produktionsstandort bzw. die ‚Marke' Deutschland übernehmen: „Die Geisteswissenschaften gehören zu den Wissenschaftsbereichen, die international Ausweis der Kultur- und Forschungsnation Deutschland sind." (Wissenschaftsrat (WR) 2006: 5) Zweitens kommt ihnen die Aufgabe einer kulturellen Identitätsbildung zu, die eine funktionelle Voraussetzung für die erstrebte nationale Konsolidierung bildet. Drittens werden sie als Technologie zur Erzeugung von Ressourcen und Produktivität verstanden: „Sie wirken gleichermaßen an der kulturellen und politischen Selbstvergewisserung Deutschlands und an der ökonomischen Wertschöpfung mit." (Wissenschaftsrat (WR) 2006: 5)

Es mag ein geschickter Schachzug des Wissenschaftsrates sein, die Geisteswissenschaften auf diese Weise in die Agenda nationaler Konsolidierung einzubinden und bei Politik und Wirtschaft für sie zu werben, indem man sie als gelehrige Avantgarde und Bündnispartner eines allenthalben angemahnten gesellschaftlichen Reformprozesses inszeniert, durch den es Deutschland gelingen soll, seine gefährdete Wohlstandsposition innerhalb aggressiver gewordener internationaler Konkurrenz- und Verteilungskämpfe zu halten. Auf jeden Fall ergibt sich daraus die Möglichkeit, politischen Akteuren gewissermassen als Gleichgesinnte auf Augenhöhe zu begegnen. Die Empfehlungen zeigen aber auch, dass man dafür einen Preis zu zahlen hat: Er besteht darin, dass der traditionelle, wahrheitspolitische Eigensinn wissenschaftlicher Praxis der Logik eines managerialen Regimes unterworfen wird. Zum einen ergeht die unmissverständliche Order an die geisteswissenschaftlichen Akteure, die Wahrnehmung der Rahmenbedingungen ihrer Praxis einem gezielten Reengineering zu unterwerfen:

„Vor diesem Hintergrund erscheint eine im Blick auf die Geisteswissenschaften stellenweise noch gepflegte allgemeine Krisenrhetorik deplaziert und ungeeignet, tatsächlich bestehende Defizite, Desiderate und Herausforderungen zu erkennen und Vorschläge zur Verbesserung zu machen." (Wissenschaftsrat 2006: 5)

Kritische Grundsatzdiskussionen über die gesellschaftliche Funktion von Wissenschaft und Bildung sowie dazu unerlässliche universitäre Rahmenbedingungen, wie sie die geisteswissenschaftlichen Selbstverständigungsdebatten stets grundiert haben, werden für rückständig und destruktiv erklärt. Verordnet wird stattdessen eine Sicht auf die Dinge, die sich die neue Funktionalisierung der Geisteswissenschaften als wettbewerbsorientierte Dienstleistungsorgane nationaler Wohlstandssicherung affirmativ zu Eigen macht und an deren reibungslosem Funktionieren konstruktiv mitwirkt.

Ein zweites Moment bildet das offizielle Schliessungsdekret der von der Denkschrift maßgeblich initiierten Debatte zu „Kulturwissenschaft", die fortan nicht mehr als Modernisierungsziel, sondern bloß noch als vorübergehende Hilfskonstruktion geisteswissenschaftlicher Selbstbegründung verstanden werden soll. Geisteswissenschaften sollen danach zukünftig wieder einmütig Geisteswissenschaften heißen, weil der WR einerseits den distinktiven Markenwert des „Geistes" im internationalen Wettbewerb höher einschätzt als den der Kultur, andererseits, weil er die nicht-intendierten Nebenfolgen der kulturwissenschaftlichen Modernisierung für gravierender hält als der tatsächliche Modernisierungsgewinn, der sich im Nachhinein als problematische Fortsetzung einer idealistisch-neuhumanistischen Wissenschaftsprogrammatik erweist.

3.2 „Geist begeistert" – Das ABC der Menschheit im Jahr der Geisteswissenschaften

Stellten sich die „Empfehlungen" des Wissenschaftsrats als eine Art Vorstandsbericht der „Geisteswissenschaften AG Deutschland" dar, betreten wir mit dem „Jahr der Geisteswissenschaften 2007" gewissermassen die Wirkungssphäre ihrer nationalen Marketing-Abteilung. Das „Wissenschaftsjahr" war keine aus der Akademie selbst kommende und darin verankerte Institution, sondern wurde als PR-Event vom Bundesministerium für Bildung und Forschung organisiert und koordiniert.[17] Darin wird das akademische Projekt „Geisteswissenschaften" zu einem Element politischer Regierungsprogramme, aber auch zur Verfügungsmasse kulturindustrieller Medialisierung. Was die „Empfehlungen" an diskursiver Verschiebungsarbeit vorbereitet haben, wird hier zum Rohstoff staatlicher Kampagnen, durch die im Namen der „Wissensgesellschaft" gesellschaftspolitische Reformprojekte explizit zur Stärkung nationalökonomischer Überlebenskraft vorangetrieben werden sollen. Die einschlägigen Schlagworte auf den Webseiten des BMBF geben darüber beredte Auskunft: „Wachstum durch Innovation", „Forschungsstandort Deutschland", „Talentschmiede Deutschland", „Chancen durch Bildung" und „Wert-Schöpfung Wissenschaft" lauten die Parolen, unter denen die Politik den staatseigenen Wissenschaftsapparat als nationale Produktivkraft- und Wertschöpfungsagentur neu aufstellen will.[18] In diesem Rahmen kommt den Hochschulen die Aufgabe der Erzeugung wissenschaftlich qualifizierter Hochleistungsarbeitskräfte zu, die in den kommenden Jahrzehnten die Vorreiterrolle der westli-

---

17   Vgl.:http://www.abc-der-menschheit.de/coremedia/generator/wj/de/01
     Wissenschaftsjahr/Das_20Wissenschaftsjahr.html. Zugriff 13.7.2007
18   http://www.bmbf.de/de/90.php, Zugriff vom 13.7.2007

chen Industriestaaten aufrecht erhalten sollen, die sich vom Aufstieg globaler Konkurrenz-regionen bedroht sehen.[19]

In dieser Logik fungieren die Wissenschaftsjahre als Werbe- und Imagekampagnen, die sowohl Schulabgänger zur Aufnahme eines Studiums bewegen als auch das öffentliche Bewusstsein dafür sensibilisieren sollen, dass die Wissenschaften gleich welcher Form die zentralen, unverzichtbaren Wertschöpfungsressourcen der Zukunft darstellen. Daher arbeiten die Wissenschaftsjahre seit 2000 mit wechselndem Fokus das akademische Disziplin-spektrum ab, dessen jeweils spezifische Leistungsbeiträge zur Füllung der regierungsseitig definierten „Zukunftsfelder" mobilisiert werden sollen („Ideen zünden!"), um „neue Ar-beitsplätze und Wohlstand" zu schaffen.[20] Dass zu diesem Zweck nun auch die Geisteswis-senschaften nach Jahren wissenschaftspolitischer Infragestellung eine bizarre Zuwendungs-offensive erfahren, verdanken sie einerseits ihrem ungebremsten Zulauf, andererseits der Tatsache, dass angesichts demografischer Rückläufigkeit und anschwellender Angst über eine mangelnde Ausschöpfung von Bildungsreserven auch sie wieder an bildungspoliti-scher Attraktivität gewinnen: Ein Studium der Geisteswissenschaften erscheint in dieser Situation offenbar immer noch besser als gar kein Studium!

Tatsächlich arbeiten die Geisteswissenschaften durch die neuen Bologna-Studiengänge und deren propädeutisch-generalistische Profile dieser neuen Funktionalisierung wirkungs-voll entgegen. Mit der damit verbundenen disziplinären Entkernung legen sie die Grundla-gen zur Neuaufstellung als zeitgemässe Bildungsprogramme: Im Vordergrund steht dabei weniger die Ausbildung von Fachwissenschaftlern, als die Idee einer neigungsorientierten Lernplattform zur Aneignung möglichst breitgefächerter Schlüsselkompetenzen.[21]

Dies findet im Bildungsmarketing des Wissenschaftsjahres ihren konsequenten Aus-druck, wenn praktizierende Fachwissenschaftler anlässlich der Präsentation ihrer eigenen Arbeit gar nicht in Erscheinung treten. Stattdessen greift man in professioneller Manier zu „Promis", die man zu „Botschaftern" adelt. Als „Repräsentanten des Jahres der Geisteswis-senschaften [übernehmen] sie ein großes Spektrum an Aufgaben. Sie liefern Denkanstöße, beteiligen sich an Debatten, vermitteln Inhalte und geben dem Wissenschaftsjahr ein Ge-sicht."[22] Angesichts bekannter Klischees vom unverständlichen Spezialisten mag es nahe-

---

19 Um diese Aufgabe erfüllen zu können, werden sie bereits seit einigen Jahren mit weitreichenden Reform-programmen zur Leistungssteigerung überzogen: „Elite-Uni" und „Exzellenzinitiative", „Hochschulauto-nomiegesetz" und „Bologna-Reformen" heißen die wichtigsten Bausteine, mit denen der Universitätssektor zur einer unternehmensorientierten, international agierenden Forschungs- und Bildungsindustrie umgebaut werden soll – ein Umbau, der freilich nicht auf den tertiären Bildungssektor beschränkt bleibt, sondern als Generalmobilmachung sowohl die Gesamtheit der Bildungsinstitutionen vom Kindergarten (Diskussion über Kindergartenpflicht, obligatorische pädagogische Leitbilder) bis zu den Gymnasien erfasst (Pisa, G8, Hochbegabtenförderung etc.), als auch im Namen „lebenslangen Lernens" die Breite der Bevölkerung ad-ressiert. Vgl. (Masschelein und Simons 2005)
20 http://www.bmbf.de/de/7469.php
21 Diagnosen, Perspektiven und Kritik z. B. bei (Kappus 2002); (Diner 2004);(Brenner 2008).
22 http://www.abc-der-menschheit.de/coremedia/generator/wj/de/01
    Wissenschaftsjahr/Botschafter/Die_20Botschafter.html.
    Paradoxerweise handelt es sich bei vier der sieben „Botschafter" gar nicht um Absolventen eines geisteswis-senschaftlichen, sondern eines künstlerischen Studiums, bei den drei übrigen Repräsentanten sind zwar zwei „echte" Geisteswissenschaftler in Unternehmerposition tätig, dies aber im Rahmen alteingesessener mittel-ständischer Familienunternehmen. Eine Ausnahme bildet Rüdiger Safranski, Philosoph, Schriftsteller und Medienintellektueller. Was die Denkanstöße der „Promis" angeht, scheut man vor Skurrilem durchaus nicht zurück. Franka Potente preist die Geisteswissenschaften als „Verdauungsenzym" an, der „Rap-Poet" Bas

liegen, dass man den offiziellen Fachvertretern vielleicht nicht zutraut, hinreichend öffent-
lichkeitswirksam aufzutreten und die Geisteswissenschaften in gewünschter Weise „le-
bensnah, spannend, verständlich"[23] darzustellen. Ein weiterer Schluss liegt nahe: Es geht
weniger darum, die Geisteswissenschaften und deren tatsächliche Inhalte selbst auszustel-
len, als vielmehr ein abstraktes Erfolgs- und Qualifikationsversprechen zu inszenieren, das
mit dem Antritt eines geisteswissenschaftlichen Studiums jenseits klassischer Berufsbilder
für eine ebenso breite wie diffuse Palette von Kultur-, Medien- und Wirtschaftsberufen
gegeben wird.[24] Statt konkreter Inhalte bedient man sich folgerichtig „Prominenter", die
den Geisteswissenschaften erklärtermaßen „ein Gesicht" geben und sie mit dem vagen Flair
des Erfolgs anreichern sollen. Angeboten werden nicht konkrete Informationen über wissenschaftliche Problemfelder, Ausbildungsgänge und mögliche Professionen, sondern iden-
tifikationsfähige Haltungen: Damit wird die Entscheidung für ein geisteswissenschaftliches
Studium nicht mehr als Gegenstand intellektueller Abwägungsprozesse, sondern als Kon-
sumpräferenz und Stilfrage behandelt: Geisteswissenschaften? – Find ich gut!

Dies spiegelt sich auch wider in der medialen Aufbereitungsform des Wissenschaftsjahres, das vordringlich als hybride, massenkommunikative PR-Schnittstelle existiert, die
medienwirksame Ereignisse unterschiedlichster Art erzeugen und organisieren, aufbereiten
und ausbeuten soll. Ihr Kernstück bildet eine Webseite, die unter der markanten Adresse
„www.abc-der-menschheit.de" logiert.[25] Sie entwirft eine Art elementaren ideologischen
Grundwortschatz der neuen transakademisch-managerialen Diskursordnung, in dem sie
politische Trend- und Reizvokabeln wie „Courage", „Ethik", „Heimat", „Querdenken",
„Zukunft" bruchlos in die „großen Begriffe" des klassisch-akademischen Diskurses wie
„Aufklärung", „Freiheit" oder „Utopie" einreiht.

Ausführlich präsentiert wird das Wissenschaftsjahr in einer von der Berliner Werbe-
agentur „Scholz & Friends" konzipierten Hochglanzbroschüre, dessen Bildsprache kulturelle Monumentalität und nationales Pathos mit Hightech-Hochschul- und Wissenschaftsflair
kombiniert, aber auch Irritationen im Stile moderner Werbestrategien einstreut.[26] Die Text-
beiträge bilden eine Mischung aus Grußworten, nüchternen Sachinformationen, fragwürdig
tiefsinnelnden Fragen („Was wäre Morgen ohne Gestern? Ein Thema für die Geisteswissenschaften"), Zitaten von Gegenwartspersönlichkeiten und geflügelten Künstlerworten
von Pythagoras bis Franka Potente. Auf Griffigkeit und Reduktion zielende wiederkehrende Begriffe strukturieren die Broschüre und sollen zugleich die Geisteswissenschaften auf
wenige einprägsame Slogans bringen („Vermitteln", „Erinnern", „Gestalten"). Im Ergebnis
entsteht ein Artefakt, dessen professionelle Handwerklichkeit einen hohen Grad von Beliebigkeit erzeugt: Vermutlich bedürfte es nur weniger Veränderungen, um aus dieser Schrift
die Image-Broschüre eines großen Hightech-Konzerns oder einer internationalen Organisa-

---

Böttcher wird mit dem denkwürdigen Satz zitiert: „Die Geisteswissenschaften sind für mich, was die Zoolo-
gie für den Tiger ist" und Manuel Herder wärmt das Klischee von der „spannenden Reise durch ein unbe-
grenztes Land" auf.

23   http://www.abc-der-menschheit.de/coremedia/generator/wj/de/01
Wissenschaftsjahr/F_C3_Foerderinitiative.html

24   Jürgen Kaube hat diese problematische Tendenz in einem scharfsinnigen Artikel als massenhaften Betrug an
kommenden Studierendengenerationen angegriffen: „Ihr geht alle in die Medien!" FAZ. 8.5.2004.

25   Vgl.: http://www.bmbf.de/pub/jahr_der_geisteswissenschaften_im_ueberblick.pdf, Zugriff 12.7.2007.

26   Breschnew im Bruderkuss mit Honecker („Was wäre Aufbruch ohne Rückblick?") muss dafür ebenso
herhalten wirken wie das Bild eines Mittelmeerbadestrandes („Was wäre das Vertraute ohne das Fremde?").

tion anzufertigen. Zugleich aber bestätigt sich darin unsere These, dass die Geisteswissenschaften gegenwärtig in einem Ausmass und einer Weise reformatiert werden, dass sie auch eine neoliberale Agenda instrumentieren oder zumindest: ornamentieren können. Auch diese produziert Identität, jedoch eine andere: nämlich die eines Profit Centers einer neuen nationalen Wertschöpfungsagentur im globalen Wettbewerb der Wissensgesellschaften.

3.3 „Undiszipliniert wie wir" – Zeppelin University

Mit der privaten Friedrichshafener Zeppelin University (ZU) kommen wir zu unserem letzten exemplarischen Fall für den Aufstieg eines neuen, transakademisch-managerialen Diskurspols. Er zeigt, dass es sich bei diesem Diskurs nicht nur um programmatische Ankündigungsrhetorik handelt, sondern dass er bereits Moment institutionell wirksamer Praxis geworden ist.

Die ZU situiert sich ihrem Selbstbild nach einerseits in der klassischen Humboldtschen Universitätsidee, als deren eigentlicher reformatorischer Erbe, wenn nicht gar Vollender sie sich versteht, andererseits als offensive Vertreterin einer neoliberalen Ideologie, als deren Selektionsorgan und Kaderschmiede sie ihre gesellschaftliche Mission sieht.[27] Ihr pädagogisches Kernstück bildet dabei die neohumanistische Propagierung eines unternehmerischen Subjekts, das die Maximen des reflexionsstarken, weitreichend kulturell gebildeten und vielseitig entfalteten Individuums mit managerialer Leistungsbereitschaft und Tatkraft verbindet. Trotz klaren Bewusstseins für die harten Konkurrenzbedingungen des kapitalistischen Marktes erfährt dieses Subjekt die Welt nicht als Existenzbedrohung, sondern als Ort spielerischer Herausforderung und lustvoller Grenzüberschreitung. Kreativer Hedonismus[28], soldatische Bewährungsethik[29] und Eliteideologie[30] treten darin in neuer Kombination zusammen. Derartige Subjekte zu entdecken, zu veredeln und zu promoten ist zugleich der selbst gewählte Bildungsauftrag und die Unternehmensidee des ‚Wissensdienstleisters' Zeppelin University.

Welche Rolle kommt nun den Geisteswissenschaften in diesem Konzept zu und wie schlägt sich diese Rolle auf ihre formale und inhaltliche Organisation nieder? Als „Hochschule zwischen Wirtschaft, Kultur und Politik" tritt die ZU mit einem Disziplinkonzept an, das sich selbst als interdiziplinär und transakademisch versteht. Im Vordergrund steht nicht die Vermittlung disziplinärer Wissensfelder und deren spezifische Gegenstände, sondern eine Praxis, die aufgrund ihrer „Undiszipliniertheit"[31] Problemlagen generiert, an die tradi-

---

27 Die hier in äußerster Verkürzung vorgelegten Argumente haben wir ausführlich anhand einer Bild-Diskurs-Analyse zum Webauftritt der Zeppelin University erarbeitet (vgl. Maasen/Böhler 2006).

28 Vgl. die Bildsprache des ZU-eigenen Werbefilms „Wozu ZU?" auf der Uni-Website, der das Studium an der ZU als Wechsel von musikalischer Versunkenheit, Meditation vor Stand und Sonnenuntergang und konzentriertem Lernen inszeniert.

29 Als Vorbild fungiert der zum „Manager" uminterpretierte Graf Zeppelin, dessen „Kraft des Willens" die von der ZU gesuchten „Pionier"-Charaktere „in unzugänglichem Gelände" begeistern soll.
Vgl.: http://www.zeppelin-university.de/index_de.php?navid=0, → Wir über uns.

30 Vgl. die Rubrik „Studierende", wo mit dem „Pioneer of the month" jeweils besonders „eigenwillige Studierende" vorgestellt werden. http://www.zeppelin-university.de/index_de.php?navid=0 → Studierende.

31 Zwischenüberschrift auf der Seite „Wir über uns": „Das Einzigartige: Wirkliche Probleme sind undiszipliniert – wie wir!" Vgl: http://www.zeppelin-university.de/index_de.php?navid=0

tionell-akademische Fächerkonzeptionen nur bedingt anschlussfähig erscheinen. Die orga-
nisierenden Einheiten der Hochschulen bilden demnach verschiedene Typen von Manage-
mentfeldern, wobei die Geisteswissenschaften in spezifischer Ausschnitthaftigkeit als
„Communication & Cultural Management" in Erscheinung treten. Im Prinzip handelt es
sich dabei genau um jenes Segment aktueller geisteswissenschaftlicher Ausdifferenzierung,
das sich zwischen einer kulturwissenschaftlich reformulierten Soziologie und einer mit
breiterem Anspruch auftretenden Medien-, Kunst- und Kommunikationstheorie aufspannt:
Dies ist ihre derzeit öffentlichkeitswirksamsten Innovationszone.

Kunst, Kultur und Kommunikation erscheinen innerhalb der ZU-Konzeption zugleich
als Phänomene, die vorrangig im Rahmen ihrer möglichen Steuerbarkeit, Indienstnahme
und Verwertbarkeit adressiert werden. Als Ressourcen, zu deren Abbau, Veredelung und
Vermarktung es besonderer Fertigkeiten bedarf finden sie ihren Platz innerhalb eines primär sozial- bzw. kulturtechnologischen Weltzugriffes. Sie bieten Spielräume zur Entwicklung von Kreativitätskompetenzen und intellektueller Flexibilität. „Wissensgesellschaft"
oder kulturindustrielle Spektakularisierung fungieren nicht nur als analytische Konzepte,
sondern zugleich als Modernisierungsziele, denen sich die ZU aktiv und affirmativ ver-
schrieben hat.[32] Damit werden Geisteswissenschaften zu Kulturwissenschaften innerhalb
eines weitgehend kybernetischen Verständnisses gesellschaftlicher und kultureller Zusammenhänge. Ihre Analyse soll die Voraussetzung bieten, um selbst aktiv programmierend
intervenieren zu können, wobei die Richtung der Intervention die einer Mitwirkung am
neoliberalen Umbau der Gesellschaft ist. Diese wird nicht nur als alternativlose Gegen-
wartsdiagnostik angesetzt, sondern auch als Zuwachs an Freiheit, Entfaltungsraum und
Gerechtigkeit interpretiert.

Auf diese Weise können traditionell geisteswissenschaftliche Ansprüche auf privilegierte Deutungs- und Lenkungspositionen durch die Hintertür erneut geltend gemacht werden, indem sie als wichtige Grundlage von Herrschaftswissen reklamiert werden. Von un-
nötig disziplinär-spezialistischem Ballast befreit werden Reflexionswissen sowie syste-
misch-vernetztes Denken, wie es innerhalb kulturwissenschaftlicher Fragestellungen einge-
übt wird, als essentieller Bestandteil von managerialem Führungshandeln installiert. Damit
wird das Verhältnis zwischen verschiedenen Herrschaftsideologien einer Rekonfiguration
unterworfen: War der bildungsbürgerliche Führungsanspruch der Geisteswissenschaften,
der sich auf philosophische Wahrheit berufen hatte, im Laufe des vergangenen Jahrhunderts
durch technologisch und ökonomisch begründete Herrschaftsansprüche abgelöst worden,
kann dieser nun unter Verweis auf den Zugang zu höheren Komplexitäten und neuen sozi-
alökonomischen Notwendigkeiten erneut stark gemacht werden. Damit kann die ZU zwei
traditionelle Gegnerschaften geschickt gegeneinander ausspielen und sich selbst als Avantgarde auf beiden Feldern positionieren: Das bürgerliche Ökonomie- und Managementwis-
sen wird gleichermaßen kulturalistisch unterwandert wie die klassischen Geisteswissenschaften ihres akademischen Ballastes entkernt und auf neues manageriales Handlungswis-

---

32   Vgl. die jeweiligen Selbstbeschreibungen der Lehrstühle für „Kulturwissenschaft & inszenatorische Praxis"
      oder „Kommunikationswissenschaft & Wissensanthropologie".
      http://www.zeppelin-university.de/index_de.php, Zugriff 13.7.2007.

sen umgestellt werden. Damit wird die alte Idee von der Philosophenherrschaft auf geschickte Weise wiederbelebt, wobei der kulturalisierte Manager deren Rolle beerben soll.

Wer meint, dass diese Umschreibungsversuche an die Geisteswissenschaften nur herangetragen, aber nicht von ihnen selbst getragen werden, ist nun eingeladen, die 2007 erschienene Bestandsaufnahme von Harald Welzer und Ludger Heidbrink unter dem appellativen Titel „Das Ende der Bescheidenheit" näher anzusehen. Sie zeigt, dass alle bislang ausgelegten Elemente nicht nur in den Selbstbeschreibungen der Fachvertreter wieder auftauchen, sondern geradezu unbeschänkt rekombinierbar erscheinen. Auch wenn die Geisteswissenschaften tendenziell auf ihren Einsatz in der Wissensgesellschaft hinarbeiten bzw. hingearbeitet werden, so finden sich klassisch-akademische Ansprüche ebenfalls wieder – teils emphatisch, teils strategisch, fast immer jedoch in eklatanten Widerspruchsszenarien. Die daraus resultierenden Spannungslagen sind oft zutiefst emotional und nicht nur epistemisch: Wissens- und Institutionenpolitik ist eben auch Identitätspolitik.

4   Lost in Translation – Das Ende der Bescheidenheit? Zum Versuch einer gegenwärtigen Bestandsaufnahme geistes- und kulturwissenschaftlichen Selbstverständnisses

Lässt man die Stationen vom klassisch-akademischen zum transakademisch-managerialen Pol noch einmal Revue passieren, fällt auf, dass gerade in der neueren Diskursordnung überwiegend wissenschaftspolitische oder wissenschaftsunternehmerische Institutionen zu Wort kommen, geisteswissenschaftliche Akteure selbst aber kaum auftreten. Wir hatten dies als spezifisches Moment der neuen Diskursordnung interpretiert, die (Geistes-) Wissenschaft politisch neu positioniert: als Ressource eines gesellschaftlichen Verwertungszusammenhangs. Gleichwohl stellt sich die Frage, wie die wissenschaftlichen Akteure selbst dazu stehen und wie weit sie in der neu verordneten Diskursordnung konsensuell aufgehen. Unsere These lautet: überhaupt nicht. Stattdessen lassen sich enorme Geschäftigkeit einerseits, hochgradig widersprüchliche Positionen andererseits beobachten.

Zur Plausibilisierung dieser Problematik bietet sich die Sammelpublikation von Ludger Heidbrink und Harald Welzer an, die unter dem forschen Titel „Das Ende der Bescheidenheit" auftritt (Heidbrink und Welzer 2007). Angestoßen durch eine unter gleichem Motto einberufene Tagung am Kulturwissenschaftlichen Institut Essen (KWI), die eigentlich ein „kulturwissenschaftliches Manifest" zum Ziel hatte, mit dem die Initiatoren ein neues Souveränitätsbewusstsein anstiften wollten, dokumentiert der Band das Gegenteil, nämlich das Scheitern dieses Anspruches.[33] Ähnlich wie die Tagung selbst bleibt das Buch ein inkommensurables Tableau unterschiedlichster Diagnosen, Forderungen und Interessen, Verunsicherungsgrade und Handlungsbedürfnisse. Zerrissen zwischen Krisenrede, individuellen Erfolgs- oder Niederlagenmeldungen, grundsätzlicher Gesellschafts- und Kulturkritik,

---

33   „Dogma – Für eine neue Kulturwissenschaft." Tagung am KWI, Essen, 14.6.2005. Die Autoren berichten aus teilnehmender Beobachtung. (Audio-Mitschnitt). Der Titel, der sich assoziativ an das Manifest dänischer Filmregisseure „Dogma 95" anlehnt, signalisiert sowohl den Willen zur Selbsteinreihung in eine Geschichte der Avantgarden, als auch den Blick auf die mitbedachte Öffentlichkeitswirksamkeit derartigen Tuns – Wissenschaftspolitik zwischen Narzissmus und Karrierekalkül.

Aufbruchsbeschwörungen und Selbstbezichtigungen, alten und neuen Funktionsbehauptungen, Programmentwürfen, theoretischen Grundsatzerklärungen über den Unsinn von „Geist" und die Leistungsfähigkeit des Kulturbegriffs und Metareflexionen aller Art demonstrieren die Beiträge ein hohes Maß an Uneinigkeit und nur bedingt anschlussfähiger Perspektiven. Vom neuen, auf neoliberale Linie gebrachten Selbstbewusstsein, das die untersuchten Dokumente des transakademisch-managerialen Poles imaginierten, lässt der Sammelband jedenfalls über die behauptende Geste hinaus nichts erkennen.[34]

Dem trägt die Titelei bereits Rechnung, indem der Untertitel die performative Geste des Haupttitels zugunsten einer merkwürdig quer liegenden Programmatik zurücknimmt, ja ihn sogar in Frage stellt. Worauf gründet sich der Wille zur Unbescheidenheit, wenn es offenbar zunächst einer „Verbesserung der Geistes- und Kulturwissenschaften" bedarf, bevor der neue Souveränitätsanspruch wirksam werden kann? Heidbrink und Welzer entwerfen dazu im Vorwort ein schillerndes Bild, das die Geistes- und Kulturwissenschaften in einer doppelten, sowohl fremd- als auch selbstverschuldeten Problemlage zeigen. Fremdverschulden diagnostizieren sie angesichts prekarisierender Rahmenbedingungen, die die Arbeit von Geisteswissenschaftlern nicht nur existenziell unsicher und unterbezahlt machen, sondern zudem durch Fehlorganisation einschränken. Massive Kritik erfahren auch die aktuellen Reorganisationsaktivitäten der Universitäten nach dem Vorbild kapitalistischer Unternehmensformen. Beide Probleme werden allerdings erheblichen Abschwächungen bzw. Verharmlosungen unterzogen: Erstere werden auf das Maß „unkomfortabler Arbeitsbedingungen" und „eher ungünstiger Zeitumstände" (Heidbrink/Welzer 2007: 9) reduziert, die lediglich eine Art vorübergehende Luxusminderung mit sich bringen. Letztere werden zwar zunächst grundsätzlich kritisiert, dann aber wird die Kritik relativiert, indem nicht der Wandel des Organisationstypus an sich, sondern vielmehr dessen nicht zu Ende geführte Konsequenz problematisiert wird. Damit aber wird der Umbau der Universitäten zu wettbewerbsförmig organisierten Unternehmen sogar noch überbietend gutgeheißen, wie überhaupt beide Formen der Einschränkung strukturelle Rahmenprobleme in den Bereich selbstverantwortlicher Zurechenbarkeiten verschieben.

Dem entspricht, dass Welzer und Heidbrink in ihrer übrigen Lageeinschätzung durchweg „hausgemachte" (Heidbrink/Welzer 2007: 10) Probleme erkennen, die sie dem aktiven Selbstverschulden der Geistes- und Kulturwissenschaftler anlasten. In fast grotesker Holzschnittartigkeit entwerfen die Herausgeber ein klischeebeladenes Szenario weltabgewandt-regressiv vor sich hin brütender, ewig lamentierender, selbstmitleidig-fatalistischer Stubengelehrter, denen angesichts ihrer beflissenen Vergrabenheit in „die Lösung von Detailproblemen, […] mikrologische Begriffsanalysen, abseitige Editionsprojekte" und „philologische Kleinkrämerei" „Originalität" und „intellektuelle Weitsicht", Wirklichkeitssinn und sozial adäquate Handlungskompetenz vollkommen abhanden gekommen sind.[35]

---

34 Daran ändern auch formale Gliederungsversuche nichts, die die Beiträge unter Kategorien wie „Bestandsaufnahmen", „Programmatiken" und „Perspektiven" einreihen und damit eine Ordnung behaupten, die inhaltlich ungedeckt bleibt.

35 Dazu im Widerspruch eine Seite weiter: „Die Geistes- und Kulturwissenschaften leben eben auch von der Einzelforschung, von schrulligen Themen und eigensinnigen Ansätzen. Dort muss man ihnen ihre Langsamkeit und Pedanterie lassen, ihnen wirklichkeitsentlastete Reservate zur Verfügung stellen […]. Wer aber entscheidet, wann Schutzwürdigkeit vorliegt?" (Heidbrink/Welzer 2007:11)

„In den Nischen ihrer Spezialisierung haben die Geistes- und Kulturwissenschaften verlernt, die wichtigen von den unwichtigen Dingen zu unterscheiden, wofür sie von der Gesellschaft mit Desinteresse abgestraft werden. Wer nichts zu sagen hat, dem hört halt keiner mehr zu." (Heidbrink/Welzer 2007: 10)

Doch sind es nicht allein die falschen Inhalte, die die Geisteswissenschaften sozial und kommunikativ isolieren.

„Hinzu kommt ein eklatanter Mangel an unternehmerischer Initiative. Nur wenige sind in der Lage, ihre Ideen und Modelle in der Öffentlichkeit zu präsentieren, dass sie als konkurrenzfähige Qualitätsprodukte ernst genommen werden und genügend Abnehmer finden." (Heidbrink/Welzer 2007: 10)

Demnach ist es vor allem die mangelhafte Unterwerfung der Wissenschaftler und ihrer Produkte unter die Prinzipien unternehmerischen Handelns sowie der Warenförmigkeit, die die Autoren nicht nur als faktisch geltende, sondern auch als normativ richtige Rahmenbedingungen gleich welcher Tätigkeit einstufen. Wissenschaft müsste sich demnach von Beginn an marktförmig organisieren, wobei dem marketingtechnisch erzeugten Tauschwertversprechen die vorrangige Aufmerksamkeit gilt.

Wie aber geht dies mit dem Anspruch zusammen, dass es „wichtige Dinge" gebe, die die Gesellschaft positiv sanktioniere? Die Antwort darauf lautet einmal mehr „Relevanz". Die Ermittlung von Relevanz freilich findet wiederum durch Behauptung „auf dem Wissenschaftsmarkt" (Heidbrink/Welzer 2007: 11) statt. Solche muss allerdings erobert werden, indem man sich offensiv den Gesetzen der medialen Aufmerksamkeitsökonomie unterwirft, gesellschaftliche Reizthemen besetzt, das Feuilleton bedient und öffentliche Sichtbarkeit erzeugt, in letzter Konsequenz zum Medienintellektuellen wird. Damit befinden wir uns in einem klassischen argumentativen Kurzschluss, der das gesamte Vorwort bestimmt: *Was Aufmerksamkeit erzielt, ist relevant; was relevant ist, erzeugt auch Aufmerksamkeit.* Nicht in den Blick gerät dabei, wer oder was tatsächlich Relevanzen erzeugt. In der Wissensgesellschaft kommt dies jedenfalls nicht mehr allein, und auch nicht mehr vorrangig der Wissenschaft selbst zu: Politik, Medien, Wirtschaft, ‚die Öffentlichkeit' „talk back" (Nowotny) – hier ergeht es den Geisteswissenschaften nicht anders als anderen Wissenschaftsbereichen. Wie alle übrigen gerät sie ins Getümmel um die knappe Ressource Aufmerksamkeit. Die Geisteswissenschaften scheinen sich derzeit jedoch nicht ganz schlüssig, ob sie dabei auf klassisches Bildungsgut (bei allenfalls erweitertem Kanon) oder eher auf einen Beitrag zum Erwerb von Schlüsselkompetenzen („Denkwerkzeuge") setzen soll. Die Autoren setzen auf: beides. Geisteswissenschaften sind marktfähig.

Genau in diesem Sinn führen die Autoren eine zweite Legitimationsfigur mit, die sie dem klassisch-akademischen Narrativ der Geisteswissenschaften entnehmen, sie allerdings aus dem darin geltenden Paradigma einer Evolution der Vernunft lösen und ihrer eigenen Marktlogik unterstellen: Dazu greifen sie auf den „Selbstaufklärungsbedarf" der Gesellschaft zurück, den sie als eine Art „ursprünglicher Nachfrage" nach Sinndeutung installieren. Anzeichen eines solchen Bedarfes sehen Welzer und Heidbrink nicht nur in den „kontinuierlich steigenden Studierendenzahlen", die „Ausdruck des Bedürfnisses nach reflexiver Kompetenz" seien, sondern auch in der „wachsende(n) Zahl interdisziplinärer

Forschungsansätze und -projekte" (Heidbrink/Welzer 2007: 12).[36] Ähnlich werden die neueren neurowissenschaftlichen Debatten um Willensfreiheit oder das „wachsende Bedürfnis nach Wissenschaftsseiten, -magazinen und -sendungen" als Anzeichen eines solchen, aus der Gesellschaft kommenden Selbstaufkärungsbedarfs gewertet. Danach fungieren die Geisteswissenschaften als Lieferanten eines Gutes, das der Kunde „Gesellschaft" nachfragt. So gilt nach Welzer und Heidbrink oberste Priorität der „längst überfälligen Neuformulierung der Frage", „in welcher Gesellschaft man eigentlichen leben will und welche Normen eine solche Gesellschaft auszeichnen soll." (Heidbrink/Welzer 2007: 14) Diese, in der Tat klassische, Frage scheint sich mühelos in die Gegenwart übertragen zu lassen. Doch was klassischerseits zum Zwecke der handlungsverändernden Aufklärung geschah, trägt sich heute in ein völlig anderes Register, nämlich dem der wissenspolitisch und massenmedial mit gesteuerten Aufmerksamkeitsökonomie ein. Deutlicher lässt sich die Umarbeitung der Geisteswissenschaften kaum zeigen: Ihr vormaliger Anspruch auf ein wahrheitspolitisches Deutungsmonopol wird ein in nachfrageorientiertes Marktmodell eingeordnet – nota bene: nicht überführt, sondern *eingefügt*. Dies erlaubt nicht unbeträchtliche Verkennungsleistungen etwa derart, dass die Vermarktlichung der Geisteswissenschaften auf sie selbst keine ernstliche Rückwirkung hätte, sie gar nur noch besser machte.

Die Folge sind Paradoxien, wohin man auch blickt. So werden die neuen Verhältnisse einerseits denunziert, andererseits nicht nur akzeptiert, sondern sogar zu ihrer Radikalisierung aufgerufen. Die Subsumtion der Universitäten unter kapitalistische Steuerungsformen wird einerseits als „Irrweg" (Heidbrink/Welzer 2007: 10) bezeichnet, zugleich soll er optimiert werden, damit er endlich zum Mittel der Heilung wird. Damit wird dazu aufgerufen, das neue System nicht nur zu akzeptieren, sondern sich voll und ganz mit ihm zu identifizieren, seine Spielregeln zu erlernen um darin brillieren zu können und schließlich auf diesem Wege wieder zur verlorenen, aber immer noch ersehnten Ermächtigungsposition zurückkehren zu können.[37]

---

36 Dass letztere im Rahmen einer eher wissenschaftsinternen Ökonomie zustande kommen und damit eher jener wissenschaftlichen Teilsystemrationalität geschuldet sind, die andernorts beklagt wird, sei der Ordnung halber ebenso angemerkt wie die Tatsache, dass steigende Studentenzahlen nicht unbedingt als Anzeichen gesellschaftlicher Sinnsuche gedeutet werden müssen.

37 Vieles spricht dafür, die im Text vorfindlichen Ambivalenzen einer psychologischen Lesart zu unterziehen, die vom traumatischen Verlust einer solchen Ermächtigungsposition ausgeht. So lässt sich kaum übersehen, dass der Text von massiven Affekten getragen wird. Unter Einsatz von Polemik, Spott und Hohn wird etwa ein Bild der Geisteswissenschaftler entworfen, das sie als hilflose, selbstwertgestörte Schwächlinge zeigt, die zu unreifen Reaktionsbildungen neigen: Statt sich mit der Realität auseinanderzusetzen, zögen sie sich gekränkt zurück und entwickelten wahnhafte Feindbilder, sähen sich als Opfer „böse(r) Mächte und finstere(r) Machenschaften" (Heidbrink/Welzer 2007: 9). Damit machen Heidbrink und Welzer verächtlich, was sie diagnostizieren. Statt sich zu fragen, wie es zu dem von ihnen festgestellten Mangel an Selbstbewusstsein kommt, culpabilisieren sie die Geisteswissenschaften für ihre Gebrochenheit und ihren fehlenden „Willen" zu Protest und Auflehnung und machen sie für ihr Versagen verantwortlich.
Fragt man nach den Gründen dafür, lässt sich das Positivimage beiziehen, das die Autoren an anderer Stelle im Text dagegenhalten. Was sich Heidbrink und Welzer wünschen, ist eine genaue Umkehrung der faktischen Kräftesituation: Nicht die Geisteswissenschaften sollten durch die Politik, sondern die Politik durch die Geisteswissenschaften „unter stärkeren Legitimationsdruck" (Heidbrink/Welzer 2007: 14) gesetzt werden. Angesichts der fragwürdigen Realitätstüchtigkeit dieses Wunsches lässt sich darin ein starkes psychologisches Motiv für das Wissenschaftler-Bashing der Autoren vermuten: Narzisstische Wut über den historischen Verlust eines intakten, bisweilen gar verehrten Gelehrtenstatus, dem zukam, in nahezu totaler Unantastbarkeit die großen Fragen zu stellen und dabei Gehör zu finden. Die Wut über die Unangreifbarkeit der

Zeugt der Text einerseits von erstaunlicher Selbstvergessenheit gegenüber der ihn tragenden Affekte und Widersprüche, wird er gerade darüber zu einem symptomatischen Dokument für die gegenwärtige diskursive Umbruchsituation, die ihre Akteure den Ambivalenzen zweier sich historisch überschneidender und zugleich ausschliessender Diskursordnungen bis zum Zerreißen aussetzt: Auf der einen Seite eine Geisteswissenschaft, die in spätidealistischer Form an einer wahrheitspolitischen Sonderrolle festhält und daraus eine privilegierte Position behauptet, andererseits ein Verständnis von Geisteswissenschaft, die als spezifisches Brachensegment in einer neoliberal organisierten Wissensgesellschaft um verkäufliche Produkte, Märkte und Konsumenten kämpfen muss. Der Vermittlung oder Übersetzung zwischen beiden Ordnungen gelten die Anstrengungen all jener Positionierungsversuche, die seit geraumer Zeit eine Aufgabenbestimmung und Rechtfertigung der Geisteswissenschaften vornehmen. „Das Ende der Bescheidenheit" erweist sich dabei als nur als besonders abenteuerliche Variante, die Widersprüche zwischen den Diskursregimen zu überbrücken und die ihnen inhärenten Dissonanzen aufzuheben.

5 Statt eines Nachworts

http://blog-de.scholarz.net/tag/geisteswissenschaft/ Zugriff 10.10.2008:
„Dezember 31, 2007. Prost 2008! – Ein gutes Jahr für die Wissenschaft! 2007 liegt morgen hinter uns. Was hat die wissenschaftliche Welt im verflossenen Jahr beschäftigt? Eineinhalb Nobelpreise für Deutschland? Zwei Druckwellen Exzellenzinitiative? Oder die ernüchternde Auswertung des Deutschen Hochschulverbandes, nach der in Deutschland in den vergangenen zehn Jahren 1451 Professorenstellen gestrichen wurden? … Verlierer (sind) die Geisteswissenschaften mit einem Minus von 663 Lehrstühlen. So betrachtet, fragt man sich, auf was die 450 Honoratioren zur Eröffnung des ‚Jahres der Geisteswissenschaften' im Januar 2007 so feierlich angestoßen haben?"

6 Literatur

Albrecht, Clemens/Stölting, Erhart (Hrsg.) (2001): Die Krise der Universitäten. Wiesbaden: Westdeutscher Verlag.
Arnswald, Ulrich (Hrsg.) (2005): Die Zukunft Der Geisteswissenschaften. Heidelberg: Manutius Verlag.
Bachmann-Medick, Doris (1998): "Weltsprache der Literatur." In: Jahrbuch der Deutschen Schillergesellschaft 42, 1998: 463-469.
Barner, Wilfried (1997): „Kommt der Literaturwissenschaft ihr Gegenstand abhanden?" In: Jahrbuch der Deutschen Schillergesellschaft 41, 1997:1-8.
Barner, Wilfried (1998): „Kommt der Literaturwissenschaft ihr Gegenstand abhanden?" Zur ersten Diskussionsrunde. Herausgegeben von Wilfried Barner, Walter Müller-Seidel, Ulrich Ott und Deutsche Schillergesellschaft. In: Jahrbuch der Deutschen Schillergesellschaft 42, 1998: 457-462.

Verhältnisse artikuliert sich als paradoxe Beschimpfung jener Enttäuschten, die offenbar nicht hinreichend Stand halten konnten gegen ihre eigene historische Entwertung und als gebrochene Autoritäten nunmehr ihrerseits zum Enttäuschungsanlaß für die „Generation Wissensgesellschaft" werden, die sich den neuen Verhältnissen ungeschützt ausgesetzt sehen.

Berger, Roland/Keisinger, Florian (Hrsg.) (2003): Wozu Geisteswissenschaften? Kontroverse Argumente für eine überfällige Debatte. Frankfurt am Main: Campus.

Bogdal, Klaus-Michael/Müller (Hrsg.) (2005): Innovation und Modernisierung: Germanistik von 1965 bis 1980. Heidelberg: Synchron, Wiss.-Verl. der Autoren.

Böhme, Hartmut (1998): „Zur Gegenstandsfrage der Germanistik und Kulturwissenschaft. " In: Jahrbuch der Deutschen Schillergesellschaft 42, 1998: 476-485.

Böhme, Hartmut/Matussek, Peter/Müller, Lothar (2002): Orientierung Kulturwissenschaft: Was sie kann, was sie will. 3. Aufl. Reinbek bei Hamburg: Rowohlt Tb.

Böhme, Hartmut/Scherpe, Klaus R. (1996): Literatur und Kulturwissenschaften. Positionen, Theorien, Modelle. Reinbek bei Hamburg: Rowohlt Tb.

Bollenbeck, Georg (1994): Bildung und Kultur. Glanz und Elend eines deutschen Deutungsmusters. Frankfurt am Main u. a.: Insel Verlag.

Boltanski, Luc/Chiapello, Ève (2003): Der neue Geist des Kapitalismus. Konstanz: UVK.

Boltanski, Luc/Thévenot, Laurent (2007): Über die Rechtfertigung. Eine Soziologie der kritischen Urteilskraft. Hamburg: Hamburger Edition.

Brenner, Peter (2008): „Was ist Bologna?" http://www.nachdenkseiten.de/?p=3031#more-3031, Zugriff 3.3.2008 (Zugegriffen März 28, 2008).

Diner, Dan (2004): „Cultural Engineering – Oder die Zukunft der Geisteswissenschaften." In: Universität ohne Zukunft? Frankfurt am Main (2004): 70-79.

Engelhardt, Ulrich (1986): Bildungsbürgertum. Begriffs- und Dogmengeschichte eines Etiketts. Klett-Cotta, Stgt.

Foucault, Michel (1971): Die Ordnung der Dinge. Eine Archäologie der Humanwissenschaften. Frankfurt am Main: Suhrkamp.

Frühwald, Wolfgang/Jauß, Hans R./Koselleck, Reinhart/Mittelstraß, Jürgen/Steinwachs, Burkhart (1991): Geisteswissenschaften heute. Eine Denkschrift. Frankfurt am Main: Suhrkamp.

Gauger, Jörg-Dieter/Rüther, Günther (Hrsg.) (2007): Warum die Geisteswissenschaften Zukunft haben! Ein Beitrag zum Wissenschaftsjahr 2007. Freiburg im Breisgau: Herder.

Gethmann, Carl Friedrich/Langewiesche, Dieter/Mittelstraß, Jürgen/Stock, Günter (2005): Manifest Geisteswissenschaften. Hrsg. von Präsident der Berlin-Brandenburgischen Akademie der Wissenschaften. Berlin.

Goldmann, Mario (2007): Wozu noch Geisteswissenschaften? Oldenburg: BIS-Verlag der Carl von Ossietzky Universität Oldenburg.

Habermas, Jürgen (1962): Strukturwandel der Öffentlichkeit. Darmstadt und Neuwied.

Heidbrink, Ludger/Welzer, Harald (2007): „Das Ende der Bescheidenheit." In: Heidbrink/Welzer (2007): 8-14.

Heidbrink, Ludger/Welzer, Harald (Hrsg.) (2007): Das Ende der Bescheidenheit. Zur Verbesserung der Geistes- und Kulturwissenschaften. 1. Aufl. München: Beck.

Hörisch, Jochen (2006): Die ungeliebte Universität. Rettet die Alma mater! 1. Aufl. München: Hanser.

Jaeger, Friedrich/Liebsch, Burkhard/Straub, Jürgen (Hrsg.) (2004): Handbuch der Kulturwissenschaften: 3 Bände. Stuttgart: Metzler.

Kappus, Helga (Hrsg.) (2002): Nützliche Nutzlosigkeit. 1. Aufl. Wien: Passagen Verlag.

Kimmich, Dorothee/Thumfart, Alexander (Hrsg.) (2003): Universität ohne Zukunft? 1. Aufl. Frankfurt am Main: Suhrkamp.

Kittler, Friedrich (2001): Eine Kulturgeschichte der Kulturwissenschaft. 2. Aufl. München: Fink.

Koschorke, Albrecht (2003): „Wissenschaftsbetrieb als Wissenschaftsvernichtung. Einführung in die Paradoxologie des deutschen Hochschulwesens." In: Kimmich/Thumfart (2003): 142-157.

Maasen, Sabine/Böhler, Fritz (2006): „Zeppelin University: Bilder einer Hochschule." In: Bilder als Diskurse – Bilddiskurse. Weilerswist (2006): 199-228.

Maasen, Sabine/Weingart, Peter (2006): „Unternehmerische Universität und neue Wissenschaftskultur". Herausgegeben von Georg Krücken. Universitäre Forschung im Wandel. die Hochschule. In: Journal für Wissenschaft und Bildung 1, 2006: 19-45.

Masschelein, Jan/Simons, Maarten (2005): Globale Immunität oder Eine kleine Kartographie des europäischen Bildungsraums. 1. Aufl. Zürich-Berlin: Diaphanes.

Prinz, Wolfgang/Weingart, Peter (1990): Die sog. Geisteswissenschaften: Innenansichten. Frankfurt am Main: Suhrkamp.

Ringer, Fritz K. (1983): Die Gelehrten. Der Niedergang der deutschen Mandarine 1890-1933. Stuttgart: Klett-Cotta.

Sassen, Saskia (2008): Das Paradox des Nationalen: Territorium, Autorität und Rechte im globalen Zeitalter. 1. Aufl. Frankfurt am Main: Suhrkamp.

Schlaffer, Heinz (1998): „Unwissenschaftliche Bedingungen der Literaturwissenschaft." In: Jahrbuch der Deutschen Schillergesellschaft 42, 1998: 486-490.

Schönert, Jörg (1998) „Warum Literaturwissenschaft heute nicht nur Literaturwissenschaft sein soll." In: Jahrbuch der Deutschen Schillergesellschaft 42, 1998.

Turner, George (2001): Hochschule zwischen Vorstellung und Wirklichkeit. Zur Geschichte der Hochschulreform im letzten Drittel des 20. Jahrhunderts. Mit 1 Abb., 1. Aufl. Berlin: Duncker & Humblot.

Vosskamp, Wilhelm (1998): „Die Gegenstände der Literaturwissenschaft und ihre Einbindung in die Kulturwissenschaften." In: Jahrbuch der Deutschen Schillergesellschaft 42, 1998: 503-510.

Weingart, Peter/Prinz, Wolfgang/ Kastner, Maria/Maasen, Sabine/Walter, Wolfgang (1991): Die sog. Geisteswissenschaften: Außenansichten. Frankfurt am Main: Suhrkamp.

Wissenschaftsrat (WR) (2006): „Empfehlungen zur Entwicklung und Förderung der Geisteswissenschaften in Deutschland."

Wissens- und Technologietransfer als neues Leitbild?

Universitäts-Wirtschafts-Beziehungen in Deutschland

Frank Meier und Georg Krücken

1   Einleitung

Die Interaktionsbeziehungen zwischen Universitäten und Wirtschaft stehen gegenwärtig im Zentrum zahlreicher wirtschafts- und wissenschaftspolitischer Aktivitäten. Innovationscluster, Transferzentren und Verbundprojekte schießen aus dem Boden, und auch die Lissabon-Strategie der EU, deren Ziel darin besteht, bis zum Jahr 2010 den weltweit wettbewerbsfähigsten Wirtschaftsraum etabliert zu haben, setzt insbesondere auf Innovation, Wissen und Vernetzung. Dabei geht es vor allem um engere Beziehungen zwischen wissenschaftlichen und wirtschaftlichen Akteuren. Was dies für die Universitäten bedeutet, ist umstritten: Werden sie damit in ihrer Bedeutung aufgewertet oder werden akademische Forschung und Lehre auf ihren Beitrag zur wirtschaftlichen Entwicklung verkürzt? Entsteht hierdurch gar ein neuer Modus der Wissensproduktion, in dem kaum mehr zwischen wissenschaftlicher Erkenntnisproduktion und wirtschaftlicher Umsetzung unterschieden werden kann? Mit ein wenig Distanz zu dieser vielfach hitzig geführten Diskussion sieht man zweierlei: Versuche, engere Beziehungen zwischen Universitäten und Wirtschaft zu etablieren, lassen sich weltweit beobachten. Sie stellen darüber hinaus gerade für deutsche Universitäten historisch kein neuartiges Phänomen dar.

Erstens sind die deutschen Aktivitäten in einen *weltweiten Trend* engerer Kooperationsbeziehungen eingebettet. Trendsetter scheinen hier vor allem netzwerkartige Kooperationen in den USA zu sein, deren Grundlage in forschungsintensiven Universitäten besteht. Man denke hier zum einen an die Biotechnologie: So finden sich in Kalifornien (San Diego, Bay Area) und Massachusetts (Route 128) ausgesprochen erfolgreiche Vernetzungen zwischen Wissenschaft und Wirtschaft, die auf starken Forschungsuniversitäten wie der UC San Diego, der UC Berkeley, der UC San Francisco, der Harvard University und dem MIT basieren (Powell et al. 2005; Owen-Smith/Powell 2004; Zucker et al. 1998). Zum anderen gilt dies für den Bereich der Informations- und Kommunikationstechnologien. Hier avancierten das Silicon Valley, einer der weltweit dynamischsten Wirtschaftsräume, und die eng damit verbundene Stanford University zum weltweit kopierten „role model". Forscher wie der Wirtschaftssoziologe Mark Granovetter mit seinen Mitarbeitern und die Wirtschaftsgeographin Anna Lee Saxenian konnten zeigen, dass vor allem die dichten Netzwerkbeziehungen in einem regionalen Raum zwischen der mitten im Silicon Valley gelegenen Stanford University, Silicon-Valley-Firmen, wie unter anderem Hewlett-Packard, Cisco und Google, Venture-Kapitalfirmen und Rechtsanwaltskanzleien sowie die vergleichsweise offenen Grenzen zwischen diesen Sektoren für die besondere Leistungsfähigkeit des Silicon Valley verantwortlich sind (Castilla et al. 2000; Saxenian 1996). Grundsätzlich bestehen hier interessante Parallelen, aber auch Unterschiede zu den Vernetzungsaktivitäten zwischen Wissenschaft und Wirtschaft in Deutschland. So heben regionale Wirtschaftsstudien ebenfalls die Rolle regionaler, aus unterschiedlichen Einrichtungen zusammengesetzter Innovationsnetzwerke hervor, wie man sie z. B. im Werkzeugmaschinenbau in Baden-Württemberg antrifft (Heidenreich 1997). Vernetzungen, die nicht historisch gewachsen und die nicht „bottom up" entstanden sind, sind hingegen zumeist wenig erfolgreich. Nicht zuletzt für den deutschen Fall lässt sich zeigen, dass der in verschiedenen europäischen Ländern seit den 1990er Jahren unternommene Versuch, das Silicon Valley und seine besonderen Beziehungsmuster zur Stanford University zu kopieren, nur mäßig erfolgreich war.[1]

Zweitens sind enge Kooperationsbeziehungen zwischen Universitäten und Wirtschaft keineswegs neu. Gerade Deutschland kann auf eine bis in das 19. Jahrhundert reichende *Tradition* zurückblicken (Meyer-Thurow 1982; Szöllisi-Janze 2004). So werden die 200 Jahre alten „humboldtschen" Ideen des Lehrens, Lernens und Forschens in „Einsamkeit und Freiheit", die häufig mit dem deutschen Modell der Universität assoziiert werden, zwar immer wieder als praxisferne Elfenbeinturm-Ideologie kritisiert. Man sollte dabei jedoch nicht vergessen, dass die „humboldtsche" Universitätsidee vor allem für das später von vielen anderen Staaten, unter anderem den USA, kopierte Modell der *Forschungsuniversität* steht.[2] Die Forschungsuniversität war nicht nur in den Naturwissenschaften maßgeblich. Sie strahlte auch auf die Ingenieursausbildung aus und führte zu ihrer Akademisierung an den Technischen Hochschulen. Mit der Aufwertung der Technischen Hochschulen seit den 1870er Jahren wurde eine bis dato einmalige Verwissenschaftlichung der Ingenieursausbildung erreicht (König 1990). Damit wurden die Grundlagen für enge Universitäts-Wirtschafts-Beziehungen gelegt, die seit dem letzten Drittel des 19. Jahrhunderts bis zum 1. Weltkrieg die weltwirtschaftliche Vormachtstellung der deutschen Industrie begründeten.[3] Es entstanden wissenschaftsbasierte Industrien in dieser Zeit. Der Aufbau der deutschen Chemie- und Elektroindustrie – man denke an Unternehmen wie Bayer, BASF oder Siemens, die noch heute zu den wichtigsten der deutschen Volkswirtschaft zählen – wäre ohne die besondere Stärke der universitären Forschung und darauf aufbauende Kooperationsbeziehungen gar nicht möglich gewesen. Diese engen Verbindungen zwischen Wissenschaft und Wirtschaft setzen sich in der Gegenwart fort – auch wenn in Politikerreden gern das Gegenteil beschworen wird. So kommt eine neuere OECD-Statistik zu dem Ergebnis, dass der prozentuale Anteil der Industriedrittmittel an den universitären Forschungsmitteln in Deutschland weit höher ist als zum Beispiel in den USA, Japan und Großbritannien (OECD 2006). Deutschland wird hier nur von Südkorea übertroffen, einem Land, in dem

---

1   Vgl. hierzu insbesondere die kritische Analyse der Versuche, netzwerkartige Strukturen im Bereich der deutschen Biotechnologie-Industrie zu etablieren, durch Casper (2007: 74 ff.).

2   Für die USA vgl. Flexner (1930); zur Bedeutung Humboldts für die europäische Universitätsidee insbesondere im Hinblick auf die nordeuropäischen Länder vgl. Nybom (2003). Für das deutsche Modell der Universität ist die „humboldtsche" Idee nach heutigem Stand der Universitätsgeschichte allerdings weit weniger bedeutsam als durch den Hochschuldiskurs des 20. Jahrhunderts suggeriert (Ash 1999; Paletschek 2002).

3   Keck (1990) sieht in den historischen Konfigurationen des 19. Jahrhunderts gar die Grundlagen der Stärken des deutschen nationalen Innovationssystems gegen Ende des 20. Jahrhunderts.

die nicht unmittelbar auf Anwendung hin orientierte Forschung traditionell sehr schwach ist.

Historisch besehen fand die Vernetzung zwischen Wissenschaft und Wirtschaft vor allem über *Personen* statt. Relativ neu ist hingegen der Versuch, hierin eine eigenständige *institutionelle* Mission der Universität zu sehen, und auch diese Entwicklung ist nicht nur auf Deutschland beschränkt. Wissenschaftsforscher wie Henry Etzkowitz und andere (1997) sprechen in dem *direkten* Beitrag der Universitäten zur wirtschaftlichen Entwicklung von einer „dritten akademischen Mission", die die klassischen Missionen Forschung und Lehre, deren Beitrag zur wirtschaftlichen Entwicklung zumeist eher *indirekter* Natur ist, zunehmend ergänzt. Was früher eine Tätigkeit war, die von einzelnen Wissenschaftlern in Ergänzung zu bzw. Kombination mit den beiden grundlegenden Missionen Forschung und Lehre durchgeführt wurde, ist nun eine Mission der Gesamtorganisation. Persönliche Beziehungen werden sukzessiv um organisationale Aktivitäten ergänzt, und die enge Kooperation mit Wirtschaftsunternehmen wird zur institutionellen Mission der Universität. Damit verschiebt sich auch die Verantwortung für die Universitäts-Wirtschafts-Beziehungen vom Individuum zur Organisation. Diese dritte Mission findet z. B. in dem flächendeckenden Aufbau von Technologietransferstellen an Universitäten ihren Niederschlag. Den Autoren des viel beachteten und mehrfach wiederaufgelegten Buches „The New Production of Knowledge" gilt die Institutionalisierung von universitären Transferstellen gar als "a watershed in the history of technology transfer in the universities in the United States and Europe" (Gibbons et al. 1994: 87).

Vor diesem Hintergrund wollen wir uns in unserem Beitrag damit beschäftigen, empirische Befunde und theoretische Überlegungen zu der Frage zusammenzutragen, wie sich das gesteigerte Interesse an Wissens- und Technologietransfer im deutschen Universitätssystem niederschlägt, und welche Bedeutung die beobachteten Veränderungen für die Universitäts-Wirtschafts-Beziehungen haben. Unsere Ergebnisse werden wir in *fünf Thesen* zuspitzen, die den Beitrag strukturieren werden.

Das Datenmaterial, auf dem unsere Überlegungen gründen, wurde in mehreren empirischen Forschungsprojekten gewonnen. Dabei handelt es sich zu einen um ein inzwischen schon etwas älteres Forschungsprojekt zu Wissens- und Technologietransferstellen an nordrhein-westfälischen Universitäten (Krücken 1999, 2003) sowie eine daran anschließende Diplomarbeit (Meier 2001); zum anderen beziehen wir uns auf ein vergleichendes DFG-Projekt zu Universitäts-Wirtschafts-Beziehungen in Deutschland und den USA.[4] Diese letztgenannte Untersuchung wendet ihre Aufmerksamkeit weg von den *formalen* Transferinfrastrukturen hin zu den *tatsächlichen* Universitäts-Wirtschafts-Beziehungen auf der Arbeitsebene wissenschaftlicher Aktivitäten. Im Zentrum dieses Projekts standen neben einer Analyse der einschlägigen Diskurse die quantitative Vermessung der Universitäts-Wirtschafts-Beziehung sowie die Suche nach Orientierungen und Voraussetzungen, die

---

4   Es handelt sich dabei um das Projekt „Abschied vom Elfenbeinturm? Eine wissenschafts- und organisationssoziologische Untersuchung zum universitären Wissens- und Technologietransfer in Deutschland und den USA". Zu Datengrundlagen und methodischen Zugängen siehe den Projektabschlussbericht (Krücken/Meier/Müller 2007a). Abgesehen von den im Weiteren angesprochenen Projektteilen (Bibliometrie, Fallstudien) umfasste die Untersuchung auch eine Diskursanalyse. Zu zentralen Ergebnissen dieses Projektteils siehe insbesondere Krücken/Meier/Müller (2007b).

solche Beziehungen gegebenenfalls ermöglichen oder ihnen im Wege stehen. Ein besonderes Augenmerk wurde dabei auf organisationale Faktoren gelegt.

2   Transferinfrastrukturen

Die erste These lautet, dass Universitäts-Wirtschafts-Beziehungen – trotz aller Versuche sie als institutionelle Mission der Gesamtuniversität zu verstehen und entsprechende organisationale Kapazitäten aufzubauen – vor allem auf Personenkenntnissen und persönlichen Beziehungen aufbauen, und zwar zwischen den konkreten Partnern aus Wissenschaft und Wirtschaft, nicht zwischen stellvertretend Handelnden.

Der erste Grund für die besondere Bedeutung von Personenkenntnissen und persönlichen Beziehungen besteht darin, dass Universitäts-Wirtschafts-Beziehungen ein hohes Maß an *Vertrauen* zwischen den beteiligten Partnern voraussetzen. Vertrauen bedeutet hierbei kein unkritisches Zutrauen, sondern ist in den Worten von Niklas Luhmann (1973: 21) eine „riskante Vorleistung", die im Enttäuschungsfall wieder entzogen werden kann.

Vertrauen kann sich im Laufe der Zeit entwickeln, und dies erfordert wiederholte Interaktionen zwischen den konkreten Partnern. Dies hat damit zu tun, dass beide Seiten – Wirtschaft und Wissenschaft – es mit einem jeweils andersartigen System zu tun haben, in das sie nicht genau hineinschauen können. Beide Systeme bleiben füreinander „black boxes". Das für Kooperationen zwischen Universitäten und Wirtschaft notwendige Vertrauen in die Kompetenz, Zuverlässigkeit und Fairness der jeweils anderen Seite wird typischerweise nur durch das Vertrauen in konkrete Personen erzeugt. Erst hierdurch wird die hohe Unsicherheit im Kontakt mit einem fremden Bereich auf ein Maß reduziert, das Kooperationen ermöglicht. Zugespitzt formuliert: Die Industrie vertraut einzelnen universitären Forschern oder Forschungsabteilungen, nicht jedoch der Universität oder der akademischen Wissenschaft insgesamt; umgekehrt vertrauen akademische Forscher denjenigen in Industrieunternehmen, mit denen sie konkret zusammenarbeiten bzw. in der Vergangenheit zusammengearbeitet haben, nicht jedoch „der Wirtschaft" oder „der Industrie". Das wurde deutlich in den quasi-psychologischen Aussagen zum „human factor" aus unseren Interviews aus dem Jahr 1999. Dort heißt es unter anderem: „Die persönliche Struktur der Kooperationspartner ist das wichtigste Element", „Die persönliche Sympathie ist wichtig", „Die Chemie muss stimmen", „Man muss auf der gleichen Wellenlänge sein", „Sich menschlich zu verstehen ist die Grundvoraussetzung" oder „Letztlich können Sie alles auf den kleinsten gemeinsamen Nenner bringen: Und das sind die Akteure. Wenn sich zwei Akteure nicht verstehen, dann können Sie noch so viel tun, da passiert gar nichts".

Ein zweiter Grund für die starke Personenabhängigkeit von Universitäts-Wirtschafts-Beziehungen liegt in der Natur der wissenschaftlichen Arbeit selbst. Der britische Chemiker und Wissenschaftsforscher Michael Polanyi entwickelte in diesem Zusammenhang bereits in den 1960er Jahren das Konzept des *„tacit knowledge"*, des stillschweigenden und impliziten Wissens (Polanyi 1966). Zwar ist wissenschaftliches Wissen formal, öffentlich und explizit, wenn man in wissenschaftlichen Publikationen die primäre Ausdrucksform wissenschaftlichen Wissens sieht. Jedoch bleiben weite Teile des Wissens implizit und entziehen sich der Explizierbarkeit und Standardisierbarkeit, wie nicht zuletzt die Laborstudien in der Wissenschaftssoziologie überzeugend gezeigt haben (Latour/Woolgar 1979; Knorr-Cetina 1985). Dieses Wissens ist stark personen- und situationsbezogen und lässt sich nur in der konkreten Praxis der Forschungshandelns erschließen.[5]

Aus den beiden zuvor genannten Gründen – also der Notwendigkeit des Vertrauens in die konkrete Person aus dem jeweils anderen Kontext sowie der starken Elemente des „tacit knowledge" der wissenschaftlichen Tätigkeit, ihrer Verfahren und Produkte – basieren Universitäts-Wirtschafts-Beziehungen in hohem Maße auf konkreten Partnern aus Wissenschaft und Wirtschaft. Universitäre Transferstellen können diese personengebundenen Prozesse unterstützen, jedoch keineswegs ersetzen. Ebenso wenig können Transfer-Datenbanken als Instrument des Wissensmanagements die persönlichen, an das forschende Individuum gebundenen Unternehmenskontakte ersetzen. Dass es dennoch seit den 1980er Jahren zur flächendeckenden Etablierung von universitären Transferstellen an deutschen Hochschulen kam, ist weder aus der Logik der Kooperation zwischen Universitäten und Wirtschaft heraus erklärbar, noch deutet sie einen grundlegenden institutionellen Wandel im Verhältnis zwischen beiden Bereichen an. Hierauf bezieht sich unsere zweite These.

Die zweite These besagt, dass der Prozess der Einrichtung von universitären Transferstellen primär an politischen Programmen und Erwartungen ausgerichtet war. Es handelt sich zwar um eine institutionelle Innovation, die organisationssoziologisch jedoch als eine nach außen gerichtete Formalstruktur zu deuten ist, die es den Universitäten erlaubte, ihre Aktivitätsstrukturen weitgehend unverändert zu belassen.

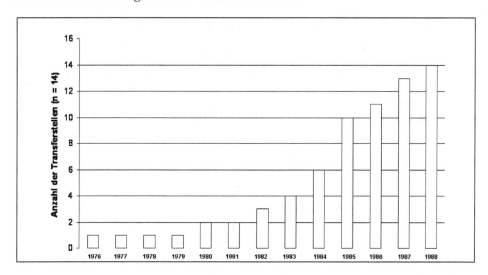

Abbildung 1: Institutionalisierung von Transferstellen an staatlichen Universitäten in NRW

---

5   Der hohe Anteil an „tacit knowledge" im Bereich wissenschaftlicher Tätigkeiten bedeutet auch, dass der Delegation der ständig zunehmenden Organisations- und Managementaufgaben an das Hochschul- und Wissenschaftsmanagement Grenzen gesetzt sind. Wissenschaftlerinnen und Wissenschaftler müssen sich im Interesse ihrer Kernaufgaben Forschung und Lehre nolens volens selbst zunehmend mit Managementfragen beschäftigen und entsprechende Kompetenzen herausbilden. Ausführlicher hierzu Krücken (2008).

Die flächendeckende Errichtung von universitären Technologietransferstellen erfolgte in Deutschland vor allem in den 1980er und 1990er Jahren. In Nordrhein-Westfalen wurde nach einem ersten Pilotprojekt 1976 der Institutionalisierungsprozess bereits 1988 abgeschlossen, da in diesem Jahr alle 14 öffentlichen Universitäten des Landes über Transferstellen verfügten (s. *Abbildung 1*).

Dies wurde als *politischer Erfolg* wahrgenommen und galt als Indikator für engere Universitäts-Wirtschafts-Beziehungen. Unserer Analyse zufolge sind Transferstellen jedoch alles andere als ein Beleg dafür, dass Universitäten eine „dritte akademische Mission" übernehmen und es sich hier um einen tatsächlichen „turning point" in der Geschichte des Transfers und der Universität handelt. Universitäre Transferstellen spielen nur eine begrenzte Rolle im tatsächlichen Transfergeschehen. Unterschiedliche Untersuchungen kommen bereits für die Blütephase von Transferstellen zu dem Ergebnis, dass maximal 10% der tatsächlichen Kooperationsbeziehungen unter Einbeziehung von Transferstellen zustande kommen (Krücken 2003; Reinhard/Schmalholz 1996; Kluge/Oehler 1986). Die Gründe hierfür liegen vor allem in den beiden zuvor genannten Punkten, das heißt, der hohen Bedeutung von persönlichen Beziehungen und dem großen Anteil an „tacit knowledge" im Wissens- und Technologietransfer.

Hinzu kommt, dass Transferstellen gerade dort an Bedeutung für die Universitäts-Wirtschafts-Beziehungen verlieren, wo diese gut etabliert und nicht auf eine weitere Mittlertätigkeit angewiesen sind. Dies entspricht weitgehend dem Selbstverständnis der Transferstellen, die mit ihren Angeboten vor allem kooperationsunerfahrene Wissenschaftler und Unternehmer adressieren, und dies legen auch unsere Interviews mit transferaktiven Wissenschaftlern aus dem Jahr 2005 nahe. So erklärt ein solcher im Interview zur Rolle der Transferstelle für seine Wirtschaftskontakte: „Das spielt für uns absolut keine Rolle. Also die Kontakte habe ich entweder oder ich habe sie nicht. Die Transferstelle kommt an diese Stelle nicht ran. Hat auch die Sichtweise nicht. Weiß nicht, was wir hier tun, kann uns einfach nicht vermitteln. Das ist eindeutig".[6] Ein anderer Wissenschaftler führt aus: „Ich glaube nicht, dass die Transfereinrichtung wesentliche, größere Projekte wirklich auch produziert hat. Das kann sie auch gar nicht, weil sie das Know-how nicht hat". Ein weiterer Transferaktiver sagt über seine Beziehung zur Transferstelle: „Die wurde noch nie mit einbezogen. Das können wir auch direkt, das geht viel schneller". Er folgert daraus allgemein: „Nach meiner Einschätzung ein nachrangiges Instrument".

Neben der Tatsache, dass Wissenschaftler mit etablierten Kooperationsbeziehungen in die Wirtschaft kaum auf die Mittlertätigkeiten von Transferstellen angewiesen sind, weisen die zitierten Stimmen aus dem Feld auch darauf hin, dass es für die Stellen dann schwierig ist, Kooperationen zu unterstützen, wenn diese ein hohes Maß an Know-how über ein bestimmtes technologisches Feld voraussetzen. Über solche Kenntnisse werden insbesondere allgemeine Transferstellen, also solche, die für ganze Hochschulen zuständig sind, kaum je systematisch verfügen können.

---

6   Derselbe Wissenschaftler spekuliert allerdings: „So eine Transferstelle könnte unter Umständen – wenn es so in den Mittelstandsbereich geht – könnte sie eine bessere Rolle spielen. Dass also wirklich Anfragen kommen, und dann sagt sie: Wer in der Universität kann hier mal kurzfristig ein kleines Forschungsthema bearbeiten und lösen?".

Dennoch wäre es verkürzt, in der Institutionalisierung von Transferstellen lediglich eine von zu hohen Erwartungen begleitete Fehleinschätzung der Spezifika von Universitäts-Wirtschafts-Beziehungen zu sehen. Transferstellen sind vielmehr ein klassisches Beispiel für das, was Meyer/Rowan (1977) als *lose Kopplung* zwischen der Formal- und der Aktivitätsstruktur einer Organisation bezeichnen. Ihrer neo-institutionalistischen Perspektive zufolge können Organisationen nur im Rahmen ihrer jeweiligen Umwelten verstanden werden, aus denen sie Legitimation und Ressourcen durch die Konformität mit den dort vorherrschenden Erwartungen beziehen. Diese Konformität drückt sich in der nach außen gerichteten *Formalstruktur* einer Organisation aus. Bezogen auf unseren Fall bedeutet dies, dass die Gründung von Transferstellen nicht aufgrund des Versuchs erfolgte, die Universitäts-Wirtschafts-Beziehungen und die darauf bezogenen universitären Entscheidungsstrukturen zu verbessern. Unsere Rekonstruktion zeigte, dass der Impuls zur Gründung von Transferstellen eindeutig von der Umwelt der Universitäten ausging, und zwar interessanterweise nicht von Seiten der Wirtschaft, sondern von Seiten der Politik. Fast alle von uns Befragten betonten, dass es das Wissenschaftsministerium des Landes war, das von den Universitäten mehr Aktivitäten im Hinblick auf die Wirtschaft einforderte. Universitäten reagierten darauf, indem sie Transferstellen als vor allem für das Wissenschaftsministerium sichtbare Formalstrukturen etablierten. Auch die inhaltliche Ausrichtung von Transferstellen ist durch eine starke Orientierung an der politischen Umwelt der Hochschulen gekennzeichnet (Meier 2001).

Auf der Ebene der *Aktivitätsstruktur* kann solchermaßen „business as usual" stattfinden. Unsere Interviews, die wir mit statistischem Material und Textdokumenten unterfüttern konnten, zeigten hier zweierlei: Erstens gaben die meisten Universitätsleitungen keine Aufwertung des Transfergedankens für die Gesamtorganisation zu erkennen. Vielmehr betonte man anstelle der „dritten akademischen Mission" vor allem die nach wie vor zentrale Bedeutung der klassischen Missionen Forschung und Lehre. Zweitens umgingen transferorientierte Professoren in der Regel die Transferstellen und setzen nach wie vor auf persönliche und zumeist dyadische Beziehungen zu Unternehmen, ohne die Organisation zu bemühen.

Jedoch hat sich bereits vor einigen Jahren ein neuer Ansatzpunkt für eine erweiterte Rolle der Universitätsorganisation ergeben. Diese besteht nicht mehr nur in der Anbahnung und Vermittlung von Kooperationsbeziehungen, sondern in einer eigenständigen ökonomischen Aktivität der Hochschulen selbst (vgl. hierzu auch Krücken/Meier/Müller 2007b). Mit der Novelle des Arbeitnehmererfindergesetzes (ArbNErfG) von 2002 erhielten die Hochschulen Verwertungsmöglichkeiten für die Erfindungen von Professoren, die letzteren bis dahin durch das Hochschullehrerprivileg persönlich zugestanden hatten. Dadurch entstand eine neue organisationale Rolle der Hochschule im Bereich des Wissens- und Technologietransfers. Gleichzeitig wurden, unterstützt durch den Bund, in allen Bundesländern Patentverwertungsagenturen („PVA") aufgebaut.

Unsere dritte These lautet hierzu: Die neue Rolle der Universitäten in der Patentverwertung kann ein Hemmnis für die Kooperation zwischen Universitäten und Wirtschaftsunternehmen darstellen. Dies gilt insbesondere, soweit die Hochschulen und Verwertungsagenturen nicht über die notwendigen professionalisierten Kapazitäten zur Verwertung verfügen. Die kritischen Einschätzungen der transferaktiven Hochschullehrer bilden jedoch auch Konfliktlinien zwischen ihnen und den Hochschulen ab.

Zum Zeitpunkt unserer Untersuchung (die hier referierte Studie: 2005) waren die entsprechenden Handlungskapazitäten erst im Aufbau begriffen, die Routinen zwischen den verschiedenen Beteiligten offenbar noch nicht vollständig eingespielt. Dies spiegelt sich in den Interviews wider, in denen die Abschaffung des Hochschullehrerprivilegs in einzelnen Stellungnahmen kritisch gewürdigt wird. So antwortete ein transferaktiver Hochschullehrer auf die Frage nach seiner Einschätzung der neuen Rechtslage: „Die Antwort ist, dass dadurch die Patentwilligkeit noch kleiner geworden ist. Ganz klare Antwort: Es wird weniger, nicht mehr Patente geben". Ein anderer führte aus: „Es macht so einiges kompliziert und zwar ganz erheblich kompliziert". Auch ein weiterer Interviewter sah eine Verkomplizierung von kooperativen Projekten durch die neue Rechtslage:

> „Es hat bei uns dazu geführt, dass wir einen deutlich höheren Aufwand bei der Fertigstellung von Vertragstexten für solche industriebezogenen Projekte haben, weil die Universität im Prinzip jetzt noch keine Ahnung hat, meint, sie könnte das große Geld verdienen. Die Firmen lachen sich natürlich tot über diese Ansichten, die für die Sachbearbeitung von der Universität an sie herangetragen werden".

Ähnlich äußerte sich ein weiterer Wissenschaftler:

> „Es war lange Zeit unproblematisch. Das Ringen hat in dem Moment angefangen, seit dem die Universität auf die Patente mit Zugriff hat. Da fängt das jetzt plötzlich an. Auch weil die Universität verkehrte Vorstellungen von den Patenten hat. Sie meinen, die können jetzt mit jedem Patent hunderttausende von Euro einwerkeln und sind nicht bereit, auf der anderen Seite auch bloß einen Euro einzubringen, um so ein Patent auf den Weg zu bringen".

Demnach wird die Anbahnung kooperativer Projekte zunehmend konfliktträchtig:

> „Das ist ein Streit, den wir bei jeder Kooperation haben. Das Aushandeln der Finanzen, das Aushandeln der Arbeitspakte kostet etwa ein Drittel der Zeit, und zwei Drittel des Ärgers geht um die Patente. Und letztendlich kann eine Universität überhaupt nichts mit Patenten anfangen, weil eine Universität überhaupt nicht das Geld hat, Patente durchzusetzen".

Eine Deutung dieser kritischen Stimmen muss sehr zurückhaltend argumentieren. Und dies nicht nur, weil es sich hier um eine kleine Zahl einzelner und bereits etwas älterer Aussagen handelt. Vielmehr muss man solche Einschätzungen deshalb mit Vorsicht zur Kenntnis nehmen, weil sie durchaus einen ideologischen Aspekt haben. Das hat generell etwas damit zu tun, dass das Selbstverständnis von Hochschullehrern im Allgemeinen und deutschen Professoren im Besonderen durch einen *hohen Autonomieanspruch* gekennzeichnet ist.[7] Ein *organisationaler Zugriff* auf Bereiche, die ein Hochschullehrer als Sphäre seiner eigenen Autonomie begreift, wird deshalb mit einer gewissen Wahrscheinlichkeit auch dann kritisch gesehen werden, wenn er aus funktionaler Perspektive hilfreich sein könnte. Zudem sind auch die persönlichen Interessenlagen der Transferaktiven betroffen. Dort wo eine Universität tatsächlich „regulieren", also die Handlungsfreiheit der Beteiligten einschränken, oder an etwaigen Einnahmen partizipieren will, gerät sie möglicherweise in Konflikt mit den finanziellen Interessen ihrer Mitarbeiter, deren etwaige private Gewinnchancen betroffen sein können.

---

7   Vergleiche hierzu nur Karl Jaspers' vielzitiertes Bild von den „Affen auf den Palmen im heiligen Hain von Benares" (Jaspers 1946: 64) oder Schelsky (1969: 39).

Inhaltlich bezieht sich die Kritik der Interviewten zunächst auf die mangelnde Ausstattung und die mangelnde Sachkompetenz der Universität zu einer angemessenen Verwertung. Dies ist – wie gesagt – vor dem Hintergrund zu sehen, dass die Interviews in einer Situation entstanden sind, in der das System noch im Aufbau begriffen war. Die in den Zitaten angesprochenen Problemlagen weisen jedoch über solche Fragen, von denen man ja sagen könnte, es handele sich um Kinderkrankheiten, hinaus. Und so könnte hier ein *allgemeineres* Problem verborgen liegen. Soweit man Kooperationsbeziehungen zwischen verschiedenen institutionellen Bereichen – wie eben Wissenschaft und Wirtschaft – als tendenziell problematische und fragile Gebilde begreift, die ja genau deswegen in hohem Maße auf personales Vertrauen angewiesen sind, ist es generell plausibel, dass der Eintritt von zusätzlichen Beteiligten mit deren zusätzlichen Ansprüchen ein Hemmnis darstellen kann, selbst wenn diese sachlich angemessen und „professionell" agieren. Dies gilt umso mehr, als die Hochschulen ja in der Tat zum Beispiel an etwaigen Patenteinahmen partizipieren wollen.[8]

Wenn nun aber die Ansprüche der Hochschulen die ja ohnehin hochgradig spekulativen Gewinnchancen von Transferprojekten für die Unternehmen senken, wird dies deren Engagement *ceteris paribus* unwahrscheinlicher machen. Gegebenenfalls sinkt auch der ökonomische Anreiz für Wissenschaftler, sich in Projekten zu engagieren, aus denen gegebenenfalls Patente entstehen könnten. Allerdings betreiben transferaktive Forscher, wie noch zu zeigen sein wird, in hohem Maße aus wissenschaftlichen und nicht aus ökonomischen Motivlagen heraus Transferprojekte. Die ansonsten vorhandene Möglichkeit, zu Gunsten des Zustandekommens eines Transferprojektes auch auf Verwertungsansprüche zu verzichten, verlieren Wissenschaftler, wenn sie gar nicht Inhaber möglicher Rechte sind. Selbst wenn also Universitäten und ihre Verwertungsprofis realistische Vorstellungen von möglichen Gewinnen entwickeln, beeinträchtigt das Gewinnstreben der Organisation tendenziell die Wahrscheinlichkeit des Zustandekommens von Kooperationsbeziehungen. Transferförderung und Gewinnorientierung stehen demnach in einem *Zielkonflikt*.

In Einklang mit diesen Überlegungen belegen Patentdaten, dass die neue Rechtslage bislang zumindest nicht zu dem erhofften Wachstum der Patentanmeldungen aus Hochschulen geführt hat. Nach einer deutlichen Steigerung der Anzahl der Patentanmeldungen aus Hochschulen in den 1990er Jahren (gemäß konservativer Schätzung von unter 2000 auf ein Maximum von 3200), sinken diese – zumindest bis 2004 – wieder deutlich ab (Schmoch 2007: 5). Erwartungsgemäß sind in jüngerer Zeit zwar die Patentanmeldungen durch Universitäten angestiegen, diese Entwicklung wurde jedoch durch geringere Anmeldungen von Hochschullehrern als Privatpersonen und Unternehmen überkompensiert. Da der Rückgang bereits vor Inkrafttreten der Gesetzesnovelle – nämlich seit dem Jahr 2000 – einsetzte, kann das neue Recht nicht als alleinige Erklärung herangezogen werden. Jedoch ist zumindest nicht unplausibel, dass der fortgesetzte starke Rückgang der Patentanmeldungen von Hochschulerfindungen durch Unternehmen zumindest teilweise mit den hier vorgestellten Hemmnissen in Zusammenhang stehen könnte.

---

8   Im Gegensatz zu den transferaktiven Wissenschaftlern bejahen die Hochschulleitungen das neue Arbeitnehmererfinderrecht und die damit verbundenen finanziellen Ansprüche der Universitäten, auch wenn sie die Chancen, über Patente nennenswerte Einnahmen zu erzielen, zurückhaltend einschätzen. Internationale Studien belegen, dass es jeden Anlass zu dieser Vorsicht gibt (vgl. etwa Charles/Conway 2001 für den britischen Fall sowie Siegel et al. 2003 für die USA).

3   Quantitative Vermessung der Universitäts-Wirtschafts-Beziehungen

Aus dem bisher Gesagten folgt, dass organisationale Innovationen wie Transferstellen oder auch die neuen universitären Aufgaben in der Patentverwertung für sich selbst genommen noch keine Indikatoren für eine stärkere Wirtschaftskooperation von Universitäten sind. Es ist nicht einmal unplausibel, dass sich bestimmte Bemühungen um Transfer sogar als kontraproduktiv in dieser Hinsicht erweisen. Die Entwicklung der tatsächlichen Transfer- und Kooperationsaktivität bleibt damit eine empirische Frage. Und in Bezug auf diese sollte die jüngste Entwicklung der Patentdaten keineswegs fehlleiten.

Zu dieser Frage lautet unsere vierte These: Auch wenn die in den 1980er Jahren etablierten Transferstellen kein Indikator für eine dritte akademische Mission sind, nimmt das Niveau der Interaktion mit Wirtschaftsunternehmen an deutschen Universitäten deutlich zu.

Universitäts-Wirtschafts-Beziehungen sind vielfältig und facettenreich (vgl. etwa Schmoch et al. 2000). Dazu gehören z. B. auch viele informelle Kontakte, die sicher abzubilden erhebliche methodische Probleme aufwirft. Auch sehr viel formalere Formen wie Patente (vgl. Schmoch 2007) oder Spin-offs (vgl. Spielkamp et al. 2004) weisen spezifische Schwierigkeiten der Gewinnung zuverlässiger Daten auf. Versuche, umfassend zu Aussagen über ein generelles Transferniveau einer Wissenschaftsorganisation oder gar eines Wissenschaftssystems zu gelangen, sind daher alles andere als trivial.

Unsere eigene Analyse basiert auf dem Indikator *Co-Publikationen*. Dabei handelt es sich um solche Publikationen, für die die zu Grunde gelegten Datenbanken mindestens einen Autor aus der jeweils untersuchten Hochschule und mindestens einen aus einem Unternehmen ausweisen. Co-Publikationen sind ein Maß für Kontakte zwischen akademischen Wissenschaftlern und Wirtschaftsunternehmen, die durch eine gewisse Tiefe und Intensität gekennzeichnet sind. Wer mit jemandem aus einem anderen institutionellen Kontext gemeinsam publiziert, muss dafür ein Mindestmaß an professionellem Vertrauen aufbringen. Interviews bestätigten später stichprobenartig, dass akademische Wissenschaftler, die an mehr als einer Co-Publikation beteiligt waren, über eine Vielzahl verschiedenster Wirtschaftskontakte verfügten. Freilich waren diese Wissenschaftler häufig auch gerade deshalb der Ansicht, dass der Indikator ihre Wirtschaftsbeziehungen nur unzureichend abbildete.

Wir haben Publikationen der staatlichen nordrhein-westfälischen Universitäten und Gesamthochschulen zwischen 1980 und 2000 in Fünf-Jahres-Intervallen erhoben. Datengrundlage für diese sehr aufwändige Analyse sind die bibliographischen Datenbanken SCI, SSCI und A&HCI von Thomson ISI. *Abbildung 2* zeigt die Entwicklung des gesamten Publikationsaufkommens in diesem Zeitraum sowie die Anzahl der Publikationen, die in Co-Autorenschaft von mindestens einem Wissenschaftler einer nordrhein-westfälischen Universität und einem Vertreter eines Wirtschaftsunternehmens entstanden sind. Es ist leicht erkennbar, dass beides ansteigt, wobei die Zahl dieser Co-Publikationen stärker ansteigt, als die Zahl der Publikationen insgesamt. Folglich steigt auch, wie in *Abbildung 3* zu erkennen, der Anteil der Co-Publikationen mit Wirtschaftunternehmen an allen Publikationen erkennbar an. Von 1980 bis 2000 steigt dieser Anteil von 1,94% auf 6,51%. Wir finden also – in diesem Zeitraum und gemessen an unserem Indikator – eine *erhebliche* Steigerung des Niveaus der Wirtschaftskooperation der nordrhein-westfälischen Hochschulen.

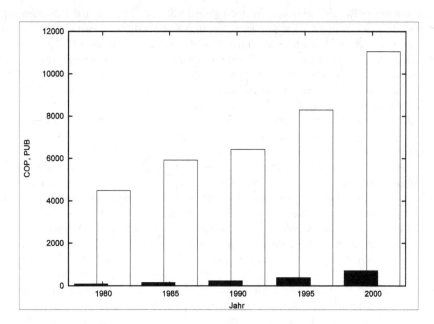

Abbildung 2: Publikationen und Co-Publikationen (NRW)

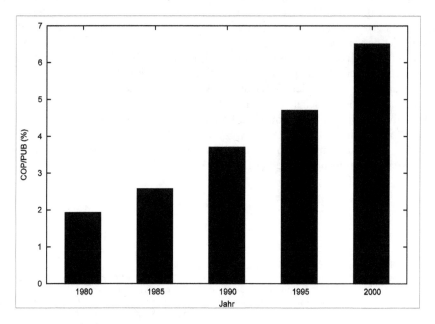

Abbildung 3: Co-Publikationen pro Publikation in % (NRW)

Dass Transferstellen für sich genommen noch kein Indikator für eine dritte akademische Mission sind, heißt eben nicht, dass das Transfer- und Kooperationsniveau niedrig sei oder stagniere. Im politischen Diskurs wird häufig ein Mangel an Wissens- und Technologietransfer und eine Unterausnutzung von Kooperationsmöglichkeiten beklagt. Auf europäischer Ebene wurde dies zuletzt unter dem Stichwort „*European Paradox*" diskutiert.[9] Die These lautet hier, dass es den europäischen Ländern, im Gegensatz etwa zu den USA, nicht gelinge, ihre in vielen Bereichen durchaus vorhandenen wissenschaftlichen Vorsprünge in technische Innovationen umzusetzen. Insofern sei die Entwicklung neuer und erweiterter Transfermechanismen für die Innovationsfähigkeit der europäischen Wirtschaft von entscheidender Bedeutung.[10]

Aus unseren Daten lässt sich ein unmittelbarer Handlungsbedarf in Richtung auf verstärkten Transfer jedenfalls *nicht* ableiten. Dies gilt auch, wenn man die nordrhein-westfälischen Daten mit einem Sample aus den USA vergleicht. Untersucht wurden hier 13 Universitäten in Illinois, die nach der Klassifikation der Carnegie Commission als Doctoral/Research Universities geführt werden und somit mit den Universitäten in Deutschland vergleichbar sind.[11] Die absoluten Publikationsdaten sind in *Abbildung 4* veranschaulicht. Im Grundsatz findet man eine ganz ähnliche Entwicklung wie im deutschen Sample. Und auch hier steigt der Co-Publikationsanteil: von 3,24% im Jahr 1980 auf 7,13% im Jahr 2000.

Zur besseren Anschaulichkeit sind in *Abbildung 5* die Anteile der Co-Publikationen an allen Publikationen der beiden Ländersamples im Vergleich aufgetragen. Wie zu erwarten war, findet man in Illinois tatsächlich einen durchgängig höheren Anteil an Co-Publikationen als in Nordrhein-Westfalen. Aber: Während sich dieser Anteil in Deutschland im Untersuchungszeitraum mehr als verdreifacht (eine Steigerung um den Faktor 3,4) ist die Entwicklung in den USA weit weniger dynamisch (eine Steigerung um den Faktor 2,2; beide Angaben gerundet). Wir haben es in der Folge dessen mit einer sehr deutlichen Annäherung der beiden Länder zu tun.

Auch andere Indikatoren weisen darauf hin, dass sich die Universitäts-Wirtschafts-Kooperation in Deutschland in jüngerer Zeit *deutlich intensiviert* hat.

Der Finanzierungsanteil der Wirtschaft an der in den Hochschulen durchgeführten F&E ist in Deutschland zwischen 1991 und 2004 von 7,0% auf 12,8% gestiegen. Der Anteil an aller im öffentlichen Sektor durchgeführten F&E verdoppelte sich im gleichen Zeitraum sogar von 4,1 auf 8,3% (Legler/Krawczyk 2007: 56). Dass der Anteil der Industriemittel an den Forschungsmitteln in Deutschland im internationalen Vergleich auffallend hoch ist, haben wir bereits oben zitiert (vgl. OECD 2006).

---

9   Vgl. auch die alte These der „Gaps in Technology" (OECD 1968).
10   Zu einer kritischen Würdigung dieser These siehe insbesondere Dosi et al. (2006).
11   Illinois bietet sich insofern als Vergleichseinheit an, da wir hier einerseits eine Anzahl von (Forschungs-) Universitäten finden, die ungefähr der Nordrhein-Westfalens entspricht. Andererseits war uns eine Vergleichbarkeit der Bundesstaaten bzw. -länder auch im Hinblick auf die wirtschaftliche Situation wichtig. Sowohl Nordrhein-Westfalen als auch Illinois waren Zentren der klassischen Schwerindustrie; in beiden ist die Hinwendung zu neuen Industrien eine strukturpolitische Aufgabe von hoher Bedeutung.

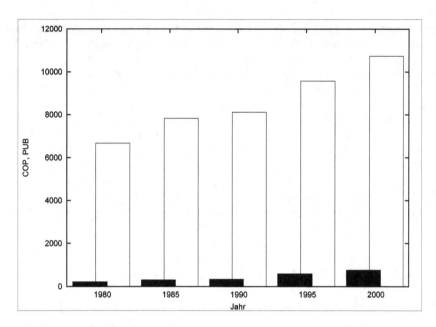

Abbildung 4: Publikationen und Co-Publikationen (Illinois)

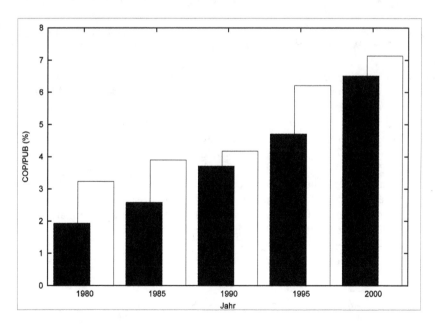

Abbildung 5: Co-Publikationen pro Publikation in % (NRW und Illinois)

Als komplementär zur verstärkten Kopplung von akademischen Forschungseinrichtungen mit Wirtschaftsunternehmen kann eine bemerkenswerte neuere Tendenz im Bereich der Industrieforschung gesehen werden. Sie besteht darin, dass der Anteil der extern vergebenen Forschungs- und Entwicklungsaktivitäten am gesamten F&E-Aufkommen der Wirtschaft sich in den vergangen zwanzig Jahren fast verdreifacht hat (BMBF 2004: 474 ff.). Allerdings sind zwei Einschränkungen wichtig: Zum einen wird externe F&E für Wirtschaftsunternehmen vielfach wiederum von Unternehmen durchgeführt. Der *relative* Anteil von (inländischen) Einrichtungen der akademischen Wissenschaft als Durchführende dieser extern vergebenen F&E halbierte sich in Deutschland sogar zwischen 1995 und 2001 (BMBF 2004: 478). Zum anderen sind eigene Forschungskapazitäten wichtige Determinanten der *„Absorptionsfähigkeit"* von Unternehmen hinsichtlich wissenschaftlichen und technischen Wissens und damit der Kooperation von Unternehmen und akademischen Einrichtungen.[12] Auf diese Weise könnte eine weit reichende Auslagerung der genannten Tendenz auf Dauer gar entgegenwirken.

4   Orientierungen wirtschaftsnaher Wissenschaftler

Wir können also festhalten, dass zwar einerseits der Aufbau organisationaler Transferinfrastrukturen nach Stand der Dinge nicht als epochaler Wandel in den Universitäts-Wirtschafts-Beziehungen gesehen werden sollte, letztere sich jedoch sehr wohl deutlich intensiviert zu haben scheinen. Diese Beobachtung gibt dazu Anlass, die Interaktion zwischen Wissenschaft und Wirtschaft nicht lediglich auf eine reine Frage des Wissens- und Technologietransfers zu reduzieren. Gerade aus einer innerwissenschaftlichen Perspektive betrachtet, werden Wirtschaftskontakte möglicherweise aus einer anderen Orientierung heraus angestrebt.

Dazu lautet unsere fünfte These: Transferaktive Wissenschaftler zeigen ein ausgeprägtes akademisches Selbstverständnis und eine starke Forschungsorientierung. Transferprojekte dienen nicht zuletzt der Finanzierung von Qualifikationsarbeiten und damit einem essentiellen Element konkurrenzfähiger Forschung. Gerade hier können Konflikte zwischen wissenschaftlichen und ökonomischen Arbeitsweisen und Orientierungen entstehen. Gleichzeitig ist die wissenschaftliche Leistung Voraussetzung für Wirtschaftskontakte.

Wer transferaktive Wissenschaftler dazu befragt, aus welchen Motivlagen heraus sie Wirtschaftskontakte unterhalten, erhält Zeugnisse einer primär akademischen Orientierung.[13] So gibt ein Interviewter lapidar an: „Die Motivation ist die Finanzierung der Forschung, weil wir sonst nicht forschen könnten". Ein anderer Befragter erklärt: „Also, ich bin dann zufrieden, wenn ich das Geld bekommen habe und ich publizieren kann. Was jetzt eine Firma aus den Ergebnissen macht, das ist eine Frage der Firma". Dazu führt er weiter aus: „Das interessiert mich natürlich, wenn die sagen, das war eine phantastische Idee – wir

---

12   Zur These der „absorptive capacity" von Unternehmen im Hinblick auf Innovation und Lernen durch als Variable zu behandelnde „in house"-Kapazitäten vgl. grundlegend Cohen/Levinthal (1990). Mit Bezug auf Deutschland vgl. Schmoch et al. (2000).

13   Vgl. hierzu auch Meier/Müller 2006 für weitere Ergebnisse aus dem in Fußnote 4 benannten Projektzusammenhang. Ähnliche Ergebnisse finden sich auch in einer finnischen Untersuchung (Ylijoki 2003).

sind ihr gefolgt und wir haben auf diese Art und Weise uns den Weltmarkt zurück erobert. Das höre ich natürlich mit tobender Begeisterung, aber das ist nicht meine Absicht, wenn ich in diese Richtung gehe".

Man mag einwenden, die zitierten Einlassungen bildeten eher in der *scientific community* normativ gepflegte Selbststilisierungen ab, als tatsächlich handlungswirksame Motivlagen und Orientierungen. Es sprechen jedoch zumindest drei Argumente dafür, die genannten Bekundungen ernst zu nehmen.

Erstens sind die Befragten im Hochschulsystem tätig geblieben. Als Transferaktive hätten sie, so lässt sich vermuten, grundsätzlich die Chance, ökonomisch reizvollere Vollzeitaktivitäten in der Wirtschaft wahrzunehmen – zum Beispiel auch als wissenschaftlicher Unternehmer. Wer dauerhaft eine ökonomisch attraktive Exit-Option nicht wählt und stattdessen in der akademischen Welt verbleibt, wird mit hoher Wahrscheinlichkeit (zumindest auch) über eine akademische Handlungsorientierung verfügen und über die Anreize des Wissenschaftssystems (vor allem innerwissenschaftliche Reputation) ansprechbar sein. Auch empirische Studien zu Unternehmensgründern aus der Wissenschaft weisen in diese Richtung. Sie zeigen, dass es, da es kaum gelingt, eine Rolle als Wissenschaftsunternehmer zu stabilisieren, wahrscheinlicher ist, eine prekäre Doppelrolle als Wissenschaftler und Unternehmer zu spielen, die dann biographisch häufig in eine Entscheidung für die eine oder die andere Rolle aufgelöst wird (Torka/Borcherding 2008). Wer bleibt, hat also entweder eine Entscheidung für die Wissenschaft hinter sich, oder zumindest eine starke Bindung auch an die Wissenschaft. Eine Alternative scheint gegebenenfalls zu sein, sich in eine heikle aber auch flexible „liminale" Position zwischen Wissenschaft und Wirtschaft begeben (Gulbrandsen 2005). Im letztgenannten Fall hätte man es dann tatsächlich mit Transferaktiven zu tun, die sich nicht mehr wirklich mit der Wissenschaft identifizieren – allerdings auch nicht mit der Wirtschaft.

Das Argument *einschränkend* sei freilich hinzugefügt, dass akademische Positionen auch Chancen für – in manchen Fällen – durchaus beachtliche Nebeneinnahmen vor allem durch Beratungstätigkeiten eröffnen.[14] In Hinblick auf die Integrierbarkeit solcher Tätigkeiten in eine akademische Identität lassen sich vermutlich bedeutsame disziplinäre Unterschiede ausmachen. So könnten sich insbesondere die klassischen Professionen hier von anderen Fächern unterscheiden.

Zweitens ist der Einfluss akademischer Wissenschaftler auf die wirtschaftliche Umsetzung einer wissenschaftlichen Erkenntnis (soweit sie nicht selbst unternehmerisch tätig werden) klar begrenzt. Immerhin ist der Weg, der von einem kooperativen Projekt gegebenenfalls zu einem marktfähigen Produkt führen könnte – wenn es denn darum geht – mitunter ausgesprochen weit: „Das sind Jahre dazwischen und eine erhebliche Zusatzanstrengung und das ist nicht der Job der Universitäten – das ist die Aufgabe der Firmen. Es können hier nur Grundlagenuntersuchungen gemacht werden, ob ein Weg machbar ist und ob bestimmte Spezifikationen überhaupt erfüllbar sind. Und dann müssen die alleine gucken".

Drittens erfordern die Sachzwänge der akademischen Reproduktionslogik eine akademische Orientierung auch in Transferprozessen. Eine wichtige Rolle spielt dabei, dass

---

14 Über die qualitative und quantitative Bedeutung dieses Bereichs lässt sich leider nur spekulieren, da die Datenlage hier höchst unbefriedigend ist. So konstatieren Perkmann/Walsh (2007: 5): „Yet compared to other forms of university-industry interaction, academic consulting is largely uncaptured and unstudied."

kooperative Projekte vornehmlich von Nachwuchswissenschaftlerinnen und Nachwuchs-wissenschaftlern im Zuge ihrer Dissertationen (oder gegebenenfalls Diplomarbeiten) bearbeitet werden. Dass Wirtschaftskontakte nicht zuletzt darauf abzielen, diese einstellen zu können, ist ein durchgängiger Befund der Interviews. So sagt ein befragter Wissenschaftler:

> „[Es] muss zu jedem Projekt ein Mitarbeiter her. Und der muss auch die Chance haben zu promovieren".
> Ein anderer stößt ins gleiche Horn: „Doktoranden – Post-Doktoranden. Das ist genau der Anstoß, also wenn
> ich dann hier keine Leute finanzieren könnte...". Ein dritter macht deutlich, warum Doktoranden so wichtig
> sind: „Aber ich bin natürlich an Doktoranden interessiert (...) Man muss ja im Prinzip da hinterher sein, dass
> man die Spitze nicht verliert, und das geht nur über Doktoranden – alles andere interessiert mich dann sehr,
> sehr viel weniger."

Es ist jedoch nicht nur die konkurrenzfähige Forschung, die durch transferfinanzierte Doktoranden in vielen stark ressourcenabhängigen Feldern erst ermöglicht wird. Bisweilen ist auch die Lehrleistung des Projektpersonals unentbehrlich.[15] So erklärte ein Interviewter:

> „Die Drittmittel, die wir hier einwerben, sind für den täglichen Betrieb, den die Universität von uns einfor-
> dert – also Ausbildung von Studenten – absolut essentiell, sonst bricht hier alles zusammen".

Wenn aber Doktoranden über Transferprojekte finanziert werden, konditioniert dies die Form, in der solche Projekte ablaufen können: Diese müssen dann erstens mit den akademischen Zeitrahmen für Qualifikationsarbeiten kompatibel sein: „Ich mache solche Industrieprojekte nur, wenn es der typischen Zeitskala einer Doktorarbeit entspricht".

Zweitens muss die Möglichkeit der Veröffentlichung gegeben sein: „Als Universitätsmensch muss ich natürlich darauf bestehen, dass jeder in eine Diplomarbeit reingucken kann". Und *drittens* muss das zu bearbeitende Problem wissenschaftlich interessant sein:

> „Wenn ein Doktorand darauf nachher eine Promotion aufbauen will, dann kann der natürlich nicht nur Da-
> ten und Ergebnisse abliefern, sondern es muss, von der Grundlagenforschung her, ein promotionsfähiges
> Thema sein".

Dass diese Forderungen für die Wissenschafts-Wirtschafts-Beziehungen problematisch sein können, liegt im Kern an drei geradezu klassischen Differenzen zwischen akademischer und ökonomischer Orientierung: langfristige Orientierung der Wissenschaft versus kurzfristige Orientierung der Wirtschaft; Publikationsorientierung der Wissenschaft versus Geheimhaltungswunsch der Wirtschaft; Erkenntnisinteresse der Wissenschaft versus Gewinnstreben der Wirtschaft (vgl. Geisler/Rubenstein 1989; Schroeder et al. 1991; Schulz-Schaeffer et al. 1997). Natürlich ist nicht vorab gesichert, dass die potenziellen Konfliktlagen nicht auf Kosten des wissenschaftlichen Nachwuchses ausgetragen werden. Wo aber genau dies regelmäßig geschieht, unterminiert eine Forschungseinheit ihre eigene wissenschaftliche Basis, die ja gerade auf den *wissenschaftlichen* Ertrag von Promotionen und anderen Qualifikationsarbeiten angewiesen bleibt.[16] Und dies hätte wiederum Folgen für die Wirtschaftskontakte der fraglichen Einheit, denn schließlich lässt sich das Bedingungs-

---

15   Unter Bedingungen knapper Zeit hat dies natürlich wiederum Rückwirkungen auf die Forschung: Wo Dok-
     toranden das Lehrpersonal von Lehraufgaben entlasten, ermöglichen sie diesem, im weiteren Umfang oder
     überhaupt zu forschen.

16   Gerade hier hätte die Universität im Übrigen eine höchst relevante Regulierungsaufgabe wahrzunehmen.

verhältnis natürlich auch umdrehen. Es ist nicht nur so, dass Transfer die konkurrenzfähige Erfüllung der wissenschaftlichen Kernaufgaben in manchen Fällen erst ermöglicht. Umgekehrt ermöglicht erst eine starke Forschungsleistung die Kooperation mit der Wirtschaft, denn diese ist es, um derentwillen sich die Wirtschaft zuallererst an die Wissenschaft wendet:

> „Wenn wir nicht vernünftig publizieren, sind wir in vier, fünf Jahren für die Industrie nicht mehr interessant, weil wir in der Community keine anerkannte Arbeitsgruppe mehr sind. Das heißt, langfristig muss ich eher darauf achten, wo können wir jedes Jahr, regelmäßig und in guten Journals publizieren".[17]

5 Zusammenfassung und Schlussfolgerungen

In jüngerer Zeit sind Universitäts-Wirtschafts-Beziehungen vor allem unter dem Schlagwort des direkten Wissens- und Technologietransfers diskutiert worden, in dem Universitäten eine zunehmend aktive Rolle spielen. Dies gilt sowohl für den politischen Innovationsdiskurs, wie auch für wissenschaftliche Beobachter. Tatsächlich finden sich Indikatoren für ein *neues organisationales Engagement* der Universitäten im Hinblick auf Transfer, namentlich die in Deutschland in den 1970er und 1980er Jahren etablierten Transferstellen. Dass diese jedoch kaum ein neues Zeitalter der Universitäts-Wirtschafts-Beziehungen einläuten konnten, solange diese in hohem Maße durch *direkte* Kontakte zwischen den Beteiligten ohne Einbeziehung formaler Transfermittler abgewickelt werden, sollte deutlich geworden sein.

Ohnehin spricht viel dafür, Universitäts-Wirtschafts-Kontakte gerade nicht auf den Transferaspekt zu verengen. Solche Kontakte werden von Seiten der wissenschaftlichen Forscher häufig aus akademischen Motivlagen heraus betrieben. Namentlich spielt hier die Finanzierung wettbewerbsfähiger Forschung (in Form von Qualifikationsarbeiten) eine herausragende Rolle, und gegebenenfalls kann ein verstärktes organisationales Interesse an Transfer (etwa an der Verwertung von Hochschulerfindungen) sogar zu einem Hemmnis für Universitäts-Wirtschafts-Kontakte werden.

Daraus lassen sich auch Ansatzpunkte für die normative Diskussion über eine neue Rolle der Universitäten ableiten: Wer die Kooperation von Universitäten und Wirtschaftsunternehmen fördern möchte, darf keine ökonomische Innovationsorientierung aller Beteiligten unterstellen. Vielmehr müssen Anreize so gestaltet werden, dass Kooperationen für Wissenschaftler auch forschungsseitig interessant bleiben. Gleichzeitig müssen Bedingungen geschaffen werden, die zu allererst solche Forschung ermöglicht, die universitäre Forscher für Kooperationspartner in der Wirtschaft interessant machen kann. So betrachtet, ist *Forschungsförderung* vielleicht immer noch die beste *Transferförderung*. Um dies zu illustrieren, möchten wir zum Abschluss noch einmal einen transferaktiven Wissenschaftler zu Wort kommen lassen:

---

17 Es mag hier größere Differenzen zwischen unterschiedlichen Wissensgebieten geben. Deshalb kann nicht ausgeschlossen werden, dass auch fortdauernde Transferkarrieren ohne konkurrenzfähige Forschung möglich sind.

„Die Universität kümmert sich nicht darum, dass man ohne eine mindestens Siebzig-Stunden-Woche den Betrieb hier überhaupt nicht aufrechterhalten kann. Und deshalb kann ich auch nicht sagen, dass die Universität mich in dieser Fragestellung unterstützen würde. [...] Aber das lässt sich jetzt schwer an einem Punkt ausmachen, wie zum Beispiel einer Initiative, die notwendig wäre, um Kontakt A noch besser zu B zu knüpfen, sondern an dem Umfeld. An den Möglichkeiten, sich mal eine Stunde hinzusetzen und sich Gedanken zu machen, [...] was dann wieder zu einem neuen Projekt führt. Diese Stunde, die fehlt uns. Und das ist das Umfeld, was eigentlich da sein müsste".

6   Literatur

Ash, Mitchell G. (Hrsg.) (1999): Mythos Humboldt. Vergangenheit und Zukunft der deutschen Universitäten. Wien et al.: Böhlau.

Bundesministerium für Bildung und Forschung (BMBF) (2004): Bundesbericht Forschung 2004. Bonn/Berlin.

Castilla, Emilio/Hwang, Hokyu/Granovetter, Ellen/Granovetter, Mark (2000): Social Networks in Silicon Valley. In: Chong-Moon Lee et al. (2000): 218-247.

Casper, Steven (2007): Creating Silicon Valley in Europe. Public Policy towards New Technology Industries. Oxford/New York: Oxford University Press.

Charles, D./Conway, C. (2001): Higher Education-Business Interaction Survey. Newcastle upon Tyne: Centre for Urban and Regional Development Studies.

Cohen, Wesley/Levinthal, Daniel A. (1990): Absorptive Capacity. A New Perspective on Learning and Innovation. In: Administrative Science Quarterly 35, 1990: 128-152.

Dosi, Giovanni/Llerena, Patrick/Labini, Mauro Sylos (2006): The relationships between science, technologies and their industrial exploitation: An illustration through the myths and realities of the so-called ‚European Paradox'. In: Research Policy 35 (10), 2006: 1450-1464.

Dowling, Michael J./Schmude, Jürgen/zu Knyphausen-Aufsess, Dodo (Hrsg.) (2004): Advances in Interdisciplinary European Entrepreneurship Research, Gründungsforschung Bd. 3, Münster.

Etzkowitz, Henry/Webster, Andrew/Healey, Peter (1997): Introduction. In: Etzkowitz et al. (1997): 1-17.

Etzkowitz, Henry/Webster, Andrew/Healey, Peter (Hrsg.) (1997): Capitalizing Knowledge. New Intersections of Industry and Academia. State University of New York Press, New York.

Flexner, Abraham (1930): Universities: American, English, German. New York/Oxford: Oxford University Press

Guzy, Lidia/Mihr, Anja/Scheepers, Rajah (Hrsg.) (2009): Wohin mit uns? Die Wissenschaftlerinnen und Wissenschaftler der Zukunft. Frankfurt am Main: Peter Lang Verlag.

Geisler, Eliezer/Rubenstein, Albert H. (1989): University-Industry Relations: A Review of Major Issues. In: Link et al. (1989): 43-62.

Gibbons, Michael/Limoges, Camille/Nowotny, Helga/Schwartzmann, Simon/Scott, Peter/Trow, Martin (1994): The New Production of Knowledge. London et al.: Sage.

Gulbrandsen, Magnus (2005): „But Peter's in it for the Money" – the Liminality of Entrepreneurial Scientists. In: VEST 18, 2005: 49-75.

Heidenreich, Martin (Hrsg.) (1997): Innovationen in Baden-Württemberg. Baden-Baden: Nomos.

Jaspers, Karl (1946): Die Idee der Universität. Berlin/Heidelberg: Springer.

Keck, Otto (1993): The National System for Technical Innovation in Germany. In: Nelson (1993): 115-157.

Kluge, Norbert/Oehler, Christoph (1986): Hochschulen und Forschungstransfer. Werkstattberichte 17. Kassel: Wissenschaftliches Zentrum für Berufs- und Hochschulforschung.

König, Wolfgang (1990): Technische Hochschule und Industrie – Ein Überblick zur Geschichte des Technologietransfers. In: Schuster (1990): 29-41.

Knorr-Cetina, Karin (1984): Die Fabrikation von Erkenntnis. Zur Anthropologie der Naturwissenschaft. Frankfurt am Main: Suhrkamp.

Krücken, Georg (Hrsg.) (1999): Jenseits von Einsamkeit und Freiheit. Institutioneller Wandel von Universitäten. Eine Untersuchung zum Wissens- und Technologietransfer an den Universitäten des Landes Nordrhein-Westfalen. Projektbericht. Bielefeld: Fakultät für Soziologie.

Krücken, Georg (2003): Learning the „New, New Thing": On the Role of Path Dependency in University Structures. In: Higher Education 46. 315-339.

Krücken, Georg (2009): Wissenschaftlerinnen und Wissenschaftler als Wissenschaftsmanager? In: Guzy et al. (2009).

Krücken, Georg/Meier, Frank/Müller, Andre (2007a): Abschlussbericht zum DFG-Projekt „Abschied vom Elfenbeinturm? Eine organisations- und wissenschaftssoziologische Untersuchung zum universitären Wissens- und Technologietransfer in Deutschland und den USA". Manuskript. Speyer.

Krücken, Georg/Meier, Frank/Müller, Andre (2007b): Information, Cooperation, and the Blurring of Boundaries – Technology Transfer in German and American Discourses. In: Higher Education 53, 2007. 675-696.

Lee, Chong-Moon et al. (Hrsg.) (2000): The Silicon Valley Edge. A Habitat for Innovation and Entrepreneurship. Stanford: Stanford University Press.

Latour, Bruno/Woolgar, Steven (1979): Laboratory Life. The Social Construction of Scientific Facts. Beverly Hills et al.: Sage.

Legler, Harald/Krawczyk, Olaf (2007): Forschungs- und Entwicklungsaktivitäten im internationalen Vergleich. Studien zum deutschen Innovationssystem 1/2006. Hannover: Niedersächsisches Institut für Wirtschaftsforschung.

Link, Albert N./Tassey, Gregory (Hrsg.) (1989): Cooperative Research and Development: The Industry-University-Government Relationship. Boston: Kluwer.

Luhmann, Niklas (1973): Vertrauen. Ein Mechanismus der Reduktion sozialer Komplexität. Stuttgart: Enke.

Meier, Frank (2001): Im politischen Netz. Zur Organisationssoziologie universitärer Transferstellen. Diplomarbeit. Bielefeld: Fakultät für Soziologie.

Meier, Frank/Müller, Andre (2006): Wissenschaft und Wirtschaft – Forschung im Zeitalter des akademischen Kapitalismus. In: die hochschule 1/2006: 86-102.

Meyer, John W./Rowan, Brian (1977): Institutionalized Organizations: Formal Structures as Myth and Ceremony. In: American Journal of Sociology 83, 1977: 340-363.

Meyer-Thurow, Georg, 1982: The Industrialization of Invention: A Case Study from the German Chemical Industry. In: ISIS 73, 1982: 363-381.

Nelson, Richard (Hrsg.) (1993): National Innovation Systems. A Comparative Analysis. New York/Oxford: Oxford University Press.

Nybom, Thorsten (2003): The Humboldt Legacy: Reflections on the Past, Present, and Future of the European University. In: Higher Education Policy 16, 2003: 141-159.

Organisation for Economic Co-Operation and Developement (OECD) (1968): Gaps in Technology. General Report. Paris: OECD.

Organisation for Economic Co-Operation and Development (OECD) (2006): OECD Science, Technology and Industry Outlook 2006. Paris: OECD.

Owen-Smith, Jason/Powell, Walter W. (2004): Knowledge Networks as Channels and Conduits: The Effects of Spillovers in the Boston Biotechnology Community. In: Organization Science 15, 2004: 5-21.

Paletschek, Sylvia (2002): Die Erfindung der Humboldtschen Universität: Die Konstruktion der deutschen Universitätsidee in der ersten Hälfte des 20. Jahrhunderts. In: Historische Anthropologie 10, 2002: 183-205.

Perkmann, Markus/Walsh, Kathryn (2006): Engaging the Scholar: Three Types of Academic Consulting and their Impact on Universities and Industry. AIM Research Working Paper 050.

Polanyi, Michael (1966): The Tacit Dimension. New York: Doubleday.

Powell, Walter W./White, Douglas R./Koput, Kenneth W./Owen-Smith, Jason (2005): Network Dynamics and Field Evolution: The Growth of Inter-organizational Collaboration in the Life Sciences. In: American Journal of Sociology 110, 2005: 1132-1205.

Rammert, Werner/Bechmann, Gotthard (Hrsg.) (1997): Technik und Gesellschaft. Jahrbuch 9: Innovation – Prozesse, Produkte, Politik. Frankfurt am Main/New York: Campus

Reinhard, Michael/Schmalholz, Heinz (1996): Technologietransfer in Deutschland: Stand und Reformbedarf. Berlin/München: Duncker & Humblot.

Saxenian, AnnaLee (1994): Regional Advantage. Culture and Competition in Silicon Valley and Route 128. Cambridge: Harvard University Press.

Schelsky, Helmut (1969): Abschied von der Hochschulpolitik oder die Universität im Fadenkreuz des Versagens. Bielefeld: Bertelsmann Universitäts-Verlag.

Schmoch, Ulrich (2007): Patentanmeldungen aus deutschen Hochschulen. Studien zum deutschen Innovationssystem 10/2007. Karlsruhe: ISI.

Schmoch, Ulrich/Licht, Georg/Reinhard, Michael (Hrsg.) (2000): Wissens- und Technologietransfer in Deutschland. Stuttgart: Fraunhofer IRB Verlag.

Schroeder, Klaus/Fuhrmann, Frank Uwe/Heering, Walter (1991): Wissens- und Technologietransfer. Bedeutung und Perspektive einer regionalen technologiepolitischen Strategie am Beispiel Berlins. Berlin: Duncker und Humblot.

Schulz-Schaeffer, Ingo/Jonas, Michael/Malsch, Thomas (1997): Innovation reziprok. Intermediäre Kooperation zwischen akademischer Forschung und Industrie. In: Rammert et al. (1997): 91–124.

Hermann J. (Hrsg.) (1990): Handbuch des Wissenschaftstransfers. Berlin: Springer.

Siegel, Donald S./Waldman, David/Link, Albert (2003): Assessing the Impact of Organizational Practices on the Relative Productivity of University Technology Transfer Offices: An Exploratory Study. In: Research Policy 32, 2003: 27-48.

Spielkamp, Alfred/Egeln, Jürgen/Gottschalk, Sandra/Rammer, Christian (2004): Spin-offs in Germany. Conceptual Considerations and Empirical Evidence. In: Dowling et al. (2004): 153-181.

Szöllösi-Janze, Margrit (2004): Wissensgesellschaft in Deutschland: Überlegungen zur Neubestimmung der deutschen Zeitgeschichte über Verwissenschaftlichungsprozesse. In: Geschichte und Gesellschaft 30. 277-313.

Torka, Marc/Borcherding, Anke (2008): Wissenschaftsunternehmer als Beruf? Berufs- und professionssoziologische Überlegungen vor dem Hintergrund aktueller (Ent-)Differenzierungsphänomene der Wissenschaft. WZB Discussion Paper SP III 2008-601. Berlin: Wissenschaftszentrum Berlin für Sozialforschung.

Yliyoki, Oili-Helena (2003): Entangled in Academic Capitalism? A Case-Study on Changing Ideals and Practices of University Research. In: Higher Education 45, 2003: 307-355.

Zucker, Lynne/Darby, Michael R./Brewer, Marilynn (1998): Intellectual Capital and the Birth of U.S. Biotechnology Enterprises. In: American Economic Review 88, 1998: 290-306.

Statistischer Wissenstransfer an Hochschulen – Wirtschaftlichkeit in einer unbewohnten Nische

Ivaylo Hristov Popov und Justine Suchanek

> *„Statistisches Denken wird eines Tages genauso wichtig sein für eine aufgeklärte Gesellschaft wie die Fähigkeit zu lesen und zu schreiben." (H.G. Wells – 21 September 1866 – 13 August 1946)*

1 Problemstellung

Da Hochschulen überwiegend aus öffentlichen Mitteln finanziert werden, verwundert es kaum, dass in Zeiten knapper werdender Haushalte die Forderungen nach mehr Wirtschaftlichkeit der Hochschulen, das heißt, Effizienz des hochschulischen Betriebs und mehr Nutzen der hochschulischen „Produkte" laut werden. Einerseits soll Wirtschaftlichkeit im Hochschulsystem selbst umgesetzt werden. Hierzu zählen ein leitungsstarkes Hochschulmanagement (Kern 2005, Pellert 2005), die Einführung von Selbststeuerungsinstrumenten wie z. B. die Maßnahmen des Controllings, die Implementierung effizienter Anreizsysteme (Ziegele/Handel 2004), die Einführung von Wettbewerbsmechanismen (Buettner 2003) und eine aktive Qualitätssicherung (Künzel 2006). Erwartet wird insofern, dass die „organisierte Anarchie" (March/Cohen/Olsen 1972) zunehmend von ökonomischen Prinzipien durchdrungen wird. Andererseits geht es um die Wirtschaftlichkeit des in Hochschulen erzeugten „Outputs", das heißt, das dort erzeugte Forschungswissen und ausgebildete Humankapital.[1]

Damit verbunden ist zunächst das gesellschaftliche Interesse an Wirtschaftswachstum. Die ökonomische Wachstumstheorie kann empirisch nachweisen, dass die Innovationsfähigkeit und der gesamte erreichbare Wachstumspfad einer Volkswirtschaft vom verfüg-

---

[1] Das Humankapital wird in humankapitaltheoretischer Sichtweise als Fähigkeiten und Fertigkeiten der Wirtschaftsteilnehmer interpretiert, die in einem Ausbildungsprozess erworben werden. Die Soziologie und noch intensiver die Ökonomie beschäftigen sich seit 20-30 Jahren mit dem Begriff des Humankapitals. Dieser Begriff bezeichnet Handlungsvermögen, welches durch Prozesse der Erziehung, Ausbildung, Weiterbildung und Erfahrung in Schulen und Universitäten erworben wird und gewinnbringend auf dem Arbeitsmarkt eingesetzt werden kann, um Einkommen zu erzielen. Gewinnbringend meint, dass die individuelle Bildungsrendite im Lebensverlauf höher ausfällt als wenn das in Bildung investierte Geld verzinst worden wäre (Belfield 2000). In diesem Sinne ist Humankapital an den ökonomischen Kapitalbegriff angelehnt. Von der Gesellschaft für deutsche Sprache e. V. zum Unwort des Jahres 2004 gewählt, geht allerdings die Begründung, dass der Begriff Menschen zu ökonomischen Größen degradiere, an der Tatsache vorbei, dass die Begriffe Wissen und Bildung als eine zentrale Ressource angesehen werden, die in Hinsicht auf die zukünftige Entwicklung des Unternehmens und den Unternehmenserfolg entscheidende Variablen darstellen. Würde dies in Unternehmen konsequent realisiert, hätte es die Förderung von Mitarbeitern im Sinne von einer innovativen Personalentwicklung zur Folge. Darüber hinaus weisen Forschungen zum Humankapital soziale und externe Effekte wie die Senkung der Kriminalitätsrate, besseres Gesundheitsverhalten, höheren Umweltschutz, die Reduzierung von sozialer Ungleichheit und Armut, die Stärkung der Zivilgesellschaft sowie ökonomisches Wachstum und Wohlstand nach (McMahon 2004).

baren Wissen abhängen. Volkswirtschaften mit einem höheren Bestand an Humankapital sind wohlhabender und können ihren Wohlstand auch nachhaltig vermehren – sie sind auf einem innovativeren Wachstumspfad (Jones 2001). Dementsprechend wird von der Welt-bank der Beitrag des Humankapitals zum Wirtschaftswachstum in 98 Ländern als sehr hoch eingeschätzt: Durchschnittlich 46% des mittleren Pro-Kopf-Wirtschaftswachstums (2,24%) sind durch die Akkumulation von Humankapital erklärbar. Allein als Folge der Erhöhung von Schulbildung werden in den USA im Zeitraum zwischen 1929-1982 rund 25% des Wirtschaftswachstums (Weltbank 1999: 25) geschätzt. Die Tertiärausbildung soll insge-samt ein Viertel zum Wissenszuwachs und durchschnittlich 9,75% pro Jahr zur gesamten Wirtschaftswachstumsrate beitragen (Creedy 1995: 35).

Die Wirtschaft wiederum, die in einer auf Wissen basierenden Gesellschaft auf gut ausgebildete Fachkräfte und den zentralen Produktionsfaktor Wissen (siehe bereits Bell 1975) angewiesen ist, um auf hart umkämpften globalen Märkten Wettbewerbsvorteile zu sichern, hat ein zunehmendes Interesse an der Ökonomisierung der Wissenschaft bzw. ihrer Orientierung an kommerziellen Interessen. Ein wesentlicher Weg zur Erhöhung der Wirk-samkeit von nationalen Innovationssystemen ist Wissenstransfer zwischen der Wissen-schaft und Wirtschaft. Er trägt zur wirtschaftlichen Verwertung von FuE-Ergebnissen (FuE – Forschung und Entwicklung) bei und stärkt die Wettbewerbsfähigkeit von Unternehmen. Tatsächlich werden in so genannten Wissensgesellschaften empirisch *enge Kopplungen* zwischen Wissenschaft, Wirtschaft, Politik und Medien beobachtet. Ehedem sorgte der Staat für Bildungsmöglichkeiten, das Bildungssystem hatte für gute Ressourcen der Indivi-duen zu sorgen, so dass diese wirtschaftlich ein Mehr an Produktivität erbringen konnten und die Politik wiederum durch das Wirtschaftswachstum legitimiert werden konnte. Das Verhältnis verändert sich nun, da die Wissenschaft gefordert ist, die Ware Wissen an die Ökonomie zu liefern. Politik und Ökonomie wollen mitentscheiden, worüber geforscht wird, schließlich ist wissenschaftliches Wissen zu einer immer wichtigeren Voraussetzung für Innovation und Konkurrenzfähigkeit geworden, Forschung ist für die Industrie aber teuer und riskant. Die Wirtschaft erwartet eine öffentliche Finanzierung der Wissenspro-duktion und die private Aneignung des produzierten Wissens.[2] Gleichzeitig wächst die öffentliche Aufmerksamkeit bezüglich des ökonomischen Ertrags von Bildung und Wissen-schaft. Die Medien spielen hierbei eine immer wichtigere Rolle, wie man an den Folgen der Pisa-Studie erkennen kann.[3] Insofern müssen sich die Qualitätskriterien der Forschung zunehmend an den Anwendungskontexten orientieren, das heißt, die Wissensproduktion wird reflexiv und gesellschaftlich legitimiert, sie orientiert sich an sozialen Werten, politi-schen Zielen und an den Medien (Weingart 2001). Die Hochschulen, denen neben For-

---

2   Dies hätte zur Folge, dass die allgemeine öffentliche Verfügbarkeit von Wissen zu Gunsten von Eigentums-
     rechten von Wissen aufgegeben wird. Nach Weingart (2001: 173) gibt es tatsächlich eine Spaltung in aka-
     demische Wissenskulturen und in die Kapitalisierung des wissenschaftlichen Wissens. Zur Diskussion um
     Wissen als Eigentum siehe Krysmanski (2001: 1014ff). Zur Thematik des intellektuellen Eigentums ist die
     Studie von Boyle (1996) aufschlussreich.
3   Suchanek (2006) argumentiert dementsprechend, dass in einer Wissensgesellschaft Wissen relevant wird,
     welches an den Funktionsweisen mehrerer Systeme ausgerichtet ist. Veranschaulichen lässt sich dieser
     Sachverhalt am Forschungswissen: In einer Wirtschaftsorganisation ist nicht nur von Interesse, ob das er-
     zeugte Wissen wahr oder falsch ist, sondern auch, ob das Forschungsergebnis später gewinnbringend ver-
     kauft werden kann. Des Weiteren wird bereits im Vorfeld in den Blick genommen, ob das Produkt durch
     Design, Lifestyle und Markenetablierung vermarktet werden kann.

schung und Lehre nun die „dritte" Funktion des Wissenstransfers zukommt, stehen damit vor der Aufgabe, sich stärker und nachhaltig gegenüber Wirtschaftsprozessen zu öffnen, gar an diesen systematisch zu beteiligen[4], ohne dabei ihre Eigenständigkeit zu verlieren.

Vor diesem Hintergrund diskutiert der vorliegende Beitrag verschiedene Mechanismen des Wissenstransfers an Hochschulen. Nicht nur rechtliche und institutionelle Hindernisse sowie mangelnde individuelle Anreizmechanismen können identifiziert werden, auch wird das Manko offensichtlich, dass Wissenstransfer in den Sozial- und Wirtschaftswissenschaften bisher kaum systematisch institutionalisiert ist (2). Wie eine Intensivierung der Interaktion zwischen Wirtschaft und Wissenschaft in diesen Fachbereichen möglich ist, wird anhand des Forschungsprojekts StatiPedja exemplarisch diskutiert. Die Wissensvermittlungs- und Forschungsinfrastruktur, die sich als Prototyp unter www.statipedja.com befindet, kann den Wissenstransfer für die Wirtschafts- und Sozialwissenschaften schnell und wirkungsvoll im transnationalen Kontext ermöglichen, indem sie Daten zentralisiert, visualisiert und neue Anreizmechanismen für den hochschulischen Wissenstransfer in die Gesellschaft schafft (3). Abschließend wird die Wirtschaftlichkeit von StatiPedja für die Hochschulen beleuchtet (4).

2   Wissenstransfer an Hochschulen

Hochschulen reagieren auf die neuen gesellschaftlichen Anforderungen, indem sie sich stärker am Markt orientieren und der „Grad der Systematisierung des Wissenstransfers zunimmt" (Weingart 2003: 195).[5] Dabei können verschiedene *Mechanismen* des Wissenstransfers an Hochschulen beobachtet werden. Der erste Mechanismus bezieht sich auf die Herstellung und Pflege von Kontakten zur Industrie durch intermediäre Institutionen. Zu nennen sind hier Lizenzabteilungen und Transferbüros, in welchen Wissenschaftler über Existenzgründung oder etwa Möglichkeiten zur Patentanmeldung beraten werden. Das Wissen aus den Hochschulen und die Anforderungen aus den Unternehmen passen vielfach nicht zusammen. Durch Stärkung der Transferinstitutionalisierung kann diesem Problem entgegengewirkt werden. Wenn auch das Zusammenwirken von Wissenschaft und Wirtschaft am wirkungsvollsten auf der Grundlage direkter Kontakte ist, können Intermediäre (Institutionen) beim Wissenstransfer spezielle Aufgaben wahrnehmen: Reduktion der Suchkosten und Verringerung sonstiger Transaktionskosten, Erhöhung der Bereitschaft zum gegenseitigen Austausch von Daten und Reduktion von Unsicherheiten durch Qualitätssicherungssysteme. Ein zweiter Mechanismus kann als räumliche Verdichtung von Transferstrukturen beschrieben werden. Technoparks, Forschungszentren und High-Tech-Inkubatoren profitieren von der räumlichen Verdichtung von Wissenschaftlern, High-Tech-

---

4   Dem Wissenstransfer an Hochschulen kommt in diesem Sinne nicht nur eine gesellschaftlich legitimatorische Funktion zu, auch kann ein gut funktionierender Wissenstransfer zwischen Hochschule und Wirtschaft zu neuen Einkommensquellen führen, was mit Blick auf die amerikanische Praxis dem chronisch unterfinanziertem deutschen Hochschulsystem zugute käme (Tien 1998).

5   Die empirische Analyse der Homepages von Hochschulen ergibt das Bild, dass sich Hochschulen zumindest auf semantischer Ebene als Transfereinrichtung stilisieren. Nahezu 80% aller deutschen Hochschulen, die mit einem Leitbild auf ihrer Homepage werben, stellen ihre aktive Transferleistung in Form von Nachwuchs, Publikationen, Patenten, Studien, Projekten, Produkten, etc. heraus (Suchanek 2008).

Geräten etc. In den Naturwissenschaften ist z. B. durch die auf Grundlagenforschung orientierte Max-Planck-Gesellschaft und die in der Anwendungsforschung spezialisierte Frauenhofer-Gesellschaft der Wissens- bzw. Technologietransfer institutionalisiert. Der Mechanismus der informellen Kontakte, auch beschreibbar als „Wissenstransfer über Köpfe", betrifft vor allem Beratungen und Austausch, aus besoldungsrechtlichen Gründen allerdings kaum Personalaustausch. Weitere Transfermechanismen, Forschungskooperationen und (nach amerikanischem Muster angestrebte) Ausgründungen, sind an deutschen Hochschulen aufgrund vieler rechtlicher Hemmnisse noch wenig ausgeprägt (vgl. Weingart 2001: 210ff).

Insgesamt kann im Vergleich mit amerikanischen Hochschulen in Deutschland kaum von „unternehmerischen Universitäten" die Rede sein (Clark 1998, 2004). Dieser Mangel wird davon begleitet, dass sich die universitären Bemühungen um Wissenstransfer nur auf bestimmte Bereiche, insbesondere die so genannten „science based-industries" (Weingart 2003: 105), das heißt, die Wissensindustrien, deren Produktionsfaktor Wissen ist, konzentrieren. Hierzu zählen insbesondere die Pharmazie, Medizin, Chemie, Biotechnologie sowie der informationstechnologische Sektor. In den Wirtschafts- und Sozialwissenschaften funktioniert der Wissenstransfer eher rudimentär und unsystematisch (gute Beispiele sind dagegen die Projektinitiative Wissensaustausch[6] oder die GWS-Osnabrück). Betrachtet man z. B. die Transfertätigkeit der Soziologie seit 2001 eingehender, dann ergibt sich folgendes Bild: Die Umsetzung von Forschungsleistungen durch Dienstleistungen, unternehmerische Aktivität und Beratungen war insbesondere auf die Einwerbung von Drittmitteln potentieller Anwender von Forschungsergebnissen konzentriert. Zwar wurden viele beratende Ämter (z. B. vom wissenschaftlichen Beirat eines Unternehmens) gemeldet, diese waren jedoch auf wenige Personen konzentriert. Bei den Spin-offs wurden empirisch sogar nur neun Fälle gemeldet, wobei es sich vorwiegend um An-Institute handelte, die Dienstleistungen im Bereich Umfrage- oder Marktforschung anbieten. Die Maßnahmen zur Wissensverwertung konzentrieren sich in der Soziologie vor allem auf Publikationstätigkeiten in nichtwissenschaftlichen Medien, dagegen ist das Angebot gezielter Weiterbildungsangebote für nichtwissenschaftliches Publikum noch sehr heterogen (Wissenschaftsrat 2008). Der Wissenstransfer wird in den Wirtschafts- und Sozialwissenschaften vor allem von dem besonderen Engagement einzelner Hochschulangehöriger vorangetrieben, die praxisbezogene Forschungsprodukte anvisieren oder ihr hervorgebrachtes Wissen weiter verwerten.

Wie eine Intensivierung der Interaktion zwischen Wirtschaft und Wissenschaft möglich ist, gibt der Wissenschaftsrat (2007) als Leitfaden heraus: Hochschulen sollten durch klare Profilentscheidungen ihre Aufgaben in Forschung, Lehre und Wissenstransfer neu gewichten. Allerdings soll der Wissens- und Technologietransfer nicht ausschließlich ein strategisches Ziel von Hochschulen sein, auch muss sich die Transfertätigkeit institutionell und individuell lohnen (z. B. bei der Mittelvergabe, W-Besoldung, Verringerung des Lehrdeputats etc.). Grade in den Wirtschafts- und Sozialwissenschaften erscheint es aber schwierig, Kooperationen zur Wirtschaft herzustellen, da es kaum Industrien und Branchen gibt, die auf das dort erzeugte Wissen systematisch zurückgreifen. Mögliche Adressaten wirtschafts- und sozialwissenschaftlicher Forschungen (z. B. Forschungs- und Weiterbil-

---

6   http://www.uni-bielefeld.de/Universitaet/Einrichtungen/Pressestelle/dokumente/BIresearch/302007/Seiten%
     20 aus%20Forschungsmagazin1076470.pdf

dungseinrichtungen, Industrie und Handelskammern etc..) sind zumeist schwer identifizierbar und nicht in unmittelbarer räumlicher Nähe.[7] Das Projekt StatiPedja setzt genau an dieser Lücke an und ermöglicht Wissenstransfer für die Wirtschafts- und Sozialwissenschaften schnell, systematisch und wirkungsvoll.

3 Wirtschafts- und sozialwissenschaftlicher Wissenstransfer durch StatiPedja

3.1 Zentralisierung dezentraler Wissensbestände

Die Spezialisierung und Differenzierung der modernen Gesellschaft ermöglicht eine nie gekannte Produktivität der Wissenschaft, die Pluralisierung der Orte der Wissensproduktion und enorme Wahlmöglichkeiten zwischen den Erzeugnissen. Es kommt permanent zur Produktion von „Neuem" – Innovationen finden in allen Subsystemen statt.[8] Die Kehrseite der Entwicklung ist, dass neue Forschungsergebnisse kaum noch zu überblicken sind. Es ist die paradoxe Situation entstanden, dass die Aufwendungen für Datenbestandserweiterungen ständig wachsen, während es immer schwieriger wird, bestimmte Daten bzw. Statistiken zu finden. Die von vielen Autoren beschriebene Besonderheit der Wissensgesellschaft, dass sämtliches Wissen allen zur Verfügung steht, setzen Görke/Kollbeck (1999: 26) durch folgende Frage ad absurdum: „Wer hätte ein Interesse daran, diese Möglichkeit auch zu nutzen?" Der Wissenszugang ist in der modernen Gesellschaft allerdings nicht nur durch die Dezentralisierung des Wissens erschwert, sondern er wird auch von ungleichen Zugangsbedingungen begleitet. Starken Einfluss auf Zugriffsmöglichkeiten zu Wissen hat die Verfügbarkeit über zentrale Ressourcen wie technische Infrastruktur, Zugang zu Bibliotheken, Verfügbarkeit von Zeitressourcen, etc.

StatiPedja kann dieser Entwicklung entgegenwirken, indem durch die Zentralisierung des Wissens ein schnellerer, genauerer und kostengünstigerer Wissenszugang gestattet wird. Wenn sich StatiPedja mit entsprechendem Marketing ähnlich wie Wikipedia als Nachschlagewerk für Forschungsergebnisse etablieren kann, kann das Kommunikationsaufkommen zwischen Wissenschaft und Öffentlichkeit verdichtet werden. Um den Transfer von Wissen in die Gesellschaft effektiver und effizienter zu gestalten, erfüllt StatiPedja mehrere Funktionen: Zunächst handelt es sich dabei um ein Nachschlagewerk (Pedia –

---

7   Interesse an der Nutzung von StatiPedja haben geäußert: The Vienna Institute for International Economic Studies, das Hamburgische Weltwirtschaftsinstitut, das Zentrum für Europäische Wirtschaftsforschung, die Zentrale Einrichtung für Weiterbildung Hannover und die GWS-Osnabrück.

8   Weingart (2001) arbeitet heraus, dass die These von der Verwissenschaftlichung der Gesellschaft durch die vermehrte Produktion und Anwendung von wissenschaftlichem Wissen nicht ausreichend charakterisiert ist, dies sei vielmehr nur ein Oberflächenphänomen. Das weiter tragende Kriterium bestehe in der Generalisierung des Handlungstypus wissenschaftlicher Forschung. das heißt, der Institutionalisierung reflexiver Mechanismen in allen funktional spezifischen Teilbereichen. Das forschende Verhalten wird nunmehr über die Grenzen des wissenschaftlichen Systems hinaus auch in anderen Funktionssystemen institutionalisiert. Dies hat zweierlei Folgen: Zum einen erzeugen die einzelnen Funktionssysteme ihre eigenen Reproduktionsweisen, um wissenschaftliche Erkenntnisse zu verarbeiten, zum anderen findet eine „Pluralisierung der Orte" der Wissensproduktion statt.

Verzeichnis) für gesammelte und ausgewertete Daten (Stati – Statistiken).[9] Bisher müssen gewünschte Daten häufig aus mehreren Datensätzen zusammengeführt werden. Das Suchen nach Daten und Diagrammen wird durch StatiPedja indes vereinfacht, indem Forschungsergebnisse gebündelt werden. Damit wird ein überschaubarer und schneller Zugang zu statistischen Daten erzielt. Gleichzeitig kategorisiert die Suchtechnologie Forschungsergebnisse und vereinfacht die Suche nach bestimmten Statistiken. Darüber hinaus wird eine spezielle erweiterte Suche angeboten, bei der gezielt nur in bestimmten Datenbanken, Kategorien, Zeiträumen und Sprachen gesucht werden kann. Spezielle Diagramm-Ratings werden täglich geführt (z. B. die meistbesuchten Diagramme nach Themen, gut benotete Diagramme usw.). Schließlich wird die Suchmaschine evaluiert, um den Wissenstransfer kontinuierlich zu verbessern. Es handelt es sich dabei um eine interaktive Plattform, die technische Infrastruktur kann transnationalen Wissensaustausch fördern und Experten im Netz koppeln. In qualitativer Hinsicht entstehen neue Perspektiven für die Entwicklung und Ausgestaltung des künftigen Wissenstransfers, denn die Kommunikation unter Wissenschaftlern als auch zwischen Wissenschaft und Öffentlichkeit soll eine neue Struktur bekommen, die auf dem neuesten Technologiestand beruht. Ein Forum mit verschiedenen Kategorien ermöglicht den Austausch von Informationen. Es besteht die Möglichkeit, Tabellen, Zeitreihen und Diagramme zu erstellen, zu bearbeiten, unter Usern auszutauschen und miteinander zu diskutieren. Im Forum ist ein Moderator, der alle Themen beobachtet, unseriöse Beiträge löscht und für Ordnung sorgt. Als Hintergrundinformation dient die Angabe der methodischen Grundlagen der entsprechenden Erhebung. Dazu gehört neben zeitlichen Angaben zum Beispiel die Art der Befragung. Zudem ist geplant, zu jedem Diagramm, neben den Daten und der Datenquelle, auch einen Link zu einem Experten zu platzieren, der in der Lage ist, über die Methoden der Berechnung, die Zuverlässigkeit und Vergleichbarkeit der erhobenen Daten uvm. Auskunft zu geben.[10] StatiPedja stellt damit ein zentralisiertes Netzwerk[11] dar, das auf die Diffusion von Wissen ausgerichtet ist und wechselseitige Kommunikation zwischen Wissenschaft und Gesellschaft ermöglicht.

---

9   Zuerst sollen die Daten (Tabellen, Zahlen) von allen großen Datenbanken der Institutionen in das Format von StatiPedja umgewandelt und an die Suchtechnologie angepasst werden. Die Daten werden ständig aktualisiert. Die Hauptquelle der Daten in der StatiPedja-Technologie werden eigene Datenbanken sein. Als Datenbank-Technologie wird MySQL verwendet. Zunächst sollen die Datenbanken, die frei verfügbar sind, bei StatiPedja eingebaut werden. Die Erläuterungen und Visualisierungen in der Datenbank sollen auf deutsch und englisch zur Verfügung stehen. Gegenwärtig gibt es einen Trend zur freien Verfügbarkeit von Daten. Die statistische Abteilung der Vereinten Nationen stellt ihre Daten seit dem 01. Mai 2007 kostenlos zur Verfügung. Andere Institutionen werden folgen. Damit ist die rechtliche Frage der Datennutzung geklärt.

10   Es soll zusätzlich ein verlinktes Verzeichnis (eine Pädie) für alle bekannten statistischen Methoden geben. Auf diese Weise soll ein Verständnis für statistische Methoden erreicht werden, das zu mehr als einer rezeptartigen Anwendung befähigt. Texthervorhebungen und Verlinkungen zentraler Begriffe sollen die Lesbarkeit erleichtern und entsprechend eine rasche Orientierung erlauben.

11   Meier/Müller (2007: 213) stellen heraus, dass Netzwerke für den Wissens- und Technologietransfer nicht immer vorteilhaft sind. Als negativ werden die Kosten der Zeitinvestition in Netzwerke, sei es bei ihrer Bildung oder der Aufrechterhaltung, und ihre Fragilität genannt. Dagegen argumentieren wir, dass mit Hilfe von StatiPedja genau diese Negativpunkte abgebaut werden und die Netzwerkbildung für den Wissenstransfer „über Köpfe" erleichtert wird.

3.2 Visualisierung von Wissen

Wissenschaftlich erzeugtes Wissen diffundiert nicht „unübersetzt" in die Gesellschaft, vielmehr erzeugt das Wissenschaftssystem teilsystemspezifisches Wissen in seiner eigenen Logik und mit einem systemspezifischen Code (Luhmann 1992), welches für die Umwelt oftmals nur schwer zugänglich ist. Das theoretische Wissen bedarf insofern einer Umschreibung, um verständlich zu werden. Diese „Übersetzungsfunktion" übernehmen in der modernen Gesellschaft die Massenmedien. Was wir also über die Gesellschaft bzw. die Welt, in der wir leben, wissen, ist wesentlich von den Selektionskriterien beeinflusst, nach denen die Medien entscheiden, was für sie eine Information ist (Luhmann 1996). Untersucht man die Wissenschaftsberichterstattung empirisch, sticht ein Selektionskriterium heraus: Am Beispiel der Berichterstattung im SPIEGEL zwischen den Jahren 1960 und 2002 kann gezeigt werden, dass im Zeitverlauf die Visualisierung von Forschungsergebnissen enorm an Bedeutung gewinnt. Hierzu gehören Statistiken und Diagramme (Suchanek 2005). Warum der Wissenschaftsjournalismus immer mehr auf die Visualisierung von Forschungsergebnissen zurückgreift, erklärt sich daraus, dass der Mensch ca. 75% der Information aus seiner Umwelt durch visuelle Signale wahrnimmt. Akustischen Signalen wird ein Anteil von ca. 13% zugeordnet, den übrigen etwa 12%.[12]

Beim Transfer von Wissen kommt deshalb der spezifischen Medialität des visuellen Darstellungsmodus besondere Bedeutung zu. Das, was wir in visuellen Darstellungen sehen, hängt zum einen vom Kontext bzw. von der Referenz auf andere Darstellungsformen ab und zum anderen davon, dass es „Bilderwissen" ist.[13] Die Visualisierung hilft bei der Analyse und Interpretation von Daten, bei der Sichtbarmachung verborgener Trends sowie bei der Mustererkennung. Insbesondere umfangreiche Zahlen und komplizierte Tatbestände gehen häufig über das normale Verständnis eines Alltagsmenschen hinaus. Lange Zahlenreihen sorgen oft für mehr Verwirrung, als dass sie zur Aufklärung dienen. Durch Schaubilder und Diagramme werden abstrakte Zahlen und Beziehungsebenen verständlicher gemacht. Der Übergang von numerischen Daten zum menschlichen Verständnis besteht aus zwei wesentlichen Schritten. Zuerst werden mit Hilfe verschiedener Algorithmen die Daten als Bilder dargestellt. Diese werden daraufhin durch unsere Wahrnehmung verstanden (Schwarz 2003: 67). Eine effiziente Visualisierung liegt genau dann vor, wenn die Information, die sie vermittelt, mit einem Blick wahrgenommen wird.[14]

In StatiPedja werden zwei Technologien für die Datenvisualisierung angeboten: Eine animierte FLASH Version und eine statistische Version, bei der sich Diagramme als JPG-Dateien speichern lassen. Darüber hinaus kann bei StatiPedja jeder Nutzer selbst Diagram-

---

12 http://server02.is.uni-sb.de/courses/wiki/Informationsvisualisierung.

13 In Bilder gehen ihre Herstellungsbedingungen instrumenteller und sozialer Art, Darstellungskonventionen, Seh- und Bildtraditionen sowie theoretische Vorannahmen ein, die das Wissen, das im Bild materialisiert ist, ebenso mitformen wie die mediale Struktur visueller Darstellungen.

14 Eine optimale Visualisierung bewirkt, dass Informationen unmittelbar aufgenommen werden. Das Diagramm ist in der Bildtheorie der Teil einer Visualisierung, den die Augen in kürzester Wahrnehmungszeit isolieren können. Tabellen oder Zahlenkolonnen lassen andere Verbindungen erkennen als graphische Darstellungen: Sie erlauben die Entdeckung von Mustern in Form wiederkehrender Größen, während Graphiken in der Regel Verlaufsformen und Veränderungsmaße wiedergeben. Ferner kann das Bild einer stetigen Funktion auf ihr Verhalten, auf Maxima/Minima, Optimierung, Wendepunkte, Periodenverlauf oder Konvergenz/Divergenz etc. untersucht werden (Schwarz 2003).

me erstellen und Berechnungen durchführen, ohne dass diese „Eigenprodukte" öffentlich zugänglich sind. Die Bedienung der Webseite wird durch Video Podcasts veranschaulicht. Diese werden zudem eingesetzt, um komplexe Diagramme verständlicher zu machen.

3.3 Wissenstransfer durch Anreizmechanismen

Der Wissenschaftsrat (2007: 10f) empfiehlt in seinem Gutachten zur Interaktion von Wissenschaft und Wirtschaft bzw. zur Förderung des Wissens- und Technologietransfers an Hochschulen individuelle Anreizmechanismen für Transfertätigkeiten zu schaffen. Leistungen und Engagement in diesem Bereich müssen sich lohnen, sowohl institutionell bei der Mittelvergabe als auch individuell durch Prämienregelungen im Rahmen einer W-Besoldung oder durch die Ausweitung zulässiger Einnahmen.

In StatiPedja sind über diese vorgeschlagenen rein monetären Entlohnungen hinaus weitere systeminterne Anreizmechanismen für Transfertätigkeiten eingebaut: Zunächst können Wissenschaftler mit Hilfe von StatiPedja ihre *wissenschaftsinterne Reputation* erhöhen. Nicht nur sind sie mit ihren Forschungsergebnissen in einem häufig genutzten Medium präsent, auch können sie in StatiPedja ihr Lebenswerk herausgeben, dieses ständig pflegen und dabei ein eigenes Profil anlegen. Gleichzeitig können Wissenschaftler „Wissensnetzwerke" etablieren, indem sie mit anderen gemeinsam Wissen entwickeln und Erfahrungen teilen. Wissenschaftler eigener und fremder Disziplinen können schnell und bequem auf Daten und Publikationshinweise zurückgreifen, wodurch sich die Wahrscheinlichkeit einer Referenz erhöht. Die quantitativen bibliometrischen Indikatoren sind wiederum nicht nur eine Währung innerhalb der Scientific Community, sondern auch populär unter Wissenschaftspolitikern. Es handelt sich um machtvolle Instrumente, die es jedem erlauben, die hochzitierten Wissenschaftler ihrer örtlichen Hochschule und den Rangplatz dieser Hochschule im Vergleich zu anderen zu ermitteln[15] und Mittelzuweisungen zu rechtfertigen.

StatiPedja ist aber auch ein Instrument zur *Popularisierung von Wissen*. Daten lassen sich bequem bereitstellen sowie zuverlässig und schnell finden, so dass die eigenen Forschungsergebnisse einer breiten Öffentlichkeit zugänglich gemacht werden können. Die Popularisierung von Wissen kann wiederum ein Politikum sein, um Debatten anzustoßen und letztendlich auch an finanzielle Ressourcen zu gelangen (vgl. Weingart 2001, 2003). Ein Ranking von am häufigsten heruntergeladenen Daten bzw. Forschungsergebnissen, welches sekündlich aktualisiert auf der ersten Seite erscheint, kann die Popularität noch um ein vielfaches erhöhen.

Der Netzwerkcharakter und die Auslegung von StatiPedja auf die Zusammenführung von Wissensanbietern und Wissensnachfragern ermöglichen auf einfache Art die Kontaktaufnahme für (internationale) *Kooperationen*. Die Aussicht, durch Kooperationen neue Ressourcen für die eigene Forschung zu erschließen, ist wiederum ein zentraler Anreizmechanismus für Transfertätigkeiten.

---

15   Die Produktion der Indikatoren, auf die sich Entscheidungen der Mittelzuweisung, die Rekrutierung und Besoldung von Wissenschaftlern stützen, ist kommerziell (Weingart 2006: 106).

4   Ausblick

Da Hochschulen überwiegend vom Steuerzahler finanziert werden, stellt die Öffentlichkeit nicht nur Fragen nach dem Verbleib und der Effizienz der investierten Mittel, sondern auch nach ihrem Nutzen für die Gesellschaft. In einem rohstoffarmen Land wie Deutschland, in welchem Forschung und Bildung als wichtigste Ressourcen gelten und die Produktionsfaktoren Boden, Arbeit und Kapital längst abgelöst haben (Stehr 2000), wächst das Interesse am Output der Hochschulen. Zum zentralen Problem der Gesellschaft wird die Versorgung mit ihren wichtigsten Ressourcen, dem in der Forschung generierten Wissen und dem an Hochschulen ausgebildeten Humankapital. Bell (1973) gibt mit der Differenzierung von Produktivkräften und Produktionsverhältnissen ein entscheidendes Deutungsmuster für diesen Strukturwandel vor: So sollte die Universität ähnlich der Bedeutung der Stanford University für die Silicon Valley eine Art Dienstleister und „Wissensfabrik" (Weingart 2001: 172) für die Ökonomie darstellen. In diesem Sinne stellen Universitäten qualifiziertes Personal für die Wirtschaft bereit und versorgen sie gleichzeitig mit der Ware Wissen. Aber auch die Politik und die Medien entwickeln immer stärkere und vielfältigere Erwartungen an Hochschulen. Diese Ausdifferenzierung von Referenzbezügen der Hochschule zu ihrer Umwelt wird mit dem Schlagwort Superkomplexität (Barnett 2000) gut versinnbildlicht.

StatiPedja kann in dem komplexen Wirkungskreislauf aus wechselseitigen Erwartungen zwischen Wissenschaft, Politik, Wirtschaft und Medien eine zentrale Mittlerrolle beim Wissenstransfer einnehmen. *Abbildung 1* verdeutlicht, in welcher Hinsicht die Kopplungen zwischen Hochschulen und ihrer Öffentlichkeit, hier stellen Wirtschaft und Politik einen zentralen Teil der Öffentlichkeit dar, durch StatiPedja eine neue Qualität bekommen können. Da die gegenseitigen Verflechtungen sehr komplex, sind, werden hier nur einige Aspekte aufgenommen, die StatiPedja betreffen.

StatiPedja ermöglicht eine *neue Systematik und Effizienz des statistischen Wissenstransfers*. Gibt es in der Wirtschaft Unternehmen, die an Sozial- und Wirtschaftswissenschaftlichen Forschungsergebnissen interessiert sind, können diese sehr leicht fündig werden. Die größere Öffentlichkeit für wissenschaftliche Daten, die mit StatiPedja erreicht wird, kann sich förderlich auf Kooperationen auswirken.[16] Grade in den Wirtschafts- und Sozialwissenschaften erweist es sich bislang als schwierig, geeignete Kooperationspartner zu finden. Eine international präsente Pädie für aktuelle Forschungsergebnisse erleichtert den Wissenstransfer und schafft neue Öffentlichkeiten. Eine aufwendige Suche nach Forschungsergebnissen und möglichen Kooperationspartnern entfällt. Wissensnachfrager können sich direkt an Kontaktpersonen wenden.

---

16   In dem von Künzel/Suchanek durchgeführten Projekt „Regionale Kooperationen und Forschungsförderungen der Universität Osnabrück" wurden im Jahr 2006 Osnabrücker Unternehmer zu ihrer Kooperationsbereitschaft mit der Universität Osnabrück befragt. Ein zentrales Ergebnis der Studie ist, dass die Bereitschaft für Kooperationen und zur Finanzierung von Projekten sehr hoch ist, allerdings der Informationsfluss und die Transparenz von aktuellen Forschungsvorhaben als Bedingung vorausgesetzt werden bzw. als zentrales Manko der bisherigen Hochschulpolitik gesehen werden.

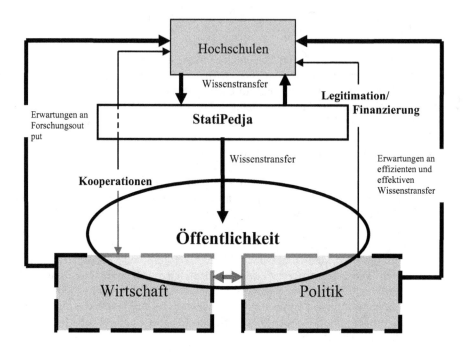

Abb. 1: Erwartete Kopplungen zwischen Hochschulen und Öffentlichkeit durch StatiPedja

Zentral ist, dass Hochschulen durch die Präsenz neuester Forschungsergebnisse ihrer Wirt-
schafts- und Sozialwissenschaften in StatiPedja auf eine einfache Art eine höhere *Legitimation* in der Gesellschaft erreichen können. Viele Wirtschafts- und Wissenschaftsorganisationen sehen einen Handlungsbedarf für die systematische Sicherung von im Forschungspro-
zess erzeugten Daten.[17] Auch hier gilt es, in den jeweiligen Disziplinen angemessene
Strukturen und Prozesse zu etablieren, um Forschungsprimärdaten zu sichern, zu archivie-
ren und für eine Nachnutzung bereit zu stellen. Laien sowie Experten verschiedenster Bereiche können schnell auf Daten zurückgreifen, das heißt, Wissen diffundiert in alle möglichen Subsysteme der Gesellschaft. Je mehr neue Lösungsstrategien für gesellschaftliche
Probleme angeboten werden, je mehr die Forschungsergebnisse in anderen Bereichen genutzt werden (z. B. in der Lehreraus- und Lehrerfortbildung[18] oder im Wissenschaftsjournalismus), desto größer ist die Öffentlichkeit für Forschungsergebnisse. Diese Öffentlichkeit kann weit über die Grenzen der als zur Wissensgesellschaft zugehörigen Regionen

---

17   http://www.dfg.de/forschungsfoerderung/wissenschaftlicheinfrastruktur/lis/projektfoerderung/initiative
      Digitaleinformation/primaerdaten.html.
18   Empirische Untersuchungen zeigen, dass die Qualitätsverbesserung der Ausbildung einen größeren Einfluss
      auf den Wissenszuwachs hat als die Erhöhung der Quantität (Barro, R./Lee, J. 2001). StatiPedia kann einen
      Beitrag zur Qualitätsverbesserung des Unterrichts in dem Sinne leisten, dass Lehrende schnell auf aktuelle
      statistische Daten und Forschungsergebnisse zurückgreifen können. Ebenso kann sich die Qualität von
      Hausarbeiten (auch Schularbeiten, Diplomarbeiten, Präsentationen) erhöhen.

expandieren.[19] StatiPedja stellt damit für Hochschulen einen effizienten Mechanismus des Wissenstransfers ihrer Sozial- und Wirtschaftswissenschaften dar, um in der Öffentlichkeit bzw. insbesondere in der Politik eine höhere Legitimation zu erreichen und ihre Finanzierungsnotwendigkeit zu begründen.

5   Literatur

Barnett, Ronald (2000): Realizing the University in an Age of Supercomplexity. The Society for Research into Higher Education (SRHE). Buckingham: Open University Press.

Barro, Robert J./Lee, Jong-Wha (2001): "International Data on Educational Attainment and Implications". In: Oxford Economic Papers. Oxford: University Press. vol. 53(3), 2001: 541-563.

Belfield, Clive Richard (2000): Economic Principles for Education. Theory and Evidence. Cheltenham, UK, Northampton, MA, USA: Edward Elgar Publishing.

Bell, Daniel (1975): Die nachindustrielle Gesellschaft. Frankfurt: Campus.

Benz, Winfried/Kohler, Jürgen/Landfried, Klaus (Hrsg.) (2006): Handbuch Qualität in Studium und Lehre. Berlin.

Boyle, James (1996): Shamans, Software and Spleens. Harvard: University Press.

Brezis, Elise/Krugman, Paul/Tsiddon, Daniel (1993): Leapfrogging in International Competition: A Theory of Cycles in National Technological Leadership. In: American Economic Review. 83, 1993: 1211-1219.

Buettner, Thiess (2003): Hochschulranglisten als Qualitätsindikatoren im Wettbewerb der Hochschulen. In: Vierteljahrshefte zur Wirtschaftsforschung. Berlin 72, 2003: 252-270.

Clark, Richard Burton (1998): Creating Entrepreneurial Universities – Organisational pathways of transformation. New York: Elsevier Science & Technology, 3-38.

Clark, Richard Burton (2004): Sustaining Change in Universities. New York: McGraw-Hill Education.

Cohen, Michael/March, James/Olsen, Johan (1972): A Garbage Can Model of Organizational Choice. In: Administrative Science Quarterly 17, 1972: 1-25.

Creedy, John (1995): The Economics of Higher Education: An Analysis of Taxes versus Fees. Aldershot: Edward Elgar. pp. xiv+152. [Reprinted in 1997].

Görke, Alexander/Kollbeck, Johannes (1999): Wie bitte, Wissensgesellschaft? Ein systemtheoretischer Zwischenruf. In: Medien-Journal. Nr. 3. Jg. 23, 1999: 20-29.

Harhoff, Dietmar (2008): Innovation, Entrepreneurship und Demographie. In: Perspektiven der Wirtschaftspolitik 9 (Secial Issue), 2008: 46-72.

Hoffmann, Dietrich/Neumann, Karl (Hrsg.) (2003): Ökonomisierung der Wissenschaft. Hemsbach: Beltz Verlag.

HRK (1997): Zur Finanzierung der Hochschulen. Bonn, 35-48.

Johnes, Geraint/Johnes, Jill (Hrsg.) (2004): International Handbook on the Economics of Education. Cheltenham. UK. Northampton. MA. USA.

Jones, I. Charles (2001): Introduction to Economic Growth (Second Edition). New York, London: W. W. Norton.

Künzel, Rainer (2006): Aktive Qualitätssicherung und -entwicklung in Lehre und Studium. In: Benz/Kohler/Landfried (2006): E 2.2.

Kern, Horst (2005): Über die Kunst, eine Universität zu steuern. In: Göttinger Universitätsreden, Göttingen, 2005: 35-48.

---

19   Bezogen auf Entwicklungsländer stellen die Wachstumstheorien hinsichtlich des Wissenstransfers die Eigenschaft der „Konvergenz" heraus: Anfangs zurückliegende Länder wachsen tendenziell schneller, da die Kosten der Übernahme von vorhandenen Wissensbeständen geringer als die Kosten der Wissenserzeugung sind. Einige Forscher sind der Meinung, dass der Nutzen der Diffusion nicht nur einen Konvergenzeffekt bewirkt, sondern auch eine Möglichkeit zum „Rollenwechsel" (vgl. Brezis/Krugman/Tsiddon: 1993). Als Beispiel wird Deutschland angeführt, das die englische chemische Industrie am Ende des 19. Jahrhunderts überholte (Harhoff 2008). Humankapitalinvestitionen stellen dementsprechend für Entwicklungsländer eine effiziente Strategie dar, um Wirtschaftswachstum zu fördern. Insbesondere das Problem der Entwicklungsländer, dass qualifizierte Lehrer fehlen (Woessmann/Hanushek 2007), könnte gemildert werden, indem durch StatiPedja Lehrern und Schülern Zugang zu aktuellen Daten und Forschungsergebnissen gewährt wird.

Krücken, Georg/Kosmützky, Anna/Torka, Mark (Hrsg.) (2007): Towards a Multiversity? Universities between Global Trends and National Traditions. Bielefeld.

Krysmanski, Hans-Jürgen (2001): High-Tech-Anti-Kapitalismus. Ein Widerspruch in sich? In: Utopie Kreativ. 133, 2001: 1009-1019.

Luhmann, Niklas (1996): Die Realität der Massenmedien. Opladen: VS Verlag.

Luhmann, Niklas (1992): Beobachtungen der Moderne. Opladen: VS Verlag.

McMahon, Walter W. (2004): The social and external benefits of education. In: Johnes/ Johnes (2004).

Meier, Frank/Müller, Andre (2007): Rationalization and the utilization of scientific knowledge. In: Krücken/Kosmützky/Torka (2007): 201-216.

Müller-Böling, Detlef u. a. (Hrsg.) (1998): University in Transition. Gütersloh.

Pellert, Ada (2005): Die Leitung von Universitäten oder die Herausforderung Hochschulmanagement. In: Welte/Auer/Meister-Scheytt (2005): 51-63.

Tien, Chang-Lin (1998): Research Funding and its Effect on the Research Agenda. In: Müller-Böling u. a. (1998): 41-48.

Rheinberger, Hans-Jörg/Hagner, Michael/Wahrig-Schmidt, Bettina (1997): Räume des Wissens. Repräsentation. Codierung. Spur. Berlin.

Schwartz, Astrid (2003): Die Ökologie des Sees im Diagramm. In: Bildwelten des Wissens, Kunst-historisches Jahrbuch für Bildkritik. 1. 2. Oberflächen der Theorie, 2003: 64-74.

Simmel, Georg (1992): Soziologie. Untersuchungen über die Formen der Vergesellschaftung. Gesamtausgabe 11. Frankfurt am Main: Suhrkamp.

Stehr, Nico (2000): Die Zerbrechlichkeit moderner Gesellschaften. Weilerswist: Velbrück Wissenschaft.

Suchanek, Justine (2009): Die Selbstbeschreibung von Hochschulen. Strategien für den Wettbewerbsvorsprung, die gesellschaftliche Legitimation und Beschäftigungsfähigkeit im Kontext globaler Herausforderungen. In: Willems (2009): 463-484.

Suchanek, Justine (2006): Wissen – Inklusion – Karrieren. Zur Theorie und Empirie der Wissensgesellschaft. Göttingen: V & R Unipress.

Suchanek, Justine (2005): Vermittlung von Wissenschaft in den Medien. Bielefeld.

Welte, Heike/Auer, Manfred/Meister-Scheytt, Claudia (Hrsg.) (2005): Management von Universitäten. Mering: Hampp.

Weingart, Peter (2001): Die Stunde der Wahrheit? Zum Verhältnis der Wissenschaft zu Politik. Wirtschaft und Medien in der Wissensgesellschaft. Weilerswist: Velbrück Wissenschaft.

Weingart, Peter (2003): Wissenschaftssoziologie. Bielefeld: Transcript.

Weingart, Peter (2006): Die Wissenschaft der Öffentlichkeit. 2. Auflage. Weilerswist: Velbrück Wissenschaft.

Willems, Herbert (Hrsg.) (2009): Theatralisierungen und Enttheatralisierungen in der Gegenwartsgesellschaft, Bd. 1. Wiesbaden: VS Verlag.

Wissenschaftsrat (2008): Leitfaden zu den Datenberichten für die Bewertungsgruppe Soziologie. Köln.

Wissenschaftsrat (2007): Empfehlungen zur Interaktion von Wissenschaft und Wirtschaft. Köln.

Woessmann, Ludger/Hanushek, Eric A. (2007): „The Role of School Improvement in Economic Development". CESifo Working Paper Nr. 1911, 2007. In: NBER Working Paper 12832, 2007. World Bank Policy Research. Working Paper 4122, 2007).

World Bank (1999): World development indicators. CD-ROM. Washington DC.

Ziegele, Frank/Handel, Kai (2006): Anreizsysteme im Hochschuleinsatz. In: Benz/Kohler/Landfried (2006): E 6.1.

Wissenschaftsrat (2008): Leitfaden zu den Datenberichten für die Bewertungsgruppe Soziologie. Köln.

Internetquellen:

http://server02.is.uni-sb.de/courses/wiki/Informationsvisualisierung (17. 08. 2010)

http://www-abc.mpib-berlin.mpg.de/users/wassner/art1.html (17. 08. 2010)

http://www.dfg.de/forschungsfoerderung/wissenschaftliche_infrastruktur/lis/projektfoerderung/initiative_digitale_information/primaerdaten.html (20. 08. 2008)

Entgrenzung zwischen Wissenschaft und Praxis?

Kritische Reflexionen am Beispiel der soziologischen Beratung

Heike Kahlert

1   Das zeitgenössische Interesse an (soziologischer) Beratung

Soziologische Zeitdiagnosen beschreiben das Verhältnis von Wissenschaft und Praxis[1] in der Spätmoderne als im Wandel begriffen. Dieser Wandel drückt sich in Entgrenzungsprozessen zwischen den zwei in der modernen Gesellschaft vermeintlich bisher voneinander getrennten Teilbereichen aus. Ulrich Beck, Wolfgang Bonß und Christoph Lau vertreten beispielsweise die These, dass in der gegenwärtigen Phase des Modernisierungsprozesses Grenzen bzw. Grenzziehungen vervielfältigt würden (Beck u.a. 2001b: 39). Diese Pluralisierung bedeute dreierlei: Grenzen verlören erstens ihren Charakter der Vorgegebenheit und würden wählbar, zweitens gäbe es einen Zuwachs an plausiblen Wegen, Grenzen zu ziehen, und einen Zuwachs an Möglichkeiten, Grenzziehungen in Zweifel zu ziehen, und drittens multiplizierten sich die kognitiven und institutionellen Ressourcen der Definition von Grenzen. Diese Pluralisierung hätte einen Zwang zu kontextuellen Grenzziehungen in Form von Ein- und Abgrenzungspraktiken zur Folge, in dem die Grenzen selbst mit hergestellt würden. Der Charakter von Grenzen ist folglich „fiktiv" (Beck u.a. 2001b: 39). In der Moderne institutionalisierte Unterscheidungen zwischen Handlungssphären und Lebensformen, ihre Standardisierungen, Normen und Rollensysteme sind folglich nicht mehr aufrechtzuerhalten, es kommt zu einer „Verschmelzung ehemals streng getrennter Sphären" (Beck u.a. 2004: 16). Nicht nur für den Bereich der Wissenschaft ist die „Entgrenzung von Handlungs- und Wissenssphären (...) kennzeichnend für die gegenwärtige Epoche" (Beck u.a. 2004: 19).

Das „soziale() Phänomen der Beratung" (Schützeichel/Brüsemeister 2004b: 7) ist, so scheint es, ein Beispiel für die Entgrenzung zwischen Wissenschaft und Praxis in der Spätmoderne. Der Beratungsmarkt und die dazugehörige Forschung über Beratung boomen derzeit. Ein wesentlicher Motor für die Nachfrage nach Beratung liegt in den steigenden, unter ökonomischen Vorzeichen stehenden Qualitätsanforderungen an das Wissen: Das ‚gekaufte' Wissen soll in der sich entwickelnden Wissensökonomie die Qualitätssicherung der individuellen bzw. organisationalen Leistungen und die Ausschöpfung bisher unent-

---

[1]   Unter Praxis werden in diesem Beitrag, wenn nicht anders spezifiziert, pauschal alle außerwissenschaftlichen Teilbereiche verstanden, an die sich (sozial)wissenschaftliches Wissen adressiert und die dieses verwenden. Dabei basiert die Unterscheidung von verschiedenen Bereichen wesentlich auf der Annahme, dass es sich bei Wissenschaft und Praxis um zwei unterschiedliche Wissenstypen und Sozialsysteme mit je eigenen Rationalitäten handelt (vgl. Alemann 2002: 69f.).

deckter oder unterentwickelter Handlungspotenziale fördern. Dabei ist das Phänomen der Beratung kein neues Phänomen der Moderne, denn Beratung ist „ein Produkt moderner Gesellschaften" (Alemann 2002: 23) bzw. ein „*Kernelement* der Gesellschaft" (Alemann 2002: 24, Herv. i. O.). Erst in der Spätmoderne aber scheint Beratung breitere öffentliche und wissenschaftliche Aufmerksamkeit zu erlangen, nicht zuletzt durchaus auch mit zum Teil negativem Beigeschmack, da nicht immer Kosten und Leistungen in einem akzeptablen Verhältnis zu stehen scheinen (vgl. Rügemer 2004). Beratung soll der Problemlösung durch Kommunikation und Interaktion, dem Transfer von Informationen von einem System in ein anderes und der Bestätigung bzw. Legitimation von Handlungen dienen. Dies deutet an, warum Beratung in der Spätmoderne an Bedeutung gewinnt: Unter Bedingungen steigender Komplexität und explodierender Wissensbestände wachsen die Handlungsmöglichkeiten und –zwänge, für ihre Bewältigung wird zunehmend auf Expertise in Gestalt von Beratung zurückgegriffen. Beratung dient dabei der Unterstützung, Hilfestellung und Absicherung in Entscheidungsprozessen, auch im Hinblick auf die Effizienz und Effektivität des Handelns. Sie macht zugleich oftmals weitere Beratung nötig, weil man sich durch sie neuer Probleme bewusst wird (von Alemann 2002: 25).

Das soziologische Interesse an der Beratung scheint eng mit dem bereits angedeuteten Wandel im Verhältnis von Wissenschaft und Praxis verbunden zu sein. Erste Ansätze der soziologischen Beratungsforschung entstanden in den 1950er Jahren in den USA. In Deutschland wird seit Ende der 1970er Jahre aus soziologischer Perspektive zu Beratung geforscht, nicht zuletzt, um zu begreifen, warum die sozialtechnologischen und die aufklärerischen Ansätze der Verwendung wissenschaftlichen Wissens in der Praxis nur sehr bedingt die gewünschten Erfolge erbracht haben. Bei diesen Forschungen handelt es sich wesentlich um verschiedene Zugänge zur Verwendung sozialwissenschaftlichen, genauer noch: soziologischen, Wissens in der Praxis: In professionssoziologischer Hinsicht steht hier die Erkundung des beruflichen Verbleibs der Absolventinnen und Absolventen des Fachs in der außeruniversitären Praxis im Mittelpunkt, in wissenssoziologischer Hinsicht geht es wesentlich um die außerwissenschaftlichen Verwendungszusammenhänge sozialwissenschaftlichen Wissens. Den zuletzt genannten Fragen widmete die Deutsche Forschungsgemeinschaft (DFG) in den 1980er Jahren das Schwerpunktprogramm „Verwendungszusammenhänge sozialwissenschaftlicher Ergebnisse" (vgl. Beck/Bonß 1989b), das umfangreiche empirische Forschungen hervorgebracht hat.

Seither wird aus soziologischer Sicht der Wandel im Verhältnis von Wissenschaft und Praxis vor allem am Beispiel der Beratung erforscht, und zwar hinsichtlich des sich wandelnden Verhältnisses von Forschung und Beratung in der heraufziehenden ‚Wissensgesellschaft' (z. B. Jansen-Schulze 1997; Bosch u.a. 1999; Bogner/Torgersen 2005) und hinsichtlich professionsbezogener Fragen in Bezug auf das eigene Fach (vgl. z. B. Alemann/Vogel 1996; Howaldt/Kopp 1998; Degele u.a. 2001; Alemann 2002; Franz u.a. 2003; Blättel-Mink/Katz 2004b; Zimenkova 2007). Rainer Schützeichel und Thomas Brüsemeister haben in einer 2004 publizierten Aufsatzsammlung zur „beratenen Gesellschaft" (2004a) erste empirisch fundierte „Facetten einer Theorie der Beratung" (Schützeichel/Brüsemeister 2004b: 8) geliefert. Gleichwohl kann die Feststellung Nicole J. Saams aus dem Jahr 2001 immer noch Geltung beanspruchen: „Bisher gibt es keine Soziologie der Beratung, auf die eine sozialwissenschaftliche Beratungsforschung zurückgreifen könnte." (Saam 2001: 15)

Unter Bezugnahme auf Ergebnisse der genannten Forschungsstränge wird im Folgenden in zeitdiagnostischer Absicht eine bestimmte Spielart der Beratung, nämlich die so genannte soziologische Beratung, hinsichtlich der Frage nach der Entgrenzung von Wissenschaft und Praxis in vier Argumentationsschritten näher ausgeleuchtet. Den ersten Schritt bildet eine Analyse des Wandels im Verhältnis von Wissenschaft und Praxis in der Spätmoderne. Diese Analyse stellt die gesellschaftstheoretische Grundlage für die nähere Betrachtung der soziologischen Beratung dar. Vor diesem Hintergrund besteht der zweite Schritt aus einer wissenschaftstheoretischen Reflexion der besonderen Reflexivität der Soziologie bezüglich ihres Gegenstands ‚Moderne' bzw. ‚moderne Gesellschaft'; er schlägt zudem die Brücke, um die behauptete Entgrenzung von Wissenschaft und Praxis in der soziologischen Beratung zu erörtern. Im dritten Schritt frage ich auf dieser Basis im Anschluss an eine Klärung des Beratungsbegriffs nach dem spezifisch Soziologischen an der soziologischen Beratung. Damit sind die Grundlagen erarbeitet, um im vierten Schritt schließlich die Diagnose kritisch zu beleuchten, dass sich Soziologie und Praxis in der soziologischen Beratung entgrenzten, und für einen aufmerksameren Umgang mit den etablierten Grenzen zu plädieren.

2 Der Wandel im Verhältnis von Wissenschaft und Praxis in der Spätmoderne

Der eingangs konstatierte Wandel im Verhältnis von Wissenschaft und Praxis kann als paradoxe Entwicklung beschrieben werden. Moderne Gesellschaften, ihre Institutionen, Organisationen und Menschen haben inzwischen gelernt, mit Wissenschaft umzugehen und diese für ihre weitere Entwicklung zu ge-brauchen und zu ver-wenden. Zugleich wird zunehmend deutlicher, dass Wissen(schaft) – mit der Aufklärung als Garant von Sicherheit propagiert – unsicher geworden ist und der Anteil des Nicht-Wissens am Wissen steigt. Die Nachfrage nach Wissen(schaft) nimmt ebenfalls zu, denn die Wissenslücken sollen geschlossen werden. Diese spiralförmige Dynamik scheint endlos. Die Wissen(schaft)sabhängigkeit und -erfahrung moderner Gesellschaften ist folglich quantitativ im Steigen, und sie ist zugleich qualitativ in Veränderung begriffen, denn mit dem steigenden Wissen wächst auch die Kritik am vorhandenen Wissen. Je mehr Institutionen, Organisationen und Menschen gelernt haben, mit Wissenschaft umzugehen, desto eher können sie ja auch, unter Hinzuziehung von Wissenschaft, deren Ergebnisse hinterfragen, zurückweisen oder alternatives Wissen produzieren.

Es liegt daher auf der Hand, dass der Umgang mit, der Gebrauch und die Produktion von Wissenschaft nicht mehr nur noch das Monopol der einstmals in der frühen Moderne hierfür eigens etablierten Universitäten und Akademien ist. Vielmehr haben sich die Orte der Wissenschaftsproduktion in fortgeschrittenen Gesellschaften pluralisiert, nicht zuletzt durch die Bildungsexpansion und die mit ihr verbundene Wissensexplosion seit den 1960er Jahren. Bonß weist zu Recht darauf hin, dass sich dadurch die Grenzziehung zwischen Wissenschaft und Praxis verschiebt: In dem Maße, in dem außerakademische Institutionen anerkanntes wissenschaftliches Wissen produzierten und nutzten, würde die traditionelle Grenze zwischen wissenschaftlichem und nicht-wissenschaftlichem Wissen unscharf (Bonß 2003: 41).

Die entstehende, im Umgang mit Wissenschaft vertraute und geübte, durch Wissenschaft programmatisch konstituierte und faktisch gesteuerte Gesellschaftsform wird gemäß einer vergleichsweise prominenten, innerwissenschaftlich durchaus skeptisch diskutierten und außerwissenschaftlich, insbesondere im politischen Bereich, breit affirmierten Deutung als ‚Wissensgesellschaft' (z. B. Stehr 1994; Willke 1997; Weingart 2001) bezeichnet. Was genau darunter verstanden werden soll und ob wir bereits in einer Wissensgesellschaft leben, ob moderne Gesellschaften seit ihren Anfängen Wissensgesellschaften waren oder erst noch auf dem Weg dorthin sind oder aber, ob die Rede von der Wissensgesellschaft so Gewinn bringend wie etwa die Rede vom ‚weißen Schimmel' ist, ist im sozialwissenschaftlichen Diskurs umstritten (vgl. zum kritischen Diskurs über die Wissensgesellschaft z. B. Maasen 1999: 59-65; Bosch/Renn 2003; Höhne 2003). Bonß differenziert die Diagnose „Wissensgesellschaft" zudem dahingehend, dass er die zeitgenössische Gesellschaft in ökonomischer Hinsicht als „Dienstleistungsgesellschaft", in kognitiver Hinsicht als „Wissenschaftsgesellschaft" und in sozialstruktureller Hinsicht als „Expertengesellschaft" charakterisiert und zugleich auf die Problematik dieser Etikettierung hinweist (Bonß 2003: 45). Dass das Wissen gegenwärtig unter (sozialwissenschaftlicher, insbesondere soziologischer) Dauerbeobachtung zu stehen scheint, belegen auch diverse andere Zeitdiagnosen, die die zeitgenössische Gesellschaft beispielsweise als „Risikogesellschaft" (Beck 1986), „Beratungsgesellschaft" (Bohn/Kühl 2004: 57) bzw. „Berater-Kapitalismus" (Resch 2005) beschreiben.

Gemeinsam ist all diesen Zeitdiagnosen unter anderem, dass sie auf die gegenwärtig große und mit hoher Aufmerksamkeit bedachte Wichtigkeit des (wissenschaftlichen) Wissens für die gesellschaftliche Entwicklung und das soziale Handeln zentrieren. Gemeinsam ist diesen Zeitdiagnosen auch, dass (spezialisiertes, wissenschaftliches) Wissen in Form von handlungs- bzw. praxisrelevanter Expertise an Einfluss zu gewinnen scheint. Und gemeinsam ist diesen Diagnosen auch, dass sie in der veränderten gesellschaftlichen Bedeutung von Wissen(schaft) und sich wandelnden Prozessen der Verwissenschaftlichung eine Herausforderung für das Projekt sozialwissenschaftlicher bzw. soziologischer Aufklärung sehen, denn die Problematisierung des Status des ‚Wissens', der ‚Wissenschaft' und der ‚Experten' bzw. ‚Expertinnen' impliziert eine Neubestimmung der gesellschaftlichen Rolle sozialwissenschaftlicher Expertise, evtl. sogar einen Abschied von wissenschaftszentristischen Sichtweisen: „Offenkundig hat die Soziologie Konkurrenz bekommen; die laufende Beobachtung der Gesellschaft durch eine zentrale Beobachtungsstelle ‚Sozialwissenschaft' hat sich differenziert und dezentralisiert in eine Vielfalt standortbezogener Beobachtungen relevanter Ausschnitte von Gesellschaft durch dafür ausgebildete Experten" (Maasen 1999: 63). (Soziologische) Beratung kann als eine solche (neue) Beobachtungsstelle, von der Gesellschaft standortbezogen in relevanten Ausschnitten kompetent beobachtet wird, angesehen werden.

Bevor in den nächsten Abschnitten die hier in verschiedenen Facetten anklingende Frage nach der gegenwärtigen Bedeutung der Soziologie und der soziologischen Beratung für die gesellschaftliche Entwicklung erörtert wird, soll der Wandel im Verhältnis von Wissenschaft und Praxis in der Spätmoderne noch etwas näher beleuchtet werden. Dafür sind für die hier interessierende Fragestellung nach der Entgrenzung vor allem drei zeitdiagnostische Perspektiven von Interesse, die jede für sich in verschiedenen Strängen der aktuellen sozialwissenschaftlichen Debatten breiten Raum einnehmen und im Folgenden skizziert werden: erstens die These vom Strukturbruch zwischen Wissenschaft und Praxis, die im Umfeld der Theoriebildung zur ‚reflexiven Modernisierung' vorgetragen und reflektiert wird, zweitens die Diskussion über die Ökonomisierung der Wissenschaft, die insbesondere im neoliberalismuskritischen zeitdiagnostischen Spektrum geführt wird, und drittens die Behauptung des Entstehens eines neuen Wissenschaftsmodus, mit dem sich vor allem die Wissenschaftsforschung befasst.

Zeitdiagnosen aus dem Umfeld der Theoriebildung zur reflexiven Modernisierung formulieren die These vom Strukturbruch im Verhältnis von Wissenschaft und Praxis. Dabei wird der Strukturbruch weiterführend als Übergang von der „einfachen" bzw. „primären" oder „naiven" zur „reflexiven" Verwissenschaftlichung beschrieben (vgl. z. B. Beck 1980, 1982a; Beck/Bonß 1984, 1989a) und mit der Figur der Reflexivität der „Strukturwandel der Wissensbasierung des Handelns" (Bonß 2003: 44) erfasst. Mit dem Praktisch-werden von Wissenschaft beginnt der Verwissenschaftlichungsprozess auf sich selbst zurückzuwirken, so die zentrale Aussage. Die Adressantinnen und Adressaten der Wissenschaft sind demnach nicht mehr bloße (aufzuklärende) „Objekte" der Verwissenschaftlichung, sondern werden zu potenziellen „Subjekten" in dem Sinne, dass sie auf der Grundlage eines durchgesetzten Zwangs zu „rationalen Argumentationen" die wissenschaftlichen Interpretationsangebote aktiv handhaben können. Dies bedeutet nach Beck und Bonß zugleich, dass die im Zuge der „primären" Verwissenschaftlichung eingeschliffenen Deutungsmuster nicht mehr die Aura definitiv wahrer Erkenntnisse haben, sondern wissenschaftsextern wie -intern zu „sozialen Konstruktionen" würden, welche die Wirklichkeit durchaus verfehlen könnten (Beck/Bonß 1984: 385). Verwissenschaftlichung wird demnach zu einem dialektischen Prozess, in dem erstens Verwissenschaftlichungsprozesse nicht nur auf einen kumulativen Wissenszuwachs und eine wachsende Berechenbarkeit der Welt hinauslaufen, sondern auch in ihr Gegenteil umschlagen und potenziell destruktiv wirken können und in dem zweitens die Wissenschaft als zentrales Medium der Entzauberung selbst entzaubert und zu einem Wissensmuster unter anderen wird (Bonß 2003: 47f.). Dieser Strukturwandel im Verhältnis von Wissenschaft und Praxis hat nach Ansicht der Vertreter der These vom Strukturbruch entgrenzende Auswirkungen auf die Wissenschaft und auf die Praxis.

Die Diskussion über die Ökonomisierung der Wissenschaft schließt in gewisser Weise an diese Argumentation an, bewegt sich aber auf einer anderen, eher politisch-ökonomischen Ebene. In dieser Sichtweise hat die zentrale Stellung des Wissens als Produktionsfaktor von Seiten der Praxis auch wachsende Forderungen an die Wissenschaft zur Folge, ihren Beitrag für die ökonomische Weiterentwicklung zu leisten: „Die Wirtschaft ist durch den Strukturwandel in ihrer Innovationsfähigkeit in nicht gekanntem Ausmaß von der Wissenschaft abhängig. Je forschungsintensiver die Produktion, desto dringender wird die Kooperationsnotwendigkeit mit der Wissenschaft" (Pellert 1999: 48), auch im Hinblick auf die Ausbildungsleistung von hoch qualifiziertem Personal und die wissenschaftliche Reflexion. Unter Bedingungen von (ökonomischer) Globalisierung in Verbindung mit dem Aufstieg des Neoliberalismus als ökonomische Theorie und politische Reformbewegung insbesondere in den 1980er Jahren macht die um sich greifende Ökonomisierung der gesellschaftlichen Teilbereiche auch vor der Wissenschaft nicht halt. Aus Sicht der Ökonomie ist die wirtschaftliche Verwertbarkeit und Nützlichkeit des Wissens die oberste Maxime der Wissenschaftsproduktion. Verwertbarkeit und Nützlichkeit von Wissenschaft heißt in dieser Perspektive Praxisrelevanz von Wissenschaft[2]. Mit Aida Bosch und Joachim Renn kann argumentiert werden, dass die Ökonomisierung der Wissenschaft die Entgrenzung im Verhältnis zwischen Wissenschaft und Praxis fördert: Wenn die Effizienz und Effektivität der Wissenschaft zunehmend, vielleicht sogar ausschließlich, an ihrer Praxisrelevanz gemessen wird, erweist sich Entgrenzung nämlich als ein Effekt der Ökonomisierung, mit negativen Folgen für die Entwicklungsfähigkeit des Gesamtsystems (vgl. Bosch/Renn 2003: 67).

Die Wissenschaftsforschung befasst sich mit dem hier in eher gesellschaftsdiagnostischer bzw. -kritischer Absicht als reflexive Verwissenschaftlichung bzw. als Effekt der Ökonomisierung von Wissenschaft beschriebenen Phänomen der Entgrenzung von Wissenschaft und Praxis in der These vom Entstehen eines neuen Wissenschaftsmodus, genannt „mode 2" oder „Modus 2", der das bisherige Wissenschaftsverständnis, genannt „mode 1" oder „Modus 1", transformiere (vgl. zur These Gibbons u.a. 1994; Nowotny 1999; Nowotny u.a. 2001; kritisch dazu z. B. Weingart 1997; Bender 2001; Wingens 2003). Gemäß dieser These wandelt sich die Wissenschaft in der Spätmoderne auch in ihrem epistemologischen Kern. Modus 1-Wissenschaft betont nach Ansicht der Vertreterinnen und Vertreter dieser These in Anlehnung an Newton'sches Denken vor allem die logische Stringenz der Inhalte, die Sauberkeit der Methodik und die disziplinäre Orientierung, bewertet die Prozesse der Vermittlung und der Kommunikation aber nicht allzu hoch und orientiert sich an innerakademischen Standards und Homogenität. Modus 2-Wissenschaft folgt hingegen dem Primat der gesellschaftlichen Nützlichkeit und schreibt Teamarbeit, vorübergehende Kooperations- und Organisationsformen bei der Wissenschaftsproduktion auch über institutionelle Grenzen hinweg, transdisziplinäre Verständigung und Transformation der modernen disziplinären Ordnung des Wissens, Problemorientierung, die Auseinandersetzung mit der gesellschaftlichen Öffentlichkeit und den Dialog zwischen Expertinnen/Experten und ‚Laiinnen/Laien' groß. Ein derartig reflexiver Modus der Wissenschaftsproduktion beginnt nach Ansicht der Vertreterinnen und Vertreter dieser These die Modus 1-Wissenschaft abzulösen. Das Entstehen der Modus 2-Wissenschaft spiegelt gemäß dieser Perspektive die zunehmende wechselseitige Durchdringung und damit die Entgrenzung von Wissenschaft und Gesellschaft in der Spätmoderne wider.

Wie unschwer zu erkennen ist, verbindet die drei hier skizzierten Stränge der aktuellen sozialwissenschaftlichen Debatten die Annahme, dass sich Wissenschaft und Praxis in der Spätmoderne entgrenzen. Reflexiv-modernisierungstheoretisch gesprochen beschreiben die drei Perspektiven auf verschiedenen Ebenen und aus verschiedenen Blickwinkeln die Auswirkungen eines von innen her stattfindenden Meta-Wandels bzw. historischen Bruchs der Moderne, in dem sich deren kategoriale Grundlagen, Grundunterscheidungen, Koordinaten und Leitideen des Wandels wandeln. Dieser Meta-Wandel bezieht sich Beck, Bonß und Lau zufolge auf den gesellschaftlichen Rahmen *und* auf den Denkrahmen der Sozialwissenschaften (Beck u.a. 2001b: 11f.). Demnach hätte der diagnostizierte Meta-Wandel aufgrund ihrer besonderen Reflexivität besondere Auswirkungen auf die Soziologie, als Wissenschaft der Moderne bzw. der modernen Gesellschaft, und im Weiteren auch auf das eng mit der Soziologie verbundene, hier interessierende Phänomen der soziologischen Beratung. Im

---

2   Ada Pellert spricht in diesem Zusammenhang von der „Gesellschaftsrelevanz" (Pellert 1999: 48-53) der Wissenschaft, Matthias Wingens redet gar von ihrer „Industrialisierung" (Wingens 1998).

nächsten Abschnitt wird folglich die besondere Reflexivität der Soziologie erörtert und auf die Bedingungen des behaupteten Meta-Wandels in der Spätmoderne bezogen.

3 Die Reflexivität der Moderne und die Reflexivität der Soziologie

Den zweiten Schritt meiner Argumentation bildet die Reflexion der besonderen Reflexivität der Soziologie bezüglich ihres Gegenstands ‚Moderne' bzw. ‚moderne Gesellschaft'. Genau aufgrund dieser besonderen Reflexivität ist die Soziologie nämlich besonders sensibel für die bereits skizzierten Entwicklungen im Verhältnis von Wissenschaft und Praxis. Zum Verständnis dieser Aussage ist zunächst eine Klärung der Begriffe Reflexion und Reflexivität nötig.

Ulrich Beck und Boris Holzer unterscheiden zwischen Reflexion und Reflexivität als zwei verschiedene „Formen von Selbstreferenz" (Beck/Holzer 2004: 166) in der Moderne: Während sich der Reflexionsbegriff wesentlich auf die Anwendung von Wissen und Bewusstsein beispielsweise über bzw. von Dynamiken und Prozessen bezieht, meint Reflexivität eine Anwendung beispielsweise von Dynamiken und Prozessen auf sich selbst. Einen direkten Bezug des Reflexionsbegriffs auf die Reflexivität sehen Beck und Holzer darin, dass die Moderne die erste Gesellschaft ist, die ihre Selbstbeschreibung nicht mehr externalisieren kann, sondern als Selbstbeschreibung beschreiben muss und dafür die im Teilsystem Wissenschaft sich verortende Soziologie anbieten kann (Beck/Holzer 2004: 167f.). Reflexivität ist demnach ein wesentliches Kennzeichen der modernen Gesellschaft (vgl. z. B. Beck u.a. 2001b: 11; Beck/Holzer 2004: 169), mehr noch: „Die reflexive Anwendung des Wissens ist ein konstitutives Merkmal der Moderne" (Giddens 1996: 55, vgl. 1993: insbes. 170, 1984: 281-354).

Dabei kommt den Sozialwissenschaften eine besondere Bedeutung für die Reflexivität der Moderne zu, denn nach Anthony Giddens findet ihr Diskurs in die von ihm analysierten Kontexte selbst wieder Eingang: „Die Reflexion, deren formalisierte Fassung (also eine spezifische Spielart von Expertenwissen) die Sozialwissenschaften bilden, ist durchaus grundlegend für die Reflexivität der Moderne insgesamt." (Giddens 1996: 56) Da die ständig fortgesetzte Revision sozialer Praktiken im Lichte des Wissens über diese Praktiken mit zu den modernen Institutionen gehöre, seien alle Sozialwissenschaften – in höherem Maß als die Naturwissenschaften – reflexiv in die Moderne verstrickt. Die Soziologie nimmt in diesem reflexiven Verhältnis eine besonders zentrale Stellung ein, denn ihr komme die Rolle des am stärksten verallgemeinerten Typus von Reflexion über das moderne soziale Leben zu (vgl. Giddens 1996: 58). Sie ist genau durch diesen Charakter des am stärksten verallgemeinerten Typus von Reflexion privilegiert und marginalisiert zugleich, wie am Beispiel der soziologischen Beratung deutlich werden wird: privilegiert, weil sie das Allgemeine im Blick hat, marginalisiert, weil sich dieses Allgemeine schwerlich professionalisieren lässt (vgl. ähnlich Kühl 2003).

Giddens beschreibt den Kreislauf des soziologischen Wissens als „Modellfall von Reflexivität" in der Figur der doppelten Hermeneutik:

„Soziologisches Wissen schraubt sich in den Bereich des sozialen Lebens hinein und aus diesem Bereich wieder heraus, und es gehört als integraler Bestandteil mit zu diesem Vorgang, daß dieses Wissen dabei so-

wohl sich selbst als auch diesen Bereich umgestaltet. (...) Der Diskurs der Soziologie und die Begriffe, Theorien und Ergebnisse der übrigen Sozialwissenschaften sind in einem ständigen Umlauf begriffen, der in ihren Gegenstandsbereich hinein- und aus diesem wieder hinausführt. Dabei leisten sie eine reflexive Umstrukturierung ihres Gegenstandsbereichs, dessen Angehörige ihrerseits gelernt haben, soziologisch zu denken. *Die Moderne selbst ist in ihrem inneren Wesen zutiefst soziologisch*" (Giddens 1996: 26, 60, Herv.i.O.).

Denn soziologische Begriffe und Ergebnisse bildeten konstitutive Elemente des eigentlichen Wesens der Moderne. Die „Einspeisung" soziologischer Begriffe oder Wissensansprüche in die soziale Welt sei ein Vorgang, der sich weder von den Befürwortern dieser Begriffe und Wissensansprüche noch von mächtigen Gruppen oder gar Regierungsinstanzen ohne Umstände kanalisieren lasse. Die Reflexivität der Moderne, die in unmittelbarem Zusammenhang mit der ständigen Erzeugung von systematischer Selbstkenntnis stehe, führe zu keiner Stabilisierung der Beziehung zwischen dem Wissen der Experten und dem Wissen, das bei den Handlungen der Nichtexperten zur Anwendung komme.

> „Das Wissen, das von beobachtenden Experten in Anspruch genommen wird, kehrt (teilweise und auf vielen unterschiedlichen Wegen) zu seinem Gegenstandsbereich zurück, den es damit (grundsätzlich, doch normalerweise auch in der Praxis) umgestaltet." (Giddens 1996: 62)

Genau deshalb bezeichnet Giddens die praktische Wirkung der Sozialwissenschaften und insbesondere der Soziologie als „enorm" (Giddens 1996: 26). Nur ganz am Rande in den Blick gerät ihm dabei jedoch, dass es bei den Übergängen von der Wissenschaft in die Praxis und von der Praxis zurück in die Wissenschaft jeweils zu Transformationen des sozialwissenschaftlichen bzw. soziologischen Wissens kommt und dass die Praxis eben auch gelernt hat, mit (soziologischem) Wissen umzugehen, dieses in ihre jeweiligen Kontexte zu übersetzen und dabei zu transformieren.

Die Erfahrung der doppelten Hermeneutik teilt die Soziologie mit keiner anderen modernen Wissenschaftsdisziplin. Wegen der besonderen und engen Verknüpfung mit der Moderne bzw. der modernen Gesellschaft ist die Soziologie auch als Schlüsselwissenschaft der Moderne beschrieben worden, wobei die Frage diskutiert wurde, ob sie nun die Schlüsselwissenschaft des 19. oder 20. Jahrhunderts sei: Joachim Matthes argumentierte, dass die Soziologie in den 1970er und 1980er Jahren im Zusammenhang mit Überlegungen zur Professionalisierung der Soziologie und zu ihrer Verwendung einen neuen Höhepunkt in der These von ihrer Schlüsselrolle im 20. Jahrhundert erlebte (vgl. Matthes 1981b), und Ansgar Weymann entgegnete, dass sich im genannten Zeitraum eine vollständige Ver(sozial)wissenschaftlichung des Alltagsbewusstseins und anderer Sinnprovinzen einschließlich der Versozialwissenschaftlichung der Zeitdeutung der ‚Moderne' vollzogen habe (Weymann 1989: 136) – als interpretativer Abschluss der industriellen Moderne des 19. Jahrhunderts.

Die Analyse der besonderen Reflexivität der Soziologie bezüglich ihres Gegenstands ‚Moderne' bzw. ‚moderne Gesellschaft' verdeutlicht, warum die Soziologie vom weiter oben bereits als derzeit stattfindender Meta-Wandel der Moderne beschriebenen sozialen Wandel in ganz spezifischer Weise betroffen ist: Der mit der Figur der doppelten Hermeneutik charakterisierte Kreislauf des soziologischen Wissens verdeutlicht, dass soziologisches Wissen sozialen Wandel mit beeinflussen kann und dass umgekehrt sozialer Wandel auch und insbesondere am soziologischen Wissen als Selbstbeschreibung der sich wandelnden modernen Gesellschaft nicht spurlos vorübergehen kann. Der zweite Aspekt, der gewissermaßen die Rückwirkung der Praxis auf das soziologische Wissen betrifft, gerät erst sukzessiv in den Blickpunkt der Forschung, denn seine Untersuchung ist erst jetzt möglich, nachdem die Sozialwissenschaften und die Soziologie seit ihrem massiven Ausbau in den 1960er und 1970er Jahren praktisch wirksam werden konnten. Die seit einigen Jahren intensiv geführte Diskussion über das Phänomen der soziologischen Beratung kann und muss in diesem Zusammenhang reflektiert werden, als Folge des Praktischwerdens der Soziologie und dessen Rückwirkung auf die Disziplin.

Bevor dieses Argument vertieft wird, sind jedoch noch einige Anmerkungen zum ersten Aspekt, der (Mit-)Beeinflussung sozialen Wandels durch soziologisches Wissen, notwendig. Mit diesem Aspekt hat sich die bisherige Forschung zur Verwendung sozialwissenschaftlichen bzw. soziologischen Wissens bereits ausführlich(er) befasst. An dieser Stelle bietet es sich nun an, die oben schon angesprochenen Ergebnisse zur reflexiven Ver(sozial)wissenschaftlichung im Hinblick auf die besonders zentrale Stellung der Soziologie im Wissenschaftsgefüge und in der Bedeutung für den Modernisierungsprozess näher in den Blick zu nehmen.

Ulrich Beck und Wolfgang Bonß (1989a: 31-33) haben in Auswertung der Ergebnisse des DFG-Schwerpunktprogramms „Verwendungszusammenhänge sozialwissenschaftlicher Ergebnisse" aus den 1980er Jahren drei Ebenen bzw. Kooperationsformen der Verwendung sozialwissenschaftlicher Forschung in der Praxis herausgearbeitet: die institutionelle, die berufliche und die alltägliche Verwendung.

Institutionelle Verwendung meint die „Umstellung auf wissenschaftliche Deutungsmuster innerhalb organisierter Kontexte einschließlich des dazugehörigen Anstiegs der unmittelbaren Forschungskapazitäten. Genauer noch geht es um die Verwissenschaftlichung institutioneller Entscheidungen und öffentlicher Diskurse" (Beck/Bonß 1989a: 31). Dieser Prozess sei seit den 1960er Jahren offensiv gefördert worden und zumindest nach außen weitgehend abgeschlossen. Zu denken ist beispielsweise an die Flut von wissenschaftlichen Gutachten und Gegengutachten, die etwa in der Politik oder in der Wirtschaft zur Findung und/oder Legitimation von Entscheidungen erstellt werden und die anstehenden Entscheidungen auf wissenschaftlich-rationale Grundlagen zu verlagern versuchen oder im Nachhinein evaluieren.

Berufliche Verwendung meint das Eindringen sozialwissenschaftlicher bzw. soziologischer Erkenntnisse und Arbeitsweisen in professionelle Kontexte außerhalb von Wissenschaft und Hochschule. Sofern die Absolventinnen und Absolventen sozialwissenschaftlicher bzw. soziologischer Studiengänge eine Anstellung fänden, trügen sie, so Beck und Bonß, als akademisch ausgebildete Professionelle – auf Führungs- wie auf Sachbearbeitungsebenen – zu einer Veränderung der von ihnen zu betreuenden Arbeitsfelder bei und lieferten die Basis für die Ver(sozial)wissenschaftlichung der Institutionen – ein Trend, der umgekehrt durch veränderte Anforderungen der Anstellungsträger begleitet und verstärkt werde. Der Rekurs auf (sozial)wissenschaftliche Methoden und Deutungsmuster gehöre zunehmend zum Standard der Problemverarbeitung.

Alltägliche Verwendung meint „das Eindringen sozialwissenschaftlicher Interpretationen in die Alltagswelt" (Beck/Bonß 1989a: 32) und ist seit den 1960er Jahren erheblich vorangeschritten. Genau besehen gäbe es kaum noch einen Bereich, der nicht durch einen Wechsel von traditionalen zu (sozial)wissenschaftlichen Sprachspielen gekennzeichnet wäre. Ob dadurch jedoch die Lösung von Alltagsproblemen rationaler geworden wäre, sei dahingestellt.

> „Kaum bestreiten lässt sich jedoch, daß eine vollständige Überformung mit [sozial]wissenschaftlichen Be-
> grifflichkeiten, so modisch, sie im Einzelfall auch sein mag, auf einen veränderten Umgang mit diesen Prob-
> lemen verweist und den Status der Wissenschaft gegenüber der Alltagswelt nicht unberührt lässt."
> (Beck/Bonß 1989a: 33)

Im nächsten Schritt wird nun der Frage nachgegangen, inwiefern die soziologische Beratung ein Beispiel für die institutionelle, berufliche und alltägliche Verwendung von soziologischem Wissen in der Praxis ist. Zuvor wird der Beratungsbegriff geklärt und das spezifisch Soziologische an der soziologischen Beratung zu erkunden versucht. Von der Antwort
auf diese Frage hängt schließlich ab, ob eine so benannte soziologische Beratung als ein
Beispiel für das Praktischwerden der Soziologie und die Entgrenzung von Wissenschaft
und Praxis angesehen und inwiefern an ihrem Beispiel die Rückwirkung der Praxis auf die
Soziologie bzw. das soziologische Wissen analysiert werden kann.

4   Die Suche nach dem spezifisch Soziologischen an der soziologischen Beratung

Parallel zu nicht enden wollenden innerdisziplinären Debatten über den Stellenwert der
Soziologie im wissenschaftlichen Feld und über das Verhältnis von Soziologie und Gesellschaft vollzieht sich in der gesellschaftlichen Praxis eine Professionalisierung der Sozialwissenschaften. Beratung ist ein wichtiger Bereich, in dem diese Professionalisierung stattfindet: Gesellschaftliche Praxisfelder wie Politik und Wirtschaft fragen seit den 1960er
Jahren zunehmend anwendungsorientiertes sozialwissenschaftliches Wissen für ihre eigene
Praxisgestaltung nach, für die sich eigene Beratungsformate herauszubilden beginnen – zu
denken ist etwa an Supervision, Coaching, Karriereberatung, Mediation und Organisationsberatung. Noch allerdings sind die verschiedenen Beratungsformate in ihren Inhalten und
Bezeichnungen keineswegs einheitlich, geschweige denn begrifflich und konzeptionell
geschützt, wenngleich Berufsverbände, Zertifizierungsagenturen und eigene akademische
Aus- bzw. Weiterbildungsgänge auf eine beginnende Vereinheitlichung, Qualitätssicherung, ja Professionalisierung im Beratungsfeld darauf hinweisen, dass diese Professionalisierung angestrebt wird.

In einer ersten definitorischen Annäherung kann Beratung begriffen werden als Vermittlung von Wissen von einem gesellschaftlichen Handlungssystem in ein anderes, aber
auch als Intervention in Handlungsfelder, in denen unterschiedliche Logiken und Relevanz-
gesichtspunkte aufeinander treffen (Alemann 2002: 24). Gemäß dieser Definition ist der
hier interessierende Grenzgang bzw. die Grenzüberwindung in der Beratung also gewissermaßen Programm. Definitionselemente von Beratung sind nach Annette von Alemann
(2002: 26, Herv. i. O.):

- Es kommen *mindestens zwei Personen* zusammen, von denen sich eine beraten lassen
  will.

- Den Mittelpunkt der Interaktion bildet ein (bestehendes oder potenzielles) *Problem*, das gelöst werden soll.
- Die Problemlösung geschieht durch Kommunikation.
- Die *Beziehung* zwischen beiden Kommunikationspartnern ist *freiwillig* und *zeitlich befristet*.
- Die *Beraterin* bzw. der *Berater* ist weder Teil des Problems noch des hierarchischen Systems der Klientin bzw. des Klienten, das heißt, ihre bzw. seine Position ist die der *externen Beobachtung*.
- Hinsichtlich *der Strukturierung von Kommunikation und Einfluss* ist immer eine *Asymmetrie*, eine *Kompetenzdifferenz* bei der *Definition bzw. Diagnose von Problemen und ihrer Lösung* sowie bei der *Anwendung professioneller Standards* vorhanden.

In der Beratungspraxis sind allerdings nicht alle diese in gewisser Weise idealtypisch formulierten Elemente unumstritten. Beispielsweise findet sich in der einschlägigen Beratungsliteratur selbst durchaus die Empfehlung zu organisationsinterner Beratung bzw. einer Kopplung von Insider-Outsider-Teams (vgl. Doppler/Lauterburg 2002: 242). Auch gibt es durchaus Situationen der unfreiwilligen Beratung, z. B. wenn Beratung ein (Pflicht-)Bestandteil von Ausbildungen ist (zu denken ist etwa an Ausbildungssupervision), wenn Führungskräfte Beratung für ihre Mitarbeiterinnen und Mitarbeiter anordnen oder wenn etwaige Geldgeber bestimmte Personen bzw. Organisationen nur dann fördern, wenn sie sich mit Hilfe von Beratung Qualitätssicherungsverfahren unterziehen.

Wichtig für die Klärung des Beratungsbegriffs und die hier interessierende Fragestellung sind auch die Beratungsmodelle, denn sie geben Aufschluss über verschiedene Formen der Kommunikationsgestaltung in Beratungsprozessen. Der US-amerikanische Organisationsforscher und -berater Edgar H. Schein unterscheidet drei Beratungsmodelle: das Arzt-Patienten-Modell, das Expertenmodell und die Prozessberatung. Unter *Prozessberatung* versteht Schein

> den „Aufbau einer Beziehung mit dem Klienten, die es diesem erlaubt, die in seinem internen und externen Umfeld auftretenden Prozessereignisse wahrzunehmen, zu verstehen und darauf zu reagieren, um die Situation, so wie er sie definiert, zu verbessern" (Schein 2000: 39).

In diesem Modell hat Beratung die Funktion der moderierenden Prozessbegleitung, wobei Abhängigkeit und Macht möglichst gering bleiben. Im Expertenmodell weiß die Klientin bzw. der Klient genau, welche Informationen oder Dienstleistungen sie bzw. er wünscht und was die Beraterin bzw. der Berater ihr bzw. ihm bieten kann. Die Chance, dass diese Empfehlungen dann tatsächlich auch umgesetzt werden, ist abhängig davon, dass das damit verbundene „Telling-and-selling-Modell" (Schein 2000: 25-29) und die damit verbundene Abhängigkeit der Klientin bzw. des Klienten von der Beraterin bzw. dem Berater funktioniert. Im Arzt-Patienten-Modell wird die Beraterin bzw. der Berater „in die Organisation geholt, um festzustellen, was wo in der Organisation falsch läuft, um anschließend, wie ein Arzt, eine Behandlung zu verschreiben" (Schein 2000: 30). Auch in diesem Beratungsmodell liegt viel Macht in den Händen der Beraterin bzw. des Beraters, da sowohl das Problem diagnostiziert sowie die Behandlung verordnet und durchgeführt wird, was wiederum einer funktionierenden Abhängigkeit von Seiten der Klientin bzw. des Klienten bedarf. Die Gestaltung von Macht- und Abhängigkeitsbeziehungen in der Beratung entscheidet auch darüber, inwiefern hier eine Entgrenzung von Wissenschaft und Praxis stattfinden kann: So ist davon auszugehen, dass Entgrenzungsprozesse am ehesten in offenen Kommunikationsprozessen wie der Prozessberatung erfolgen können, da diese am stärksten den Dialog und die gemeinsame Wissensproduktion und Situationsdeutung fördern.

Der Beratungsbegriff ist nun hinlänglich geklärt. Offen ist aber noch, was *soziologische* Beratung ist. Die Definitionen, die sich hierzu in der Literatur finden, sind nicht unbedingt befriedigend und erinnern an die nicht enden wollende Suche nach Alleinstellungsmerkmalen der Soziologie gegenüber den anderen Sozialwissenschaften, die etwa in der Studienreformdiskussion hinsichtlich der Beschäftigungsfähigkeit und des ‚typischen‘ Berufsfelds von Absolventinnen und Absolventen des Fachs erfolgt und nicht selten mit dem Hinweis auf eine ‚spezifische‘ und ‚solide‘ Qualifikation in empirischen Forschungsmethoden und analytischen Fähigkeiten beendet wird (vgl. z. B. Behrendt u.a. 2002). Damit durchaus vergleichbar wird soziologische Beratung zunächst einmal als Beratung definiert, die von Soziologinnen und Soziologen ausgeübt wird, also von denjenigen, die ein Soziologiestudium abgeschlossen haben und soziologischen Denk- und Arbeitsweisen verbunden sind; andere verstehen unter soziologischer Beratung wesentlich eine Beratung, die sich einer – zumeist nicht näher explizierten – soziologischen Perspektive bedient (vgl. Alemann 2002: 37-40). Auch Birgit Blättel-Mink und Ingrid Katz vertreten einen derart weiten Begriff von soziologischer Beratung:

> „Soziologische Beratung leistet den Transfer wissenschaftlichen Wissens in die Praxis und orientiert sich an den theoretischen und methodischen Kompetenzen und der Themenvielfalt der akademischen Disziplin. Soziologie kann – so die Sicht der Vertreterinnen und Vertreter dieser ‚Profession‘ – in allen Bereichen, in denen Entwicklungsprozesse analysiert und neue Konzepte umgesetzt werden, zur Anwendung kommen: in der Unternehmens- und Organisationsberatung, der Politik- und Umweltberatung, der Personalberatung, bei (Stadt-)Planungsprozessen und Prozessen der persönlichen Entwicklung, z. B. in der Berufs- und Studienberatung." (Blättel-Mink/Katz 2004a: 17)

Stefan Kühl hingegen stellt in Frage, dass es eine spezifisch soziologische Beratung gibt, was jedoch nicht ausschließt, dass Soziologinnen und Soziologen in der Beratung arbeiten: Seiner Ansicht nach wird das wissenschaftlich produzierte soziologische Wissen „entsoziologisiert", wenn es praxisrelevant werden muss, denn der allgemeine Charakter soziologischen Wissens sei nicht mit den immer schon spezialisierte(re)n Praxisanforderungen kompatibel zu machen (vgl. Kühl 2003).

Diese Definitionsversuche können nun in Bezug zur bereits erörterten Diskussion über die reflexive Versozialwissenschaftlichung gesetzt werden. Offensichtlich ist, dass die soziologische Beratung aufgrund der akademischen Ausbildung ihrer Protagonistinnen und Protagonisten ein Beispiel für die berufliche Verwendung von soziologischem Wissen in der Praxis ist: Soziologische Beratung wird von Soziologinnen und Soziologen ausgeübt. Ebenso offensichtlich ist auch, dass die soziologische Beratung ein Beispiel für die institutionelle Verwendung von soziologischem Wissen ist. Hier ist in erster Linie auf Gutachten und Gegengutachten zu verweisen, die mit soziologischen Theorien und Methoden arbeiten und ein mögliches und vergleichsweise häufig aus der Praxis angefordertes Instrument der soziologischen Expertenberatung darstellen – zu denken ist etwa an die anwendungsbezogene Auftragsforschung in ganz unterschiedlichen politischen oder auch wirtschaftlichen Praxisfeldern oder auch an die eben angesprochene Berufs- und Studienberatung. In dieser

Verwendungsform fördert die soziologische Beratung auch, zumeist medial vermittelt, die alltägliche Verwendung soziologischen Wissens, so beispielsweise wenn Ergebnisse soziologischer Gutachten massenmedial aufbereitet einer breiten Öffentlichkeit zugänglich gemacht und von dieser angeeignet werden.

Die Verwendung soziologischen Wissens in und durch Beratung kann in Anlehnung an Beck und Bonß als Kommunikations- und Konstruktionsprozess verstanden werden, in dem das vermittelte Wissen eine Eigendynamik entfaltet. Die beiden Soziologen gehen davon aus, dass es zwischen Wissenschaft und Praxis keine hierarchische, sondern eine qualitative Differenz gibt, und dass sich in der gesellschaftlichen Verwendung eine Gleichzeitigkeit von diskursivem und strategischem Lernen zeigt, soll heißen: der Umgang der Praxis mit sozialwissenschaftlichem Wissen ist keine „‚Anwendung‘, sondern ein aktives Mit- und Neuproduzieren der Ergebnisse" (Beck/Bonß 1989a: 11, Herv. i. O.). Vor diesem Hintergrund ist nicht (immer) absehbar und einschätzbar, was die Praxis mit dem soziologischen Wissen im Weiteren macht: sie kann es übernehmen, mit eigenen Erfahrungen und Wissensbeständen abgleichen, modifizieren, in eigene Kategorien übersetzen, weiter entwickeln, verwerfen.

Das Ergebnis solcher Verwendungsprozesse in der gesellschaftlichen Praxis ist nicht oder bestenfalls bedingt steuerbar und folglich offen. Im Alltag führen sie, wie die Verwendungsforschung gezeigt hat, vor allem zur Trivialisierung des soziologischen Wissens, das heißt zum partiellen ‚Verschwinden‘[3] dieses Wissens in der gesellschaftlichen Praxis, in institutionalisierten und organisierten Kontexten hingegen wird das soziologische Wissen oftmals gezielt nachgefragt und eins-zu-eins aufgegriffen (vgl. zusammenfassend Alemann 2002: 77-84). Insgesamt ist festzuhalten: „Je stärker in der gesellschaftlichen Selbstthematisierung auf wissenschaftliche Argumentationen zurückgegriffen wird, desto mehr scheinen diese ihren einstigen Überlegenheitsstatus zu verlieren; sie werden nicht mehr als ein unbedingt, sondern als ein allenfalls bedingt besseres Wissen wahrgenommen, das durch zunehmenden Gebrauch ‚vernutzt‘ wird, an Glaubwürdigkeit einbüßt und überdies aufgrund der Selbstverwissenschaftlichung der Praxis von dieser zum Teil besser produziert werden kann als seitens der (akademischen) Wissenschaft." (Bonß 1999: 105f.)

Soziologische Beratung, so kann zusammengefasst werden, fördert den Verwendungsprozess soziologischen Wissens in der Praxis. Sie ist ein Beispiel für das gesellschaftliche Praktischwerden der Soziologie, also für den Strukturwandel im Verhältnis von Wissenschaft – hier: Soziologie – und Praxis, für die Ökonomisierung der Wissenschaft – hier: Soziologie – und für den bereits angesprochenen, kontrovers diskutierten neuen Wissensmodus. Sie trägt folglich zur Entgrenzung von Wissenschaft – hier: Soziologie – und Praxis bei. Dies heißt jedoch nicht, dass die Grenze zwischen Soziologie und Praxis gänzlich aufgehoben wird, wie abschließend gezeigt werden soll.

---

3   Die Modernisierungsforschung zeigt, dass wir in einer „Gesellschaft des Verschwindens" (Breuer 1995) leben, wobei sich freilich die Fragen stellen, warum das „Verschwinden" vor allem negativ bewertet wird bzw. was an die Stelle des Verschwundenen tritt. Schließlich hinterlässt das „Verschwinden" nicht einfach nur eine bleibende Leerstelle, sondern macht Platz für Neues.

5   Der Kreislauf des soziologischen Wissens – permanente (Grenz-) Übergänge zwischen Wissenschaft und Praxis

Abschließend soll nun auf der Basis der bisherigen Ausführungen das Argument kritisch reflektiert werden, dass sich Soziologie und Praxis in der soziologischen Beratung entgrenzten. Eine radikale, wenn nicht sogar vielleicht die radikalste Position hierzu findet sich bei Michael Giesecke und Kornelia Rappe-Giesecke, die am Beispiel des Beratungsformats Supervision davon ausgehen, dass Supervisionen immer Beratungs- *und* Forschungsfunktionen haben (Giesecke/Rappe-Giesecke 1997: 676). Allerdings sei Jahrzehnte lang nur die Beratungsfunktion ausdifferenziert worden, während die Forschungsfunktion noch zu entwickeln sei. Sie argumentieren, dass Forschungssupervisionen bestens geeignet seien, den häufig beklagten tiefen Graben zwischen der akademischen Theorie und Forschung einerseits und der supervisorischen Praxis andererseits zu überbrücken. Voraussetzung für einen solchen Brückenschlag sei zunächst eine Veränderung der Selbstbeschreibung sowohl des Forschungssysteme als auch der Supervision. Die Sozialforschung sollte Anschluss an die Verfahren der fortschrittlichen Beratungspraxis und an deren Protagonistinnen und Protagonisten suchen und sich in ihrer Modellbildung, Methodologie und Methodik mit dem selbstreflexiven Paradigma vertraut machen. Supervisorinnen und Supervisoren hingegen müssten sich zunächst einmal den Forschungsanteil in ihrer Arbeit deutlicher bewusst machen (Giesecke/Rappe-Giesecke 1997: 676f.).

Giesecke und Rappe-Giesecke schlussfolgern:

> „In dem Maße, in dem so auf beiden Seiten die Erfahrungen über die Programme der jeweils anderen Seite wachsen, werden sich die üblichen Gegenüberstellungen relativieren." (Giesecke/Rappe-Giesecke 1997: 677)

Die Beraterinnen und Berater quellten über mit Theorien über ihre Tätigkeit und die Interaktionsbeziehungen, und es bestehe keine Veranlassung, ihren Ideen eine systematische handlungsleitende und orientierungsrelevante Leistung abzusprechen. Zugleich nähmen sie in ihrer Arbeit vielfältige Standpunkte ein, darunter auch jene der nüchternen Beobachtung, aus denen das Geschehen mit allgemeinen Kategorien klassifiziert würde. Aus einer Perspektive, die die Prozesse der Informationsverarbeitung fokussiert, gäbe es also viele Gemeinsamkeiten zwischen Forschung und Beratung.

Giesecke und Rappe-Giesecke haben im Zuge ihrer Forschungs- und Beratungsarbeit die Method(ologi)e der ‚kommunikativen Sozialforschung' entwickelt:

> „Ihre Besonderheit liegt darin, daß sie nicht nur soziale Kommunikation zum Gegenstand hat, sondern daß sie den gesamten Forschungsprozeß von der Konstitution des Forschungssystems über die Datenerhebung und Auswertung bis hin zur Rückkopplung der Ergebnisse in die alltägliche Praxis als Kommunikation gestaltet." (Giesecke/Rappe-Giesecke 1998: 59)

Die beiden gehen damit weiter als von fließenden Grenzen zu sprechen. Sie vertreten die Ansicht, dass wir am Ende der Ausdifferenzierung zwischen Forschung und Praxis angelangt seien und eine Aufhebung dieser in der Moderne mühsam erarbeiteten strikten Trennung angesagt sei. Sowohl Beratung als auch kommunikative Sozialforschung habe zum

Ziel, die Programme zu ermitteln, die die Informationsverarbeitung in sozialen Systemen steuerten. Auch hinsichtlich der Methoden bestünden grundsätzliche Gemeinsamkeiten:

> „Die kommunikative Sozialforschung hat nicht nur Kommunikation als Forschungsgegenstand, sondern sie organisiert auch den gesamten Forschungsprozeß von der Datenerhebung über die Auswertung bis hin zur Rückkopplung der Ergebnisse als Kommunikation, vorzugsweise als Gespräch mit Rückkopplungsmöglichkeiten und selbstreflexiven Phasen." (Giesecke/Rappe-Giesecke 1998: 64)

In diesem Sinne ist ‚gute' Forschung Beratung und umgekehrt.

Von Interesse an dieser Argumentation ist hier weniger die kommunikative Sozialforschung als solche – wenngleich in Bezug auf diese an anderer Stelle ebenfalls eine intensivere methodologische Reflexion sinnvoll wäre –, sondern zwei andere Aspekte: zum einen der Aspekt, dass es gemäß diesen Ausführungen zwischen Forschung und Beratung keine Grenze mehr zu geben scheint, zum anderen die Sichtweise, von der Praxis ausgehend nach Effekten derselben für die Wissenschaft zu suchen. Beide Aspekte sind eng miteinander verknüpft.

Ist mit Blick auf die soziologische Beratung die Diagnose haltbar, dass sich die Grenze zwischen Wissenschaft und Praxis bzw. Soziologie und Beratung auflöst? In der Literatur wird diese Frage weitgehend mit einem klaren „jein" beantwortet und scheint standortgebunden zu sein. Hilfreich zur Klärung dieser Frage mag der Blick auf die Reichweiten und Erkenntnismöglichkeiten des soziologischen Wissens sein, so dass die Antwort paradox ausfällt und mit Kühl wie folgt formuliert werden kann: „Soziologie als Wissenschaft kann (...) dann praxisrelevant werden (...), wenn sie als Wissenschaft stark gemacht wird." (Kühl 2003: 88) Bosch und Renn plädieren mit ähnlichem Tenor für ein Changieren zwischen wissenschaftlicher Eigenlogik und praktischen Anforderungen in Gestalt einer „erhöhte(n) Kontextsensibilität durch *Öffnung* und *Schließung* der Wissenschaften" (Bosch/Renn 2003: 62, Herv. i. O.; vgl. Bosch u. a. 2001).

Die Soziologie braucht demnach *zugleich* die Möglichkeit zur Generalisierung des Erkenntnisgewinns durch Entlastung vom Zwang der Handlungsrelevanz sowie die Erlaubnis des Scheiterns in der Praxis *und* den konkreten Praxisbezug zur Überprüfung ihrer Aussagefähigkeit und ihrer Relevanz hinsichtlich verändernden Handelns. Wird diese Spannung einseitig zugunsten der derzeit verstärkt geforderten Praxistauglichkeit des (sozial)wissenschaftlichen Wissens aufgelöst, so besteht die Gefahr des Erkenntnisverlusts: Soziologische Beratung, auch wenn sie als Forschung verstanden und zumindest in den Diagnosephasen als solche gestaltet wird, steht in der Regel unter dem Druck, ihre Erkenntnis um der Handlungsoptimierung willen zu produzieren. Anders ausgedrückt: Sie ist mit einer gesellschaftlichen Dienstleistungserwartung konfrontiert und muss ihren Erfolg am Markt und unter Marktbedingungen beweisen. Ihre Geltungsorientierung wird dabei zugunsten einer Effizienzorientierung eingeschränkt (vgl. Bosch/Renn 2003: 62), Erkenntnisgewinn per se rückt in den Hintergrund bzw. wird verunmöglicht. Eine solche Sichtweise verdeutlicht, dass sich die Position, die ‚gute' Forschung als Beratung und Beratung als ‚gute' Forschung versteht und die Entgrenzung vorantreiben will, möglicherweise ungewollt in den Dienst ökonomischer Interessen und des um sich greifenden Trends zur Kommerzialisierung des Wissens und der Wissenschaften stellt.

Die spezifische Reflexivität der Soziologie hat aber nicht nur Schatten-, sondern eben auch Lichtseiten. Das Verständnis von Beratung als Forschung und umgekehrt bringt für die Weiterentwicklung soziologischen Wissens, das von der Praxistauglichkeit entlastet ist, nämlich auch eine (Erkenntnis-)Gewinn bringende Perspektivenerweiterung mit sich: Beratung ist ‚beobachtende Teilnahme‘, die in der Regel tiefere und intensivere Einblicke in gesellschaftliche Praxisfelder ermöglicht als die herkömmliche empirische Sozialforschung, denn in Beratungsprozessen muss der Feldzugang ermöglicht und Kommunikation in Gang gebracht und gehalten werden. Dies macht u. a. Innovationen in methodischer Hinsicht möglich, die über das herkömmliche, gleichwohl in der soziologischen Beratung angewendete Methodenrepertoire der empirischen Sozialforschung hinausgehen. Mit Blick auf den Kreislauf soziologischen Wissens von der Wissenschaft in die Praxis und weiter zurück in die Wissenschaft wird deutlich: Der Transfer von wissenschaftlichen Ergebnissen in die Praxis wird ebenso gestärkt wie die Kooperation zwischen beiden Systemen und der Rückfluss der in der Praxis gewonnenen wissenschaftlichen Erkenntnisse in die Wissenschaft. So betrachtet ist und bleibt soziologisches Wissen aufgrund seiner besonderen Reflexivität im strengen wissenschaftlichen Sinn notwendigerweise und zwangsläufig ‚unfertig‘. In dieser besonderen Form der Wissen(schaft)sproduktion und -verwertung bzw. -verwendung drückt sich der spezifische Erfolg der Sozialwissenschaften in ihren permanenten Grenzgängen und Balanceakten aus (vgl. Kocka 2005: 22). Es ist an der Zeit, diesen Erfolg ernst zu nehmen, ohne die damit verbundenen Gefahren aus dem Blick zu verlieren.

6   Literatur

Alemann, Annette von (2002): Soziologen als Berater. Eine empirische Untersuchung zur Professionalisierung der Soziologie. Opladen: Leske + Budrich.

Alemann, Heine von/Vogel, Annette (Hrsg.) (1996): Soziologische Beratung. Praxisfelder und Perspektiven. IX. Tagung für angewandte Soziologie. Opladen: Leske + Budrich.

Beck, Ulrich (1980): Die Vertreibung aus dem Elfenbeinturm. Anwendung soziologischen Wissens als soziale Konfliktsteuerung. In: Soziale Welt 31 (4), 1980: 415-441.

Beck, Ulrich (1982a): Folgeprobleme der Modernisierung und die Stellung der Soziologie in der Praxis. In: Beck (Hrsg.) (1982b): 3-23.

Beck, Ulrich (Hrsg.) (1982b): Soziologie und Praxis. Erfahrungen, Konflikte, Perspektiven. Göttingen: Otto Schwartz & Co (Soziale Welt, Sonderband 1).

Beck, Ulrich (1986): Risikogesellschaft. Auf dem Weg in eine andere Moderne. Frankfurt am Main: Suhrkamp

Beck, Ulrich/Bonß, Wolfgang (1984): Soziologie und Modernisierung. Zur Ortsbestimmung der Verwendungsforschung. In: Soziale Welt 35 (4), 1984: 381-406.

Beck, Ulrich/Bonß, Wolfgang (1989a): Verwissenschaftlichung ohne Aufklärung? Zum Strukturwandel von Sozialwissenschaft und Praxis. In: Beck/Bonß (Hrsg.) (1989b): 7-45.

Beck, Ulrich/Bonß, Wolfgang (Hrsg.) (1989b): Weder Sozialtechnologie noch Aufklärung? Analysen zur Verwendung sozialwissenschaftlichen Wissens. Frankfurt am Main: Suhrkamp.

Beck, Ulrich/Bonß, Wolfgang/Lau, Christoph (Hrsg.) (2001a): Die Modernisierung der Moderne. Frankfurt am Main: Suhrkamp.

Beck, Ulrich/Bonß, Wolfgang/Lau, Christoph (2001b): Theorie reflexiver Modernisierung – Fragestellungen, Hypothesen, Forschungsprogramme. In: Beck et al. (Hrsg.) (2001): 11-59.

Beck, Ulrich/Bonß, Wolfgang/Lau, Christoph (2004): Entgrenzung erzwingt Entscheidung: Was ist neu an der Theorie reflexiver Modernisierung? In: Beck/Lau (Hrsg.) (2004): 13-62.

Beck, Ulrich/Lau, Christoph (Hrsg.) (2004): Entgrenzung und Entscheidung. Was ist neu an der Theorie reflexiver Modernisierung? Frankfurt am Main: Suhrkamp.

Beck, Ulrich/Holzer, Boris (2004): Reflexivität und Reflexion. In: Beck/Lau (Hrsg.) (2004): 165-192.

Behrendt, Erich/Kallweit, Hauke/Kromrey, Helmut (2002): Primat der Theorie? Arbeitsmarkt, Qualifikationen und das Image der Soziologie. In: Stockmann et al. (Hrsg.) (2002): 187-197.

Bender, Gerd (Hrsg.) (2001): Neue Formen der Wissenserzeugung. Frankfurt am Main, New York: Campus.

Blättel-Mink, Birgit/Katz, Ingrid (2004a): Soziologie als Beruf? Eine Einleitung. In: Blättel-Mink/Katz (Hrsg.) (2004b): 17-32.

Blättel-Mink, Birgit/Katz, Ingrid (Hrsg.) (2004b): Soziologie als Beruf? Soziologische Beratung zwischen Wissenschaft und Praxis. Wiesbaden: VS Verlag für Sozialwissenschaften.

Bogner, Alexander/Torgersen, Helge (Hrsg.) (2005): Wozu Experten? Ambivalenzen der Beziehung von Wissenschaft und Politik. Wiesbaden: VS Verlag für Sozialwissenschaften.

Bohn, Ursula/Kühl, Stefan (2004): Beratung, Organisation und Profession. Die gescheiterte Professionalisierung in der Organisationsentwicklung, systemischen Beratung und Managementberatung. In: Schützeichel/Brüsemeister (Hrsg.) (2004a): 57-77.

Bonß, Wolfgang (1999): Verwendung und Verwissenschaftlichung – Oder: Grenzen praxisorientierter Sozialwissenschaft. In: Bosch et al. (Hrsg.) (1999): 103-122.

Bonß, Wolfgang (2003): Jenseits von Verwendung und Transformation. Strukturprobleme der Verwissenschaftlichung in der Zweiten Moderne. In: Franz et al. (Hrsg.) (2003): 37-52

Bosch, Aida/Fehr, Helmut/Kraetsch, Clemens/Schmidt, Gert (Hrsg.) (1999): Sozialwissenschaftliche Forschung und Praxis. Interdisziplinäre Sichtweisen. Wiesbaden: Deutscher Universitäts Verlag

Bosch, Aida/Kratesch, Clemens/Renn, Joachim (2001): Paradoxien des Wissenstransfers, die „neue Liaison" zwischen sozialwissenschaftlichem Wissen und sozialer Praxis durch pragmatische Öffnung und Grenzerhaltung. In: Soziale Welt 52 (2), 2001: 199-218.

Bosch, Aida/Renn, Joachim (2003): Wissenskontexte und Wissenstransfer: Übersetzen zwischen Praxisfeldern in der „Wissensgesellschaft". In: Franz et al. (Hrsg.) (2003): 53-69.

Breuer, Stefan (1995): Die Gesellschaft des Verschwindens. Von der Selbstzerstörung der technischen Zivilisation. Hamburg: Rotbuch.

Degele, Nina/Münch, Tanja/Pongratz, Hans J./Saam, Nicole J. (Hrsg.) (2001): Soziologische Beratungsforschung. Perspektiven für Theorie und Praxis der Organisationsberatung. Opladen: Leske + Budrich.

Doppler, Klaus/Lauterburg, Christoph (2002[10]): Change Management. Den Unternehmenswandel gestalten. Frankfurt am Main, New York: Campus.

Franz, Hans-Werner/Howaldt, Jürgen/Jacobsen, Heike/Kopp, Ralf (Hrsg.) (2003): Forschen – lernen – beraten. Der Wandel von Wissensproduktion und -transfer in den Sozialwissenschaften. Berlin: Edition Sigma.

Gibbons, Michael/Limoges, Camille/Nowotny, Helga/Schwartzman, Simon/Scott, Peter/Trow, Martin (1994): The New Production of Knowledge. The Dynamics of Science and Research in Contemporary Societies. London, Thousand Oaks, New Delhi: Sage.

Giddens, Anthony (1993[2]): New Rules of Sociological Method. A Positive Critique of Interpretative Sociologies. California: Stanford University Press.

Giddens, Anthony (1984): The Constitution of Society. Outline of the Theory of Structuration. Berkeley, Los Angeles: University of California Press.

Giddens, Anthony (1996): Konsequenzen der Moderne. Frankfurt am Main: Suhrkamp.

Giesecke, Michael/Rappe-Giesecke, Kornelia (1997): Supervision als Medium kommunikativer Sozialforschung. Die Integration von Selbsterfahrung und distanzierter Betrachtung in der Beratung und Wissenschaft. Frankfurt am Main: Suhrkamp.

Giesecke, Michael/Rappe-Giesecke, Kornelia (1998): Was kann man aus dem gegenwärtigen Entwicklungsstand der Beratung für die Gestaltung kommunikativer Sozialforschung lernen? In: Journal für Psychologie 6 (3), 1998: 59-72.

Höhne, Thomas (2003): Pädagogik der Wissensgesellschaft. Bielefeld: transcript.

Howaldt, Jürgen/Kopp, Ralf (Hrsg.) (1998): Sozialwissenschaftliche Organisationsberatung. Auf der Suche nach einem spezifischen Beratungsverständnis. Berlin: Edition Sigma.

Jansen-Schulze, Maria-Helene (1997): Soziologie und politische Praxis. Strategien zur Optimierung des Forschungs- und Umsetzungsprozesses. Bielefeld: Kleine.

Kocka, Jürgen (2005): Vermittlungsschwierigkeiten der Sozialwissenschaften. In: Aus Politik und Zeitgeschichte 55 (B 34-35), 2005: 17-22.

Kühl, Stefan (2003): Wie verwendet man Wissen, das sich gegen die Verwendung sträubt? Eine professionssoziologische Neubetrachtung der Theorie-Praxis-Diskussion in der Soziologie. In: Franz et al. (Hrsg.) (2003): 71-91.

Maasen, Sabine (1999): Wissenssoziologie. Bielefeld: transcript.

Matthes, Joachim (Hrsg.) (1981a): Lebenswelt und soziale Probleme. Verhandlungen des 20. Deutschen Soziolo-
gentages. Frankfurt/New York: Campus.

Matthes, Joachim (1981b): Soziologie – Schlüsselwissenschaft des 20. Jahrhunderts? In: Matthes (Hrsg.) (1981a):
15-27.

Nowotny, Helga (1999): Es ist so. Es könnte auch anders sein. Frankfurt am Main: Suhrkamp.

Nowotny, Helga/Scott, Peter/Gibbons, Michael (2001): Re-Thinking Science. Knowledge and the Public in an
Age of Uncertainty. Cambridge, Oxford, Malden: Polity.

Pellert, Ada (1999): Die Universität als Organisation. Die Kunst, Experten zu managen. Wien, Köln, Graz: Böhlau

Resch, Christine (2005): Berater-Kapitalismus oder Wissensgesellschaft? Zur Kritik der neoliberalen Produkti-
onsweise. Münster: Westfälisches Dampfboot.

Rügemer, Werner (Hrsg.) (2004): Die Berater. Ihr Wirken in Staat und Gesellschaft. Bielfeld: transcript.

Saam, Nicole J. (2001): Agenturtheorie als Grundlage einer sozialwissenschaftlichen Beratungsforschung. In:
Degele et al. (Hrsg.) (2001): 15-37.

Schein, Edgar H. (2000): Prozessberatung für die Organisation der Zukunft. Der Aufbau einer helfenden Beziehung. Köln: Edition Humanistische Psychologie.

Schützeichel, Rainer/Brüsemeister, Thomas (Hrsg.) (2004a): Die beratene Gesellschaft. Zur gesellschaftlichen
Bedeutung von Bratung. Wiesbaden: VS Verlag für Sozialwissenschaften.

Schützeichel, Rainer/Brüsemeister, Thomas (2004b): Einleitung. In: Schützeichel/Brüsemeister (2004a): 7-13.

Stehr, Nico (1994): Arbeit, Eigentum und Wissen. Zur Theorie von Wissensgesellschaften. Frankfurt am Main:
Suhrkamp.

Stockmann, Reinhard/Meyer, Wolfgang/Knoll, Thomas (Hrsg.) (2002): Soziologie im Wandel. Universitäre
Ausbildung und Arbeitsmarktchancen in Deutschland. Opladen: Leske + Budrich.

Weingart, Peter (1997): Neue Formen der Wissensproduktion: Fakt, Fiktion und Mode. Bielefeld: Universität
Bielefeld (IWT-Paper 15), http://www.uni-bielefeld.de/iwt/general/iwtpapers/paper15.pdf (18.08.2007).

Weingart, Peter (2001): Die Stunde der Wahrheit? Zum Verhältnis der Wissenschaft zu Politik, Wirtschaft und
Medien in der Wissensgesellschaft. Weilerswist: Velbrück Wissenschaft.

Weymann, Ansgar (1989): Soziologie – Schlüsselwissenschaft des 19. oder des 20. Jahrhunderts? Der Beitrag der
Soziologie zur gesellschaftlichen Wissensproduktion. In: Soziale Welt 40 (1-2), 1989: 133-141.

Willke, Helmut (1997): Supervision des Staates. Frankfurt am Main: Suhrkamp.

Wingens, Matthias (1998): Wissensgesellschaft und Industrialisierung der Wissenschaft. Wiesbaden: Deutscher
Universitäts Verlag.

Wingens, Matthias (2003): Die Qualität von „mode 2". Einige pointierte Bemerkungen. In: Franz et al. (Hrsg.)
(2003): 269-284.

Zimenkova, Tatjana (2007): Die Praxis der Soziologie. Ausbildung, Wissenschaft, Beratung. Eine professionsthe-
oretische Untersuchung. Bielefeld: transcript.

III. Zukunft der Hochschulbildung

Trends der Hochschulbildung: Gegenwartsdiagnose, Zukunftsprognose, Handlungserfordernisse[1]

Peer Pasternack und Reinhard Kreckel

1 Problemstellung: Hochschulbildung als Vorbereitung auf ein Handeln in Ungewissheit

Liest man die Zeitungen und verfolgt man die öffentliche Diskussion, so ist eines unübersehbar: Die deutschen Hochschulen gelten allenthalben als hochgradig reformbedürftig. Und, mehr noch, es bleibt nicht bei bloßen kritischen Forderungen und Lippenbekenntnissen. Zahllose Korrekturmaßnahmen und Reformansätze sind bereits in vollem Gange; die deutsche Hochschullandschaft ist dabei, sich grundlegend zu verändern. Die sachlichen Gründe und politischen Motive, die diesen Transformationsprozess beflügeln, sind vielfältig und oftmals widersprüchlich. Sie sollen hier jedoch nicht weiter erörtert werden. Denn nach unserer Einschätzung lässt sich verallgemeinernd sagen, dass sich die aktuelle deutsche Hochschulreformdebatte primär auf Organisations-, Steuerungs- und Finanzierungsfragen konzentriert. Selbst ein der Sache nach so genuin inhaltliches Projekt wie die grundstürzende Neugestaltung der Studiengänge und -abschlüsse im Zuge des sog. Bologna-Prozesses wird vornehmlich unter Organisationsgesichtspunkten diskutiert. In dieser Vereinseitigung bleiben die Fragen der inhaltlichen Entwicklung von Hochschulbildung unterbelichtet. Gleichwohl stellt sich die Frage, in welche Richtungen sich die Hochschulbildung entwickeln wird – nicht zuletzt, um wiederum der Sache angemessene Organisationsentscheidungen treffen zu können. Dabei ist sowohl von externen Anforderungen auszugehen als auch von hochschulsysteminternen Trends.

Generell lässt sich sagen, dass Hochschulen aus historischen und funktionalen Gründen stets im Spannungsverhältnis zu gesellschaftlichen Entwicklungen stehen, wenn sie sich als *wissenschaftliche* Hochschulen verstehen. Sie können sich den jeweiligen gesellschaftlichen Gegebenheiten nicht einfach anverwandeln, weil ihre wissenschaftliche Mission sie darauf verpflichtet, Gegebenes zu reflektieren, Vorgefundenes zu problematisieren und alle akzeptierten ‚Wahrheiten' immer wieder neu zu prüfen. Hochschulen liefern durch Wissensgenerierung und -vermittlung die Chance, dass alltagstheoretisch erzeugte Problemhorizonte der sie umgebenden Gesellschaft überschritten werden.

In der modernen Arbeitswelt ist nun davon auszugehen, dass – unter dem Vorzeichen der entstehenden ‚Wissensgesellschaft' – einerseits der Anteil der Tätigkeiten mit hohen

1 Der Beitrag beruht in wesentlichen Teilen auf einem Forschungsbericht, den das Institut für Hochschulforschung (HoF) für das österreichische Bundesministerium für Bildung, Wissenschaft und Kultur erarbeitet hat (vgl. Pasternack et al. 2006). Daran waren neben den beiden Autoren auch Roland Bloch, Claudius Gellert, Michael Hölscher, Dirk Lewin, Irene Lischka und Arne Schildberg beteiligt.

wissensbasierten Qualifikationsanforderungen immer mehr zunimmt, andererseits lebenslange Berufskarrieren mit relativ stabilen Tätigkeitsprofilen immer seltener werden (vgl. Teichler 2005a). Dies vorausgesetzt, erkennt man, dass der alte „Humboldt-Mythos" von der Einheit von Forschung und Lehre (Ash 1999; Paletschek 2002) wieder eine erstaunliche Aktualität gewinnt. Als wissenschaftliche Bildungseinrichtungen sind Hochschulen nämlich primär darauf ausgelegt, nicht für Routinetätigkeiten, sondern für berufliche Handlungssituationen auszubilden, die grundsätzlich durch Ungewissheit und Deutungsoffenheit gekennzeichnet sind. Das Handeln in solchen Situationen aber verträgt keine „ingenieuriale Anwendung von Wissen" (Oevermann 2005: 23f.). Die berufliche Praxis benötigt immer weniger bloße technische Experten, da das professionelle Handeln von Akademikern neben der standardisierbaren Komponente der Wissensanwendung grundsätzlich auch eine nicht standardisierbare Komponente umfasst. Auf die Bewältigung nichtstandardisierbarer Situationen müssen Studierende vorbereitet werden. Dabei muss die Gestaltung von Hochschulstudien nun allerdings davon ausgehen, dass sich die Absolventen und Absolventinnen typischerweise in Normenkonflikten zu bewegen haben werden:

> „Geistliche haben es mit Sündern und Ketzern zu tun, Richter mit Rechtsbrechern und streitenden Parteien, Lehrer mit dem abweichenden Verhalten des Jugendalters, Psychologen mit Patienten, die an ihren neurotischen Infantilismen hängen, Verwaltungsbeamte mit Bürgern und Politikern, die sich dem bürokratisch Notwendigen nicht fügen wollen, Architekten mit Bauherrn und deren Idiosynkrasien, Ingenieure mit Betriebswirten, die ihren kreativen Entwürfen mit Kostenargumenten entgegentreten usw. Die Hochschulabsolventen müssen sich auf all das einlassen können, ohne die im Studium angeeigneten Orientierungen aufzugeben, aber auch ohne sie ihrem Gegenüber in technokratischem Dogmatismus überzustülpen. Mit beidem würde ihre Praxis an den Widerständen der Betroffenen scheitern." (Lenhardt 2005: 101)

Um derartige Normenkonflikte sowie durch Ungewissheit und Deutungsoffenheit gekennzeichnete Handlungssituationen bewältigen zu können, ist für die solcherart herausgeforderten Akteure eine „Kontaktinfektion mit Wissenschaft" förderlich (Daxner 2001: 74), und zwar mit einer autonomen Wissenschaft. Für diese steht biografisch die angemessene Zeit nur in der von unmittelbaren Handlungszwecken entlasteten Situation des Studiums zur Verfügung. Autonome Wissenschaft beginnt dort,

> „wo sie nicht nur die Fragen und Probleme, also die Krisen untersucht und behandelt, die eine scheiternde Praxis an sie heranträgt, sondern darüber hinaus gerade auch das in Frage stellt, also in den Modus der Krise rückt, wovon die Praxis problemlos überzeugt ist und was sie wie selbstverständlich für geltendes Erfahrungswissen hält" (Oevermann 2005: 28).

Zugleich schafft Forschung damit Vorratswissen, das es ihr dann auch ermöglicht, die nicht simulierten, sondern bereits realen Probleme, die ihr von einer scheiternden Praxis angetragen werden, angemessen bearbeiten zu können. Angemessen heißt: Sie vermag die Problemhorizonte der Praktiker zu erweitern bzw. zu überschreiten und voranalytische Urteile durch wissenschaftlich gestützte und reflektierte Urteile zu ersetzen. Sie reformuliert nicht einfach die Probleme der Praxis, indem sie diese in eine wissenschaftliche Sprache übersetzt. Vielmehr kann sie, auf der Grundlage des gespeicherten Vorratswissens, Problemlösungswege vor dem Hintergrund der Kenntnis langfristiger Trends, vergleichbarer Fälle, relevanter Kontexte, prognostischer Wahrscheinlichkeiten, typischer Fehler, nichtintendierter Handlungsfolgen und alternativer Optionen aufzeigen. So wird die Wissenschaft ihrer

Aufgabe, „geläufige Sicherheiten aufzubrechen, neue Differenzierungen einzuführen, die Komplexität des Problembewußtseins zu steigern" (Huber 1999: 56), gerecht.

Indem Studierende daran teilhaben, können sie die Souveränität gewinnen, mit Situationen der Ungewissheit und konkurrierender Deutungen umzugehen. Das Absolventenbild, von dem Hochschulbildung gerade heute ausgehen muss, zeichnet einen Akteur, der in komplexen und riskanten Handlungssystemen, die von gleichfalls komplexen wie riskanten Umwelten umgeben sind, folgelastige Entscheidungen – also Entscheidungen, die nicht nur ihn, sondern auch andere berühren – treffen muss, der deshalb Situationsanalysen und Komplexitätsreduktionen solcher Art vornehmen können muss, wie sie auf Grund allein fachlicher Kenntnisse nicht vornehmbar sind. Wer heute studiert, wird – in welchem beruflichen Feld auch immer – mit hoher Wahrscheinlichkeit morgen unter Zeitdruck und Ungewissheit komplizierte Sachverhalte entscheiden und in solchen Situationen sicher handeln müssen.

Dafür muss sie oder er zunächst rein technisch in der Lage sein, vorhandenes Wissen aktualisieren sowie effektiv neue Informationen aufnehmen und verarbeiten, Wesentliches von Unwesentlichem trennen, Ursache-Wirkungs-Bündel selektieren, Handlungsoptionen auswählen, Problemlösungsanordnungen organisieren und Prozesse steuern zu können. Zu erlangen ist die auf wissenschaftlichen Kenntnissen gründende – das heißt, methodisch geleitete, kritisch reflektierende und hinter jegliche Vordergründigkeiten blickende – Fähigkeit, selbstständig Sachverhalte zu erkennen, einzuordnen und zu bewerten, um sie sodann handelnd beeinflussen zu können. Dazu bedarf es eines souveränen Umgangs mit multikausalen Erklärungen und der Fähigkeit, Paradoxien, Dilemmata, Zielkonflikte, Alternativen sowie Optionalitäten denken und einbeziehen zu können. Dem Ziel, diese Fähigkeiten zu erlangen, dient – jenseits aller Debatten um eine „Idee der Universität" oder „Humboldt ist tot"-Ausrufungen – die Forschungsbindung eines Hochschulstudiums. Sowohl hinsichtlich der Ausbildung instrumenteller als auch professioneller Fähigkeiten ist der Forschungskontakt förderlich:

> „Schaut man sich genauer an, welcher Art die Kernkompetenzen sind, die offenbar über die Beschäftigungsfähigkeit entscheiden (kritisches und analytisches Denkvermögen, Argumentationsfähigkeit, Fähigkeit zu selbstständigem Arbeiten und Lernen, Problemlösungs- und Entscheidungsfähigkeit, Planungs-, Koordinations- und Managementfähigkeit, kooperatives Arbeitsverhalten usw.), so wird deutlich, dass die althergebrachten Humboldtschen Tugenden der gegenseitigen Befruchtung von Forschung und Lehre auch aus heutiger Sicht erstaunlich aktuell sind. Es überrascht, dass sich die Liste der für die Beschäftigungsfähigkeit relevanten Kompetenzen auf weiten Strecken mit den Kompetenzen deckt, die die moderne Forschung verlangt. [...] Mit anderen Worten: Ausbildung durch Forschung kann für die Ausbildung in Fachgebieten auch außerhalb der Forschung wertvolle und nützliche Dienste leisten." (Bourgeois 2002: 41)

Eines mithin genügt nicht in einem Studium, das den Einzelnen und die Einzelne zu verantwortlichem Handeln in folgelastigen Entscheidungssituationen befähigen soll: ihn oder sie lediglich für den individualisierten Konkurrenzkampf zu stählen, aufs Funktionieren im Bekannten und Gegebenen hin auszubilden und ergänzend mit Techniken sozialer Minimalverträglichkeit – Konfliktmanagement, Kommunikationsfähigkeit – auszustatten. Kurz: Benötigt wird bei den HochschulabsolventInnen wissenschaftliche Urteilsfähigkeit, das heißt, die Befähigung, komplexe Sachverhalte methodisch geleitet und kritisch zu analysieren und zu bewerten. Lebenskluge Beschäftiger verlangen auch genau das, denn: „Praktiker

wissen, daß Praxis blind macht. Sie suchen nicht nach Leuten, die ihre Blindheit teilen."
(Baecker 1999: 64)

Wünschenswert ist nun eine Konkretisierung dieser allgemeinen Bestimmungen für die künftigen Herausforderungen an Hochschulbildung. Hochschulentwicklungsentscheidungen ließen sich dann informierter und zielbewusster treffen. Zu diesem Zwecke werden im Folgenden, nach einer kurzen Diskussion des Prognoseproblems (Punkt 2.), zunächst die Schwerpunkte aktueller Entwicklungen in der Hochschulbildung präsentiert (3.) und sodann künftige Trends in der Hochschulbildung prognostiziert (4.). Daran schließt sich die Bestimmung prioritärer Handlungsfelder an (5.), wobei in einem ersten Schritt praktische Konsequenzen aus den gegenwärtigen und den zu erwartenden Trends der Hochschulbildung gezogen werden (5.1.), ein zweiter Schritt die Schlüsselfaktoren der Entwicklung identifiziert (5.2.), um schließlich die mittelfristigen Ziele zu formulieren, auf die hin Hochschulbildungsentwicklung organisiert werden sollte (5.3.).

2   Das Prognoseproblem: Hochschulbildung der Zukunft

Jede Trendabschätzung für die Zukunft ist mit Prognoseunsicherheiten behaftet. Diese ergeben sich unter anderem daraus, dass Prognosen in einer prinzipiell unaufhebbaren Situation unvollständiger Information zu generieren sind: Weder sind alle Wirkungszusammenhänge der Gegenwart bekannt, noch lassen sich alle für den Prognosegegenstand relevanten Ereignisse der Zukunft voraussehen. Überdies lassen sich Irrtümer in der Beschreibung, wie sich Rahmenbedingungen entwickeln werden, nicht ausschließen; sporadisch oder erratisch eintretende Einzelereignisse sind kaum vorherzusagen; es gibt kein mechanisches Ableitungsverhältnis von der Entfaltung bestimmter Bedingungen zu einer bestimmten Trenddurchsetzung; quantitative Voraussagen im Hochschulbildungssektor sind außerordentlich schwierig (etwa: Wie hoch wird der Anteil der Teilzeitstudierenden in Zukunft sein? Wie wird sich die Nachfrage nach akademischen Weiterbildungsleistungen entwickeln?).

Zugleich ist zu vermeiden, sich – wie häufig zu beobachten – in eine typische Sozialwissenschaftler-Falle zu begeben: einerseits die Beratungsresistenz von Politik und Verwaltung zu kritisieren, wenn diese Strategien entwirft, ohne zuvor Fachleute zu Rate gezogen zu haben; andererseits aber dann, wenn man als Fachexperten gefragt wird, überzogene prognostische Erwartungen der Politik und Verwaltung zu kritisieren – und damit das Vorurteil zu bestätigen, dass die Wissenschaftler sehr klug theoretische Kategorien bilden können, doch immer dann, wenn es konkret wird, vor allem die Komplexität des Gegenstandes wortreich zu beschreiben und Prognoseschwierigkeiten ins Feld zu führen vermögen.

Prognosen werden unter bestimmten Kontinuitätsannahmen gestellt. So wurden noch vor 20 Jahren beispielsweise beliebige Handlungsempfehlungen, die auf Zukunftsannahmen beruhten, unter impliziten politischen Basisannahmen wie Kalter Krieg oder militärisches Gleichgewicht der Blöcke formuliert. Der weithin überraschende Wegfall dieser Rahmenbedingungen, die als äußerst stabil galten, legt eines nahe: Immer dann, wenn über die Zukunft gesprochen wird, sollte explizit darauf hingewiesen werden, dass dem implizite Kontinuitätsannahmen zu Grunde liegen. Auch der hier vorgelegten Darstellung sind zahlreiche solcher Annahmen vorausgesetzt, etwa parlamentarische Demokratie und Rechts-staatlichkeit, europäischer Integrationsprozess oder überdurchschnittliche wirtschaftliche Leistungsfähigkeit der zentral- und westeuropäischen Länder. Entfielen eine oder mehrere solcher Bedingungen, müssten sich zwangsläufig auch wesentliche Korrekturen in der Entwicklung der Hochschulbildung in Europa ergeben. Ebenso baut unsere Darstellung auf der Annahme auf, dass die aktuellen hochschulpolitischen Problemwahrnehmungen zumindest mittelfristig relevant bleiben.

Gleichwohl: der Redlichkeit halber ist ausdrücklich darauf hinzuweisen, dass diese Annahmen keineswegs stabil sein müssen. Vielmehr lassen sich auch hochschulrelevante Entwicklungen vorstellen, die von den Kontinuitätsannahmen deutlich abweichen. Solche Entwicklungen sollten gleichfalls im Denkhorizont von Akteuren und Analytikern präsent sein. Um es zu illustrieren, seien exemplarisch fünf mögliche Entwicklungen genannt, die sich aus den verschiedenen Dimensionen allgemeiner – innerstaatlicher wie globaler – Mobilitätszunahme ergeben könnten (wobei die potenziellen hochschulspezifischen Folgen der quantitativ bedeutsameren Mobilität, nämlich der erzwungenen kriegs-, armuts- und verfolgungsbedingten, hierbei noch gar nicht angesprochen werden):

- Menschen, die besonders adaptionswillig und -fähig den Herausforderungen der Wissensgesellschaft begegnen, zeichnen sich durch eine hohe Mobilität aus. Durch diese Wanderungsbewegungen wird z. B. die Entstehung wissensfreier Zonen vorstellbar – gleichsam Ozonlöcher der Wissensgesellschaft, deren ökonomische, soziale und politische Auswirkungen die heute übliche Vorstellungskraft weit überschreiten. Regional liefert aber bereits heute die innerdeutsche Ost-West-Wanderung junger bildungsorientierter Frauen ein plastisches Anschauungsbeispiel dafür – sowohl für die Mobilitätszunahme und deren Gründe als auch für die unzulänglichen Problemwahrnehmungen politischer Akteure.
- Der Hochschulsektor wird sich in Teilen ortlos organisieren. Dies betrifft sowohl die teilweise Virtualisierung von Lehrangeboten als auch die marktabhängige Eröffnung und Schließung von Dependancen. Dabei kann das Problem entstehen, dass solche ortlosen Hochschulen weder willens noch in der Lage sind, regionale Integrationsleistungen zu erbringen. In einer politischen Landschaft, die Hochschulen zu Recht immer auch als Elemente regionaler Strukturpolitik und flächig organisierter sozialer Inklusion durch Bildung sieht, wäre das ein erst noch zu verarbeitendes neues Phänomen.
- Die deutsche Hochschulgeneration des Jahres 2030 wird bis 2010 geboren. Jenseits der abstrakten Berechnungen von kommenden Studentenbergen ist festzuhalten, dass ein hoher Anteil dieser Generation Migrationshintergründe aufweisen wird. Demnach müsste sich das deutsche Schulsystem durch eine ganz außergewöhnliche Leistung bis etwa 2015, also in den kommenden neun Jahren, in den Stand versetzen, eine solche Integrationsfähigkeit dieses immer größer werdenden Anteils der nachwachsenden Bevölkerung zu fördern bzw. zu bewirken, die sich dann in der gleichen Akademisierungsquote niederschlägt, wie sie im nicht-migrantischen Bevölkerungsteil erreicht wird (derzeit 38% pro Altersjahrgang).
- Länder wie China, Indien oder Indonesien sind hinsichtlich des Altersaufbaus sehr junge Gesellschaften. Dort wachsen derzeit extrem große Geburtsjahrgänge der Jahre

seit 1990 heran.[2] Diese zeichnen sich durch eine starke Bildungsorientierung aus und werden in den nächsten Jahren Ausbildungen nachfragen (China Education and Research Network 2000).[3] In ihren Heimatländern selbst könnte die durch die großen Alterskohorten und die steigende Studierneigung sprunghaft ansteigende Hochschulbildungsnachfrage nur dann befriedigt werden, wenn heute mit einer massenhaften Neugründung von Hochschulen und einer deutlichen Erweiterung der Studienkapazitäten vorhandener Hochschulen begonnen würde. Dies jedoch ist nicht im notwendigen Maße der Fall.[4] Daher werden große Teile der genannten Geburtsjahrgänge in ausländische Hochschulsysteme drängen. Die meisten Studieninteressierten aus den hier in Rede stehenden Ländern präferieren angloamerikanische Zielländer, doch stehen dem zwei Hemmnisse entgegen: Das beliebteste Zielland USA pflegt seit dem 11. September 2001 eine restriktivere Einlasspolitik, und die Aufnahmekapazität der Hochschulsysteme von Ländern wie Großbritannien oder Australien wird angesichts der Nachfragemassivität schnell an ihre Grenzen gelangen. Folglich wird sich ein beträchtlicher Teil der süd- und südostasiatischen Studieninteressierten auf nicht-angloamerikanische Ländern verteilen.

- Die chinesischen Hochschulen bilden bereits heute jedes Jahr ein im Vergleich zu deutschen Hochschulen Vielfaches an Ingenieuren aus. Diese chinesischen Ingenieure könnten künftig verstärkt auf den für sie attraktiven internationalen Arbeitsmarkt drängen, bzw. chinesische Ingenieurbüros könnten künftig verstärkt ihre Auftragsakquise internationalisieren. In Folge der geringeren Arbeitskosten bzw. Preise handelte es dabei in jedem Fall um attraktive Angebote. Die deutschen Technischen Universitäten sind währenddessen vornehmlich damit befasst, den Abschlusstitel „Dipl.-Ing." als Markenzeichen zu retten. Es könnte sich alsbald aber die Frage stellen, was die in Deutschland ausgebildeten Ingenieure *inhaltlich* von den chinesischen Kollegen und Kolleginnen unterscheidet. Hier wären Kontextkenntnisse – juristische, soziologische, kulturelle – denkbar, die einen Auftraggeber bewegen könnten, sich für ein Büro aus Hamburg statt aus Shanghai zu entscheiden. Voraussetzung wäre, dass die deutsche Ingenieurausbildung entsprechend gestaltet wird.

Diese Liste ließe sich problemlos verlängern. Sie zeigt aber nicht nur allerlei Denkmöglichkeiten an, sondern präzisiert ebenso die Antwort auf die Frage, wie viel Prognostik möglich ist: Wenn sich auch keine vollständig sicheren Prognosen stellen lassen, so lassen sich immerhin Wahrscheinlichkeiten abschätzen. Zur Bestimmung von Zukunftstrends in der Hochschulbildung gibt es, wie in anderen Bereichen, zwei Möglichkeiten: Zum einen lassen sich *Trendextrapolationen aus der Gegenwart in die Zukunft* vornehmen; deren Grundlage sind Abschätzungen der Dynamik bereits heute empirisch zu beobachtender Entwicklungen. Zum anderen lässt sich annehmen, dass Hochschulbildung bestimmte *normativ wünschenswerte Anliegen* aufnehmen wird, deren gesellschaftliche Bedeutung sich als

---

2   vgl. http://www.geohive.com/charts/pop_agestruc.php [Zugriff 23.6.2005]
3   In China z. B. steigt die Hochschulbildungsbeteiligung pro Altersjahrgang seit 1999 jährlich um 3% (http://www.uis.unesco.org/TEMPLATE/html/HTMLTables/ education/ger_ tertiary.htm [Zugriff 23.6.2005]).
4   Vgl. China Education and Research Network, URL http://www.edu.cn/20050120/3127276.shtml [Zugriff 23.6.2005]; Indian Ministry of Education, URL http://www.education.nic.in/htmlweb/edusta.htm [Zugriff 23.6. 2005]; http://countrystudies.us/indonesia/56.htm [Zugriff 23.6.2005].

unabweisbar darstellt; dabei indes wird aller Voraussicht nach nicht jedes wünschenswerte Anliegen soweit Gegenstand hochschulischer Aktivitäten werden, dass eine Trendverfestigung festzustellen sein wird.

Insoweit lassen sich hier im Weiteren *Trendbeschreibungen mit Vorhersagepotenzial* formulieren. Die so gegebene Beschreibung von Möglichkeitsräumen bzw., auf der Zeitschiene, Möglichkeitskanälen benennt Potenziale und Optionen. Diese können durch politische Entscheidungen behindert oder befördert werden.

3   Die Schwerpunkte aktueller Entwicklungen in der Hochschulbildung

Hochschulen werden ihrer Rolle insbesondere dann gerecht, wenn sie die absehbaren Veränderungen gesellschaftlicher Rahmenbedingungen prospektiv aufgreifen. In den Aktivitäten, mit denen Hochschulen auf den aktuellen gesellschaftlichen Wandel reagieren, lassen sich einige *übergreifende Entwicklungen* identifizieren:

- *Expansion*: Weltweit ist ein – nicht nur auf wirtschaftlich fortgeschrittene Gesellschaften begrenzter – Trend zur Erhöhung des Anteils Hochqualifizierter zu beobachten. Veränderungen in der Beschäftigungsstruktur, steigende Bildungsbeteiligungserwartungen in der Bevölkerung und die Akademisierung von bislang nichtakademischen Berufsfeldern befördern die Hochschulexpansion. Partizipationsraten von über 50% des Altersjahrganges im tertiären Bereich, wie sie heute schon im OECD-Durchschnitt gegeben sind, werden für alle europäischen Länder zum Maßstab (OECD 2005, Teichler 2005b: 165ff.).
- *Differenzierung*: Studienangebote sollen über die fachwissenschaftliche Ausbildung hinaus differenzierten gesellschaftlichen Anforderungen entsprechen und zudem Fachkompetenzen vermitteln, die bisher nicht an Hochschulen angeboten wurden. Zugleich sollen Hochschulen mit Studienangeboten jenseits des Normalstudiums auf die sich differenzierende Nachfrage nach Hochqualifikation reagieren.
- *Flexibilisierung*: Die Auflösung traditioneller Berufsmuster und die zunehmende Individualisierung erfordern die Vervielfältigung von Studienoptionen. Individuelle Studienkombinationen sollen ermöglicht sowie Studierenden Kompetenzen zur Selbstorganisation und selbstständigen Weiterqualifizierung vermittelt werden.
- *Qualitätsorientierung*: Expansion, Differenzierung und Flexibilisierung erfordern und bewirken neue Wege zur Sicherung der Hochschulbildungsqualität. Sowohl die Notwendigkeit, allgemeine gesellschaftliche und politische Akzeptanz für die Hochschulleistungen zu generieren, die konkreten Erwartungen der sog. Stakeholder, also der Bezugsgruppen, die angebotsabhängige Kanalisierung der Studiennachfrage, die Erfordernisse der Curriculumsentwicklung als auch die Erfolgskontrolle der Lehr-Lern-Prozesse führen dazu, dass neue Formen der Qualitätssicherung, Qualitätsdokumentation und -evaluation implementiert werden.
- *Standardisierung*: All diese genannten Entwicklungen stehen im Kontext der durch den Bologna-Prozess initiierten europaweiten Einführung von modularisierten und gestuften Studiengängen, die zur Zeit im Gange ist.

Die aktuellen Studienreformen beziehen sich auf diese übergreifenden Entwicklungen. Ihre konkreten Ausformungen lassen sich dabei sowohl hinsichtlich der Studieninhalte als auch der Studienorganisation identifizieren:

In Bezug auf die *Studieninhalte* wird der Vermittlung und dem Erwerb von ‚Schlüsselqualifikationen', genauer: multifunktionalen Fähigkeiten, in der derzeitigen Hochschulreformdiskussion zunehmende Bedeutung beigemessen. Solche Qualifikationen bezeichnen über das fachliche Wissen hinaus zu erwerbende Kompetenzen. Sie sollen Studierende in die Lage versetzen, sowohl Anforderungen unterschiedlicher Arbeitskontexte und Kulturen zu erfüllen als auch (Beschäftigungs-)Krisen zu bewältigen. Sie beziehen sich auf folgende Bereiche der Hochschulbildung:

- *Employability* bzw. Beschäftigungsfähigkeit soll insbesondere die Praxisanbindung von Hochschulbildung sicherstellen, weil eine rein fachinhaltlich bestimmte Hochschulbildung als nicht mehr ausreichend für die Anforderungen beruflicher Praxis gesehen wird. Hier wird aus hochschulforscherischer Sicht darauf zu achten sein, dass keine ‚Berufsakademisierung' unter dem schlichten Motto „Mehr Praxisorientierung!" stattfindet, sondern intelligente Brücken des Wissenstransfers zwischen Theorie und Praxis gebaut werden, welche beiden Bereichen ihr je eigenes Recht sichern.
- Strategien der *Internationalisierung* zielen auf die Förderung der internationalen Mobilität sowie die Vermittlung interkultureller Kompetenzen.
- *Lebenslanges Lernen* bezeichnet die selbstständige Weiterqualifizierung von Beschäftigten, für welche die Hochschulen nachfrageorientierte Qualifizierungsangebote bereitstellen, in deren Folge sich die Grenzen des traditionellen Fachstudiums auflösen. Das Konzept des lebenslangen Lernens soll die Partizipation an Hochschulbildung jenseits von Alter, Status und Geschlecht ermöglichen und erweitern.

Reformen in der *Studienorganisation* konzentrieren sich auf folgende Aspekte:

- *Veränderungen der Studienstruktur* sind ein dominanter Trend, folgen allerdings uneinheitlichen Zieldefinitionen: So werden etwa gestufte Studiengänge sowohl eingeführt, um eine Erhöhung der Hochschulbildungsbeteiligung zu ermöglichen, als auch um Bildungsaspirationen zu dämpfen. Studienstrukturveränderungen zielen ebenso auf die Einschränkung von Studieroptionen durch die Beschränkung der Übergangsquote vom Bachelor- zum Masterstudium wie auf eine Flexibilisierung der Gestalt des Studiums (z. B. Teilzeitstudium).
- *Maßnahmen der Qualitätssicherung* sollen ein definiertes Niveau von Hochschulbildung trotz der Vervielfältigung der Studienangebote garantieren (Akkreditierung). Prozesse der Hochschulbildung werden bewertet (Evaluation) und wettbewerbsfähig platziert (Profilbildung). Studienleistungen sollen durch Kreditpunktsysteme transparent werden. Operativ ist daran vor allem zweierlei neu: Die Qualitätsorientierung wird nicht mehr durch staatsbürokratische Detailvorgaben und -prüfungen betrieben, sondern in die Hochschulen selbst verlegt; und die Hochschulen unterliegen der Anforderung, ihre traditionell implizite Qualitätssicherung durch Explikation transparent zu gestalten.
- *Strategien der Internationalisierung* zielen auf die Kompatibilität der Studienabschlüsse, Transferierbarkeit der Studienleistungen (ECTS) und die Internationalisierung der Curricula mit dem Ziel internationaler Wettbewerbsfähigkeit der Institutionen wie der AbsolventInnen.

- Weil sich *lebenslanges Lernen* auf Bildungsprozesse jenseits herkömmlicher Bildungsbiografien bezieht, werden hierfür neue Systeme der Anerkennung und Zertifizierung benötigt, die auch außerhalb der Hochschulen erbrachte Lernleistungen ebenso wie informelles Lernen integrieren. Die Hochschulen sollen jenseits des Regelstudiums flexible Weiterbildungsangebote bereitstellen.

Einige dieser Schwerpunkte gegenwärtiger Entwicklungen in der Hochschulbildung stehen zueinander in einem Spannungsverhältnis. Drei Beispiele solcher *Ziel- und Umsetzungskonflikte* lassen sich wegen ihrer zentralen Bedeutung herausheben:

1. *Flexibilisierung vs. Standardisierung*: Bei der Umsetzung von Studienreformen müssen zwei Logiken ausbalanciert werden. Einerseits sind Optionen zu vervielfältigen und Strukturen zu flexibilisieren, andererseits ist die Qualität neuer Optionen strukturell zu sichern und deren Vergleichbarkeit zu gewährleisten. Von qualitätssichernden Maßnahmen wird wegen des Standardisierungsmoments zum Teil befürchtet, dass sie nivellierend statt innovationsfördernd wirken.

2. *Differenzierung vs. Vereinheitlichung der Studieninhalte*: Steht bei der Reform der Studienstrukturen die Verkürzung der Studiendauer im Zentrum, so kann (muss aber nicht) dies dann zu einer Standardisierung von Studieninhalten führen – ‚Verschulung‘ im Sinne kanonisierter Wissensvermittlung –, wenn kein Raum für innovative Studienangebote und individuelle Kombinationen bleibt.

3. *Expansion vs. Selektion*: Sofern die Expansion der Hochschulbildung auf die Bachelorstufe beschränkt und der Zugang zur Masterstufe restriktiv geregelt wird, kann dies zu einer faktischen Einschränkung der Bildungspartizipationsmöglichkeiten führen, obwohl diese erweitert werden sollen. Zudem können restriktive Zugangsgestaltungen darauf hinauslaufen, Exzellenz durch quantitative Verknappung zu schaffen, statt sie durch besondere Programme zu fördern. Geklärt werden müssen die Bedeutung einzelner Bildungsstufen für berufliche Tätigkeiten sowie die Akzeptanz der neuen Studienabschlüsse bei den Beschäftigern.

4   Künftige Trends in der Hochschulbildung

Aus der Analyse gegenwärtiger Entwicklungen in der Hochschulbildung ergibt sich eine Reihe konkreter *Problemanzeigen und Herausforderungen*:

- Die *Beziehung zwischen akademischer Qualität und Employability* ist klärungsbedürftig. Erforderlich ist dafür die inhaltliche Spezifizierung von Employability, nicht-akademischen Anforderungen und überfachlichen Kompetenzen. Employability darf sich nicht in der additiven Integration von Praxisanteilen in das Studium erschöpfen. Vielmehr geht es um eine forschungsgebundene Lehre, die zugleich die individuellen Transferfähigkeiten stärkt – sei es als universitäre Lehre, die sich aus der Mitwirkung der Lehrenden an der Produktion des Standes der Grundlagenforschung speist, oder als fachhochschulische Lehre, die sich als den Forschungsstand rezipierendes Lehren und Lernen vollzieht.

- *Multifunktionale Fähigkeiten* (so genannte Schlüsselqualifikationen) werden zum Teil bereits durch Hochschulbildung vermittelt, allerdings implizit. Die zu erwerbenden

Kompetenzen sind explizit und präziser als bislang zu bestimmen. Die Vermittlungsprozesse müssen sichtbar gemacht, durch neue Lehr- und Lernformen verbessert und im Übrigen in die Fachstudien integriert statt von diesen separiert werden.

- Die nach wie vor bestehende Bewertungshierarchie zwischen *Forschung und Lehre* ist aufzulösen. Die Lehre muss einen angemessenen Stellenwert im Reputationssystem der ProfessorInnen erhalten, das heißt, der Forschung gleichrangig werden. Dies ist eine Herausforderung insbesondere an die Heranbildung des wissenschaftlichen Nachwuchses und die Gestaltung von Berufungsverfahren. Bislang ist es so, dass Reputation in der Forschung sich überregional auszahlt, Reputation in der Lehre aber lediglich lokale Anerkennung erzeugt. Die Überregionalisierung von Reputationschancen durch gute Lehre wird nur gelingen, wenn Lehrerfahrungen und -qualifikation zu harten Berufungskriterien werden.

- Die Hochschulen müssen sich organisatorisch *neuen Zielgruppen öffnen*. Das betrifft vorrangig die Flexibilisierung und Differenzierung des Hochschulzugangs, der Studienstrukturen und -abschlüsse. Um die Partizipation an Hochschulbildung zu erweitern, sind stärker als bisher *non-traditional students* zu integrieren, auch indem die Vereinbarkeit von Familie und Studium sowie von Berufstätigkeit und Studium verbessert wird.

- Das Konzept des *lebenslangen Lernens* verweist auf individuelle *learning pathways*, die sich aus neuen und weniger einheitlichen Lebensverlaufsregimes ergeben. Solche individuellen Bildungspfade sind unter anderem von den Hochschulen zu ermöglichen. Hierfür müssen Wege der Anerkennung informell und nicht-formal erbrachter Lernleistungen gefunden werden.[5]

- Im Zuge der *Qualitätsorientierung* muss der Wert von Studienstufen, -abschnitten, Modulen bis hin zu einzelnen Lernleistungen näher bestimmt werden. Hierfür werden im Zuge von Akkreditierungs- und Evalutionsverfahren Qualitätsstandards aufgestellt. Dabei wird eine zentrale Herausforderung darin bestehen, die schleichende Etablierung einer Qualitätsbürokratie zu vermeiden. Zu prüfen ist, ob für die Einschätzung von Lernleistungen quantitative Maßeinheiten wie das *student workload* ausreichen oder qualitative Verfahren wie individuelle Portfolios oder das *transcript of records* notwendig sind.

- Weitergehende *Internationalisierungsstrategien* beziehen sich auf die Erhöhung der internationalen Mobilität von Studierenden, die Integration internationaler Studienangebote, die Vermittlung interkultureller Kompetenzen sowie die Ermöglichung von *internationalization at home* für mobilitätseingeschränkte Studierende. Für die Verbesserung der internationalen Wettbewerbsfähigkeit müssen ausländische Studierende mit attraktiven Studienangeboten und verbessertem Marketing geworben werden. Auch für Studierende aus Ländern mit schwächeren ökonomischen Strukturen sollte das Studium in Deutschland ermöglicht werden.

---

5   Bei einigen Autoren entsprechen die deutschen Begriffe formelle und informelle Bildung dem englischen Sprachgebrauch: *formal and nonformal education*. Meist aber werden die Begriffe in folgenden Bedeutungen verwendet: formell – erworben in Bildungsinstitutionen, Bildungsprogrammen im Fernsehen u. ä.; informell – erworben außerhalb gezielter Programme (z. B. im Fernsehen über die Tagesschau); formal – anerkannt, bestätigt, zertifiziert (kann formell oder informell erworben worden sein); nonformal – nicht bestätigt (kann gleichfalls auch formell oder informell erworben worden sein).

- Auswahlverfahren sollen nach verbreiteter Auffassung den *Hochschulzugang* differenzieren und stehen dabei in einem Spannungsfeld zwischen Inklusion und Exzellenz. Zugleich sollen Auswahlverfahren die Passfähigkeit zwischen Studienbewerbern und Hochschulen erhöhen. Abgewiesenen Bewerbern und Bewerberinnen müssen kompensatorische Angebote innerhalb des Hochschulsystems gemacht werden.
- Bei allen Reformen ist zu bedenken, dass sie in einer Situation knapper werdender öffentlicher *Ressourcen* umzusetzen sind. Da es sich häufig um intensivierende Maßnahmen handelt, wie etwa Auswahlverfahren, Beratung/Betreuung, Evaluation oder Stipendien, ist eine Neugestaltung der Finanzierungsstrukturen notwendig.

Um vor diesem Hintergrund die eingangs geschilderten prognostischen Unsicherheiten zu verdeutlichen, lassen sich *Polaritäten* benennen, innerhalb derer sich künftige Hochschulbildung positionieren muss. Sie sind teils herkömmlicher Art, wobei sie im Einzelfall eine neue Bedeutung gewinnen; teils sind sie jüngeren Datums bzw. entstehen gerade erst:

- Hochschulbildung fand immer schon innerhalb *traditioneller Spannungen* statt, die fortwährend zu prozessieren waren. Dabei handelt es sich um jene zwischen Theorie- und Praxisorientierung, Forschung und Lehre bzw. Forschungsfunktion und Bildungsfunktion der Hochschule, Naturwissenschaften und Geistes-/Sozialwissenschaften sowie Bildung und Ausbildung. Diese Polaritäten sind auch künftig auszutarieren.
- Ebenfalls *traditionelle Spannungen*, die aber *gewichtige Reformulierungen* erfahren, sind die zwischen akademischer Freiheit und gesellschaftlicher Verantwortung bzw. Stakeholder-Ansprüchen, Tradition und Innovation, Autonomie und staatlicher Aufsicht, Grundlagen- und Anwendungsorientierung, Studium als Bildungserlebnis vs. Herstellung von Employability, ‚Massen'- vs. Eliteausbildung, Spezialistentum und Generalistentum.
- Hinzu treten bzw. werden *weitere Spannungen* treten: akademische Selbststeuerung – staatliche (Rahmen-)Steuerung – Marktsteuerung; Disziplinarität vs. Interdisziplinarität; Regionalität vs. Internationalität; Forschungs- vs. Transferorientierung; Berufsausbildung – Hochschulbildung – Weiterbildung; Differenzierung der Studieninhalte vs. Vereinheitlichung der Studienformen; Vollzeitstudium vs. Teilzeitstudium; abgegrenzte Bildungsphasen vs. tätigkeitsbegleitendes Lernen; Präsenzlernen vs. Distance Learning. Hier insbesondere wird die Kunst darin bestehen, institutionell wie prozedural vom ‚versus' zum ‚und' zu gelangen.

Einige Herausforderungen, denen sich die Hochschulbildung der Zukunft gegenüber sieht, werden sich voraussichtlich zu *prägenden Trends* verdichten: Gestaltung der Wissensgesellschaft; Erzeugung von Employability; Integration der Nachhaltigkeitsdimension; Internationalität; Qualitätsorientierung und Wettbewerblichkeit; schließlich zur Bewältigung dieser Herausforderungen die Entwicklung und Nutzung neuer Lehr- und Lern-Formen. Das heißt im Einzelnen:

- *Wissensgesellschaft gestalten und Employability erzeugen*: Das Hochschulabsolventenleitbild der Wissensgesellschaft muss das eines Akteurs sein, der in komplexen und riskanten Handlungssystemen, die von gleichfalls komplexen und riskanten Umwelten umgeben sind, folgelastige Entscheidungen zu treffen vermag, der deshalb Komplexitätsreduktionen solcher Art vornehmen können muss, wie sie auf Grund allein fachlicher Kenntnisse nicht vornehmbar sind, der in der Lage ist, in Situationen der Ungewissheit und offener bzw. widersprüchlicher Deutungen, zudem gekennzeichnet durch

Normenkonflikte und Zeitdruck, sicher zu handeln. Darauf muss er/sie durch die Hochschulstudien angemessen vorbereitet sein. Institutionell wird sich für Hochschulen der Trend einer hohen Bildungsbeteiligung fortsetzen und durch einen sich dynamisierenden Trend zum lebenslangen Lernen ergänzt werden. Horizontale und vertikale Differenzierung wird eine wesentliche strukturelle Antwort darauf sein müssen.

- *Nachhaltigkeit integrieren*: Leistungs- und wachstumsorientierte Gesellschaften benötigen um der Aufrechterhaltung ihrer Lebensgrundlagen willen eine Nachhaltigkeitsorientierung.[6] Studierende werden zu einem beträchtlichen Teil für berufliche Verwendungen ausgebildet, in denen sie in komplexen Handlungslagen folgelastige Entscheidungen zu treffen haben. Daher werden sie zu den wesentlichen personellen Trägern der Nachhaltigkeit werden müssen. Vor der Hochschulbildung der Zukunft steht die Aufgabe, ihre Studierenden in Nachhaltigkeit gleichsam hineinzusozialisieren.

- *Internationalität leben*: Internationalität wird im Kontext von Globalisierung, Europäisierung und Regionalisierung ausgebildet. Die Europa-Dimension der Internationalisierung wird von der Bewegung hin zu einem Europäischen Hochschulraum geprägt. Die Studienstrukturreform ist deren für die nähere Zukunft bestimmendes Projekt. Darüber hinaus heißt Internationalisierung in inhaltlicher Hinsicht vor allem, Interkulturalität zu entwickeln. Die Zielgruppe ist dabei, soweit es um die Bildungsfunktion der Hochschule geht, dreigeteilt: Studierende mit dem Ziel, Studienphasen im Ausland zu verbringen, benötigen Vorbereitung und Unterstützung für ihr Vorhaben; Studierende ohne Möglichkeit oder Neigung, eine Auslandsstudienphase zu absolvieren, benötigen heimische Angebote, Interkulturalität ausbilden zu können; Studierende bzw. Studieninteressierte aus dem Ausland benötigen vorbereitende und aufenthaltsbegleitende Betreuungsangebote.

- *Qualitätsorientiert und wettbewerblich agieren*: In der Qualitäts- und Wettbewerbsorientierung werden sich bereits beobachtbare Gegenwartstrends fortsetzen. Die Herausforderungen der Zukunft werden vorrangig darin bestehen, einerseits Entwicklungen hin zu einer Qualitätsbürokratie zu vermeiden, ohne auf die akzeptanz- und wettbewerbspositionsverbessernden Effekte explizit gemachter Qualitätsentwicklung zu verzichten. Andererseits wird es darum gehen, dem Leistungskern der Hochschule – Forschung und Lehre – die spezifische Funktionslogik der Wissenschaft, die auf einem reputationsgebundenen Wettbewerb statt auf marktpreislicher Bewertung beruht, zu sichern.

Vor diesen Hintergründen lassen sich Handlungsfelder bestimmen, die im Rahmen einer zielgebundenen Entwicklung der Hochschulbildung vorrangig zu bearbeiten sind.

---

6   Mit Abschluss des UN-Weltgipfels für nachhaltige Entwicklung (WSSD) im Jahr 2002 wurde in der Johannesburger Erklärung die globale Bedeutung der nachhaltigen Entwicklung als international geteilte Position festgehalten (vgl. BMBF 2004; Deutsche UNESCO-Kommission 2002). Nachhaltige Entwicklung bezeichnet – nach dem Brundtland-Bericht 1987 – eine Entwicklung, „in der die Bedürfnisse der Gegenwart befriedigt werden, ohne dabei künftigen Generationen die Möglichkeit zur Befriedigung ihrer eigenen Bedürfnisse zu nehmen" (Weltkommission für Umwelt und Entwicklung 1988: 26). Indem wir uns auf dieses Nachhaltigkeitsverständnis beziehen, setzen wir uns zugleich von dem umgangssprachlichen Brauch ab, Nachhaltigkeit als Synonym für Langfristigkeit und Haltbarkeit („nachhaltige Studienordnungen" und dergleichen) zu verwenden.

5   Prioritäre Handlungsfelder

Wird von Varianten im Detail abgesehen, dann konkurrieren in der derzeitigen hochschulpolitischen Diskussion und Praxis *zwei Leitbilder* der Gestaltung von Hochschule: Hochschule als Dienstleistungsunternehmen und Hochschule als Agentur einer demokratischen
Wissensgesellschaft. Das eine Leitbild betont die Form, das andere den Inhalt:

- Das Leitbild der *Hochschule als Dienstleistungsunternehmen* verzichtet auf präzise
  Benennung, worin das inhaltliche Ziel der Dienstleistungsorientierung bestehen soll.
  Es beschränkt sich auf unspezifische Angaben wie Leistung, Exzellenz und Qualität.
  Aus Sicht der Vertreter/innen dieses Leitbildes ist das kein Nachteil, sondern ein Vor-
  zug: Das Einrichten der Hochschule als Dienstleistungsunternehmen setze vor allem
  einen ordnungspolitischen Rahmen, der so weit wie möglich optimiert sei bzw. weitere
  Optimierungen zulasse – und damit Voraussetzungen schaffe für im Prinzip unbe-
  grenzte Möglichkeiten.
- Das Leitbild der Hochschule als *Agentur einer demokratischen Wissensgesellschaft*
  rückt dagegen inhaltliche Fragen in den Mittelpunkt: Wie kann verantwortlich die zunehmende Durchformung gesellschaftlicher Verhältnisse durch wissensbasierte Prozesse gestaltet werden? Und welchen Beitrag vermag dazu eine reflexiv gewendete
  Aufklärung zu leisten, also eine solche, die sich von der fraglosen Machbarkeit der tra-
  ditionell-rationalistischen Aufklärung zur fragwürdigen Machbarkeit der Nachmoder-
  ne bewegt?

Die Entscheidung für das eine oder das andere Leitbild ist eine normative und durch die
politischen Akteure zu treffen. Allerdings können auch sie nicht im ‚luftleeren Raum' entscheiden, sondern sind – zumindest *auch* – an sachliche Gegebenheiten gebunden. Zu diesen Voraussetzungen hochschulpolitischen Entscheidens gehören insbesondere die folgenden Einschätzungen, nämlich

- dass wissensgesellschaftliche Entwicklungen die Universitäten mit einer gesteigerten
  Umweltkomplexität konfrontieren werden,
- dass daraus sowohl Chancen wie auch Zwänge erwachsen, insbesondere aber sich
  wandelnde Bildungsanforderungen,
- dass Universitäten daher sowohl auf eine gestiegene Veränderungsdynamik wie auf
  Prognoseunsicherheiten reagieren können müssen,
- dass sie folglich keine kanonisierten Curricula und zementierten Studienabläufe benötigen, vielmehr diejenige inhaltliche Beweglichkeit, die ihre Forschung kennzeichnet,
  permanent eine ebensolche Beweglichkeit bei der Gestaltung der Lehre speisen muss,
- dass Universitäten dementsprechend keine geschlossene Organisation im klassischen
  Sinne benötigen, sondern eine offene Organisation, die flexible Reaktionen auf prog-
  noseabweichend auftretende Veränderungen ermöglicht,
- dass eine funktionable Hochschulorganisation nicht gegen die akademische Kultur
  oder gegen spezifische Fachkulturen durchgesetzt werden kann, sie vielmehr die pro-
  duktiven Energien, die sich aus diesem kulturellen Background speisen, aufnehmen
  und zielführend orientieren muss, und

- dass zu diesem Zweck bei der Gestaltung von Organisation und Management traditio-
nell-akademische, flach-hierarchische, marktförmige und Netzwerk-Elemente zu kom-
binieren sind.

Zugleich muss berücksichtigt werden, dass keineswegs mit verlässlich stabilen Rahmenbedingungen gerechnet werden kann. Teilweise allerdings können Handlungsstrategien gegen
allzu große Verwerfungen durch Rahmenbedingungen, die sich überraschend ändern, im-
munisiert werden. Dazu sollten sie sich durch zwei Merkmale auszeichnen: Robustheit und
Flexibilität. Robuste Strategien sind solche, die hinreichend tolerant gegenüber Störungen,
also Abweichungen vom Erwarteten, sind. Flexible Strategien sind solche, die es ermöglichen, die angestrebten Hauptziele auch bei unerwarteten Veränderungen von Rahmenbedingungen durch entsprechende Anpassung der Unterziele weiter verfolgen zu können.

5.1 Praktische Konsequenzen

Aus dem bisher Genannten folgt eine Reihe von Anforderungen. Dies betrifft die Gestaltung förderlicher Kontexte, die Lehrqualifikationen des Personals und die Organisationsentwicklung. Die Anforderungen an die *Gestaltung der Kontexte* lassen sich folgendermaßen benennen:

- Grundvoraussetzung der Lehre an Hochschulen bleibt auch künftig sowohl breites als
auch spezifisches aktuelles, *im Forschungskontakt generiertes Wissen*. Umfassende
fachliche Kompetenzen der Lehrenden bilden damit weiterhin die Basis jeglicher Lehre. Das schließt ein, dass Lehrende auch die Motivation und die (methodisch-sozialen)
Fähigkeiten bzw. Fertigkeiten besitzen, dieses Wissen nachvollziehbar zu vermitteln,
interdisziplinär in Theorie und Praxis anzuwenden, in Forschung und Lehre gemeinsam mit den Studierenden zu erweitern.

- Die wachsende Vielfalt der Anforderungen an Hochschullehrer/innen wird dazu führen, dass sich deren Aufgaben entlang der Achse *Forschung – Lehre differenzierter als
bislang verteilen* werden. Statt der häufig diskutierten Trennung von Lehr- und Forschungsprofessuren dürfte es jedoch sinnvoller und in der Durchsetzung realistischer
sein, allen Professoren zunächst eine (vergleichsweise hohe) Lehrverpflichtung zu geben und von dieser dann entsprechend diverser Belastungen (Administration, For-
schungsprojektleitung, aber auch z. B. Anzahl der zu betreuenden Studierenden) zu
ermäßigen. Denkbar ist dies im Rahmen einer Poolbildung der Lehrdeputate pro Institut oder Fakultät: Die Aufteilung der individuell zu leistenden Stunden erfolgt dann
nach einem festen Kategorienraster, das sich an der individuellen Gesamtbelastung
orientiert, durch die Dekanin oder den Dekan. Im Durchschnitt jedoch sollten durch
eine solche Regelung die Professoren und Professorinnen nicht höher belastet werden,
als sie es heute sind.

- Qualitativ angemessene Lehre an den Hochschulen wird künftig (fast) nur noch möglich sein, wenn *Hochschullehrer eigene Erfahrungen* in der Nutzung und Anwendung
neuer Wissensbestände auf praktische Erfordernisse in komplexen gesellschaftlichen
Bezügen besitzen. Hochschullehrer müssen deshalb nicht nur reale Möglichkeiten
haben, ihre Berufsbiografien temporär auch außerhalb der Bildungseinrichtungen zu
gestalten – vielmehr bedarf es dazu auch entsprechender Förderung und Anerkennung.

- Schließlich werden Lehrende künftig stärker gefordert sein, bei Wahrung autonomer Forschung und Lehre curricular und (selbst-)evaluierend *im Team professionell tätig zu werden.*

Die Anforderungen an die *Lehrqualifikationen* des Personals lassen sich so formulieren:

- Gefordert ist vor allem anderen eine *individuelle Lehr- und Betreuungsmotivation.* Das dem zu Grunde liegende pädagogische Ethos lässt sich nicht durch nachträgliche Weiterbildungen erzeugen – zumal dann nicht, wenn erst Überbeanspruchungen in Folge unzulänglicher Personalausstattungen Gleichgültigkeiten erzeugt haben. Seine Heranbildung stellt vielmehr eine Aufgabe der akademischen Sozialisation dar. Die Erzeugung dieser Motivation ist eine wesentliche Voraussetzung, um der Lehre im Reputationssystem der Hochschullehrer/innen einen gleichrangigen Platz im Verhältnis zur Forschung zu verschaffen.
- Hochschullehrer/innen sind nicht nur fachlich, sondern in gleichem Maße *methodisch und sozial als betreuende Unterstützer* und Moderatoren gefragt. Sie benötigen die Professionalität, Seminare, Projektarbeiten, Fallstudien, Planspiele u. ä. methodisch sicher zu gestalten – also nicht zuletzt mit neuen Lehr- und Lernformen souverän zu agieren.
- Diese Aufgabe steht in Verbindung damit, dass Wissen in den unterschiedlichen Studienformen (Präsenzstudium, Fernstudium, grundständiges und weiterbildendes Studium u. a. m.) künftig teilweise *elektronisch gestützt* erworben wird. Hochschullehrer werden gefordert sein, dies einerseits technisch, fachlich und didaktisch federführend zu koordinieren. Andererseits können elektronische Formen nur dann erfolgreich sein, wenn Hochschullehrer diese eigenständige Arbeit im direkten Dialog mit Studierenden moderieren und coachen.
- Als unverzichtbar wird sich erweisen, *Gender-Kompetenz* zu erwerben als Voraussetzung einer geschlechtergerechten Gestaltung von Lehre, Nachwuchsförderung und Personalentwicklung. Diese Gestaltung bezieht sich auf die Konzipierung von Studiengangsangeboten, curriculare Strukturen, Lehr- und Lernformen sowie die Integration von Erkenntnissen der Frauen- und Geschlechterforschung in die Lehre unter dem Blickwinkel der spezifischen Vorstellungen, Bedürfnisse und Lebenslagen von jungen Frauen und jungen Männern mit den Zielen einer Erhöhung der Studierneigung, der besseren Ausschöpfung des Potenzials an Studienberechtigten, einer ausgewogeneren fachlichen Struktur des Hochschulzugangs sowie einer Reduzierung von Studienfachwechsel und Studienabbruch. Das kann auch im Rahmen eines Diversity Management betrieben werden – doch wäre dabei dem mitunter vorgetragenen Einwand Rechnung zu tragen, dass herkömmliches Diversity Management keineswegs auf tatsächliche Geschlechtergerechtigkeit und eine Harmonisierung von Verschiedenheit ziele, sondern lediglich auf die profitable Ausnutzung der Verschiedenheit von Humankapital.
- In wesentlich stärkerem Maße als bisher müssen Hochschullehrer/innen Studierende in der Entwicklung jener *Kompetenzen coachen*, die Hochschulabsolventen künftig zur Gestaltung und Bewältigung veränderter gesellschaftlicher Rahmenbedingungen benötigen – Kompetenzen, die häufig bereits gegenwärtig erforderlich sind, aber im Studium bislang ungenügend entwickelt werden. Das zielt insbesondere auf die Anwendung fachlichen und methodischen Wissens zur Lösung komplexer praktischer Probleme, die professionell-operative und sozial-interaktive Kompetenzen voraussetzen.

- Die sich verändernden gesellschaftlichen Rahmenbedingungen erfordern künftig Hochschulabsolventen, welche die sie betreffenden Veränderungen eigenständig erkennen, reflektieren und mit gestalten – das heißt, lebenslang lernen. Hochschullehre kann dazu beitragen, indem schon Studierende befähigt werden, eigenständig und im Team Entwicklungen zu erkennen, zu analysieren und darauf zu reagieren. Voraussetzung dafür sind grundlegende *hochschuldidaktische Qualifikationen.*
- Neben dem Anwendungsbezug werden Hochschullehrer/innen gefordert sein, Interdisziplinarität und Internationalität zu fördern. Das erfordert entsprechende Einstellungen und Kompetenzen, aber auch ein breites Wissen über andere Disziplinen, Kulturen, Methoden einschließlich Sprachkompetenzen. Voraussetzung für eine moderne Hochschullehre ist eine entsprechende *Qualifizierung der Lehrenden* (von Hochschullehrer/innen über wissenschaftliche Mitarbeiter/innen bis hin zu Tutoren) in hochschuldidaktischen Kursen sowie die eigenständige ergänzende Weiterbildung (formell und informell). Dafür empfehlen sich hochschuldidaktische Zentren bzw. Netzwerke.

Hieraus ergeben sich wiederum Anforderungen an die *hochschulische Organisationsentwicklung*. Deren wesentlichste sind:

- Die *Administration von Universitäten* kennt weder ein einheitliches Modell, noch wird sie sich künftig auf ein international gemeinsames Modell hin entwickeln. Dem stehen kulturelle Prägungen und Traditionen in den unterschiedlichen einzelstaatlichen Kontexten entgegen. Grundsätzlich gilt es zu beachten, dass gerade in den angelsächsischen Universitätsmodellen, die für die kontinentaleuropäischen Hochschulreformen beispielgebend sind, viele Einrichtungen einen hohen Grad der Autonomie genießen. Das ist deshalb von grundlegender Bedeutung, weil viele Reformmaßnahmen in Europa nicht mehr nur als staatliche Initiativen oder gar Verordnungen gesehen werden sollen. Das Leitbild der Hochschulautonomie gewinnt auch hier an Boden. Gleichwohl ist nach wie vor ein Merkmal des deutschen Hochschulsystems, dass es einen hohen Verrechtlichungsgrad aufweist, der dem Autonomieprinzip manche Fesseln anlegt.
- Organisation und Management von universitären Angelegenheiten bedeutet künftig die verstärkte Verlagerung administrativer Entscheidungskompetenzen von staatlichen Einrichtungen hin zu den immer *autonomeren Hochschulen* selbst. Dieser Prozess impliziert notwendigerweise eine höhere Bereitschaft auf Seiten der Hochschulen, in allen Angelegenheiten von Forschung und Lehre die Verantwortung für die selbstständige Steuerung, also für Organisation und Management aller hieraus resultierenden universitären Belange, selbst zu übernehmen. Auf die gestiegenen Anforderungen muss mit einer weiteren *Professionalisierung* der für den Studienbetrieb verantwortlichen Positionen (Studiendekane, Referenten) reagiert werden. Professionalisierung meint hier zweierlei: zum einen Hauptamtlichkeit, zum anderen eine aufgabenspezifische Ausbildung der jeweiligen Positionsinhaber.
- Bereits die Organisation von Auswahl- und Zulassungsverfahren zum Studium bedeutet nicht nur für die unterstützende Verwaltung, sondern auch für die Lehrenden ein Mehr an Arbeit. Vor allem aber die neuen Studiengänge mit ihren Modulen, studienbegleitenden Prüfungen und einem höheren Betreuungsaufwand verlangen ein *größeres Maß an Verwaltungsorganisation*: Dies betrifft insbesondere die Studierenden- und Prüfungsverwaltung, aber auch Stundenplan-, Raumplan- und Lehrangebotsverwaltung.

- Auf Grund der zunehmenden Diversifikation des Studienangebots wird die *Transparenz der Lehrangebote* gegenüber Studierenden immer wichtiger – insbesondere gilt dies, wenn ausländische Studierende angeworben werden sollen. Dies ist sowohl eine Frage der informationstechnologischen Umsetzung als auch der Beratung der Studierenden durch die Universitätsadministration und die Fachbereiche/Institute.

- Um die Qualität und Attraktivität der vielfältigen neuen Studiengänge zu gewährleisten, wird eine vermehrte Anzahl von *Akkreditierungs- und Evaluationsverfahren* zu bewältigen sein. Dies betrifft in erster Linie die Lehrenden. Zu vermeiden sind in jedem Falle die schleichende Etablierung einer Qualitätsbürokratie und die alleinige Bewältigung von Accountability-Anforderung durch die Wissenschaftler/innen. Daher wird ein Ausbau oder eine Umschichtung der administrativen Kapazitäten der Hochschule bzw. der Fakultäten vonnöten sein – an vielen Hochschulen ein gewöhnungsbedürftiger Gedanke, da bislang meist davon ausgegangen wird, dass Verwaltungsreformen innerhalb der Hochschulreform zu einer Reduzierung von Verwaltungskapazitäten führen könnten.

- Die avisierte Grobstruktur des europäischen Studiensystems soll zu einer erhöhten transnationalen *Mobilität der Studierenden* führen. Die Hochschuladministration und nicht zuletzt das in der Selbstverwaltung engagierte wissenschaftliche Personal müssen, um den erwarteten Internationalisierungsschub zu bewältigen, der wachsenden Anzahl von ausländischen Studienbewerbern (und der Verwaltung ihrer Bewerbungen bzw. ihres Studiums) gewachsen sein.

- Ein verstärktes *Anwerben von Studierenden* aus Regionen mit starkem Bevölkerungswachstum (Bildungsimport), aber auch die Etablierung von Hochschuldependancen bzw. Bi-Staaten-Hochschulen in bevölkerungsreichen Gebieten werden eine Folge der generellen Mobilitätssteigerung sein. Wettbewerbsvorteile werden dabei jene Hochschulen haben, die ihre Lehre bilingual anbieten. Für sämtliche Hochschulen, insbesondere kleinere bzw. weniger bekannte, ergeben sich dabei auch neue und quantitativ erhebliche Anforderungen an professionelles Hochschulmarketing.

- Es erhebt sich insgesamt die Frage, in welcher Weise die vielfältigen neuen und anspruchsvollen administrativen Aufgaben der *Personalentwicklung* (auch) *im Verwaltungsbereich* der Hochschulen ein stärkeres Gewicht geben. Schließlich und endlich stellen der vermehrte Verwaltungsbedarf und die Ansprüche der Studierenden hinsichtlich der Transparenz des Studien- und Lehrangebots auch neue Anforderungen an die *Hochschulverwaltungssoftware* – sowohl hinsichtlich deren Leistungsfähigkeit als auch einer komfortablen Benutzerführung.

Damit kommen in den nächsten Jahren zu den bestehenden Aufgaben neue Anforderungen auf die Lehrenden und die Administration zu. Dies führt an den Hochschulen zu einem *Kapazitätsproblem.* Hierauf kann mit verschiedenen denkbaren und differenziert wünschbaren Maßnahmen reagiert werden: Sofern die im wissenschaftlichen Personal vorhandene Manpower zur Selbstverwaltung ausgeschöpft ist, könnten administrative Kapazitäten in die entsprechenden Bereiche verlagert bzw. dort ausgebaut werden, so dass die Zeitbudgets des wissenschaftlichen Personals wieder vornehmlich der Lehre und Forschung zur Verfügung stünden. Alternativ könnte die Aufnahme von Studierenden stärker eingeschränkt werden, so dass mit den vorhandenen finanziellen und personellen Mitteln eine Betreuung der Studierenden gewährleistet werden kann, die akademischen Standards entspricht. Ein weiteres denkbares, aber kaum realistisches Alternativszenario wäre das Anheben der Studiengebühren auf ein kostendeckendes Niveau. Inwieweit diese Varianten angesichts des allgemeinen Trends zur Bildungsexpansion anzustreben bzw. durchzusetzen ist, bleibt hier dahingestellt.

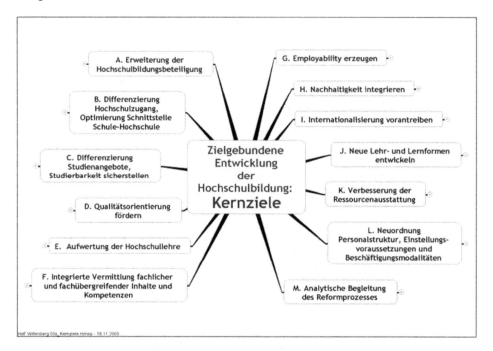

5.2 Schlüsselfaktoren

Ein Handlungsprogramm benötigt Prioritätensetzungen. Diese sollten an den *Schlüsselfaktoren der Entwicklung* ansetzen. Solche Schlüsselfaktoren sind Schaltstellen, an denen die Richtungen der künftigen Entwicklungen und die operativen Möglichkeiten entschieden werden. Ein zentraler Schlüsselfaktor ist der Bologna-Prozess. Die in dessen Rahmen getroffenen strategischen Entscheidungen stehen nicht mehr zur Disposition.[7] Doch ergibt sich aus den im Bologna-Kontext verabredeten strategischen Orientierungen im Zusammenhang mit erwartbaren Veränderungen gesellschaftlicher Rahmenbedingungen eine Reihe weiterer strategischer Schaltstellen:

---

7   Anders hingegen die operativen Umsetzungen: So wirken die Bologna-Entwicklungen, entgegen den Absichten und Ankündigungen, einstweilen nicht mobilitätsfördernd, sondern zum Teil sogar mobilitätsbehindernd; Resultate hinsichtlich einer weiteren Erhöhung der Studierneigung von Studienberechtigten sind bislang nicht erkennbar; die angestrebte Strukturierung der Studiengänge wirkt sich verschulend aus; bessere Studierendenbetreuung lässt sich, wie zunehmend deutlich wird, bei gleichbleibender oder sinkender Ausstattung nicht allein über Strukturoptimierungen herbeiführen.

- Wesentliche Auswirkungen auf das künftige durchschnittliche Bildungsniveau der Bevölkerung hat die *Ressourcenausstattung* der Hochschulen. Unterausstattung zieht Qualitätsverluste nach sich und bewirkt, dass die Hochschulen nicht hinreichend angemessen auf neue Herausforderungen reagieren können.
- Zu entscheiden ist über das Maß und die Art der *Diversifizierung* von Hochschulbildung und gleichzeitig über das Maß und die Art der *Durchlässigkeit* zwischen den diversifizierten Angeboten, wobei auch das niveaustufenspezifische *Verhältnis von Forschung und Lehre* zu klären ist. Von diesen Entscheidungen hängen wesentlich das künftige durchschnittliche Bildungsniveau der Bevölkerung und die tatsächliche Implementation eines Lebenslanges-Lernen-Konzepts ab.
- Damit aber eine aufgabengerechte Ressourcenausstattung sowie Diversifizierungen und Durchlässigkeiten der Hochschulbildung tatsächlich dazu führen, dass die damit angelegten Erfolgspotenziale ausgeschöpft werden, ist das entscheidende Merkmal jeglicher Bildungsprozesse zu optimieren: Bildung, zusammengesetzt aus Lehr-Lern-Vorgängen, ist ein Interaktionsprozess, dessen entscheidende Inputs vom Lehrpersonal kommen müssen. Daher wird eine *aufgabengerechte Personalstruktur und Gestaltung der Beschäftigungsverhältnisse* an den Hochschulen benötigt, in denen sich zudem die Gleichgewichtigkeit von Forschung und Lehre widerspiegeln sollten.
- Schließlich ist der *organisationale Rahmen*, in dem Hochschulbildung stattfindet, von entscheidender Bedeutung. Dieser wird derzeit in vielerlei Hinsicht umgebaut. Die Wirkungen dieser Umbauaktivitäten sind einem systematischen Monitoring und (Zwischen-)Evaluationen zu unterziehen, aus denen sich dann ggf. Korrekturen bzw. Anpassungen ergeben müssen.

Die Erhöhung der Hochschulbildungsbeteiligung bei gleichzeitig besserer Betreuung der Studierenden, die Erzeugung von Employability, die Förderung von Internationalität und Interkulturalität, das Einhalten gemeinsam vereinbarter Qualitätsstandards – allesamt Ziele des Bologna-Prozesses –, daneben aber auch die Entwicklung und Nutzung neuer Lehr- und Lernformen als eine wichtige Erfolgsbedingung künftiger Hochschulbildung – all dies hängt von den vier genannten Schlüsselfaktoren ab: sachgerechte Ressourcenausstattung, Diversifizierung und Durchlässigkeit von Hochschulbildung, Personalstruktur und Gestaltung der Beschäftigungsverhältnisse sowie organisationaler Rahmen.

5.3 Mittelfristige Ziele

Im Einzelnen ist aus dem bis hierher Dargelegten zu folgern, dass folgende Ziele mittelfristig verfolgt werden sollten:

1. *Sicherung einer sachgerechten Ressourcenausstattung*: Da ein zentrales Problem der Universitäten darin besteht, mit gesteigerten Leistungsanforderungen bei unzulänglicher Finanzierung konfrontiert zu sein, muss dieses Problem vorrangig bearbeitet werden. Problemlösungen können sein: (a) qualitativ: effektiverer Mitteleinsatz durch Ausschöpfung der Möglichkeiten der Finanzautonomie und des Qualitätsmanagements sowie die Vermeidung von unverbundenen parallelen Doppelentwicklungen; (b) quantitativ: Steigerung der staatlichen Zuweisungen sowie die Erschließung zusätzlicher Finanzierungsquellen.

2. *Aufgabengerechte Personalstruktur*: Da Hochschulbildung aus Interaktionsprozessen besteht, ist sie wesentlich vom Personal abhängig. Unabkömmlich sind daher zwei Personalkategorien neben den ProfessorInnen und dem vorrangig forschenden Mittelbau: (a) Lecturers oder Universitätsdozenten, die ihren Arbeitsschwerpunkt in der Lehre haben, also ein hohes Stundenvolumen in Lehrveranstaltungen und Studierendenbetreuung investieren können, sowie (b) Mitarbeiter/innen für lehrprozessunterstützende administrative Aufgaben, welche eine dienstleistungsorientierte Hochschule mit sich bringt (Beratung, Career Centers, auch Alumni-Arbeit, Akkreditierungsvorbereitung und -betreuung und dgl.). Soll die Lehrverpflichtung auf der Professorenebene und beim forschenden Mittelbau nicht deutlich erhöht werden – wovon aus Gründen des Erhalts der Einheit von Forschung und Lehre abzuraten ist –, dann werden nur so die künftigen Anforderungen der Studierendenbetreuung, die Ermöglichung kleinerer Gruppengrößen und die Notwendigkeiten verstetigter Medienkompetenz in den Instituten und Fachbereichen bedient werden können. Dies ist bei der anstehenden Neuaustarierung des Verhältnisses von professoralem und nichtprofessoralem Universitätspersonal zu berücksichtigen.

3. *Neuordnung der Lehrdeputate*: Zur Vermeidung einer personalstrukturellen Trennung von Lehr- und Forschungsprofessuren soll eine vergleichsweise hohe Lehrverpflichtung der Professoren und Professorinnen geregelt werden, wovon zugleich angemessene Ermäßigungen entsprechend den individuellen Belastungen gewährt werden. Auf diese Weise lassen sich individuell phasenweise unterschiedliche Schwerpunkte zwischen Lehre, Forschung und Hochschuladministration setzen. Die Praktikabilität einer solchen Regelung kann im Rahmen einer Poolbildung der Lehrdeputate pro Institut oder Fakultät erleichtert werden (was sich mit der gepoolten Bestimmung auch von Forschungsdeputaten und Administrationsdeputaten verbinden ließe).

4. *Sicherung der Studiermöglichkeit für alle Studierwilligen mit Studienberechtigung*: Zu schaffen ist ein Verfahren, das allen, die in Fächern mit selektiven Zulassungsbedingungen nicht zum Zuge kommen, einen möglichen alternativen Studienplatz anbietet.

5. *Senkung der Abbrecherquote und Herstellung der Studierbarkeit aller Studiengänge*: Effektive Stipendien- und/oder Studienkreditsysteme sind eine Voraussetzung, die dem Studienverzicht oder Studienabbruch aus materiellen Gründen entgegenwirken. Das erste Studienjahr sollte als Orientierungsphase gestaltet werden. Tutorien und Mentoring-Maßnahmen sind, wie ein Blick in andere Hochschulsysteme zeigt, effektive Maßnahmen zur Steigerung des Studienerfolgs. Um die Unsicherheiten bei der Umstellung auf gestufte Sudiengänge zu vermindern, sollten alsbald nationale Qualifikationsrahmen entwickelt werden, die für die Bachelor- und für die Master-Stufe allgemeine Deskriptoren der angestrebten Lernergebnisse und Kompetenzen festlegen.

6. *Klärung des Verhältnisses von Forschung und Lehre*: Es kann keine kohärente hochschulpolitische Zielstellung sein, einerseits über den Ausbau des Hochschulwesens, die Akademisierung von Berufsfeldern, die Erhöhung der Studierneigung und die Absenkung von Zugangshürden eine formale Höherqualifikation größerer Alterskohortenanteile zu erreichen, andererseits aber zugleich das inhaltliche Niveau der formal zertifizierten Qualifikationsstufe abzusenken. Ob dies geschieht oder nicht geschieht, entscheidet sich an der künftigen Gestaltung des Verhältnisses von Forschung und Lehre. Ein Hochschulstudium, das keinerlei Beziehungen zur Kultur wissenschaftli-

cher Wissensproduktion aufweist, ist unter starkem Legitimationsdruck, worin sein hochschulischer Charakter bestehe und warum die dort Lehrenden öffentliche Ressourcen auch für die Forschung beanspruchen. Das gilt gleichermaßen für Fachhochschulstudien und das Bachelorstudium wie für universitäre Master- und Doktorandenstudien. Es wird sachgerecht und notwendig sein, niveaustufenspezifisch zu differenzieren: einerseits die universitäre Lehre, die sich aus der Mitwirkung der Lehrenden an der Produktion des Standes der Grundlagenforschung speist, andererseits die fachhochschulische Lehre, die sich als den Forschungsstand rezipierendes Lehren und Lernen vollzieht. In jedem Falle geht es um eine *forschungsgebundene* Lehre, die zugleich die individuellen Transferfähigkeiten der Studierenden entwickelt.

7. *Evaluation der Organisationsreformen*: Die in Gang gesetzten Organisationsreformen werden wesentlich daran zu messen sein, ob sie es ermöglichen und befördern, dass die Hochschulen ihren Bildungsauftrag besser als unter dem alten Steuerungsregime zu erfüllen vermögen. Um Kausalfiktionen in Bezug auf Erfolge oder ausbleibende Erfolge zu vermeiden, ist eine – möglichst formative – Evaluation angeraten, die ggf. Nachsteuerungen der Reformmaßnahmen ermöglicht. Voraussetzung präziser Evaluationsergebnisse ist eine präzise Evaluationszielbestimmung. Abhängig von den Informationsinteressen ist daher den Evaluatoren eine Kosten-Wirksamkeits-Analyse, ein Vorher-Nachher-Vergleich oder eine Zielerreichungsanalyse vorzugeben.

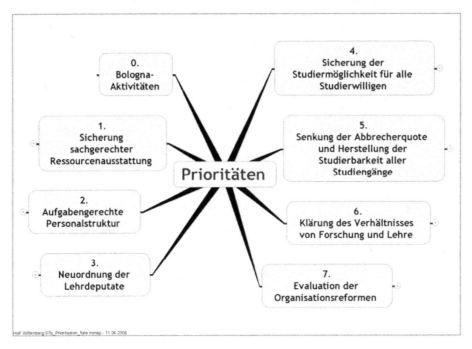

Diese Maßnahmen zielen zunächst auf die angemessene Sicherstellung des Normalbetriebs der Hochschulen im Lichte der gesteigerten Leistungserwartungen, die insbesondere aus dem Bologna-Prozess resultieren. Weitere mittelfristige Ziele können dann in Abhängigkeit von politischen Prioritätensetzungen in die Aushandlung von Leistungsvereinbarungen eingespeist werden. Da sie alle miteinander verbunden und aufeinander angewiesen sind, ist aber in jedem Falle eine abgestimmte, erfolgskontrollierte und korrekturfähige strategische Gesamtorientierung erforderlich. Ohne eine solche besteht die Gefahr, dass punktuelle Reformaktivitäten einander in die Quere kommen und zu unerwünschten Effekten führen.

6   Literatur

Ash, Mitchell G. (Hrsg.) (1999): Mythos Humboldt. Vergangenheit und Zukunft der deutschen Universitäten. Wien/Köln/Weimar: Böhlau.

Baecker, Dirk (1999): Die Universität als Algorithmus. Formen des Umgangs mit der Paradoxie der Erziehung In: Berliner Debatte Initial 3/1999: 63-75.

BMBF = Bundesministerium für Bildung und Forschung (2004): UNI 21. Hochschulbildung für eine nachhaltige Entwicklung http://www.bmbf.de/pub/uni_21.pdf [Zugriff 1.4.2005].

Bourgeois, Etienne (2002): Zukunftsforschung zur Entwicklung der Beziehungen zwischen Hochschulausbildung und Forschung mit Blick auf den Europäischen Forschungsraum. Hrsg. von der Europäischen Kommission/Generaldirektion Forschung. Luxemburg.

China Education and Research Network (2000): 2000 Educational Evolution in China, URL http://www.edu.cn/20010101/22290.shtml [Zugriff 23.6.2005].

Daxner, Michael (2001): Qualitätssicherung. Die Steuerungsrelevanz von Qualitätsorientierung. In: Olbertz/Pasternack/Kreckel (Hrsg.) (2001): 71-75.

Deutsche UNESCO-Kommission (2002): Die Ergebnisse des Weltgipfels von Johannesburg. Resolution der 62. Hauptversammlung am 8. November 2002 http://www.unesco.de/c_bibliothek/res_hv62.htm [Zugriff 1.8.2005].

Huber, Ludwig (1999): Drei Probleme der Forschung über Hochschulen. Diskutiert am Beispiel des Wissenschaftlichen Zentrums für Berufs- und Hochschulforschung der Universität Gesamthochschule Kassel. In: Das Hochschulwesen 2/1999: 54-59.

Lenhardt, Gero (2005): Hochschule, Fachmenschentum und Professionalisierung. In: Stock/Wernet (Hrsg.) (2005): 92-109.

Markowitsch, Jörg/Messerer, Karin/Prokopp, Monika (2004): Handbuch praxisorientierter Hochschulbildung. Wien: WUV Universitätsverlag.

Marks, Frank/Thömen, Doris ([2002 ff.]): Die Moderation des Problemorientierten Lernens (POL). Die Rekonstruktion der Wirklichkeit. In: Berendt, Brigitte/Voss, Hans-Peter/Wildt, Johannes (Hrsg.): Neues Handbuch Hochschullehre. Lehre und Lernen effizient gestalten [Loseblattsammlung]. Stuttgart, S. C 1.1

OECD (2005): Education at a Glance. Paris.

Oevermann, Ulrich (2005): Wissenschaft als Beruf. Die Professionalisierung wissenschaftlichen Handelns und die gegenwärtige Universitätsentwicklung. In: Stock/Wernet (Hrsg.) (2005): 15-51.

Olbertz, Jan-Hendrik/Pasternack, Peer/Kreckel, Reinhard (Hrsg.) (2001): Qualität – Schlüsselfrage der Hochschulreform. Weinheim/Basel: Beltz.

Paletschek, Sylvia (2002): Die Erfindung der humboldtschen Universität. Die Konstruktion der deutschen Universitätsidee in der ersten Hälfte des 20. Jahrhunderts. In: Historische Anthropologie 10/2002: 183-205.

Pasternack, Peer/Bloch, Roland/Gellert, Claudius/Hölscher, Michael/Kreckel, Reinhard/Lewin, Dirk/Lischka, Irene/Schildberg, Arne (2006): Die Trends der Hochschulbildung und ihre Konsequenzen. Wissenschaftlicher Bericht für das Bundesministerium für Bildung, Wissenschaft und Kultur der Republik Österreich. Wien: bm:bwk.

Stock, Manfred/Wernet, Andreas (Hrsg.) (2005): Hochschule und Professionen (=die hochschule 1/2005). Wittenberg.

Teichler, Ulrich (2005a): Hochschule und Arbeitswelt. Konzeptionen, Diskussionen, Trends. Frankfurt am Main/New York: Campus.

Teichler, Ulrich (2005b) Hochschulstrukturen im Umbruch. Ein Billanz der Refromdynamik seit vier Jahrzehnten. Frankfurt am Main/New York: Campus.

Weltkommission für Umwelt und Entwicklung (1988): Unsere gemeinsame Zukunft. Berlin.

Der Jargon der Nützlichkeit

Zur Employability-Diskussion im Bologna-Prozess

Ulrich Teichler

1 Bescheidene Ziele – große „Bewegung"

Im ersten Jahrzehnt des 21. Jahrhunderts haben sich in Europa Hochschulreformbemühungen zu einer „Bewegung" verdichtet. Typisch dafür ist erstens eine ständig zunehmende Breite der Thematik: Alles, was im Hinblick auf Lehre und Studium an Hochschulen für wünschenswert und reformierbar gehalten wird, soll – so die Tendenz – möglichst in den Bologna-Prozess integriert werden; jede Reformintention soll dadurch heilig gesprochen werden, dass sie mit einem Spiegelstrich in einem der Kommuniqués der Bologna-Nachfolgekonferenzen der Minister aufgenommen wird. Typisch ist zweitens eine enorme normative Spannbreite von weit reichenden Heilserwartungen und beredten Verteufelungen der zur Diskussion stehenden studienbezogenen Hochschulreformen. Insofern erleben wir eine ähnliche Stimmungslage wie bei dem Hochschulreformschub um 1970, dessen Ergebnisse einige Zeit später mit dem treffenden Buchtitel „Great Expectations and Mixed Performance" (Cerych/Sabatier 1986) zusammengefasst worden waren.

Sicherlich trägt zur Popularität der „Bologna"-Botschaft gerade das Gegenteil bei – die Tatsache, dass der Kern des Reformprogramms äußerst übersichtlich ist. In erster Linie geht es um die Einführung eines Systems gestufter Studiengänge und -abschlüsse. Vorgesehen ist, die bisherige Struktur von – relativ langen – universitären Studiengängen und von – unterschiedlich langen – Studiengängen an anderen Hochschularten nunmehr hochschulartübergreifend durch drei- bis vierjährige Bachelor-Studiengänge und zumeist anderthalb bis zweijährige Master-Studiengänge abzulösen – und das europaweit. Ergänzend steht zur Diskussion, die mehr oder weniger strukturierte Qualifizierungsphase bis zur Promotion als eine dritte Studienphase zu verstehen, ohne dass sich dazu bisher klare gemeinsame operative Konsequenzen abgezeichnet hätten.

Der Reformkern von Bologna ist also im Vergleich zu den Reformen um 1970 auf die Struktur von Studiengängen und -abschlüssen konzentriert (siehe dazu ausführlicher Teichler 2005b); und die Reformziele sind relativ risikoarm. Realisiert werden soll ein Modell, das in vielen angelsächsischen Ländern, in den nördlichen Ländern Europas, in gewissem Maße auch in Frankreich und in der Mehrzahl der außereuropäischen Länder mit jeweils leichten Unterschieden bereits bestanden hat oder noch besteht und dass in diesen Ländern weder die großen Heilswirkungen noch die großen Katastrophen ausgelöst hat, die im Diskurs über den Bologna-Prozess Wellen schlagen.

Die Diskussion über die Vor- und Nachteile einer gestuften Studiengangsstruktur sind in Europa bereits seit den 1960er Jahren ein wichtiges Thema. Zunächst setzte sich in Deutschland und vielen anderen westeuropäischen Ländern die Überzeugung durch, dass im Zuge der Hochschulexpansion der Stellenwert kurzer Studiengänge wächst und dass eine Differenzierung des Studienangebotes primär nach Hochschularten (in Deutschland vor allem nach Universitäten und Fachhochschulen) erfolgen solle, wobei die nicht-universitären Institutionen in direkterer Weise für Berufe vorbereiten sollten, als das typischerweise für Universitäten gilt. Eine Differenzierung primär nach Stufen von Studiengängen und -abschlüssen (in Deutschland Teil des Gesamthochschul-Experiments) setzte sich damals nicht durch. Seit den 1980er Jahren wird die Diskussion über eine wünschenswerte Differenzierung des Hochschulwesens immer mehr mit Blick auf Ränge in der Qualität und Reputation der Hochschulen, Fachbereichen und Studiengängen des gleichen Hochschultyps geführt; dies schien zunehmend die Unterschiede nach Hochschularten oder Stufen von Studiengängen in den Schatten zu stellen (siehe dazu ausführlich Teichler 2005b).

So kann es schon als Überraschung gelten, dass Ende der 1990er Jahre mit den Plädoyers für eine gestufte Studiengangsstruktur wieder formale Elemente der Differenzierung in den Mittelpunkt rückten. Noch überraschender war, dass nach jahrzehntelanger Betonung der Besonderheiten der nationalen Hochschulsysteme eine politische Einigung für eine Strukturreform zustande kam, die konvergent in ganz Europa realisiert werden sollte. Weniger überraschend war, dass – wenn eine gemeinsame Richtung von formalen Strukturreformen eingeschlagen wurde – dies in Richtung gestufter Studiengänge und Abschlüsse ging. Denn schon 1988 hatte sich bei den Verhandlungen innerhalb der Europäischen Gemeinschaft über die berufliche Anerkennung von Hochschulabschlüssen die Vorstellung durchgesetzt, dass die Studiendauer – und nicht die Hochschultypen – die Tauschkurse auf dem europäischen Arbeitsmarkt bestimmen sollten, drei Studienjahre die erste allgemeine Eintrittsschwelle in hoch qualifizierte Berufe darstellen sollten und die einzelnen europäischen Länder sich bei einzelnen Berufsbereichen höhere Eintrittsschwellen vorbehalten konnten.

Die politische Einigung über die Reform in der Struktur von Studiengängen und -abschlüssen kam Ende der 1990er Jahre nicht etwa deshalb zustande, weil ein weitgehender Konsens über wünschenswerte Zusammenhänge von Studiendauer und Berufseintritt sowie von Studienkonzeptionen und beruflichen Aufgaben erreicht worden wäre. Als primäre Intention wird vielmehr nicht von ungefähr in der „Gemeinsamen Erklärung der Europäischen Bildungsminister", die am 19. Juni 1999 in Bologna verabschiedet wurde, genannt, ein System „leicht verständlicher und vergleichbarer Abschlüsse" auf den Weg zu bringen, damit „größere Kompatibilität und Vergleichbarkeit der Hochschulsysteme" erreicht werde; dies solle vor allem die Attraktivität der Hochschulen in Europa für Studierende aus anderen Regionen der Welt erhöhen und die inner-europäische studentische Mobilität erleichtern.

Ende der 1990er Jahre waren im Durchschnitt der europäischen Unterzeichner-Länder der Bologna-Erklärung nur etwa fünf Prozent der Beschäftigten mit Hochschulabschluss Ausländer, davon mehr als die Hälfte aus anderen europäischen Ländern. Nur etwa sechs Prozent der Studierenden waren Ausländer, davon etwa die Hälfte aus anderen europäischen Ländern. Solche Daten über Ausländer wurden damals – und zumeist auch noch heute – überwiegend als Indikatoren für grenzüberschreitende Mobilität in Studium und

Beruf verwandt (siehe die kritische Diskussion der Datenlage und -nutzung in Kelo/Teichler/Wächter 2006). Etwa zehn Prozent dürfte aber bereits der Anteil der Studierenden betragen haben, die im Laufe ihres Studiums temporär im – zumeist europäischen – Ausland studiert oder an einem studienbezogenen Praktikum teilgenommen haben.

Bemerkenswert ist also, dass in den späten 1990er Jahren eine Einigung auf grundlegende Strukturreformen zugunsten einer Minderheit der Studierenden zustande kam, während weitergehende Fragen der substanziellen Beziehungen von Studium und Beruf, die mehr oder weniger alle Studierenden und Absolventen betreffen, in der Diskussion hintan standen – und sicherlich auf keinem weit reichenden Konsensus hätten aufbauen können. Allerdings wurde angenommen, dass die Zahl der mobilen Studierenden schnell wachsen werde.

Die anfänglichen Erklärungen – die Sorbonne-Erklärung von 1998 und die Bologna-Erklärung von 1999 – sind zweifellos keine Musterbeispiele analytischer Klarheit. In ihnen und den nachfolgenden Dokumenten werden neben der Mobilitätserleichterung in der einen oder anderen Weise drei weitere Ziele angesprochen: (a) Transparenzerhöhung, (b) Wettbewerbsstärkung im Hochschulwesen, Attraktivitätserhöhung und Qualitätssicherung sowie (c) Sicherung bzw. Stärkung der Beschäftigungsrelevanz (siehe Teichler 2005b: 130-136). Diese weiteren Themen wurden jedoch nicht so eindeutig und einheitlich angesprochen.

2   Zunehmende Akzeptanz und begleitende Kritik

In begleitenden Analysen zur Implementation der Bologna-Reformen wird besonders betont, dass die Bologna-Konzeption gemischte Reaktionen auslöste. Am stärksten positiv aufgenommen wurde sie von verschiedenen Akteuren, die unmittelbar mit internationaler Hochschulkooperation und Mobilität zu tun haben; positiv gestimmt schien von Beginn an die Mehrheit der Hochschulpolitiker und des Hochschulmanagements zu sein. Unterschiedlich wurden die Stimmen der Studierenden eingeschätzt. Größte Zurückhaltung und Kritik war seitens vieler Wissenschaftlerinnen und Wissenschaftler erkennbar sowie seitens vieler Arbeitgeber; dies belegen insbesondere die jeweils vor den Nachfolgekonferenzen erstellten „Trend"-Studien (Haug/Tauch 2001; Reichert/Tauch 2003, 2005).

Anfangs wurde vielfach in Frage gestellt, ob eine gestufte Struktur von Studiengängen und -abschlüssen überhaupt realisiert werden sollte. Der „Trend IV"-Bericht (Reichert/Tauch 2005) stellt fest, dass jetzt nicht mehr mehrheitlich über das „ob", sondern eher über das „wie" und das „wieweit" diskutiert werde. Zugleich zeigte sich, dass die Strukturreform in einigen Unterzeichnerländern der Bologna-Erklärung bereits flächendeckend umgesetzt worden war, in anderen Ländern dagegen schrittweise auf dem Weg war und in manchen Ländern noch gar nicht begonnen hatte.

In grundsätzlichen Kommentaren zum Bologna-Prozess wurde auf der einen Seite kritisiert, dass nunmehr die Ziele der wissenschaftlichen Freiheit, die humanistischen Bildungsideale und die Bemühungen um anspruchsvolle wissenschaftsbasierte Kompetenzvermittlung aufgegeben würden. Diese Kritik wurde in deutscher Sprache zum Beispiel von einigen Wissenschaftlern vorgetragen, die ein breites Publikum mit spektakulären Polemiken zu erreichen suchte, so zum Beispiel in „Die ungeliebte Universität. Rettet die Alma mater!" (Hörisch 2006), in der – unter Vernachlässigung der vielen Veränderungen im Laufe der Jahrzehnte – der Bologna-Prozess als relativ plötzlicher Bruch gegenüber der humboldtschen Idee dargestellt wird, und in „Theorie der Unbildung" (Liessmann 2006), in der der Bologna-Prozess signifikanter Teil eines langen Prozesses der Fragmentierung von Bildung erscheint. Aber solche Kritik kommt häufig kaum weniger heftig in Schriften von Wissenschaftlerinnen und Wissenschaftlern zum Ausdruck, die sich an den wissenschaftlichen Kollegenkreis richten. Im Bereich der Soziologie lässt sich als Beispiel der Artikel „Von Sorbonne nach Bologna und darüber hinaus. Zur Ideologie derzeitiger europäischer Hochschulpolitik" (Kellermann 2006: 57) nennen, der im Bologna-Prozess einen „Umstieg von traditionellen humanistischen Bildungszielen auf utilitaristische Instrumentalität" sieht.

Auf der anderen Seite wird häufig die grundsätzliche Kritik geäußert, die Ziele des Bologna-Prozesses seien weiterhin in den traditionellen Wertvorstellungen der binnen-gewandten Wissenschaft verhangen. Nicht berücksichtigt werde, dass die Hochschulen sich weitaus stärker als in der Vergangenheit einem Wettbewerb stellen müssten, dass die Konkurrenz zwischen den Hochschulen deutlich zunehme, dass die Qualitätsunterschiede zwischen den Hochschulen immer mehr wüchsen und dass die Hochschulen zunehmend die Aufgabe hätten, nützliche Leistungen für eine „knowledge economy" zu erbringen. Da die populären Polemiken aus dieser Richtung meist nicht den literarischen Rang der oben genannten Stimmen erreichen, sei hier eher das stärker reflektierte Resümee von einigen niederländischen Hochschulforscherinnen und -forschern zitiert: Sie kommen in ihrer Analyse zu dem Schluss, dass die traditionellen wissenschaftlichen Vorstellungen, die im Bologna-Prozess verankert sind, im globalen Wettbewerb voraussichtlich nicht überleben könnten:

> „The central question raised in this article was whether the Bologna process is an adequate European response to these wider challenges of globalisation. It became clear that in terms of both practice and perceptions, internationalisation is closer to the well-established tradition of international co-operation and mobility and to the core academic values of quality and excellence, whereas globalisation refers more to competition, pushing the concept of higher education as a tradable commodity and challenging the concept of higher education as a public good.
> Both the Bologna Declaration and the Prague Communiqué emphasised cooperation and public good arguments exclusively. In that way, they are largely denying that competition in higher education also exists within and between European countries, and that certain countries have deliberately introduced market mechanisms and competition as part of new steering concepts, while even in some of the countries where public good arguments are strongly supported, public higher education is funded inadequately. ... it seems at least doubtful whether the Bologna process can result in an adequate answer to the challenges of globalisation ...." (van Vught/van der Wende/Westerheijden 2002: 117)

Für die einen erfolgt also im Bologna-Prozess der Ausverkauf essentieller wissenschaftlicher und kultureller Werte der europäischen Universität zugunsten einer Subordination unter die Nützlichkeitserwartungen des Beschäftigungssystems. Für die anderen ist der Bologna-Prozess eine Fluchtburg der traditionellen wissenschaftlichen und kulturellen Werte, die die wirklichen Anforderungen einer Wissensökonomie zu negieren suchen.

3 Zum Stand der beruflichen Orientierung vor dem Bologna-Prozess

Die scharfen Kritiker des Bologna-Prozesses als Ausverkauf der wissenschaftlichen und kulturellen Werte der Universität scheinen sich darin einig zu sein, dass die Studienangebote an den Universitäten Europas vor dem Bologna-Prozess in der Regel wissenschaftlich orientiert waren im Sinne einer Förderung des theoretischen und methodischen Verstehens und Arbeitens von Wissenschaft sowie von Neugier für das Unbekannte, Kritikfähigkeit und Entwicklung einer kultivierten Persönlichkeit. Die im Bologna-Prozess in neuester Zeit immer wieder geäußerte Forderung, die Hochschulen sollten aktiv zu einer höheren „employability" der Absolventen beitragen, interpretieren sie als den Versuch, die wissenschaftliche Unabhängigkeit, die humanistische Orientierung und die kritische Funktion des Studiums zu untergraben und die Universitäten zu Berufsschulen entsprechend dem vorherrschenden Zeitgeist der Arbeitgeber-Erwartungen zu machen. Die Forderung nach einer höheren „employability" wird demgegenüber, wie später noch auszuführen ist, nicht nur von denjenigen vorgetragen, die die traditionellen Werte der Universität unter den Bedingungen einer sich entwickelnden Wissens-Ökonomie für weltfremd halten. Sondern in dem Sinne, dass die unabhängige wissenschaftliche Grundlegung und humanistische Persönlichkeitsförderung ergänzt wird durch berufsnützliche Befähigungen, durch Information über Arbeitsmarkt und Beruf sowie durch beruflich wertvolle Werthaltungen und Verhaltensstile, wird sie auch von den Diskussionsteilnehmern am Bologna-Prozess gefordert, die eine prinzipielle Unvereinbarkeit von Förderung wissenschaftlicher Unabhängigkeit und „employability" bestreiten (siehe zum Beispiel Haug 2005).

Angesichts dieser Debatten stellt sich als erstes die Frage, was denn tatsächlich die Akzente des Studiums an den europäischen Universitäten waren, bevor die Einführung gestufter Studiengänge und -abschlüsse vorherrschende Reformidee wurde. Generell wird – so habe ich in einem Artikel in der international bekanntesten Hochschul-Enzyklopädie formuliert (Teichler 1992: 975ff.; 2003: 39ff.) – angenommen, dass die Hochschulen allgemeine, wissenschaftliche und berufliche Bildungsfunktionen haben. Dabei unterscheiden sich die Akzente zwischen verschiedenen Ländern und innerhalb der Länder sehr deutlich nach den Fachrichtungen, aber fast immer kommen alle drei Funktionen zum Tragen.

Hochschulbildung ist – so die generelle Einschätzung von Experten – weniger direkt und weniger eindeutig auf die Vorbereitung beruflicher Aufgaben ausgerichtet als andere Typen vorberuflicher Ausbildung. Studierende sollen nicht nur die Regel und das Handwerkszeug für vorgegebene komplexe Berufsaufgaben erlernen, sondern in die Lage versetzt und dazu motiviert werden, bestehende Konventionen beruflicher Tätigkeit ständig in Frage zu stellen, unbestimmte Aufgaben zu bewältigen und innovative Problemlösungen zu erarbeiten.

Hochschulbildung wurde im Prozess der Industrialisierung immer mehr zur unabdingbaren Voraussetzung für den Zugang zu den einflussreichsten, angesehensten und mit dem höchsten Einkommen verbundenen Berufen, weil hohe kognitive Kompetenzen und systematisches Denken in diesen Berufen allmählich unentbehrlich wurde. Alle modernen Gesellschaften wurden in gewissem Maße Bildungsmeritokratien, in denen der Zugang zum Studium relativ offen ist und der Zugang zu den höchsten Berufen in relativ hohem Maße vom Studienerfolg abhängt; beides dient sowohl der Stimulation von Leistung als auch der

Legitimation der sich dadurch ergebenden oder dabei verbleibenden Ungleichheit als leistungsgerecht.

Nehmen wir dagegen ausschließlich das Selbstverständnis der Universitäten in Europa zum Ausgangspunkt, dann sind „Autonomie der Hochschulen" und „Freiheit der Wissenschaft" nicht nur als formale Rechte einer weitgehenden Freiheit von direkter Intervention durch Staat und Gesellschaft gemeint, sondern auch als wissenschaftliches Selbstverständnis von Forschung und Lehre, nach dem die Freiheit zur Suche um Erkenntnis um ihrer selbst willen den höchsten Stellenwert hat. Wissen ist demnach ein Wert an sich. Für die Inkarnation dieser Hochschätzung der Freiheit und Unabhängigkeit der Wissenschaft von Verwendungszwängen wird gerne die „Idee der deutschen Universität" reklamiert, wie sie zu Beginn des 19. Jahrhunderts insbesondere von Wilhelm von Humboldt formuliert worden ist.

Aber gerade an der deutschen Universität lässt sich die Spannung von formulierter Idee und realer Gemengelage besonders gut zeigen. Die „Idee" der Universität wurde formuliert, als die Universität zugleich in starkem Maße der gezielten beruflichen Qualifizierung von Ärzten, Juristen und Theologen diente. In zwei dieser Fachrichtungen – Jura und Medizin – sowie in der Lehrerbildung ist der berufliche Verwertungsaspekt in Deutschland noch dadurch ungewöhnlich stark akzentuiert, dass die Universitäten bis zur Implementierung des Bologna-Prozesses in der Regel überhaupt keine Graduierung vornahmen, sondern staatliche Examina mit einem großen Einfluss externer Prüfer den Regelabschluss bildeten. Noch deutlicher wurde der enge Berufsbezug des universitären Sektors dadurch, dass im Laufe der Industrialisierung weitere Disziplinen zum universitären Fächerspektrum hinzutraten, die in ihren Wissenschaftskonzeptionen ebenfalls ausgesprochen funktional orientiert sind: Die Ingenieurwissenschaften, die in den meisten europäischen Ländern zwar zunächst durchgängig in eigens darauf spezialisierten Hochschulen etabliert waren, im Laufe der Zeit aber zu einem integralen Bestandteil des „wissenschaftlichen" Hochschulbereichs aufgewertet wurden, und die Wirtschaftswissenschaften, die von Anfang an überwiegend innerhalb der Universitäten etabliert wurden.

Wie sehr die deutschen Universitäten Teil einer „Berufsgesellschaft" sind, wurde auch deutlich, als sich im Zuge der Hochschulexpansion seit Ende der 1960er sich die Deutschland immer mehr die Klage verbreitete, dass die Universitäten ihre Studierenden zu wenig zielgerecht auf den jeweils korrespondierenden Beruf zuführten: Zunächst wurde über „akademisches Proletariat", später eher über „Fehlqualifizierung" und „Verdrängungswettbewerb" geklagt – alles Klagen, denen die Vorstellung zugrunde liegt, dass das Studium in einem bestimmten Fach in der Regel auf einen bestimmten Berufsbereich zuführt – in Deutschland weitaus stärker als zum Beispiel in den USA, in Großbritannien oder in Japan. So kann es eigentlich nicht überraschen, dass die Bundesrepublik Deutschland zu den wenigen Ländern gehört, die ein gewisses Maß von Berufsorientierung für alle Studienfächer normativ verankerte. Im Hochschulrahmengesetz von 1976 heißt es zum „Ziel des Studiums":

> „Lehre und Studium sollen die Studierenden auf ein berufliches Tätigkeitsfeld vorbereiten und ihnen die dafür erforderlichen fachlichen Kenntnisse, Fähigkeiten und Methoden dem jeweiligen Studiengang entsprechend so vermitteln, dass sie zu wissenschaftlicher oder künstlerischer Arbeit und zu verantwortlichem Handeln in einem freiheitlichen, demokratischen und sozialen Rechtsstaat befähigt werden." (Hochschulrahmengesetz von 1976)

Allerdings war auch damals die Kritik verbreitet, dass mit der Umsetzung dieser gesetzlichen Norm ein Ausverkauf der wissenschaftlichen Universitätsidee stattfinden werde und dass dieses Postulat insbesondere absurd sei für diejenigen Fächer, denen keine bestimmten Berufe unmittelbar korrespondieren, so zum Beispiel Philosophie und Soziologie. Diese kontroverse Diskussion ebbte allerdings nach einigen Jahren ab, weil offenkundig kein großer Druck auf den letztgenannten Fächern lastete, den Buchstaben des Gesetzes allzu ernst zu nehmen.

Es bestand in Deutschland also traditionell eine Dauerspannung zwischen einer nicht-zweckgebundenen Wahrheitssuche der Universitäten in der „Idee" und einer fachlich relativ engen Zulieferungsleistung für bestimmte Berufe durch grundlegende Qualifizierung. Dabei gab große Unterschiede in den Fächern, wie man sich unter einem solchen doppelten Mandat arrangierte. Auch anderswo in Europa bestand diese Spannung, allerdings in vielen Fällen abgemildert entweder durch eine weniger elaborierte Universitätsidee oder durch eine geringe Erwartung passfähiger Berufsgrundlegung.

4 Die Aussagen der Sorbonne- und Bologna-Erklärungen

Am 25. Mai 1998 erklärten die für Hochschulfragen zuständigen Minister von Deutschland, Frankreich, Großbritannien und Italien in Paris anlässlich einer Jubiläumsfeier der Sorbonne-Universität, dass sie sich für eine Harmonisierung der Studiengangs-„Architektur" durch Einführung eines gestuften Systems einsetzen wollten. Erleichterung der Mobilität in Europa wurde als zentrales Ziel genannt.

In verschiedenen Passagen wird auf die Beziehungen von Hochschule und Beruf – über Fragen der studentischen Mobilität hinaus – eingegangen. Hier sei der deutsche Text zitiert, wie er auch im „Bologna-Reader" der Hochschulrektorenkonferenz (2005, 2007) dokumentiert ist. Erstens heißt es:

> „Wir sehen uns auch einer Zeit grundlegender Veränderungen im Bildungsbereich und am Arbeitsplatz gegenüber, einer Diversifizierung der Berufsausbildung, in der lebenslanges Lernen zu einer klaren Verpflichtung wird. Wir schulden unseren Studenten und unserer Gesellschaft insgesamt ein Hochschulsystem, in dem ihnen die besten Möglichkeiten geboten werden, den Platz zu suchen und zu finden, für den sie am besten geeignet sind." Der erste Satz hat in der englischen Version deutlich andere Akzente: „we are heading for a period of major change in education and working conditions, including a diversification of courses of professional careers, with education and training throughout life becoming a clear obligation." ("Bologna-Reader" der Hochschulrektorenkonferenz 2005, 2007)

Zweitens wird in der Sorbonne-Erklärung die berufliche Relevanz des ersten Zyklus des gestuften Systems von Studiengängen und -abschlüssen unterstrichen:

> „Die internationale Anerkennung des ersten Abschlusses als angemessene berufliche Qualifikation ist wichtig für den Erfolg dieses Unternehmens, mit dem wir uns darum bemühen, die Ausbildung an unseren Hochschulen für alle verständlich zu machen." "Bologna-Reader" der Hochschulrektorenkonferenz 2005, 2007)

Drittens wird in der Sorbonne-Erklärung gelobt, dass die EU-Konvention zur beruflichen Anerkennung von Hochschulabschlüssen (vom Dezember 1988) ein wichtiger Schritt in

Richtung der Ziele der Sorbonne-Erklärung sei (in der deutschen Fassung heißt es fälschlicherweise: „gegenseitige Anerkennung berufsqualifizierender Hochschulabschlüsse").

Die Bologna-Erklärung, die am 19. Juni 1999 von Ministern aus 29 Ländern unterzeichnet wurde, unterstreicht ebenso und mit explizitem Bezug zur Sorbonne-Erklärung die intellektuelle, kulturelle, gesellschaftliche, wissenschaftliche und technologische Funktion der Universitäten. Auch bei der Nennung von Studienzielen wird auf Wissen, gemeinsame Werte und Zugehörigkeit zu einem gemeinsamen gesellschaftlichen und kulturellen Raum eingegangen.

Im Rückbezug auf Sorbonne heißt es dann: „Die Erklärung betonte die Schaffung des europäischen Hochschulraums als Schlüssel zur Förderung der Mobilität und arbeitsmarktbezogenen Qualifizierung seiner Bürger ..." (in Englisch „...as a key way to promote citizens' mobility and employability...").

Schließlich wird auch in der Bologna-Erklärung wieder die berufliche Relevanz des ersten Hochschulabschlusses unterstrichen: „Der nach dem ersten Zyklus erworbene Abschluss attestiert eine für den europäischen Arbeitsmarkt relevante Qualifikationsebene." Die deutsche Fassung weicht hier im Ton deutlich von der englischen Fassung ab: „The degree awarded after the first cycle shall also be relevant to the European labour market as an appropriate level of qualification".

In der Bologna-Erklärung kommen mit „Europe of knowledge" und „employability" erstmals zwei Begriffe vor, die später im Bologna-Prozess nicht selten stärker wirtschaftsorientiert und utilitaristisch verwendet wurden. In der Sorbonne- und in der Bologna-Erklärung wird allerdings berufliche Relevanz des Studiums offenkundig als ein Teil der individuellen Persönlichkeitsentfaltung im Rahmen der wissenschaftlichen, kulturellen, gesellschaftlichen und technologischen Aufgaben der Hochschulen verstanden, ohne dass zu einer nützlichkeitsorientierten Ausgestaltung der Curricula zugunsten ökonomischer Ziele auch nur in Ansätzen aufgerufen würde.

Angesichts eines solchen Blickes auf die Texte kann es nur erstaunen, dass zum Beispiel Kellermann (2006), wie bereits aufgeführt, die These vertritt, von Sorbonne auf Bologna sei ein „Umstieg von traditionellen humanistischen Bildungszielen auf utilitaristische Instrumentalität" erfolgt. Kellermann vergleicht allerdings nicht die Sorbonne-Erklärung mit der Bologna-Erklärung, sondern stellt der Sorbonne-Erklärung Interpretationen gegenüber, die von einigen Experten in einer begleitenden Analyse von Hochschultrends formuliert worden waren bzw. von der Europäischen Kommission (dabei nicht des für Hochschulfragen zuständigen Bereichs) in einem Dokument, das vier Jahre später nicht primär im Zusammenhang mit dem Bologna-Prozess, sondern mit dem – noch später zu behandelnden – Lissabon-Prozess entstand.

5 Berufliche Implikationen der gestuften Studiengangs- und Studienabschluss-Struktur

Sowohl die Bologna-Erklärung als auch die vorangehende Sorbonne-Erklärung empfehlen, die berufliche Relevanz im Gesamtkontext der üblichen Ziele von Studiengängen zu berücksichtigen. In der Formulierung der beruflichen Relevanz sind die Empfehlungen zurückhaltender als zum Beispiel das deutsche Hochschulrahmengesetz: Die einzige direkte Empfehlung zum Verhältnis von Studium und Beruf besagt lediglich, dass dies auch für den ersten Studienabschluss zu gelten hat: „The degree awarded after the first cycle shall also be relevant to the European labour market as an appropriate level of education". Hier kommt die Vorstellung zum Ausdruck, dass die Einführung eines Bachelors an den Universitäten gerade derjenigen europäischen Länder, in denen universitäre Studiengänge in der Regel lang waren und in denen großenteils kürzere Studiengänge mit starker Anwendungsorientierung an anderen Hochschulen angeboten worden waren, ein besonders riskantes Herzstück der Bologna-Reform darstellt.

Tatsächlich wird in den Evaluationsstudien zur Implementation des Bologna-Prozesses auch noch nach einige Jahren hervorgehoben, dass die Beschäftigungsaussichten für Absolventen von universitären Bachelor-Absolventen zu den größten Problemen zählten (siehe Reichert/Tauch 2005; Alesi u. a. 2005). Dabei zählt Deutschland zu den Ländern, in denen diese Problematik besonders stark artikuliert wird (siehe auch Rehburg 2006).

Zwei Befürchtungen werden vor allem laut: Erstens, dass die Akzeptanz der universitären Bachelors bei Arbeitgebern gering sein werde, während die Absolventen von nichtuniversitären Bachelor-Studiengängen problemlos als Nachfolger der Absolventen der früheren anwendungsorientierten Studiengänge von Fachhochschulen und ähnlichen Institutionen verstanden würden. Diese Sorge ist nicht zuletzt darin begründet, dass in der Vergangenheit von der „Wirtschaft" häufig der Anwendungsbezug von Studiengängen anderer Hochschularten gelobt und die Universitäten als zu sperrig gegenüber den Anforderungen des Beschäftigungssystems getadelt worden waren. Eine Analyse der Ergebnisse von zwei europäischen Hochschulabsolventenstudien, die den Weg der Absolventen der Jahrgänge 1994/95 und 1999/2000 aus mehr als zehn europäischen Ländern ein paar Jahre verfolgten, kommt dagegen zu dem Ergebnis, dass die Absolventen der kürzeren und anwendungsnahen Studiengänge vom Beschäftigungssystem keineswegs so hervorragend behandelt worden waren, wie die öffentliche Diskussion dies suggeriert: Ihr Übergang in das Beschäftigungssystem ist zwar etwas glatter verlaufen als der von Absolventen universitärer Langstudiengänge, aber sie betrachten ihre Position etwas weniger häufiger als angemessen zu ihrem Bildungsabschluss, und sie konstatieren etwas seltener einen deutlichen Sachbezug von Studium und beruflicher Tätigkeit (siehe Schomburg/Teichler 2007). Auf der Basis dieser Befunde scheint es eher unwahrscheinlich, dass die neuen universitären Bachelor tatsächlich große Akzeptanzprobleme auf dem Arbeitsmarkt zu befürchten haben.

Zweitens war die Formulierung der Sorbonne- und Bologna-Erklärungen von der Befürchtung geprägt, dass die Verantwortlichen für die Gestaltung universitärer Studiengänge den Bachelor lediglich als erste Etappe eines langen Studiengangs ausgestalten würden und dann – mit Blick auf die erreichte „self-fulfilling prophecy – behaupten könnten, der universitäre Bachelor sei beruflich wertlos und nur als Zwischen-Etappe für einen Master-Abschluss geeignet. Tatsächlich kam von Universitätsseite immer wieder die Kritik, innerhalb der kurzen Zeit eines Bachelor-Studiums könnten die Studierenden nicht zu irgendeinem verantwortbaren Kompetenz-Niveau geführt werden. Verbreitet waren Versuche, die Bachelor-Studiengänge so stark mit Lehrveranstaltungen voll zu stopfen, dass in kürzerer Zeit mehr oder weniger das gleiche Resultat erreicht würde wie zuvor in längerer Zeit – eine Vorgehensweise, die treffend als „Bonsai"-Studiengestaltungsstrategie kritisiert worden ist. Die Universitäten waren somit durch den Bologna-Prozess gedrängt, sich, wenn sie nicht Scheinlösungen wie einem Bachelor als „Bonsai" der alten Studiengänge nachjagen wollten, damit zu befassen, auf was für eine tragfähige Ebene von Kompetenzen unterhalb der Ebene der alten universitären Studienabschlüsse die neuen Bachelor-Studiengänge zuführen könnten.

Damit sind zwei weitere Veränderungen in den Beziehungen zwischen der Substanz der Studiengänge und der Substanz der beruflichen Tätigkeit durch die Einführung der gestuften Studiengänge und -abschlüsse systemnotwendig aufgeworfen, selbst wenn sie nicht explizit in den Sorbonne- und Bologna-Erklärungen angesprochen sind: mögliche Veränderungen in der beruflichen Bedeutung von Hochschultypen und in den Beziehungen zwischen den Ebenen von Studienabschlüssen und beruflichen Laufbahnen (siehe Teichler 2005a).

Zum Stellenwert der Hochschultypen: In den Ländern Europas, in denen die Differenzierung von Studienangeboten lange Zeit sehr stark durch die Existenz von zwei oder mehr Hochschultypen mit jeweils besonderer curricularer Profilierung geprägt war, ergeben sich dadurch Veränderungen, dass der Bologna-Prozess ein anderes Differenzierungsmerkmal – das der Ebenen von Studiengängen und -abschlüssen – in den Vordergrund rückt. Dadurch sinkt zweifellos die Bedeutung von Hochschultypen im Gesamtgefüge der Differenzierung, aber es ist damit keineswegs eindeutig vorgezeichnet, dass die Bedeutung der Hochschultypen soweit erodiert, dass sich deren Verschmelzung aufdrängen wird, wie sie 1992 in Großbritannien mit der Aufwertung von Polytechnics zu Universitäten mit einer de facto zumeist geringeren Forschungsfunktion als die der „alten Universitäten" realisiert worden war; es könnten auch verschiedene Hochschultypen mit einer kleineren Differenz und einer größeren Funktionsüberschneidung als zuvor bestehen bleiben. Bereits sehr früh im Bologna-Prozess zeigte sich in den Regelungen über offizielle Typen von Studiengängen und deren institutionelle Ansiedlung, dass keine europaweite Einigung erfolgte. In Deutschland zum Beispiel wurde entschieden, dass beim Bachelor-Studium offiziell nicht nach curricularen Akzenten unterschieden wird, wohl aber beim Master-Studium; im letzteren Falle können sich aber sowohl Universitäten als auch Fachhochschulen für das Angebot „forschungsorientierter" und „anwendungsorientierter" Studiengänge entscheiden.

Zu den Beziehungen zwischen den Ebenen von Studienabschlüssen und beruflichen Laufbahnen: Da im Bologna-Prozess in vielen Ländern Europas mit dem Bachelor eine Abschlussebene eingeführt wurde, die vorher so nicht oder nicht genau in der gleichen Weise bestanden hatte, stellt sich nunmehr die Frage, wie die neuen Ebenen von Studienabschlüssen zu den Ebenen von beruflichen Karrieren stehen, wobei es natürlich denkbar ist, dass in den einzelnen europäischen Ländern und innerhalb der einzelnen Berufsbereiche unterschiedliche Lösungen zum Tragen kommen. Modellartig lassen sich drei Lösungen vorstellen (siehe Teichler 2005a: 318f.):

1. *Das Zwei-Ebenen-Modell*: Master-Abschlüsse führen zu einer höheren Ebene von Berufskarrieren als Bachelor-Abschlüsse: In Deutschland etwa zum höheren Dienst mit dem Master und dem gehobenen Dienst mit dem Bachelor. Ähnliches gilt für viele Berufsbereiche in den USA, wo sich für die Mehrzahl der „professions" ein Master-Abschluss oder ein entsprechender „professional degree" zur Eingangsvoraussetzung entwickelt hat.

2. *Das Bachelor-als-Sockel-Modell*: Dem Beschluss des Europäischen Rats im Dezember 1988 zur beruflichen Anerkennung von Hochschulabschlüssen lag eher die Vorstel-

lung zugrunde, dass überall in Europa der Abschluss eines dreijährigen Studiums die Eintrittsebene in hoch qualifizierte Tätigkeiten darstellen sollte, wenn der Beschluss auch alternative Lösungen thematisiert. Bei einem solchen Modell sind weitere hochschulische Qualifizierungen möglicherweise für den beruflichen Einstieg oder Aufstieg hilfreich, aber für den Einstieg auf eine bestimmte Karriereleiter nicht unbedingt erforderlich: Dieses Modell ist zum Beispiel in Großbritannien und Japan sehr verbreitet.

3. *Das offene Modell*: Es entscheidet sich von Position zu Position und von Absolvent zu Absolvent, ob Master-Absolventen im Beschäftigungssystem ähnlich oder unterschiedlich zu Bachelor-Absolventen platziert werden.

Unabhängig von diesen Fragen der offiziellen Typen von Hochschulen und Studiengängen und der Beziehungen von Ebenen von Studienabschlüssen und beruflichen Karrieren stand mit der Einführung der gestuften Studiengänge und -abschlüsse zur Diskussion, welche curricularen Profile für Bachelor- und Master-Studiengänge realisiert werden sollten. Mit Blick auf reputierte Universitäten kam eine Stufung von „generellen" und „spezialisierten" Master-Programmen in Frage. Mit Blick auf die eher kürzeren und anwendungsorientierten Studiengänge an anderen Hochschultypen in vielen europäischen Ländern bot sich eher Spezialisierung und Anwendungsorientierung im Bachelor-Studium oder eine spätere breitere Orientierung auf einer höheren Ebene im Master-Studium an. Sofern das Bachelor-Studium eher eine generelle Ausrichtung haben sollte, konnte das Master-Studium unterschiedliche Funktionen haben: ein höheres wissenschaftliches Niveau bei gleicher fachlicher Breite, eine disziplinäre beziehungsweise berufliche Spezialisierung oder eine interdisziplinäre Akzentsetzung. Angesichts der Vielfalt der curricularen Optionen unterstützte die Europäische Kommission ein großes Entwicklungsprojekt mit dem Titel TUNING (2002). Dort wurde in Netzwerken von Vertretern ausgewählter Disziplinen erprobt, inwieweit eine weitgehende Verständigung über die curriculare Orientierung der Bachelor- und Master-Studiengänge möglich war. Insgesamt sind die europäischen Hochschulen im Bologna-Prozess zu einem großen curricularen Experimentierfeld geworden, und es wird sich erst in der Zukunft feststellen lassen, ob bestimmte Modelle eindeutig vorherrschen.

Schließlich werden in der Bologna-Erklärung begleitende Maßnahmen zur Stärkung der studentischen Mobilität vorgeschlagen, die Folgen für die curricularen Akzente und auch für den Berufsbezug der Studiengänge haben können. Empfohlen wurde erstens erneut, wie bereits 1988 vom Europarat und der UNESCO (siehe Teichler 2007) sowie 1997 von diesen beiden supranationalen Organisationen und der Europäischen Kommission in der Lissabonner Konvention für die internationale Anerkennung von Studienleistungen, allen Studierenden bei Abschluss des Studiums nicht nur das übliche nationale Diplom, sondern auch ein „international lesbares" Diploma Supplement zu überreichen (siehe HRK 2005: 154ff.). Dies soll den späteren Nutzern von Diplomen – Hochschulen, an denen die Absolventen weiterstudieren wollen, oder Unternehmen und andere beschäftigende Organisationen, bei denen sich die Absolventen bewerben – eine höhere Transparenz über das jeweilige Studienangebot und das tatsächliche Studium der einzelnen Person geben, ohne dass eine solche Zertifikatserstellung irgendwelche Rückwirkung auf das zu zertifizierende Studium hat. Zweitens wurde 1999 empfohlen, Mobilität durch eine durchgängige Einführung von Credit Systems zu erleichtern (siehe dazu HRK 2005: 128ff.). Dem lag die Erfah-

rung zugrunde, dass das Europäische Credit Transfer System (ECTS), das seit 1989 innerhalb des ERASMUS-Austausch-Programms aufgebaut worden war, tatsächlich zu einer
höheren Anerkennung von Studienleistungen während einer temporären Studienphase nach
der Rückkehr durch die Herkunftshochschule geführt hatte als bei anderen Modi der Information und Dokumentation von Studienleistungen (siehe Teichler 2002). Aber die Einführung eines Credit Systems ist keineswegs neutral für Curricula und Kompetenzen der Absolventen: Von Kritikern wird erstens oft hervorgehoben, dass damit zumeist der Ruf nach
„Modularisierung" im Sinne breit gefächerter Wahlmöglichkeiten von Lehrveranstaltungen
seitens der einzelnen Studierenden so sehr verbunden sei, dass eine sinnvolle Konfiguration
von Wissen und Kompetenzen innerhalb der einzelnen Studienfächer verloren gehe; zweitens wird häufig kritisiert, dass mit einem kumulativen Prüfungssystem über das ganze
Studium hinweg statt einer bedeutsamen Schluss-Examinierung jeder Versuch aufgegeben
werde, zum Schluss eine Synthetisierung der im Laufe des Studiums behandelten Wissens-
bereiche zu erreichen.

6 Langfristige Wandlungstendenzen im Berufsbezug des Studiums

Völlig unabhängig von dem Bologna-Prozess standen (und stehen) die Hochschulen aus
vielerlei Gründen vor der Frage, wie sie in der Gestaltung der Studiengänge den Veränderungen in der Berufswelt und damit einhergehenden veränderten Bedingungen im Verhältnis von Studium und Beruf begegnen wollen. Der Bologna-Prozess stellt lediglich ein be-
schleunigendes und vorstrukturierendes Element dieses Auseinandersetzungsprozesses dar.
Acht wichtige Anstöße zur Neu-Gestaltung der Beziehungen von Studium und Beruf lassen
sich nennen (siehe dazu Teichler 2005a).

1. *Hochschulexpansion*: Da der Anteil der Studienanfänger an der jeweiligen Alterskо-
    horte in den meisten Ländern im Laufe der letzten Jahrzehnte stärker gewachsen ist
    und noch weiter wächst als die Zahl der Berufspositionen, die als klassische Einzugs-
    bereiche von Hochschulabsolventen gelten, wird die Aufgabe der Hochschulen, für
    „mittlere" Berufsbereiche – das heißt, für Berufe, die in der Reputationshierarchie
    zwischen den „Akademikerberufen" und den Facharbeiterberufen liegen – vorzuberei-
    ten, immer bedeutsamer.
2. *Beschäftigungsprobleme*: In vielen wirtschaftlich hoch entwickelten Ländern der Welt
    steht ein Teil von Hochschulabsolventen vor großen Problemen, überhaupt eine Be-
    schäftigung zu finden bzw. eine Tätigkeit, in der sie ihr Qualifikationsniveau einiger-
    maßen zur Geltung bringen können. Obwohl die meisten Arbeitsmarktanalysen zeigen,
    dass Arbeitslosigkeit oder völlige Unterbeschäftigung von Hochschulabsolventen sel-
    tener ist als oft angenommen, können solche elementaren Beschäftigungsprobleme
    nicht negiert werden.
3. *Rückgang der Stabilität von Qualifikations-, Berufs- und Beschäftigungsstrukturen*:
    Experten sind sich darin einig, dass Hochschulabsolventen in dreierlei Hinsicht immer
    weniger mit stabilen Beziehungen von vorberuflichem Studium und Berufstätigkeit
    sowie mit stabilen Karrieren rechnen können. Sie werden häufiger in Berufsbereichen
    tätig, die nicht eindeutig affin zu ihrem Studienfach sind. Auch sind größere Verände-

rungen der beruflichen Aufgaben und der Qualifikationsanforderungen im Laufe des Berufswegs wahrscheinlich. Schließlich verlieren die Beschäftigungsverhältnisse an Stabilität, was als „prekär" oder als wachsende „Flexibilität" empfunden wird.

4. *Lebenslanges Lernen*: Mit steigender Dynamik von Wissens- und Berufssystemen wächst die Notwendigkeit zum berufs- und lebensbegleitenden Lernen. Damit stellt sich auch die Frage, ob der Charakter derjenigen Studienangebote, die primär dem Lernen vor dem Eintritt in das Beschäftigungssystem dienen, zu ändern ist: Z.B. durch weniger Vermittlung von unmittelbar berufsnützlichem Wissen, stärkere Betonung von grundlegendem Wissen und bessere Förderung der Fähigkeit zum weiteren Lernen.

5. *Wissensgesellschaft*: Die Bedeutung von Wissen für eine erfolgreiche Berufstätigkeit und für die wirtschaftliche Entwicklung insgesamt scheint so sehr zu wachsen, dass von den Hochschulen stärker als in der Vergangenheit erwartet wird, durch Forschung, Lehre und Studium sichtbar nützlich zu sein: Vor allem Disziplinen, die nicht affin zu bestimmten Berufsbereichen sind bzw. deren Substanz eher von innerwissenschaftlichen Konzepten geprägt ist, sind einem wachsenden Druck ausgesetzt, größere Nützlichkeit zu belegen oder eine Schrumpfung gegenüber anderen Bereichen in Kauf zu nehmen.

6. *Wachsender Legitimationsdruck öffentlicher Hochschulausgaben*: Zwischen dem Bedeutungswachstum von systematischem Wissen einerseits („Wissensgesellschaft") und den Zweifeln an der Machbarkeit einer weiteren Steigerung der „Staatsquote" sowie der wachsenden Konkurrenz um staatliche Prioritäten andererseits unterliegen die öffentlichen Hochschulausgaben einem wachsenden Rechtfertigungsdruck. Dies führt in der Regel zu einer Vergrößerung des „privaten" Anteils an der Hochschulfinanzierung und zu einer höheren Nachweispflicht der Mittelverwendung.

7. *Neue Technologien*: „Neue Technologien", „Bio-Technologie" und andere Begriffe sind die gebräuchlichsten Chiffren dafür, dass es im Wissenssystem und in der Wirtschaft deutliche substanzielle Veränderungen gibt, die zu neuen Schwerpunktsetzungen zwischen den Disziplinen, mehr interdisziplinären Verknüpfungen und neuen Wissensbeständen quer über alle Fachrichtungen drängen.

8. *Praxisorientierung und Schlüsselqualifikationen*: Von den Hochschulen wird immer mehr erwartet, dass sie ihren Studierenden über die Vermittlung von Theorien, Methoden und fachlichem Wissen sowie der allgemeinen Förderung kognitiver Kompetenzen hinaus explizit die Befähigungen fördern, Wissen in praktische Problemlösungen umzusetzen, berufsförderliche Werte, Orientierungen und Arbeitsstile aufzubauen und sozio-kommunikative Anforderungen zu bewältigen. In Deutschland wird darauf vor allem durch ein erweitertes Spektrum praxisorientierter Studieninitiativen und durch Versuche zielgerechter Vermittlung von „Schlüsselqualifikationen" reagiert (siehe dazu die Übersicht in Bürger/Teichler 2004).

7   Grenzen der strukturellen Konvergenz, indirekte curriculare Steuerung und der Lissabon-Prozess – die Dynamik des Bologna-Prozesses

Der Bologna-Prozess erwies sich keineswegs als der Versuch einer mehr oder weniger gradlinigen Implementation eines einmal formulierten Plans. Ohnehin ist der Bologna-Prozess nicht mit der Implementation einer machtvoll getragenen Entscheidung zu vergleichen, weil es sich um eine gemeinsame Absichtserklärung von Machtträgern in getrennten Territorien handelt (siehe dazu Witte 2006: 18ff.).

Sicherlich, die Einführung einer konvergenten Struktur von gestuften Studiengänge und -abschlüssen blieb das zentrale Ziel, und politische Bemühungen im Bologna-Prozess waren relativ konsistent darauf ausgerichtet, dies bis zum Jahre 2010 mehr oder weniger vollständig zu verwirklichen. Aber es gab innerhalb und parallel zum Bologna-Prozess Dynamiken, die mit den Erklärungen von Sorbonne und Bologna weder intendiert noch antizipiert waren. So kann – nicht nur methodisch argumentiert, sondern auch in der Realität beobachtbar – der Bologna-Prozess enorm unterschiedlich interpretiert werden: Von der Implementation des gemeinten Sinns der ursprünglichen Erklärungen einerseits bis hin zu allem, was in späteren Diskussionen und Erklärungen irgendwie in Beziehung zu „Bologna" gestellt wurde.

Auf den ersten Blick scheint es, als sei der Bologna-Prozess schlicht ziel-inflationär. Bei jeder Nachfolge-Konferenz werden neue Themen als zum Bologna-Prozess gehörig erklärt. Überall scheint es Wünsche zu geben, die Dynamik der „Bewegung" zu nutzen, und es scheint für ungeheuer bedeutsam gehalten zu werden, alles Mögliche wenigstens in einen Spiegel-Strich der Erklärungen der Nachfolge-Konferenzen einfließen und damit gewissermaßen als höheres Hochschulreform-Ziel „heilig sprechen" zu lassen.

Meines Erachtens lassen sich jedoch trotz aller Offenheiten, Koinzidenzen und Vielfältigkeiten gewisse tragende Probleme und Entwicklungslinien im Bologna-Prozess herausarbeiten. Hier ist nur Platz für ein thesenartiges Resümee:

1. Der Bologna-Prozess ist zwar in seinem strukturellen Kernbereich insofern bemerkenswert erfolgreich, als sich eine gestufte Struktur von Studiengängen und -abschlüssen in Europa immer mehr ausbreitet; aber die Frage ist, ob sich tatsächlich ein wirksames Ausmaß von Ähnlichkeit entwickelt. Einerseits war volle Standardisierung nicht das Ziel; andererseits könnten größere Unterschiede zum Beispiel in der Dauer des Bachelor-Studiums, des Master-Studiums und beider Stufen zusammen ähnliche Probleme der Vergleichbarkeit hinterlassen wie die früher bestehende Vielfalt nationaler Systeme. Bis 2006 wurde in den Nachfolgenkonferenzen selbst über die akzeptablen Dauern von Studiengängen keine Übereinkunft erreicht; lediglich bei der Vorbereitung der Qualifications Frameworks für die Bergen Konferenz im Jahre 2005 wird festgestellt, dass „first level qualications" in der Regel auf 180-240 Credits (das heißt, 3-4 Studienjahren), und „second level qualifications" auf 90-120 Credits „with a minimum of 60 Credits" sowie beide zusammen auf 240-300 Credits basieren (Bologna Working Group on Qualifications Frameworks 2005). Man wird den Eindruck nicht los, dass sich inzwischen gegenüber weitgehenden Annäherungsvorstellungen eine gewisse Resignation durchgesetzt hat. Einige europäische Länder gehen weiterhin da-

von aus, dass Studierende an nicht-universitären Hochschulen ein um ein Jahr längeres Bachelor-Studium brauchen, weil ihre Eingangsvoraussetzungen niedriger sind; ein Jahr Variationsbreite in der Länge des Bachelor-Studiums (3-4 Jahre) scheint unvermeidbar. Noch gravierender ist die Differenz von einem Jahr, wenn zum Beispiel von britischer Seite es strikt abgelehnt wird, für den Master mehr als ein Jahr und für die Gesamtstudiendauer der beiden Stufen mehr als vier Jahre zur Norm zu machen. Zweifel scheinen angebracht, ob der sich anbahnende Zustand als „konvergente Systeme" betrachtet werde kann (siehe Alesi u.a. 2005; Teichler/Kehm 2007).

2. Parallel zur geringer werdenden Hoffnung auf strukturelle Ähnlichkeit werden auf den Nachfolgekonferenzen immer mehr Themen aufgenommen, die die inhaltliche Ausgestaltung der neuen Studiengänge prägen sollen. Dazu gehören neben dem Thema „Employability" Ansätze zur Koordinierung der nationalen Evaluationssysteme (offizielles Stichwort: „Quality assurance"), die Forderung nach Stärkung kompetenzbasierten Lernens, die Forderung, flexible Lernwege für Personen mit unterschiedlicher Vorbildung zu schaffen, und schließlich die Etablierung von „Qualifikationsrahmen" (Qualifications frameworks), die im Bergen Communiqué von 2005 empfohlen wird. All das kann natürlich als äußerst lockere Maßnahmen curricularer Rahmensetzung interpretiert werden. Zum Beispiel die 2005 vorgeschlagene Qualifications frameworks, die Praktiken einiger angelsächsischer Länder aufnehmen, erscheinen als so allgemein, dass sich Zweifel an ihrer Bedeutsamkeit aufdrängen. So heißt es zu den Themen (siehe Kultusministerkonferenz 2005):

- Niveaustufen: „Niveau 6: Hohes Niveau theoretischen Wissens und praktischer Kompetenzen, wissenschaftliches Grundwissen; selbständiges Arbeiten; äquivalent zum Bachelor-Niveau, zumeist im tertiären Bereich erworben"; „Niveau 7: Hohes Niveau von breitem Spezialistenwissen und -kompetenzen; anweisende und überwachende Tätigkeiten; äquivalent zum Master-Niveau".
- Wissensverbreiterung (Auszüge): „...ein breites und integriertes Wissen und Verstehen der wissenschaftlichen Grundlagen ihres Lerngebiets..." (Bachelor); ...(Wissen und Verstehen der Bachelor-Ebene) „...wesentlich vertieft und erweitert. Sie sind in der Lage, die Besonderheiten, Grenzen, Terminologie und Lehrmeinungen ihres Lehrgebiets zu definieren und zu interpretieren" (Master).
- Wissensvertiefung (Auszüge): „Sie verfügen über ein kritisches Verständnis der wichtigsten Theorien, Prinzipien und Methoden ihres Studienprogramms und sind in der Lage, ihr Wissen vertikal, horizontal und lateral zu vertiefen" (Bachelor). „Ihr Wissen und Verstehen bildet die Grundlage für die Entwicklung und/oder Anwendung eigenständiger Ideen" (Master).

Die Qualifications frameworks werden jedoch oft auch als erste Schritte angesehen, die Konzeption von Bologna, das heißt, eine strukturelle Konvergenz bei Erhalt substanzieller Vielfalt, durch eine neue Konzeption der Konvergenz von Struktur und Substanz zu ersetzen.

3. Die Implementation der Bologna-Erklärung wurde politisch durch die Lissabon-Erklärung der Regierungschef der EU im Jahre 2000 zur gleichzeitigen Etablierung eines „Europäischen Forschungsraums" ebenfalls bis zum Jahre 2010 überlagert: Europa solle bis dahin die „most competitive economy of the world" werden, und Forschung und Entwicklung – nicht zuletzt durch eine Erhöhung der entsprechenden öffentlichen

und privaten Ausgaben – solle maßgeblich dazu beitragen. Zentrale Dokumente dieses „Lissabon-Prozesses" reichen von Ansätzen einer ausgewogenen Hochschul- und Wissenschaftspolitik insgesamt zu höchst einseitigen, instrumentellen Vereinnahmungen der Forschung allein für Zwecke des wirtschaftlichen Wachstums. Praktisch steht seit 2000 in der Diskussion über die Ziele von Hochschule und Forschung in Europa eine ideologische Spannung zwischen diesen beiden Dokumenten im Raum, die viele Beteiligten dieses Diskurses zu einer Suche nach Annäherungen drängt: Der reichliche Gebrauch des Terminus „employability" ist auch in diesen Kontext einzuordnen; andererseits gibt es auch Ansätze zu einer stärkeren Abgrenzung: So ist vielleicht zu verstehen, dass das Bergen Communiqué von 2005 die „soziale Dimension" des Bologna-Prozesses unterstreicht. Die Lissabon-Erklärung scheint von vielen Akteuren als Inkarnation eines Zeitgeistes gesehen zu werden, der nach sichtbar nützlichkeitsorientierter Ausrichtung der Hochschulen ruft.

4. Nicht nur die Spannungen zwischen den Erklärungen von Bologna 1999 und Lissabon 2000, sondern auch weitere weltweite Trends und Diskussionen zur Entwicklung der Struktur des Hochschulwesens werfen die Frage auf, ob die hohe Relevanz gleicher Stufen von Studiengängen und -abschlüsse, die der Bologna-Erklärung zugrunde liegt, andernorts eher in Frage gestellt oder sogar ausgehöhlt zu werden droht. Laut Bologna-Erklärung soll die intra-europäische Mobilität durch das gestufte Modell in Europa wesentlich erleichtert werden. Dass fast alle Studierenden eines Bachelor-Studiums damit rechnen können, unter voller Anerkennung ihres bisherigen Studiums an einer anderen europäischen Hochschule auf der gleichen Stufe weiter studieren zu können, ist nur zur verwirklichen, wenn die Qualitätshierarchie der Hochschulen Europas relativ flach ist. Im Diskurs über den Lissabon-Prozess wird jedoch häufig zu einer stärkeren Stratifizierung des Hochschulwesens, zur Etablierung von Elite-Universitäten u.a.m. aufgerufen. Hier wird die Debatte aufgenommen, die sich bereits unabhängig davon in der Zunahme von „Ranking"-Analysen, in der Suche nach „World-class universities" (siehe Sadlak/Liu 2007) und in Deutschland in der sogenannten „Exzellenz-Initiative" niedergeschlagen hatte.

Was unter diesen Bedingungen nun als Teil des Bologna-Prozesses oder Askription zum Bologna-Prozess zu verstehen ist, lässt sich nicht mehr eindeutig bestimmen. Dennoch lohnt es sich bei der Diskussion einzelner Themen, so z. B. im Gefolge zu „employability", zu unterscheiden, was einerseits in den ursprünglichen Erklärungen und in der Logik des Modells enthalten war und was andererseits „hinzukam" oder „draufgesattelt" wurde.

8   Zur weiteren Employability-Diskussion

Der französische Hochschulexperte Guy Haug, der bedeutsame Aufgaben bei der Entwicklung der Politiken und Stellungnahmen der Europäischen Kommission zum Bologna-Prozess hat, ist zweifellos ein gut unterrichteter Kronzeuge für die Ausweitung der Employability-Diskussion im Bologna-Prozess über die anfängliche Bologna-Erklärung hinaus. Haug (2005) schreibt in einer Art Zwischenbilanz:

„The Bologna Process has had a strong and positive effect on the debate about the relationship between higher education and professional life, in particular concerning the preparation of graduates for the labour market. It has raised the profile of the issue and increased the awareness that the employability of graduates has become an increasingly important and shared concern all over Europe. ...
This has been acknowledged by universities, in particular in their Salamanca Message of 2001 which stated that ‚European higher education institutions recognise that their students need and demand qualifications which they can use effectively for the purpose of their students and careers all over Europe' and universities ‚acknowledged their role and responsibility in this regard'." (Haug 2005: 204)

Haug erwähnt in diesem Zusammenhang nicht nur die typischen Themen, die in den Communiqués der Nachfolgekonferenzen angesprochen werden, sondern unter anderem

- Bemühungen, das Arbeitslosigkeitsrisiko der Absolventen zu senken,
- eine stärke Betonung von „core, or transversal" skills" statt einer engen Ausrichtung der Qualifikationen an den kurzfristigen Bedarfen des Beschäftigungssystems,
- eine Neuakzentuierung der Bildungsziele der verschiedenen Hochschularten,
- eine stärkere Aufmerksamkeit auf „the increasingly European dimension of employability".

Die Folgen dieser Diskussion für die grundlegenden Aufgaben der Hochschulen ordnet Haug (2005) wie folgt ein:

„...higher education is ever more integrated with economic policies as a key factor of competitiveness. ... The main change is not with reference to the essence of the mission of universities, but only to the much greater number and diversity of economic and social positions requiring higher education in modern, knowledge-based economies and societies. This also implies that there is no fundamental contradiction between employability and the development of the humanistic, social and citizenship aspects of higher education." (Haug 2005: 207)

Ich habe etwa gleichzeitig (Teichler 2004) auf einer Konferenz der European University Association die Employability-Debatte in Europa resümiert. Die wichtigsten Aussagen lassen sich thesenartig zusammenfassen:

- Die derzeitige Reform-Stimmung in Hochschule und Forschung ist von einer Fülle von begrifflichen Unklarheiten geprägt: „Competitiveness" besagt für sich nichts, wohl aber „quality", „stratification", „attractiveness", „interpreneurship" oder „interaction between higher education based on mistrust"; „ECTS" macht im Bologna-Prozess keinen Sinn, weil die Studierenden weder Credits speziell für den Zweck „Transfer" (T) noch ein „System" (S) erhalten sollen. „Employability" ist zweifellos nur einer von vielen unklaren Begriffen in diesem Kontext.
- „Employability" ist in der europäischen Arbeitsmarktforschung und -politik ein feststehender Begriff für Probleme und Maßnahmen im Falle von Personen, die als kaum beschäftigungsfähig oder als größte Risikogruppen erscheinen, deren Aufnahme in das Beschäftigungssystem enormer unterstützender Maßnahmen bedarf. Angesichts der deutlich unterdurchschnittlichen Arbeitslosigkeitsquoten von Hochschulabsolventen und der relativ privilegierten Lage der beschäftigten Absolventen ist der Begriff „employability" im Rahmen des Bologna-Prozesses eine Entgleisung. Es wäre sachgemäß, von „professional relevance" zu sprechen.
- Zuweilen wird „employability" als Forderung in die Debatte geworfen, die Hochschulen sollten tun, was immer nützlich sei, den Erfolg ihrer Absolventen im Beschäftigungssystem zu maximieren. Es geht zunächst nicht um bestimmte Maßnahmen, son-

dern darum, dass die Hochschulen den Beschäftigungserfolg der Absolventen als eindeutigen Indikator für ihre Leistungen in Lehre und Studium nehmen und einzelne
Maßnahmen nach derer Wirksamkeit wählen.

- „Employability" wird auch bei Forderungen ins Feld geführt, die Menge der Studienplätze zwischen Studienfächern und Ebenen von Studiengängen so zu verändern, dass
eine stärkere quantitative Anpassung zwischen der Zahl der Absolventen und affinen
Stellenangeboten erreicht wird.

- „Employability" wird in der curricularen Diskussion äußerst heterogen verwandt. Was
immer in der Hochschultradition eines Landes als diskrepant zu den vermeintlichen
beruflichen Anforderungen empfunden wird, soll Gegenstand curricularer Reform
werden – so werden z. B. höhere fachliche und berufliche Spezialisierung im Studium,
eine stärkere Betonung von breitem und generellem Wissen, die Stärkung der Selbst-
lernfähigkeit, problemlösungsorientiertes Lernen, anwendungsorientierte Angebote,
Lernen zur Entwicklung beruflicher Handlungs- und Gestaltungskompetenz und vieles
andere empfohlen. Besonders für die deutsche Situation ist, dass „Schlüsselqualifikationen" (zum Begriff und seiner vielfältigen Verwendung siehe bereits Wildt 1997) ein
zentrales Thema des Bologna-Prozesses geworden ist und dass im neu aufgebauten
Akkreditierungssystem gefordert wird, dies in separaten Lehrveranstaltungen zu fördern (zur deutschen Diskussion siehe ausführlich Rehburg 2006).

- Unter „employability" werden schließlich Maßnahmen zusammengefasst, die unmittelbar den Weg in und durch das Beschäftigungssystem betreffen, so z. B. Training für
Beschäftigungssuche und Bewerber, direkte Unterstützung bei der Beschäftigungssuche sowie Kontaktpflege mit Arbeitgebern und den eigenen Absolventen (Alumni/ae).

- Schließlich werden mit „employability" Aktivitäten charakterisiert, Kommunikation
mit „external stakeholders" auszubauen, um deren Vorstellungen und Erfahrungen in
den Reflexionsprozess zur Gestaltung der Studienangebote einzubringen oder diese direkt an solchen Entscheidungen zu beteiligen.

Die „Employability"-Diskussion im Kontext des Bologna-Prozesses, so zusammenfassend
meine These, zwingt auch diejenigen Hochschulen und Hochschulangehörigen, die sich
bisher darauf verlassen haben, dass „hinter dem Rücken" einer binnengeleitenden Hochschule diese schon das Beste für die Zukunft ihrer Absolventen täten, sich nunmehr explizit
mit den Folgen des Hochschulstudiums für das Leben ihrer Absolventen zu beschäftigen
und daraus für die Gestaltung der Studienangebote und -bedingungen explizit Folgerungen
zu ziehen. In der Regel wird sie dabei auch zu Lösungen kommen, bei denen die Studierenden mit den Beziehungen von Lernen in der Hochschule und späteren beruflichen Beziehungen systematisch konfrontiert werden. Unabdingbar ist es dabei für die Hochschulen,
sich stärker als zuvor damit auseinanderzusetzen, wie sich ihre Qualifizierungsrolle durch
die ständig wachsende Quote von Hochschulabsolventen ändert und welchen Stellenwert
auch ein universitärer Bachelor für die Berufstätigkeit hat. Was das für die grundlegenden
Ziele und Charakteristika der Studiengänge bedeutet, lassen die zentralen Texte des Bologna-Prozesses weitgehend offen, wird aber sicherlich durch den herrschenden Zeitgeist ungleich in Richtung einer sich verbreiterten Suche nach sichtbarer Nützlichkeit an den vermeintlichen Bedarf der „knowledge economy" verteilt.

Für Deutschland lässt sich ein Beispiel besonders extensiver Interpretation des Bologna-Prozesses benennen: Als „Employability-Rating" bezeichneten das Zentrum für Hoch-

schulentwicklung (CHE) (2006) und der Arbeitskreis Personal Marketing (DAPM) eine Studie, in die sie ca. 400 Bachelor-Studiengänge der Wirtschafts- und Ingenieurwissenschaften an deutschen Hochschulen einbezogen. In der Studie wurde untersucht, inwieweit die Hochschulen die Berufsbefähigung der Studierenden in ihren Curricula systematisch fördern. Dazu wurden Einstufungen von „Methodenkompetenz", „Sozialkompetenz", „Praxisbezug", „Internationalität" und „Qualitätssicherung" vorgenommen. Im Ergebnis wurden mehr als 60 positive Bewertungen vorgenommen, und zwar fast ausschließlich für Fachhochschulstudiengänge. Die eigenwillige Interpretation von „employability" bzw. „Berufsbefähigung" ist nicht zuletzt deshalb erstaunlich, weil in den Kerndokumenten des Bologna-Prozesses ja gerade nach professioneller Relevanz über die alten Gräben und nationalen, fachlichen und hochtypspezifischen Traditionen hinweg gesucht wird.

Meines Erachtens ist es jedoch möglich, zwischen offiziellen und quasi-offiziellen Verlautbarungen zum Bologna-Prozess einerseits und den vielen selbsternannten Interpretatoren des Bologna-Prozesses zu unterscheiden. Zu den ersteren lassen sich vor allem die Communiqués der Minister auf den alle zwei Jahre stattfindenden Nachfolge-Konferenzen, die allgemeinen Berichte der jeweiligen Vorbereitungs-Arbeitsgruppen sowie die abschließenden Stellungnahmen auf den Konferenzen, die unter der Ägide der jeweiligen Vorbereitungs-Arbeitsgruppe durchgeführt werden, zählen.

Das „Swansea Bologna Seminar on Enhancing Graduate Employability" vom 12.-14. Juli 2006 blieb in seinen Empfehlungen äußerst zurückhaltend: „Embedding skills in the curriculum is a key element of the Bologna reforms and as such needs to be monitored, with an emphasis on sharing good practice across Europe", wobei allerdings gleich hervorgehoben wird, dass große Unterschiede nach Ländern, Regionen, Fachrichtungen und Profilen der Hochschulen zu erwarten seien. .... „The importance of effective links with employers cannot be overstated" ... „Higher education institutions should also ensure that students receive information and advice on all sectors of the labour market, together with career management skills". Insgesamt erfordere die wachsende Komplexität der Studien- und Berufsoptionen „the provision of high quality professional staff guidance for students and appropriate staff development for academic and other university staff" (siehe auch die Übersetzung in HRK 2007, S. 336f.).

Betrachten wir insgesamt die "employability"-Diskussion im Rahmen des Bologna-Prozesses, so ist bemerkenswert, wie wenig dabei ein zentrales Thema der Sorbonne- und Bologna-Erklärungen anklingt: Die inner-europäische Mobilität in Studium und Beruf. Insbesondere Studien zur ERASMUS-Mobilität, aber auch darüber hinausgehende Studien (siehe Teichler 2007) haben gezeigt, dass ein temporäres Studium in einem anderen europäischen Land dazu führt, dass weitaus häufiger eine berufliche Karriere in einem anderen europäischen Land als dem Herkunftsland gewählt wird und dass auch im eigenen Land viel häufiger Tätigkeiten übernommen werden, bei denen Fremdsprachenkenntnisse und das Verstehen und Umgehen mit anderen Kulturen und Gesellschaften von Bedeutung sind als im Falle von Personen, die ihr ganzes Studium in ihrem Herkunftsland verbracht haben. Wenn der Bologna-Prozess tatsächlich Mobilität im Studium erleichtern sollte, leistet er hier besondere Beiträge zur Stärkung beruflicher Kompetenzen, die immer mehr nachgefragt zu werden scheinen. Allerdings gibt es auch Anzeichen dafür, dass studentische Mobilität im Laufe der Jahre mit immer geringerer Wahrscheinlichkeit zu internationalen Berufstätigkeiten führt – wahrscheinlich auch deshalb, weil die nicht-mobilen Studierenden immer mehr Chancen haben, andere Kulturen und Gesellschaften kennen zu lernen und weil möglicherweise insgesamt die „Europäisierung" und Internationalisierung der Curricula an Hochschulen zunimmt.

9   Abschließende Überlegungen

Die traditionelle Idee der deutschen Universität, dass ein Wissenserwerb, der nicht vom Gedanken der nützlichen Vorbereitung auf den Beruf getragen ist, letztendlich höhere professionelle und gesellschaftliche Relevanz haben kann als eine explizit nützliche Ausrichtung der Studienangebote und des Studiums am Beruf, ist durch die hochschulpolitischen Erklärungen an der Sorbonne 1998 und in Bologna 1999 von Ministern verschiedener Europäischer Länder sowie durch alle offiziellen Dokumente zum Bologna-Prozess nicht in Frage gestellt worden. Der Bologna-Prozess lässt sich jedoch zweifelsfrei dahingehend interpretieren, dass es nicht mehr akzeptabel sein sollte, sich zum Verhältnis von Hochschule und Beruf für eine Vogel-Strauß-Politik zu entscheiden: zu hoffen, dass die Hochschule, je weniger sie bewusst gestaltete, desto besser funktionieren werde. Und nicht mehr akzeptabel erscheint es ebenfalls, den Verbleib von Hochschulabsolventen in mittleren Berufsbereichen lediglich als „Unfall" zu betrachten und den Kompetenzaufbau innerhalb von drei Jahren lediglich als „Halbbildung" abzutun.

Die Erklärungen von Sorbonne und Bologna verweisen explizit darauf, dass die Einführung eines Systems gestufter Studiengänge und -abschlüsse gegenüber der Vergangenheit aus seiner Systemlogik heraus die (kontinental-europäischen) Universitäten zwingt, sich neu darüber Gedanken zu machen, wie der universitäre Bachelor zu gestalten ist, damit er auch professionell relevant wird. Weitere Themen der „employability" mögen hier und da durch die gestufte Struktur aufgedrängt sein, schlagen jedoch überwiegend in den Bologna-Prozess durch die Entfesselung einer – ohnehin fälligen – generellen curricularen Diskussion oder durch sich verändernde Kontextbedingungen hinein; für letzteres hat der Lissabon-Prozess zur Entwicklung von Europa als „most competitive economy of the world" den höchsten Symbol-Gehalt. Der Zeitgeist macht dabei sicherlich diejenigen am glücklichsten, die gerne einen „Jargon der Nützlichkeit" pflegen und in der Sache gerne einem solchen Primat dienen.

Ob dies die Skeptiker, die eine zunehmende Subsumption der Hochschulen unter den vermeintlich unmittelbaren Bedarf des Beschäftigungssystems zu beobachten meinen, irritieren muss, ist eine andere Sache. Sicherlich hat Hochschulexpansion auch zur Folge, dass von den Hochschulen unter anderem auch – wie es bereits um 1970 in Deutschland formuliert wurde – eine stärkere Qualifizierung zu „auftragstreuem Mittelmaß" erwartet wird. Warum sollte aber ausgerechnet in einer „Wissenschaftsgesellschaft" die Anforderung an die Hochschulen sinken, ihre Absolventen auf „unbestimmte Aufgaben" vorzubereiten und zu nicht prognostizierbarer „Innovation" beizutragen? Und warum sollten sich die Hochschule ausgerechnet zu einer Zeit, in der die Konstellation der Akteure und „stakeholders" immer verwirrender und komplexer wird, sich immer mehr als hilflose Opfer des vorherrschenden Zeitgeistsfühlen?

10 Literaturhinweise

Alesi, Bettina u.a. (2005): Bachelor- und Master-Studiengänge in ausgewählten Ländern Europas im Vergleich zu Deutschland. Bonn und Berlin: Bundesministerium für Bildung und Forschung.

Benz, Winfried/Kohler, Jürgen/Landfried, Klaus (Hrsg.) (2004): Handbuch Qualität in Studium und Lehre. Berlin: Raabe.

Bohnet, Matthias et al. (Hrsg.) (2007): Wohin steuert die Bundesrepublik? Einige Entwicklungslinien in Wirtschaft und Gesellschaft. Frankfurt am Main: Peter Lang.

Bologna Working Group on Qualifications Frameworks (2005): A Framework for Qualifications of the European Higher Education Area. Kopenhagen: Ministry of Science, Technology and Innovations.

Bürger, Sandra/Teichler, Ulrich (2004): Besondere Komponenten der Studiengangentwicklung. In: Benz/Köhler/Landfried (2004): Teil E 3.1.

Centrum für Hochschulentwicklung (2007): Fit für den Job mit dem Bachelor? News vom 29.03.2007 (http://www.che.de).

Cerych, Ladislav/Sabatier, Paul (1986): Great Expectations and Mixed Performance. The Implementation of Higher Education Reforms in Europe. Stoke-on-Trent: Trentham.

Clark, Burton R./Neave, Guy R. (Hrsg.) (1992): The Enzyclopedia of Higher Education. Oxford: Pergamon Press.

Enders, Jürgen/Fulton, Oliver (Hrsg.) (2002): Higher Education in a Globalising World – International Trends and Mutual Observations. Eine Festschrift zu Ehren von Ulrich Teichler. Dordrecht: Kluwer.

Haug, Guy (2005): The Public Responsibility of Higher Education: Preparation for Labour Market. In: Weber/Bergan (2005): 203-209.

Haug, Guy/Tauch, Christian (2001): Trends in Learning Structures in Higher Education (II). Helsinki: Finnish National Board of Education.

Hochschulrektorenkonferenz (Hrsg.) (2005): Bologna-Reader. Texte und Hilfestellungen zur Umsetzung der Ziele des Bologna-Prozesses an deutschen Hochschulen. 4. Aufl. Bonn: HRK (Beiträge zur Hochschulpolitik, 8/2004).

Hochschulrektorenkonferenz (Hrsg.) (2007): Bologna-Reader II. Neue Texte und Hilfestellungen zur Umsetzung der Ziele des Bologna-Prozesses an deutschen Hochschulen. Bonn: HRK (Beiträge zur Hochschulpolitik, 5/2007).

Hörisch, Jochen (2006): Die ungeliebte Universität. Rettet die Alma mater. München und Wien.

Kehm, Barbara M./Teichler, Ulrich: Mit Bachelor- und Master-Studiengängen und -abschlüssen wohin? In: Das Hochschulwesen 54, 2006: 57-67.

Kellermann, Paul: Von Sorbonne nach Bologna und darüber hinaus. Zur Ideologie derzeitiger europäischer Hochschulpolitik. In: Soziologie 54 (1), 2006: 56-69.

Kelo, Maria/Teichler, Ulrich/Wächter, Bernd (Hrsg.) (2006): EURODATA. Student Mobility in European Higher Education. Bonn: Lemmens.

Kultusministerkonferenz (2005): Qualifikationsrahmen für Deutsche Hochschulabschlüsse (am 21.04.2005 beschlossen).

Liessmann, Konrad Paul (2006): Theorie der Unbildung. Wien: Paul Zsolnay Verlag.

Official BFUG Bologna Seminar: Enhancing European Employability (2006). Swansea: University of Wales Swansea (http://www.bolognaconference.swansea.ak.uk).

Rehburg, Meike (2006): Hochschulreform und Arbeitsmarkt. Die aktuelle Debatte zur Hochschulreform und die Akzeptanz von konsekutiven Studienabschlüssen auf dem deutschen Arbeitsmarkt. Bonn: Friedrich-Ebert-Stiftung.

Reichert, Sybille/Tauch, Christian (2003): Trends 2003. Progress Toward the European Higher Education Area. Brussels: European University Association.

Reichert, Sybille/Tauch, Christian (2005): Trends IV: European Universities Implementing Bologna. Brüssel: European University Association.

Sadlak, Jan/Liu, Nian Cai (Hrsg.) (2007): The World-Class University and Ranking: Aiming Beyond Status. Bucharest: UNESCO-CEPES; Cluj-Napoca: Presa Universitara Clujeana.

Schomburg, Harald/Teichler, Ulrich (2007): Potentiale der professionellen Relevanz des universitären Bachelor – einige Überlegungen auf der Basis des internationalen Vergleichs. In: Das Hochschulwesen 55.

Teichler, Ulrich (1992): Occupational Structures and Higher Education. In: Clark/Neave, (1992): 975-992.

Teichler, Ulrich (Hrsg.) (2002): ERASMUS in the SOCRATES Programme. Findings of an Evaluation Study. Bonn: Lemmens.

Teichler, Ulrich (2003): Hochschule und Arbeitswelt. Konzeptionen, Diskussionen, Trends. Frankfurt am Main und New York: Campus.

Teichler, Ulrich (2004): „Employability": Changes in the Relationships Between Higher Education and the World of Work on the Way Towards the European Higher Education Area. Keynote speech at the EUA Conference „University and Society: Engaging Stakeholders", Marseille, 1-3 April 2004.

Teichler, Ulrich (2005a): Berufliche Relevanz und Bologna Prozess. In: Welbers/Gaus (2005): 314-320.

Teichler, Ulrich (2005b): Hochschulstrukturen im Umbruch. Eine Bilanz der Reformdynamik seit vier Jahrzehnten. Frankfurt am Main und New York: Campus.

Teichler, Ulrich (2007): Die Internationalisierung der Hochschulen. Neue Herausforderungen und Strategien. Frankfurt am Main/New York: Campus.

Teichler, Ulrich/Kehm, Barbara M. (2007): Mit Bachelor und Masterstudiengängen und -abschlüssen wohin? Eine Zwischenbilanz zum Bologna-Prozess. In: Bohnet, Matthias; et al. (2007): 173-197.

TUNING (2002): Tuning Educational Structures in Europe: Proceeding of the Closing Conference. Brussels: European Commission.

Van Vught, Frans/van der Wende, Marijk/Westerheijden, Don (2002): Globalisation and Internationalisation: Policy Agendas Compared. In: Enders/Fulton (2002): 103-120.

Weber, Luc/Bergan, Sjur (Hrsg.) (2005): The Public Responsibility for Higher Education and Research. Strasbourg: Council of Europe Publishing.

Welbers, Ulrich (Hrsg.) (1992): Das integrierte Handlungskonzept Studienreform. Neuwied: Luchterhand

Welbers, Ulrich/Gaus, Olaf (Hrsg.) (2005): The Shift from Teaching to Learning. Konstruktionsbedingungen eines Ideals. Bielefeld: W. Bertelsmann.

Wildt, Johannes (1997): Fachübergreifende Schlüsselqualifikationen – Leitmotiv der Studienreform. In: Welbers (1997): 198-213.

Witte, Johanna (2006): Change of Degrees and Degrees of Change. Comparing Adaptions of European Higher Education Systems in the Context of the Bologna Process. Enschede: CHEPS/UT.

Medienkompetenz – Fundament für Employability und berufliche Kompetenzdarstellung?

Zur konzeptionellen Problematik des TUNING-Projektes

Barbara Hölscher und Justine Suchanek

1 Einleitung

Im Bologna-Prozess werden neue Ansprüche an die Curriculumsentwicklung formuliert, die auf ergebnisorientierte Ausbildungsprofile zielen. Neben Wissen sollen Kompetenzen vermittelt werden, die das in der Hochschulbildung erworbene Wissen auf dem Arbeitsmarkt produktiv werden lassen (Nägeli 2006). Dies ist ein Paradigmenwechsel, der vor allem Lehr- und Lernprozesse und die Prüfungspraxis betrifft, denn der Schwerpunkt vollzieht sich vom *input-* zum *output-orientierten* Studium. Die neue Messgröße über den Erfolg eines Studiengangs ist nunmehr weniger das dort vermittelte Wissen als der im *learning outcome* festgestellte Wissenserwerb und die erworbenen Kompetenzen. Welche Kompetenzen zentral sind, wird in europäischen Kompetenzen-Konzepten eingehend definiert (Kohler 2005, Nägeli 2006). Diese wurden auf nationaler Ebene bereits erarbeitet und sollen als Fachqualifikationsrahmen Orientierungspunkte für die Vermittlung von Kompetenzen in Studiengängen darstellen.

Medienkompetenz wird in allen Kompetenzen-Konzepten als eine Kernkompetenz herausgestellt. Problematisch erscheint allerdings, dass bis auf das DeSeCo-Projekt der OECD, welches den von Wissenschaftlern, Experten und Organisationen erarbeiteten Kompetenz-Katalog sozialwissenschaftlich begründet (Kaufhold 2006), die Kompetenzen-Konzepte empirisch gewonnen werden. Durchgesetzt hat sich weitgehend das *Tuning-Projekt*, welches im Jahr 2003 mit Hilfe von 20 Studien erarbeitet wurde. Europaweit wurden Hochschulen und Unternehmen danach befragt, welche Kompetenzen sie als zentral erachten, um auf dem Arbeitsmarkt erfolgreich zu sein, um Schnittmengen herauszudestillieren. Die durch eine Literaturanalyse herauskristallisierten 30 zentralen Kompetenzen, die in die Untergruppen von instrumentalen, interpersonalen und funktionalen Fähigkeiten eingeteilt sind, wurden Angestellten, Absolventen und Hochschullehrern vorgelegt, damit diese die Kompetenzen in eine Rangliste bringen. *Medienkompetenz* wird hier als „elementary computing skills" operationalisiert und von Angestellten auf Platz 10, von Absolventen auf Platz 4 und von Hochschullehrern auf Platz 16 gerankt (TUNING Educational Structures In Europe 2003: 72f). An diesem Vorgehen erscheint vielerlei unzureichend: Zunächst ist die Operationalisierung von Medienkompetenz willkürlich und eingeschränkt. Medienkompetenz ist weitaus mehr als nur das Bedienen von Computern. Der Zugang zu Kompetenzen über empirische Messungen hat zwar den Vorteil, dass theoretische Annahmen über zentrale Kompetenzen empirisch verifiziert werden, allerdings den nicht zu vernachlässigenden Nachteil, dass empirische Häufigkeiten Ausdruck von Moden, Zyklen und anderweitig besonderen Arbeitsmarktentwicklungen sein können. Unserem Erachten nach kommen solide Kompetenzen-Konzepte, die ihrerseits Grundlage für die Konstruktion von Studiengängen sein sollen, nicht um eine sozialwissenschaftlich theoretische Begründung herum. Das Manko des empirischen Zugangs wird an der offensichtlich unterschiedlichen Einschätzung der Wichtigkeit von Computerkenntnissen durch Angestellte, Absolventen und Hochschullehrern sichtbar.

Im Folgenden wird, um die Problematik des Tuning-Projektes zu verdeutlichen, zunächst aufgeschlüsselt, unter welchen Bedingungen Medienkompetenzen als sozial inklusives Wissen in einer Wissensgesellschaft, so insbesondere als arbeitsmarktrelevantes Wissen, gelten können. Hierzu ist ein Verständnis vom Wandel des Wissens in der Wissensgesellschaft notwendig (2). Medienkompetenz ist in einer sich schnell wandelnden Wissensgesellschaft, in der der Zugang zu immer schneller veraltetem Wissen zentral ist, besonders Erfolg versprechend, wenn es *funcional access* ermöglicht. Hierzu gehört weitaus mehr, als Computerkenntnisse (3). Aber auch der Inszenierungsgedanke sollte nicht vernachlässigt werden. Wer seine Qualifikationen mit Medienkompetenzen gut ins rechte Licht rücken kann, hat auf dem Arbeitsmarkt einen Vorteil (4). Schließlich wird bemängelt, dass Medienkompetenz als eine individuelle Kompetenz, die an Studierende vermittelt werden soll, diskutiert wird. Allerdings wird in einem Hochschulsystem, welches sich durch politische Steuerung zunehmend ausdifferenzieren soll, die Reputation der Zertifikate zunehmend durch die organisationale Reputation beeinflusst werden. Dies ist in anderen Ländern wie den USA durchaus der Regelfall. Hier kann die organisationale Medienkompetenz, wie z.B. die mediale Vermarktung der Hochschule und der Forschungsergebnisse einen wichtigen Beitrag zum „Vorsprungswissen" (Stehr 2004) leisten (5).

2 Medienkompetenz als sozial inklusives Wissen

In Gegenwartsdiagnosen ist oft die Rede von einer Wissensgesellschaft. In dieser gesellschaftlichen Selbstbeschreibung soll dem Wissen eine erweiterte Macht zukommen. Art und Umfang von Wissen sollen maßgeblich an der sozialen Inklusion/Exklusion (dem Eingeschlossensein versus dem Ausgeschlossensein) beteiligt sein. Der Theorie nach wird das soziale Inklusionspotential von Wissen in den wesentlichen Bereichen der modernen Gesellschaft in Form einer Verwissenschaftlichung aller Handlungs- und Lebensbereiche und über die Technisierung von Wissen begründet, was insbesondere Medienkompetenz voraussetzt.

Bereits im Jahr 1969 weist Drucker (1969) auf eine Polarisierung der Beschäftigten entlang der Achse Wissen/Nichtwissen hin. In seinen Analysen machen das Management, freiberufliche Wissensarbeiter und Wissensangestellte etwa ein Drittel der Berufstätigen aus und nehmen in der Wissensgesellschaft Führungspositionen ein. Dieses Segment wird eher sozioökonomisch denn sektoral definiert, so dass Finanzdienstleistungen der Wissensarbeit zugeordnet werden. Unterhalb dieser Wissensklasse siedelt er das Segment der Dienstleistungsarbeiter an, das sich aus knapp zwei Dritteln der Beschäftigten zusammensetzt und nicht über das Wissen bzw. die Bildung verfügt, um sich für Wissensarbeit zu qualifizieren. Hierzu zählen geringe Qualifikation und Produktivität, niedrige Entlohnung, geringer Status sowie schlechte Beschäftigungsverhältnisse. Fach- und Industriearbeiter wiederum bilden die untere Statusschicht. Diese Kategorie erscheint in der Wissensgesellschaft zunehmend marginalisiert. Drucker prognostiziert eine weitergehende Nachfrage nach *Wissensarbeitern*, während der gelernte Industriearbeiter immer mehr obsolet wird, weil sich angelernte Arbeiter für manuelle Tätigkeiten überall auf der Welt finden lassen.[1]

In neueren empirischen Untersuchungen wird die Verdrängungsthese bestätigt. Zwar haben Bildungstitel im Kohortenvergleich ihre Garantiefunktion verloren und die Konvertierbarkeit von Bildung ist auf dem Arbeitsmarkt unsicher geworden, dennoch werden Bildungstitel immer mehr zur unabdingbaren Voraussetzung, um überhaupt einen Arbeitsplatz zu bekommen. Durch einen „Fahrstuhleffekt" im Bildungssystem (Beck 1996), damit durch den Ausbau bildungsmeritokratischer Rekrutierungsmuster werden formal geringer Qualifizierte durch formal höher Qualifizierte, die selbst keine adäquate Stelle auf dem Arbeitsmarkt finden konnten, immer mehr verdrängt.

Die Gewinner der Wissensgesellschaft sind damit schnell ausgemacht: Es handelt sich vor allem um *wissensbasierte und professionell handelnde Berufsgruppen*. Professionell Handeln beinhaltet dabei immer auch die Kompetenz, beanspruchte und erwartete Kompetenzen glaubhaft *darzustellen*. Oder wie Pfadenhauer (1998, 294f.) formuliert: „Inszenierungstheoretisch erscheint, kurz gesagt, ‚Professionalität' im Wesentlichen als ‚Kompetenzdarstellungskompetenz'." (auch Hölscher 2002; 2002a) Konstitutiv für die Wissensgesellschaft ist dann nicht nur das Vordringen der Wissenschaft in die Gesellschaft (Stehr 1994; Weingart 2001, 2005), sondern vielmehr das Vorstoßen einer sekundären Produktionsstruktur, dabei vor allem die Anwendung von Wissen auf Wissen. Der rekursive Prozesscharakter von Wissen schlägt sich in der Berufsstruktur nieder und macht eine umfassende Gruppe wissensfundierter Berufe – den „knowledge disseminator" oder „knowledge interpreter" (Stehr 1994: 356) – in allen Wirtschaftsbereichen und allen sozio-ökonomischen Stufen notwendig. Experten, Lehrer, Ratgeber und Berater als klassische Wissensarbeiter vermitteln und wenden Wissen an. Diese „reproduzierende Produktion von Wissen" (Stehr 2000: 360) macht die zentrale gesellschaftliche Funktion der wissensfundierten Berufsgruppen aus. Die ökonomischen Transferbemühungen um das *kulturelle Kapital* (z.B. Bourdieu 1997) müssen allerdings verstärkt werden, wenn arbeitsmarktspezifische Berufschancen gewahrt werden sollen. Denn in einer Wissensgesellschaft werden auf Basis der Medienkompetenzen ständig neue Qualifikationen nachgefragt. Die Wirtschaft signalisiert das durch eigene Berufsbezeichnungen wie den Schnittstellenmanager, Informationsbroker und Wissensmanager. Wissensinhalte, die gestern noch als eine Distinktionsressource eingestuft wurden, können auf Grund der verkürzten Halbwertzeit von Wissen morgen zum Standard und übermorgen zum Stigma mutieren (vgl. auch Kraemer/Bittlingmayer 2001).

Einigkeit herrscht darüber, dass vor allem *Medienkompetenzen* sozial relevantes und inklusives Wissen darstellen. Schließlich erfordere die Verbreitung und Nutzung von Informations- und Kommunikationstechnologien neue souveräne Kompetenzen. Wissens-

---

1   Die gegenwärtige Arbeitsmarktsituation bestätigt Druckers Prognosen: Die Einen haben einen gut dotierten Job und arbeiten überdurchschnittlich viel (Pickshaus 2001), die Anderen müssen sich mit befristeten Stellen, geringfügig entlohnten Tätigkeiten oder Teilzeitarbeit begnügen (Kornwachs 2000).

basierte Technik sei dabei vor allem ein instrumentelles System, welches für politische Steuerung, Entscheidungsbildung und Partizipation eine überaus gewichtige Rolle spiele. In diesem Sinne kann man Willke (2001: 392) folgend von „wissensbasierten Infrastrukturen" sprechen. Massenmedien und Internet sind die neuen Bedingungen, unter denen soziale Inklusion durch Kritik möglich wird. Laien können sich vermehrt fremde Wissensbestände aneignen und so ihre Abhängigkeiten von den Experten reduzieren, das heißt, die Differenz zwischen Wissen/Nichtwissen minimieren. Innerhalb kurzer Zeit kann (beinahe) jeder zumindest Pseudo-Experte für Verschiedenes werden und sich als aktives Mitglied der Wissensgesellschaft erweisen. Zumindest theoretisch wird kaum jemand von der privilegierten Position des nachträglichen Besserwissens ausgeschlossen, was oft jedoch mehr ein gewisses Halbwissen, denn wirkliches Expertentum bedeutet. Bei hinreichender Recherche und Rezeption können Laien zu Pseudo-Experten avancieren und dann darüber staunen, was Geheimdienste, Lehrer oder Polizisten alles nicht wussten, aber hätten wissen müssen (vgl. u.a. Stichweh 2003: 7). Bezogen auf das Spezialwissen des Wissenschaftssystems formuliert Weingart:

> „Die Medien haben inzwischen gleichsam ein Monopol in der Kommunikation zwischen den ausdifferenzierten Teilwelten der Gesellschaft. Von ihnen erhalten wir unsere Informationen über die Bereiche, in denen wir nicht selbst zu Hause sind." (Weingart 2005: 11)

So werden zunehmende Partizipationschancen durch die Ausdehnung der Mechanismen der sozialen Inklusion prognostiziert. Durch den Aufstieg neuer Kommunikations- und Informationstechnologien soll Wissen auf lange Sicht alle gesellschaftlichen Schichten erreichen und jedem Individuum unabhängig von seiner sozialen Herkunft Teilhabechancen eröffnen. Vorreiter dieser These ist Bell (1985), der als Begründer der Diskussion um die Entwicklungschancen und Risiken der global vernetzten Wissensgesellschaft als auch der damit verknüpften Debatte um neu entstehende wissensvermittelte Ungleichheiten gilt. Er argumentiert, sicherlich aus seiner Zeitdiagnose heraus, dass in der postindustriellen Gesellschaft Wissen eine bedeutendere und die Ökonomie eine relativ geringe Rolle für Statuszuweisungsprozesse einnimmt. Wissen bilde eine solch „generalisierte Ressource im materiellen Verteilungskampf" (Stehr 1994: 196), dass alle anderen Faktoren der Statuszuweisung nachrangig würden. Gezeichnet wird damit ein offenes, wandelbares und sozial durchlässiges Schichtungssystem, in dem weder ökonomische Verhältnisse noch gesellschaftliche Reproduktion der Schichtzugehörigkeit eine Rolle spielen. Diesen Diagnosen zufolge, sind es die „cultural attitudes", eine gute Ausbildung und technisches Vermögen, die als Kriterien für den Aufstieg in die höchsten Positionen der Gesellschaft fungieren (Bell 1985). Letztlich ist der auf Bell (1985) zurückgehende *Abgesang auf die Ökonomie* sicherlich vorschnell gewesen. Heute, rund 20 Jahre später, wird nämlich wieder verstärkt von der *Ökonomisierung aller Lebensbereiche*, so z.B. auch von der zunehmenden „*Ökonomisierung der Wissenschaft*" gesprochen, die neben der Politisierung und vor allem der Medialisierung zu beobachten ist (u.a. Weingart 2001: 18f.). Dabei findet die Zuteilung der beruflichen Positionen in allen Bereichen nach wie vor über den Arbeitsmarkt statt, so dass die ökonomische Verteilungslogik immer noch, vielleicht sogar wieder verstärkt an der gesellschaftlichen Statuszuweisung beteiligt ist.[2] Die Annahme einer sinkenden Bedeutung der Ökonomie sowie des Arbeitsmarktes scheint gegenwärtig daher sehr fragwürdig. Dies stellt jedoch nicht in Abrede, dass die „cultural attitudes", eine gute Ausbildung, technisches Vermögen und Medienkompetenzen als weitere Kriterien für am Arbeitsmarkt – an den wirtschaftlichen wie auch den wissenschaftlichen Arbeitsmärkten – besonders nachgefragte Profile von Professionalität hinzugekommen sein mögen.

3 Medienkompetenz als „functional access"

Das soziale Inklusionspotential von Wissen wird in den wesentlichen Bereichen der modernen Gesellschaft als Verwissenschaftlichung aller Handlungs- und Lebensbereiche (Bell 1985: 180; Stehr 1994: 36f.; Weingart 2001: 12f.) und über die Technisierung von Wissen (Degele 1999, 2000) begründet, was wiederum Medienkompetenz voraussetzt. Bei dem vor allem medienpädagogisch geprägten Begriff *Medienkompetenz* sind nach Baacke (1998a; 1998b) vier Dimensionen zu unterscheiden, die nachhaltig die Debatte um und Erforschung von Medienwirkungen bestimmen:

- *Medienkritik* (Reflexion über vermittelte Wirklichkeitsbilder),
- *Medienkunde* (Wissen über Medien- und Programmvielfalt und -unterschiede),
- *Mediennutzung* (aktive Nutzung der Medien, z.B. Rezeption von Medienbotschaften wie Filmen, oder eigene Erstellung von Medieninhalten, z.B. Filmen, Schülerzeitschrift, Brennen einer CD-Rom),
- *Mediengestaltung* (sollte über das Gesagte hinaus, neue Inhalte, Phantasien auf technischer wie inhaltlicher Ebene ermöglichen, z.B. neu gestaltetes oder verfremdetes Design eines bestehenden IKEA Katalogs oder auch Marken-Logos). (Hölscher 2002a)
- In der medienanalytischen Debatte der *Cultural Studies* (z.B. Hepp 1997) wird *Medienaneignung* oft in einem Atemzug mit Mediennutzung genannt:
- *Medienaneignung* steht für das „Sich-zu-Eigen-Machen" von Medieninhalten, so auch von kommunizierten Anforderungen aus Stelleninseraten und wird als Prozess des Verstehens, Erlebens und Bewertens von Medieninhalten begriffen. Dieser Prozess setzt die aktive Mediennutzung voraus.[3]

---

2   Das Einkommen und die Erwerbstätigkeit sind nach wie vor gute Prädiktorvariablen für Wohlstand, Wohnverhältnisse, Armut und Gesundheit. Zwar kann empirisch belegt werden, dass z.B. in den USA das Einkommensgefälle zwischen hohen und niedrigen Bildungsabschlüssen zunimmt (Bluestone 1995), doch stehen Bildungsabschlüsse nicht nur für persönliche Verdienste. Wissen als Kulturkapital entfaltet erst durch die anderen Kapitalsorten seine volle Wirkung, da der Erwerb des Kulturkapitals vom ökonomischen Kapital abhängt und eng an den ökonomischen Transfermöglichkeiten ausgerichtet ist. (insb. Bourdieu 1997)

3   Angemerkt sei, dass Aneignungsstudien keine psychologischen Fragen verfolgen: „Vielmehr geht es in ihnen einerseits um die alltäglichen Handlungen/Praktiken, durch die sich Rezipienten Medientexte aneignen. Andererseits wird untersucht, in welcher Beziehung solche Handlungen zu weitergehenden gesellschaftlichen Kontexten stehen. Dabei wird das Medienpublikum nicht als eine Ansammlung vereinzelter Individuen gedacht, sondern als aus einer Vielzahl von Gruppen bestehend, deren Mitglieder durch spezifische kommunikative Beziehungen miteinander verbunden sind. Beispiele für solche Gruppen sind Familien, aber auch Jugendcliquen, Freundeskreise usw." (Hepp 1997: 179) Nicht nur in diesem Zusammenhang ist relevant: „Massenkommunikation und interpersonale Kommunikation können nicht isoliert voneinander betrachtet und untersucht werden. Beide Formen bilden gemeinsam ein integriertes, komplexes, soziales Kommunikationssystem." (Eisenstein 1994: 19, 48ff.; ähnlich Schenk 1995: 40ff.)

Diese Begriffe, insbesondere der der Medienkompetenz, werden in der definierten Form im Weiteren verwendet. Auf dieser Folie erhält die Annahme, wissensbasierte Technik verstärke den Inklusionseffekt, eine verfeinerte Bedeutung. So scheint z.B. das enorme Wachstum der Internet-User zu belegen, dass multimedial eine *gesamtgesellschaftliche Optionssteigerung* vorzufinden ist. Ist kein privater PC verfügbar, gibt es immer mehr Möglichkeiten, universitäre Internetzugänge oder Internet-Cafés zu nutzen (dazu insb. Weber 2001: 143). Die weltweite Vernetzung wird im öffentlichen Diskurs mit der *Dialektik weltweiter Entgrenzung* interpretiert. Die Möglichkeit, unter physisch Abwesenden zu kommunizieren, ermöglicht neue Formen der Partizipation (Berger 1999). Das Internet kann Staats- und Kulturgrenzen, Sprachbarrieren, religiöse und ethnische Grenzen überschreiten, wobei Weber (2001) visionär das Internet als Glück verheißende und Glück schaffende globale Maschine beschreibt. Dann scheinen lokale Zwänge von Identitätszuschreibungen zunehmend aufgehoben zu sein und mit der Verbreitung der Kommunikationsmedien könnten die kommunikative Dominanz Einzelner aufgehoben, könnten Hierarchien zerstört werden. Als treffliches Argument gilt, dass das Unten und Oben auf der Bühne der elektronischen Kultur verschwindet (Krysmanski 1997). Solchen Diagnosen und Visionen zufolge sei Gesellschaft also gerade nicht „durch eine ‚Wissensklasse' oder die Vorherrschaft der ‚Professionellen' gekennzeichnet" (Willke 1998: 164), sondern durch neue Partizipationschancen für alle. Zu berücksichtigen seien

> „die neu gewonnenen Handlungskapazitäten der Akteure, die Flexibilität, Heterogenität, Volatilität sozialer Strukturen und die Möglichkeit (...), dass eine größere Anzahl von Individuen und Gruppen die Chance haben, diese Strukturen in ihrem Sinn zu beeinflussen und zu reproduzieren" (Stehr 2000: 313, Ausl. d. Verf.).

Mit den neuen Handlungsmöglichkeiten gehen aber auch neue Erwartungen an Medienkompetenzen einher. Insbesondere auf der Ebene von Organisationen – und die Hochschulen zählen eindeutig hierzu – wird Wissen als Selektionskriterium für Stellen formuliert, die nicht Jedermann erfüllen kann. Wer sie erfüllt gilt als gefragte innovative Arbeitskraft und auch als viel versprechende/r, reputierliche/r Wissenschaftler/in oder Nachwuchs-Wissenschaftler/in. Wie sich *Medienkompetenzen* aber genauer *als Schlüsselqualifikationen* konstituieren und für Arbeitgeber „messbar" und mit Blick auf das Innovationspotential einer Arbeitskraft abfragbar werden, bleibt weitgehend eine Oberflächenanalyse. In der pädagogischen Debatte um Schlüsselqualifikationen ist Bunk prominent. Seiner Ansicht nach steigen gesellschaftliche und arbeitsbezogene Anforderungen, was sich unter anderem zeige in

> „... der Verschiebung von größerer Arbeitsteilung zu komplexer Misch- und Gruppenarbeit, von bloß ausführender Arbeit zu mehr dispositiver Arbeit, von fremdgesteuerter Arbeit zu selbstgesteuerter Arbeit, von statistischen Arbeitsabläufen zu dynamischen Umstellungen, von Fremdorganisation zu mehr Selbstorganisation, von Fremdkontrolle zu mehr Selbstkontrolle, von Fremdverantwortung zu mehr Eigenverantwortung" (Bunk 1994: 15).

Kenntnisse mit hoher Zukunftserwartung stellen demnach die Kompetenzen dar, um mit neuen Technologien umzugehen. Jedoch sind für Bunk das Allgemeine, das Selbstständige und das Menschliche miteinander verwoben und zugleich Voraussetzung für ganzheitliches Berufshandeln. Medienkompetenzen sind dann eher Basiskompetenzen, die erst in Kombi-

nation mit Kulturtechniken, Darstellungstechniken, Transferfähigkeit und dem selbstständigen Beschaffen und Verarbeiten von Informationen, aber auch mit Persönlichkeitseigen-
schaften wie einem hohen Kommunikationsvermögen zur vollen Entfaltung kommen
(Bunk 1990). Diese Qualifikationen seien die Voraussetzung für ganzheitliches und inte-
gratives Lernen. Sie sind demnach eher eine Methode für Wissenserwerb und -anwendung
denn ein Wissensdepot und von daher nicht messbar.

Aus psychologischer Sicht wird die bisherige Nutzung des Begriffs Schlüsselqualifikationen oft kritisiert (z.B. Weinert 1998). In konkrete Definitionen oder gar empirisch prüf-
baren Kategorien, die mit Blick auf Medienkompetenzen genutzt werden können, münden
diese Kritiken aber nicht. Wieder bleiben Schlüsselqualifikationen als Allgemeinplatz stehen, als dekontextuierte und entspezialisierte Kenntnisse, die einen Vorrat an funktional-
autonomen Wissen bilden, wobei Medienkompetenzen einen bereichsspezifischen Denk-
modus bilden sollen.

Verheißungsvoller scheint ein sozialwissenschaftlicher oder auch ein berufspädagogischer Zugang zu sein. Einige Autoren stellen die These einer zukünftigen „*Entberuflichung*" oder *„neuen Beruflichkeit"* auf (z. B. Kutscha 1992; Severing 2001; Struck 2006:
330f.). Denn die neuen Arbeitsformen seien dadurch gekennzeichnet, dass Arbeit nicht
mehr nach Berufen strukturiert werden könne. Vielmehr müssten sich Akteure als Jobinha-
ber beständig auf neue Arbeitssituationen und Zeitarbeit einstellen.

Klassisch sind Berufe, als sozial typisierte und institutionalisierte Qualifikationsbün-
del, Ausdruck einer hoch regulierten Arbeitsordnung der „Facharbeitergesellschaft". Berufe
federn die konfliktreiche Vermarktung und Nutzung menschlicher Arbeitsfähigkeiten ab
(Voß/Pongratz 1998: 132).[4] In diesem Sinne ist *Entberuflichung* als „Vermarktlichung von
Arbeitsorganisation und Arbeitsbeziehungen" (Baethge 1999: 31) zu verstehen. Der These
der Entberuflichung folgend, wird die Funktion des Berufs als Identitätsstifter durch das
Lernen ersetzt. Das *lebenslange Lernen* kann eine stabilisierende Komponente gegen die
zunehmende Unsicherheit durch Nichtwissen und durch die Flexibilisierung ehemals stabi-
ler Lebensläufe sein. Geißler geht es anscheinend weniger um spezifische Kompetenzen,
die im Berufsleben hilfreich sein können, sondern um Kompetenzen, die das Arbeitsleben
und die Lebensführung integrieren können sowie weitergehende Lebensführungskompeten-
zen. *Kompetenzen werden im Vergleich zu Schlüsselqualifikationen weitläufiger konzipiert.*
Eine kompetente Person zeichnet sich durch ein Bündel von Kenntnissen und Fähigkeiten
aus, die nicht nur zur selbstständigen und dispositiven Arbeitsorganisation befähigen und
Lernende zu Experten ihres eigenen Lernens machen, sondern die auch im Alltag dienlich
sind. Den Mitarbeitern aller wirtschaftlich orientierten Organisationen werden verschiedene
Formen wie Sach-, Methoden-, Sozial-, Führungs-, Erfolgskompetenz usw. abverlangt.
Durch die Grundsätze der zunehmenden „Ökonomisierung der Wissenschaften" gilt dies
eben auch im gestiegenen Maße für die Hochschulen bzw. den tertiären Bildungssektor und
die Wissenschaften. So soll der oder die kompetente, innovative Mitarbeiter/in ein „Arbeitskraftunternehmer" (Voss/Pongratz 1998) – auf Hochschulen bezogen gleichermaßen
ein „Wissensmanager" und ein „Wissenschaftsmanager" – sein, der/die sich selbstständig

---

4　So stellen auch Beck/Brater/Daheim (1980) heraus: „Der Beruf ist eine Organisation von Arbeitsvermögen
　　und seiner Vermarktung, die weitgehend standardisierte und systematisch entwickelte Fachqualifikationen
　　ebenso einschließt wie extrafunktionale Fähigkeiten oder sekundäre Arbeitstugenden."

und zielsicher im Sinne und zum Wohle der Organisation weiterbildet. Er oder sie soll tragfähige Kontakte, Arbeitsbeziehungen und Netzwerke in der Organisation ebenso wie zur relevanten Umwelt der Organisation knüpfen, pflegen und ausbauen. Ferner soll er bzw. sie seine/ihre eigenen Stärken und Schwächen treffsicher einschätzen und beherrschen können, ganz im Sinne eines Selbstmanagements, das sich an den Organisationszielen ausrichtet. Bezogen auf Hochschulen heißt das, dass deren Mitarbeiter und Mitarbeiterinnen ihr Selbstmanagement gleichmaßen an den Organisationszielen der Hochschule sowie an den Vorgaben der jeweiligen „scientific community" ausrichten sollen, wobei diese beiden Vorgabestränge nicht zwingend in die gleiche Richtung gehen müssen. So denke man an die Vereinbarkeit der beiden Forderungen nach „Qualität der Lehre" einerseits und „Reputation durch Forschung und Publikationen" andererseits bei steigenden Studierendenzahlen und häufigem Abbau von Mitarbeiterstellen.

Für Organisationen, gleichviel ob Wirtschaftsorganisationen oder Wissenschaftsorganisationen und Hochschulen oder zunehmend auch solche des öffentlichen Dienstes, wirken sich diese Hinweise auf die Dynamisierung von Wissen im Zeitverlauf (Suchanek 2006) direkt auf die Konstitution von Medienkompetenzen aus. Dabei geht es nicht nur um das technische Bedienungswissen, sondern ebenfalls um das informierte Wissen. Gegenwärtig bezieht sich dies insbesondere auf neuere Informations- und Kommunikationstechnologien, die großteils mit dem Internet einhergehen. Denn mittels des informierten Wissens, das Degele (1999, 2000) als „Wissenswissen" bezeichnet, kann jeder jederzeit auf Wissen zurückgreifen, es ist fließend in der Anwendung und zugleich die Anwendung steuernd. Durch die neueren Kommunikationstechnologie (z.B. Email, WorldWideWeb) nimmt Wissen eine neue Gestalt an: eine mehr inhaltsarme, dafür aber verarbeitungs- und inszenierungsfreudige Gestalt. Das heißt, dass die auf der Bühne des Arbeits- und Berufslebens stets gefragte „Kompetenzdarstellungskompetenz" nunmehr medial selbst inszeniert werden kann und der Selbstinszenierung z.B. auf Homepages dient (vgl. hier Abschnitt 4; auch Suchanek/Hölscher 2009). Dabei wird vom medienkompetenten Publikum-Nutzer nicht nur der Informationsgehalt solcher Homepages ge- und bewertet, sondern auch der Auftritt, also diemal mehr, mal weniger intensive künstlerische Gestaltung. Wie diese künstlerische Gestaltung einer Homepage auszusehen hat, untersteht je nach Organisationstyp verschiedenen Normen und Werten. Vor diesem Hintergrund ist auch zu begreifen, dass die Internetauftritte des Wissenschafts- und Hochschulsystems mehrheitlich vielleicht als weniger „schillernd" zu bezeichnen sind als die einiger Wirtschaftsunternehmen, die sogar Fanclubs und Fanartikel anbieten.

Wenn in einer solchen Wissensgesellschaft das Fach- und Domänenwissen anscheinend an Priorität verliert, sind veränderte oder gar neue Kompetenzen gefragt. So wird es immer schwieriger, den unter Druck geratenen, strukturierenden Faktor Zeit zu entschleunigen, den sich potenzierenden Datenpool zu verwalten sowie Informationsmüll von wichtigen Informationen zu trennen. Die Notwendigkeit wächst, neue Umgangsformen mit Wissen zu erlernen. So können mit Meckel (1999) folgende Strategien des Wissensmanagements genannt werden, mit denen eine individuelle Informationsaquise und Wissensverwaltung erzielt werden kann:

- Die *Aneignungskompetenz* ermöglicht eine Selektion von Informationen.
- Mittels der *Adaptionskompetenz* können die Informationen in vorhandene Wissensbestände integriert und aktualisiert werden.

- Die *Identifikationskompetenz* hilft, passendes Wissen für Fragestellungen heranzuziehen.
- Mit der *Anwendungskompetenz* können Handlungsoptionen vom theoretischen Wissen abgeleitet werden.
- Die *Verbreitungskompetenz* bedient sich der interpersonalen Kommunikation. (Meckel 1999: 36)

Etwas anders unterscheidet Degele (2000) drei Phasen des Einsatzes von Metakompetenzen beim Umgang mit Medien: Wissenserlangung, -verarbeitung, -produktion.

- Die *Erlangung von Wissen* setzt Filter- und Auswahlkompetenzen voraus, die ihrerseits eine Selektion von Informationen ermöglichen.
- Die *Verarbeitung von Wissen* bedarf der Abstraktions- und Strukturierungskompetenzen, wodurch die Informationen in vorhandene Wissensschemata integriert und aktualisiert werden können.
- Für die *Wissensproduktion* sind Kommunikations- und Koordinationskompetenzen notwendig. Denn die Bearbeitung von Fragestellungen erfordert den Rückgriff auf „passendes" Wissen über Problemlösungen sowie Problemlösungsstrategien. Außerdem sollten Handlungsoptionen vom theoretischen Wissen abgeleitet werden.

Bei der Verbreitung von Wissen spielt Kommunikation ebenso eine Rolle wie die soziale Dimension bei Metakompetenzen: Sozialpsychische Kompetenzen beziehen sich dabei auf Kommunikation, Autonomie und Ambiguitätstoleranz. Sozialethische Kompetenzen umfassen Folgebewertung und Verantwortung (Degele 2000: 92). So können sich nicht nur Wissenschaftler im WorldWideWeb schnell mit Kollegen austauschen, sondern auch Studierenden bieten sich vielfältige Möglichkeiten, unter anderem über StudiVZ oder auch Recherchen zu relevanten Referaten und Hausarbeiten. Gerade im letzteren Fall sind die Medienkompetenzen der Hochschullehrer/innen gefragt, um bei ihren Bewertungen von Hausarbeiten sicherzustellen, dass es sich in der Tat um eine Eigenleistung des Studierenden handelt.

4 Medienkompetenz und die berufliche Kompetenzdarstellung[5]

Berufe, die in der Regel ein höheres Bildungs- und Ausbildungsniveau erfordern und die regelmäßig in überregionalen Zeitungen ausgeschrieben werden, können als inzwischen weitgehend professionalisierte und überwiegend verwissenschaftlichte Berufe gelten (Stehr 2000; Kurtz 2005). Was „Professionalität" kennzeichnet, ist allerdings eine ebenso alte wie wiederkehrende Frage der Berufssoziologie,[6] aber auch eine anderer Disziplinen, wie der Berufspädagogik (z.B. Combe/Helsper 1996). Der wesentliche Grund hierfür ist, dass Pro-

---

5   Dieser Abschnitt ist angelehnt an Hölscher 2002a: 256-260 sowie Suchanek/Hölscher 2009.
6   Aus soziologisch-systemtheoretischer Sicht sind *Professionen* verberuflichte Leistungsrollen der Sozialsysteme. Klassisch handelt es sich dabei um Ärzte, Pfarrer, Lehrer etc. Allerdings ist es geradezu ein Merkmal der Wissensgesellschaft, dass die besondere professionelle Handlungsweise nicht auf professionelle Berufsgruppen beschränkt bleibt. Die Handlungslogik anderer Experten, Ratgeber, Berater und professioneller Dienstleister basiert ebenso immer weniger auf einer technisch-instrumentellen Anwendung von wissenschaftlichem Regelwissen und immer mehr auf einem Fallverstehen, welches durch Erfahrungswissen und hermeneutische Sensibilität ergänzt wird (Kurtz 1998: 110).

fessionalität weder als unmittelbar sichtbare Qualität von Akteuren, noch als historisch fixer Zustand anzusehen ist, der zum Beispiel bei einer bestimmten Berufsgruppe allein anhand „objektiver" Kriterien festzustellen wäre. Professionalität verweist vielmehr auf einen über *Darstellungen rekonstruierbaren Anspruch*, den die Berufsakteure selbst haben und der andererseits von außen an die Akteure und an die durch sie vertretene Berufsgruppe heran getragen wird.

Inszenierungstheoretisch ist Professionalität damit als ein bestimmtes Darstellungsproblem zu begreifen, das nur deshalb zum Problem wird, weil sowohl auf Akteur- wie auf Systemebene bestimmte Erwartungen und relevante „erwartete Erwartungen" (Luhmann 1969) an die professionstypische Darstellung gebunden sind, ja ihr sogar vorausgehen. Die dabei maßgebliche Frage lautet: *Wie*, das heißt, mit welchen Mitteln, Methoden und Techniken kann es einem individuellen oder kollektiven Akteur gelingen, dass signifikante Andere ihm Professionalität attestieren? Das heißt, *wie* kann bei anderen der glaubhafte Eindruck von Professionalität geweckt werden? In dieser Hinsicht sei mit Pfadenhauer zusammengefasst:

> „Entgegen dem strukturfunktionalistischen Verständnis, demzufolge ‚Professionalität' ein *objektiver* Tatbestand auf Grund tatsächlich nachgewiesener Kenntnisse und Fähigkeiten ist und im Wesentlichen auf herausragenden fachlichen Qualifikationen beruht, wird der Professionelle inszenierungstheoretisch [...] vor allem durch seine *Kompetenz* charakterisiert, von ihm beanspruchte Kompetenzen glaubhaft *darzustellen*. Inszenierungstheoretisch erscheint, kurz gesagt, ‚Professionalität' im Wesentlichen als ‚Kompetenzdarstellungskompetenz'." (Pfadenhauer 1998: 294f.; vgl. auch Hölscher 2002a: 256-260)

Das Wirken und Erscheinen als Professioneller, als ein Profi auf seinem Gebiet, das heißt, die Beurteilung des Dargestellten als Professionalität ist das *Ziel der beruflichen Kompetenz-Inszenierung*. Dafür ist heute eine umfassende Medienkompetenz unabdingbar. Man stelle sich nur einmal vor, ein Professor oder eine Professorin wäre in der heutigen Zeit nicht in der Lage Emails zu schreiben und zu beantworten; könnte keine Internetrecherchen durchführen und könnte keine PowerPoint-Präsentation bedienen usw. In diesem Sinne steht Professionalisierung auf Akteurebene für den Prozess, in dem die notwendige *Kompetenzdarstellungskompetenz* erlernt, internalisiert und *habitualisiert* wird – und Medienkompetenz gehört seit geraumer Zeit wie selbstverständlich hierzu.

Häufig wird in solchen Zusammenhängen von einem professionellen Habitus, von Profi-Sprache bzw. Fachjargon geredet, die beobachtbare Resultate der Professionalisierung sind und zugleich Professionalität *symbolisieren*. Da dieser Prozess nicht auf Einzelne beschränkt bleibt, sondern zu einem partialkollektiven Phänomen wird, das die Angehörigen bestimmter Berufsgruppen betrifft, etabliert sich ein spezifisches Muster von Professionalität. Zugleich werden hierüber die je typischen Ausgestaltungen von Professionalitäten in den entsprechenden Teilen der Wirtschaft ebenso in denen der Wissenschaften und des Hochschulwesens *institutionalisiert*.[7] Auf Handlungsebene äußert sich diese Institutionali-

---

7   Hier kann von einer Partial-Verkollektivisierung von berufstypischem Habitus die Rede sein, was den professionellen Habitus als institutionelles Phänomen in Organisationen oder als berufstypisch in Erscheinung treten lässt. Nur so können Ärzte (immer noch) als „Halbgötter in Weiß" gelten, können sich Klischees über den „typischen Wissenschaftler" hartnäckig halten, kann das Bild vom Werber als einem „kreativen Lebenskünstler", der weitgehend autonom im gestalterischen Beruf Erfüllung und Selbstverwirklichung findet, überhaupt zustande kommen (weiterführend Hölscher 2002).

sierung, der stets Habitualisierungsprozesse vorausgehen, schließlich in der dramaturgischen Darstellung und – manchmal auch medialen – Aufführung von Professionalität, die alle Beteiligten wechselseitig voneinander erwarten, wobei auch erwartete, also antizipierte Erwartungen erwartet werden.

In einer konkreten Handlungssituation sind die Erwartungen sowie die antizipierten Erwartungen von und an Professionelle allerdings nicht auf dramaturgische Auf- und Vorführungen ihrer Kompetenzdarstellungskompetenz eingeschränkt. Vielmehr muss das Dargestellte mit Substanziellem einhergehen. Entscheidend ist also, dass die dargestellte Kompetenz nicht als "Leerformel", als „mehr Schein als Sein" entlarvt wird, sondern als (weitgehend) *authentisch* wahrgenommen und gewertet wird. Dass also die Qualität von versprochenen Leistungen und die damit vorgegebenen Qualifikationen für die Tätigkeit, die als Eindruck über die dramaturgische Inszenierung von Professionalität vermittelt werden sollen, auch eingelöst werden (können). Dies beruht ebenso auf einem sozialen Konsens wie die wechselseitige Erwartung von Kompetenzdarstellungen. Hier kommt jedoch, zumindest im ersten Zugriff auf Bewerber, doch wieder die strukturfunktionalistische Vorstellung von Professionalität zum tragen, indem in der Regel zunächst formale Qualifikationsnachweise eingefordert werden (Bildungszertifikate, Arbeitszeugnisse; Publikationslisten u. ä.). Solchen Forderungen nach substanziellen Leistungsnachweisen liegt das Verständnis von Professionalität zu Grunde, wonach Professionen als solche Berufe gelten, „[...] die über besondere Qualifikations-, Kontroll- und Erwerbschancen und damit verbunden über ein hohes Maß an Ansehen und Einfluss in der Gesellschaft verfügen" (Pfadenhauer 1998: 292).

Derart betont Parsons (1964b; 1965), dass Professionen eine integrative soziale Funktion erfüllen, die auf Wertverwirklichung, Normenkontrolle und damit auf die Kontrolle der Einhaltung gesellschaftlicher Wertuniversalien abstellt. Folgt man solchen strukturfunktionalistischen Modellen, so geht die berufsspezifische Arbeitsteilung in modernen Gesellschaften auf die Ausdifferenzierung von rational notwendigen Funktionen und Leistungen zurück. Diese werden in Berufspositionen gebündelt, die mit bestimmten Rollenerwartungen und Leistungsanforderungen auf Berufsakteure übertragen werden. Die Leistungsorientierung und Leistungserbringung wird durch Sozialisation und Internalisierung der berufstypischen Normen und Werte sowie durch (überwiegend positive) Sanktionen gesichert. Dies erfolgt vor allem während der Berufsausbildung und -ausübung, worüber schließlich die Habitualisierung der je spezifischen Gestalt von Professionalität erfolgt. Die Einhaltung von Professionalität und von professionellem Handeln wird „[...] in einem gewissen Ausmaß durch strukturelle Zwänge gesichert" (Daheim 1973: 234; vgl. auch Daheim 1967; 1992; Hartmann 1972; Parsons 1964a).

Objektive Professionalität kann über formale Kriterien und Zertifikate, wie Zeugnisse, nachgewiesen werden. Entlang der typischen Relevanzstrukturen von Stellenanbietern (Arbeitgeberseite) und (potenziellen) Bewerbern richten sich deren Wahrnehmungen, Deutungen und Bewertungen von substanziellen Leistungen sowie die Selektionskriterien im Wesentlichen daran aus, ob für die in der Ausschreibung beschriebenen berufstypischen Probleme tatsächlich kompetente Lösungsstrategien verfügbar sind. Solche berufstypischen (z. B. soziologischen oder juristischen oder medizinischen) Problemlösungen setzen bestimmte Sonderwissensformen der Disziplinen voraus, die auf individueller Bewerberseite wie auf Organisationsseite verfügbar sein müssen (Oevermann 1996; Schütz/Luckmann

1979: 374ff., 382ff.; Berger/Luckmann 1980: z.B. 124f.; Hölscher 1998: 44f.). Auf Basis der „Reziprozität der Perspektiven", also der menschlichen Grundannahme der „Vertauschbarkeit der Standpunkte und [...] Kongruenz der Relevanzsysteme" (Schütz/Luckmann 1984: 95) wird den relevanten „erwarteten Erwartungen" (Luhmann 1969) zwischen inserierenden Firmen oder auch Hochschulen und der jeweiligen Arbeitsmarkt-Zielgruppe über die Mittlerinstanz der Stellenanzeigen Ausdruck verliehen. So in Form von reglementierten Stellenbeschreibungen mit Forderungen nach über Zertifikate nachweisbarer Professionalität. Gleichzeitig werden in aller Regel in Stellenausschreibungen gewisse *Kompetenzdarstellungskompetenzen* auf beiden Seiten erwartet und (ein-)gefordert. Vorausgesetzt wird dann z. B. bei ausgeschriebenen wissenschaftlichen und Hochschulstellen, dass mögliche Bewerber/innen auch um die nicht formulierten Anforderungen wissen. Dieses Spezialwissen um die weitere Selektionskriterien der Ausschreibenden, die aus den medial veröffentlichten Stellenausschreibungen zumeist nicht hervorgehen, gehört nicht nur zum Professionswissen, sondern kennzeichnet zudem Medienkompetenz; nämlich das so genannte „Lesen zwischen den Zeilen".

Sicherlich leuchtet schnell ein, dass die professionelle Praxis von kognitiv anspruchsvollen Problembewältigungen oft unter Entscheidungsdruck und Zeitknappheit erfolgt, weshalb sie immer unter dem Risiko des Misserfolgs stehen. Professionelle müssen sich meist in Situationen der „Ungewissheit" für eine Lösungsstrategie entscheiden. Dies erfordert subjektive Komponenten von den Professionellen, wie Intuition, Urteilsfähigkeit, Risikobereitschaft und Verantwortungsübernahme, die zumindest in vielen Stellenanzeigen von Wirtschaftsunternehmen als Persönlichkeitsmerkmale gefordert werden. Solche Persönlichkeitsmerkmale sind aber nicht formal nachweisbar, auch wenn sie in Arbeitszeugnissen manchmal attestiert werden. Spätestens an dieser Stelle setzt die kompetente Kompetenzdarstellung ein. Bei Arbeitgebern, hier den Stellenanbietern, setzt dies das Vertrauen in die authentische Vorführung von Kompetenz voraus. (allgemein dazu u.a. Stichweh 1994: 294f.) Zu betonen ist, dass bestimmte Pesönlichkeitsmerkmale auch im Wissenschafts- und Hochschulbereich gefordert sind, dass diese aber eben nicht in Stellenausschreibungen formuliert werden. Wie bereits erwähnt, handelt es hier um Spezialwissen, das von sich bewerbenden Professionellen als „Grundlagenwissen" erwartet wird.

Damit sind formale Kriterien in der Regel nur erste Auswahlkriterien, die als Eintrittskarten in bestimmte berufliche Stellungen und Positionen dienen. Im Berufsalltag zählen dann mehr Kriterien der Kompetenz, also der Erfüllung von berufstypischen Anforderungen. Daneben gilt bereits in der Bewerbungsphase auf eine Berufsposition, dass das „Sich-Verkaufen-Können" und das „Sich-in-Szene-Setzen", also die *symbolische Kompetenzdarstellungskompetenz* entscheidend für die Anstellung sein kann. Erst recht gilt dies für den beruflichen Karriereweg. Diese Notwendigkeit von dramaturgischen Inszenierungen der eigenen Professionalität kann auch als unausgesprochenes, wechselseitig erwartetes *Self-Marketing* am Arbeitsmarkt und im Berufsleben bezeichnet werden (weiterführend Hölscher 2002a: 40f.). Dies geschieht im Wissenschafts- und Hochschulsystem gern auf den Bühnen von Hörsaal und Seminarräumen, von Kongressen und Tagungen oder aber über Publikationen oder manchmal eben auch über mediale Auftritte als Experten zur Frage X (z. B. Terrorismus oder Klimawandel).

Insgesamt beruhen Strategien des „Self-Marketing" und die damit einhergehende Kompetenzdarstellungskompetenz auf einem in der Regel unausgesprochenen sozialen

Konsens. Das eigentlich Soziale in Stellenanzeigen ist aber das Angebot eines Tausches: Eine bezahlte Stelle gegen ein bestimmtes Professionsprofil. Zweckrationale, strategische Aspekte von marktorientierter Mitarbeiterwerbung sollen mitsamt einem in der Wirtschaft oft geforderten *kundenahen Verhalten* auf das Handeln in der Berufswelt der jeweiligen Wirtschaftsorganisationen übergehen und ihr ökonomisches Kapital nicht nur sichern, sondern vermehren.

Im Horizont des Bologna-Prozesses kann ähnlich für das Wissenschafts- und Hochschulsystem formuliert werden, dass auch hier zweckrationale, strategische Aspekte von marktorientierter Mitarbeiterwerbung mitsamt einem zunehmend geforderten *kundenahen Verhalten* auf das Handeln in der Berufswelt der jeweiligen Hochschulorganisationen übergehen sollen. So soll zunächst ihr symbolisches Kapital „Reputation" und hierüber das der Hochschule über öffentliche Haushalte zugesprochene ökonomische Kapital nicht nur gesichert, sondern vermehrt werden. Den Studierenden sollen zudem kompetent deren künftige Kompetenzdarstellungen ihrer Disziplin vermittelt werden. *Medienkompetenz* gehört auch hierbei wie selbstverständlich dazu und wird bei Studierenden sukzessive vorausgesetzt und eingefordert: zum Beispiel über die Erwartung, dass Studierenden Referate mit Hilfe einer PowerPoint-Präsentation halten; dass Studierende selbstständig auch im Internet Recherchen zur Studienorganisation selbst wie zu Lehrinhalten durchführen u. v. m.

In beiden Fällen – Wirtschaft sowie Wissenschaft und Hochschule – fordert der Arbeitsmarkt im Gegenzug kulturelles Kapital von den Akteuren in Form von Zertifikaten, Wissen und Repräsentationsvermögen. Dies scheint immer häufiger und auch verstärkt als Distinktionskriterium zwischen „High Potentials" und „Low Potentials" zu fungieren – so ist zumindest als eine These festzuhalten. Es stellt sich jedoch die Frage, ob es einzig das kulturelle Kapital ist, das als Input der Mitarbeiter in die sie beschäftigende Organisation gefordert wird oder ob nicht das soziale Kapital im Rahmen der Kompetenzdarstellungskompetenz und der Inszenierung von Professionalität unter den heutigen Akteuren im Berufsleben zunehmend wichtiger geworden ist. Dies wird auf Ausbildungsseite durch die zunehmende, vor allem auch internetbasierte Vernetzung von Studierenden z. B. über StudiVZ deutlich.

Medienkompetenz erscheint in der heutigen Zeit auch in dieser Hinsicht ein zentrales Fundament für Employability wie auch für die berufliche Kompetenzdarstellung. Medienkompetenz wird gerade auch in akademischen Berufen vorausgesetzt, wird jedoch nicht zwingen via Zertifikat erworben.

5   Verknüpfung individueller und organisationaler Reputation – Fazit

Es kann zusammengefasst werden: In der gegenwärtig diagnostizierten Wissensgesellschaft ist Medienkompetenz ein wesentliches Fundament für die organisationale wie auch die individuelle berufliche Selbstinszenierung und für die kompetente Darstellung der eigenen wirtschaftlichen und/oder wissenschaftlichen beruflichen Kompetenz. Die hier umrissene Differenziertheit der Medienkompetenzen kann jedoch mit den Mitteln und Methoden des bereits eingangs vorgestellten *Tuning-Projekts* nicht hinreichend erfasst und widergespiegelt werden. Hierfür scheinen sozialwissenschaftliche Kompetenzen-Konzepte in der Tat besser geeignet; wie das hier vorgestellte Inszenierungsmodell, welches die Relevanz der Kompetenzdarstellungskompetenz in den Vordergrund rückt.

Ferner ist festzuhalten, dass sich insbesondere im deutschen Wissenschafts- und Hochschulsystem die Zweigleisigkeit zwischen Erfordernissen an die „Qualität der Lehre" und dem Streben nach „Reputation durch Forschung und Publikationen" als problematisch erweist.[8] Hier hilft die medienkompetente berufliche Kompetenzdarstellung nur mittelbar weiter. So verweisen die Homepages an den Universitäten oftmals auf beides. Denn politisch angestrebt ist eine Ausdifferenzierung des Hochschulsystems dahingehend, dass gute Forschung und qualitativ hohe Ausbildung auf institutioneller Ebene sichtbar wird. Hierzu gehört, dass Hochschulen die Autonomie eingeräumt wird, selbständig ihre Profilierung auf Basis ihrer Stärken zu gestalten und diese zu vermarkten. Prozesse der Imagebildung werden mit der zunehmenden öffentlichen Aufmerksamkeit bezüglich des Ertrags von Hochschulen immer wichtiger. Weingart (2003: 118) spricht in diesem Zusammenhang davon, dass sich die Rolle der Öffentlichkeit im 20. Jahrhundert grundlegend verändert hat: Der Gesellschaftsvertrag sei dahingehend neu gefasst, dass die Wissenschaft mit ihren zentralen Organisationen gegenüber der Öffentlichkeit Rechenschaft ablegen müsse. Zur geforderten *Accountability* würden nunmehr Vertrauen und Glaubwürdigkeit der Organisationen hinzutreten. Die Inhalte der universitären Bemühungen um gesellschaftliche Akzeptanz können wiederum anders als in der medialen Berichterstattung in eigenständigen Werbemaßnahmen der Hochschulen selbst ausgewählt und gewichtet werden.

Die organisationalen Selbstbeschreibungen von Hochschulen in Deutschland sind im Gegensatz zu den USA, wo bereits in den 1950er/60er Jahren das Hochschulmanagement eine wichtige Rolle spielte, ein relativ neues, wenn auch stark expandierendes Phänomen (Suchanek 2008). Zentral hierbei ist, dass die zunehmende Sichtbarkeit von *Exzellenz* in Forschung und Lehre, die mit der Profilierung einhergeht, Auswirkungen auf die arbeitsmarktspezifische Bildungsrendite der Zertifikate von Absolventen hat. Medienkompetenzen nehmen hier insofern eine gewichtige Funktion ein, als dass nur Forschungsergebnisse und gute Lehre sichtbar werden, wie es eine Hochschule versteht, diese medial zu vermarkten. Hierzu gehört das Engagement von Hochschullehrern, ihre Forschungsergebnisse und *learning outcomes* in verschiedener Hinsicht in die Gesellschaft medial zu transferieren. Nur so kann sich die Hochschule in der Gesellschaft wieder präsent machen, indem sie sich in öffentliche Diskurse einmischt und als Problemlöser anbietet. Zudem kann die Hochschule hierüber zeigen, dass sie die Orientierung der studentischen Ausbildung an den Anforderungen der Praxis als zentrale Aufgabe erachtet und sich ihrer Rolle als Bildungsstätte bewusst ist. Je höher die Medienkompetenz der Organisation Hochschule sowie der Hochschullehrer ist, umso erwartbar höher ist die Reputation der Institution und der in ihr erworbenen Zertifikate.

Hier allerdings gibt es ein Reputationsdilemma. Die Profession des Wissenschaftlers steht vor einem neuen Legitimitätsproblem. Wurde bislang die Spezialisierung des Wissens als „Königsweg" betrachtet, um Expertenstatus zu erlangen und im wissenschaftlichen Konkurrenzkampf zu bestehen (Pellert 2005), kolonialisiert die mediale Logik nun selbst diejenigen Bereiche, die ehemals der professionellen Handlungsweise zugedacht waren. Tatsächlich ist zu beobachten, dass Wissenschaftler/innen zunehmend den Weg über die

---

8   Hierzu vgl. auch den Beitrag „Change Management" von Langenbeck/Suchanek/Hölscher in diesem Band.

Medien suchen, um sich Vorteile in Form der Zuweisung von finanziellen Ressourcen und Legitimation zu verschaffen. Die innerwissenschaftliche Zuweisung von Reputation durch die Peers, die eine wichtige Steuerungsfunktion darstellt, wird strategisch über die Medien umgangen, um innerwissenschaftliche Konflikte für sich zu entscheiden oder die eigenen Forschungen zu expandieren (Weingart 2001: 243ff). Eine zu rege Erzeugung von medialer Aufmerksamkeit gilt in dem Reputationssystem der Wissenschaften allerdings als „anrüchig" und wird durch einen Entzug der innerwissenschaftlichen Reputation bedroht.

6   Literatur

Arbeitsgemeinschaft betriebliche Weiterbildungsforschung e. V. (Hrsg.) (2001): Kompetenzentwicklung 2001. Münster: Waxmann.

Baacke, Dieter (1998a): Zum Konzept und zur Operationalisierung von Medienkompetenz. URL: http://www.paedagogik-uni-bielefeld.de/agn/ag9/MedKomp.htm (15.01.2002).

Baacke, Dieter (1998b): Medienkompetenz am Beispiel eines 15-jährigen Mädchens. URL: http://www.paedagogik-uni-bielefeld.de/agn/ag9/KompBei.htm (15.01.2002).

Baethge, Martin (1999): Subjektivität als Ideologie. Von der Entfremdung in der Arbeit zur Entfremdung auf dem (Arbeits-)Markt? In: Schmidt (1999): 29–44.

Beck, Ulrich (1996): Risikogesellschaft. Auf dem Weg in eine andere Moderne. Frankfurt am Main: Suhrkamp.

Beck, Ulrich/Brater, Michael/Daheim, Hansjürgen (1980): Soziologie der Arbeit und der Berufe – Grundlagen, Problemfelder, Forschungsergebnisse. Reinbek: Rowohlt.

Bell, Daniel (1985): Die nachindustrielle Gesellschaft. Frankfurt am Main/New York: Campus.

Benz, Winfried/Kohler, Jürgen/Landfried, Klaus (Hrsg.) (2005, 2006): Handbuch Qualität in Studium und Lehre, Berlin: Raabe.

Berger, Peter A. (1999): Kommunikation ohne Anwesenheit. Ambivalenzen der postindustriellen Wissensgesellschaft. In: Rademacher u.a. (1999): 145-168.

Berger, Peter A. (Hrsg.) (2001): Die Erwerbsgesellschaft. Neue Ungleichheiten und Unsicherheiten. Opladen: Leske + Budrich.

Berger, Peter L./Luckmann, Thomas (1980): Die gesellschaftliche Konstruktion der Wirklichkeit. Eine Theorie der Wissenssoziologie. Frankfurt am Main: Suhrkamp.

Bluestone, Barry (1995): The Inequality Express. In: The American Prospect 6, 1995: 81-93.

Bourdieu, Pierre (Hrsg.) (1997): Die verborgenen Mechanismen der Macht. Hamburg: VSA-Verlag.

Bourdieu, Pierre (1997): Ökonomisches Kapital – Kulturelles Kapital – Soziales Kapital. In: Bourdieu (1997): 49-79.

Bunk, Gerhard P. (1994): Kompetenzvermittlung in der beruflichen Aus- und Weiterbildung in Deutschland. In: CEDEFOP Europäische Zeitschrift für Berufsbildung 1, 1994: 9-15.

Bunk, Gerhard P. (1990): „Schlüsselqualifikationen" anthropologisch-pädagogisch begründet. In: Sommer (1990): 175-188.

Combe, Arno/Helsper, Werner (Hrsg.) (1996): Pädagogische Professionalität. Untersuchungen zum Typus pädagogischen Handelns. Frankfurt am Main: Suhrkamp.

Daheim, Hansjürgen (1967): Der Beruf in der modernen Gesellschaft. Köln: Kiepenheuer u. Witsch.

Daheim, Hansjürgen (1992): Zum Stand der Professionssoziologie. In: Dewe u. a. (1992): 21-35.

Degele, Nina (2000): Informiertes Wissen. Eine Wissenssoziologie der computerisierten Gesellschaft. Frankfurt am Main/New York: Campus.

Degele, Nina (1999): „Doing Knowledge". Vom gebildeten zum informierten Wissen. In: Honegger/Hradil/Traxler, (1999): 459-470.

Dewe, Bernd/Ferchhoff, Wilfried/Radtke, Frank-Olaf (Hrsg.) (1992): Erziehen als Profession. Zur Logik professionellen Handelns in pädagogischen Feldern. Opladen: Leske + Budrich.

Drucker, Peter. F. (1969): The age of discontinuity. Guidelines for our changing society. London/Middlesex: Penguin.

Eisenstein, Cornelia (1994): Meinungsbildung in der Mediengesellschaft. Eine Analyse zum Multi-Step Flow of Communication. Opladen: Westdeutscher Verlag.

Hartmann, Heinz (1972): Arbeit, Beruf, Profession. In: Luckmann/Sprondel (1972): 36-52.

Hepp, Andeas/Winter, Rainer (Hrsg.) (1997): Kultur – Medien – Macht. Cultural Studies und Medienanalyse. Opladen: Westdeutscher Verlag.

Hepp, Andreas (1997): Das Lokale trifft das Globale. Fernsehaneignung als Vermittlungsprozess zwischen Medien- und Alltagsdiskursen. In: Hepp/Winter (1997): 179–199.

Hitzler, Ronald (1994): Sinnbasteln. Zur subjektiven Aneignung von Lebensstilen. In: Mörth/Fröhlich (1994): 75-92.

Hölscher, Barbara (1998): Lebensstile durch Werbung? Zur Soziologie der Life-Style-Werbung. Opladen/Wiesbaden: Westdeutscher Verlag.

Hölscher, Barbara (2002): Werbung heißt: Kreativität, Idealismus, Gestaltung. In: Willems (2002): 497-511.

Hölscher, Barbara (2002a): Inszenierungsgesellschaft als Weltbild der „Marken-Macher". Eine Reflexion über die Beziehungen zwischen Soziologie und Werbewirtschaft. Habilitationsschrift, Universität Bielefeld.

Honegger, Claudia/Hradil, Stefan/Traxler, Franz (Hrsg.) (1999): Grenzenlose Gesellschaft? Opladen: Leske + Budrich.

Hradil, Stefan (Hrsg.) (1997): Differenz und Integration. Die Zukunft moderner Gesellschaften. Verhandlungen des 28. Kongresses der Deutschen Gesellschaft für Soziologie in Dresden 1996. Frankfurt am Main: Campus.

Kaufhold, Marisa (2006): Kompetenz und Kompetenzerfassung: Analyse und Beurteilung von Verfahren der Kompetenzerfassung, Wiesbaden: VS Verlag für Sozialwissenschaften.

Kneer, Georg/Nassehi, Armin/Schroer, Markus (Hrsg.) (2001): Klassische Gesellschaftsbegriffe der Soziologie. München: Fink.

Kohler, Jürgen (2005): Europäische Qualifikationsrahmen und ihre Bedeutung für die einzelstaatlichen Studiensysteme. In: Benz/Kohler/Landfried (2005): D 1.4.

Kornwachs, Klaus (2000): Vom Wissen zur Arbeit? In: Mittelstraß (2000): 237-266.

Kraemer, Klaus/Bittlingmayer, Uwe H. (2001): Soziale Polarisierung durch Wissen. Zum Wandel der Arbeitsmarktchancen in der „Wissensgesellschaft". In: Berger (2001): 331-356.

Krysmanski, Hans-Jürgen (1997): Weltsystem, neue Medien und soziologische Imagination. In: Hradil (1997): 679-695.

Kurtz, Thomas (2005): Die Berufsform der Gesellschaft. Weilerswist: Velbrück Wissenschaft.

Kurtz, Thomas (1998): Professionen und professionelles Handeln. Soziologische Überlegungen zur Klärung einer Differenz. In: Peters (Hrsg.) (1998): 105-122.

Kutscha, Günter (1992): ‚Entberuflichung' und ‚Neue Beruflichkeit' — Thesen und Aspekte zurModernisierung der Berufsbildung und ihrer Theorie. In: Zeitschrift für Berufs- und Wirtschaftspädagogik (ZBW), Bd. 88, Heft 7/1992: 535-548.

Luckmann, Thomas/Sprondel, Walter (Hrsg.) (1972): Berufssoziologie. Köln: Kiepenheuer u. Witsch.

Luhmann, Niklas (1969): Normen in soziologischer Perspektive. In: Soziale Welt, 20, 1969: 28-48.

Matalik, Silvia/Schade, Diethard (Hrsg.) (1998): Entwicklungen in Aus- und Weiterbildung: Anforderungen, Ziele, Konzepte. Baden-Baden: Nomos.

Meckel, Miriam (1999): Vom Wissen zum Meta-Wissen. Informatisierung und Orientierung (in) der modernen Gesellschaft. In: Medien-Journal, 23, 1999: 30-41.

Mittelstraß, Jürgen (Hrsg.) (2000): Die Zukunft des Wissens. Deutscher Kongress für Philosophie. Berlin: Akademie-Verlag.

Mörth, Ingo/Fröhlich, Gerhard (Hrsg.) (1994): Das symbolische Kapital der Lebensstile. Zur Kultursoziologie der Moderne nach Pierre Bourdieu. Frankfurt am Main/New York: Campus.

Nägeli, Rudolf Andreas (2006): Europäische Kompetenzen-Konzepte im Bildungsbereich. Bedeutung und Nutzen für die Curriculum-Entwicklung. In: Benz/Kohler/Landfried (2006): D 1.3.

Oevermann, Ulrich (1996): Theoretische Skizze einer revidierten Theorie professionellen Handelns. In: Combe/Helsper (1996): 70-182.

Parsons, Talcott (1964a): Beiträge zur soziologischen Theorie. Hrsg. von Dietrich Rüschemeyer. Neuwied am Rhein u.a.: Luchterhand.

Parsons, Talcott (1964b): Die akademischen Berufe und die Sozialstruktur. In: Parsons (1964a) 160-178.

Parsons, Talcott (1965): Struktur und Funktion der modernen Medizin. In: Kölner Zeitschrift für Soziologie und Sozialpsychologie, Sonderheft 3, 1965: 10-37.

Pellert, Ada (2005): Die Leitung von Universitäten oder die Herausforderung Hochschulmanagement. In: Welte/Auer (Hrsg.) (2005): 51-63.

Peters, Sibylle (Hrsg.) (1998): Professionalität und betriebliche Handlungslogik. Bielefeld: Bertelsmann.

Pfadenhauer, Michalea (1998): Das Problem zur Lösung. Die Inszenierung von Professionalität. In: Willems/Jurga (1998): 291-304.

Pickshaus, Klaus/Schmitthenner, Horst/Urban, Hans J. (2001): Arbeiten ohne Ende. Neue Arbeitsverhältnisse und gewerkschaftliche Arbeitspolitik. Hamburg: VSA-Varlag.

Rademacher, Claudia/Schroer, Markus/Wiechers, Peter (Hrsg.) (1999): Spiel ohne Grenzen? Ambivalenzen der Globalisierung. Opladen: Westdeutscher Verlag.

Schenk, Michael (1995): Soziale Netzwerke und Massenmedien. Untersuchungen zum Einfluss der persönlichen Kommunikation. Tübingen: Mohr.

Schmidt, Gert (Hrsg.) (1999): Kein Ende der Arbeitsgesellschaft. Arbeit, Gesellschaft und Subjekt im Gestaltungsprozess. Berlin: Ed. Sigma.

Schütz, Alfred/Luckmann Thomas (1984): Strukturen der Lebenswelt. Band 2. Frankfurt am Main: Suhrkamp.

Schütz, Alfred/Luckmann Thomas (1979): Strukturen der Lebenswelt. Band 1. Frankfurt am Main: Suhrkamp.

Severing, Eckart (2001): Entberuflichung der Erwerbsarbeit – Folgerungen für die betriebliche Bildung. In: Arbeitsgemeinschaft betriebliche Weiterbildungsforschung (2001): 247-280.

Sommer, Karl-Heinz (Hrsg.) (1990): Betriebspädagogik in Theorie und Praxis. Festschrift Wolfgang Fix zum 70. Geburtstag. Esslingen: Deugro.

Spinner, Helmut F./Nagenborg, Michael/Weber, Karsten (Hrsg.) (2001): Bausteine zu einer neuen Informationsethik. Berlin/Wien: Philo.

Struck, Olaf (2006): Flexibilität und Sicherheit. Wiesbaden: VS Verlag für Sozialwissenschaften.

Stehr, Nico (2000): Die Zerbrechlichkeit moderner Gesellschaften. Weilerswist: Velbrück Wissenschaft.

Stehr, Nico (1994): Arbeit, Eigentum und Wissen. Zur Theorie von Wissensgesellschaften. Frankfurt am Main: Suhrkamp.

Stichweh, Rudolf (2003): Wissensgesellschaft und Wissenschaftssystem. https://www.uni-bielefeld.de/(de)/soz/iw/pdf/stichweh_7.pdf

Stichweh, Rudolf (1994): Wissenschaft, Universität, Profession. Frankfurt am Main: Suhrkamp.

Stichweh, Rudolf (1997): Professions in Modern Society. In: International Review of Sociology 7, 1997: 95-102.

Stichweh, Rudolf (1992): Professionalisierung, Ausdifferenzierung von Funktionssystemen, Inklusion. Betrachtungen aus systemtheoretischer Sicht. In: Dewe (1992): 36-48.

Suchanek, Justine (2008): Die Selbstbeschreibung von Hochschulen. Strategien für den Wettbewerbsvorsprung, die gesellschaftliche Legitimation und Beschäftigungsfähigkeit im Kontext globaler Herausforderungen. In: Willems (2009): 463-484.

Suchanek, Justine (2006): Wissen – Inklusion – Karrieren. Zur Theorie und Empirie der Wissensgesellschaft. Göttingen: V&R unipress.

Suchanek, Justine/Hölscher, Barbara (2009): Professionalität und sozialer Kapital als Erfolgsrezept? In: Willems (2009): 595-614.

TUNING Educational Structures In Europe (2003): Tuning Educational Structures in Europe – Final Report Pilot Project Phase 1. In: www.relint.deusto/TUNINGProjekt/index.htm.

Voß, G. Günter/Pongratz, Hans J. (1998): Der Arbeitskraftunternehmer. Eine neue Grundform der Ware Arbeitskraft. In: Kölner Zeitschrift für Soziologie und Sozialpsychologie, 50. 1998: 131-158.

Weber, Karsten (2001): Informationelle Gerechtigkeit. Herausforderungen des Internets und Antworten einer neuen Informationsethik. In: Spinner u.a. (2001): 129-194.

Weinert, Franz E. (1998): Vermittlung von Schlüsselqualifikationen. In: Matalik/Schade (1998): 23-43.

Weingart, Peter (2001): Die Stunde der Wahrheit? Zum Verhältnis der Wissenschaft zu Politik, Wirtschaft und Medien in der Wissensgesellschaft. Weilerswist: Velbrück Wissenschaft.

Weingart, Peter (2003): Wissenschaftssoziologie. Bielefeld: Transcript.

Weingart, Peter (2005): Die Wissenschaft der Öffentlichkeit. 1. Aufl., Weilerswist: Velbrück Wissenschaft.

Welte, Heike/Auer, Manfred/Meister-Scheytt, Claudia (Hrsg.) (2005): Management von Universitäten. München/ Mering: Hampp.

Willems, Herbert/Jurga, Martin (Hrsg.) (1998): Inszenierungsgesellschaft. Ein einführendes Handbuch. Opladen/ Wiesbaden: Westdeutscher Verlag.

Willems, Herbert (Hrsg.) (2002): Die Gesellschaft der Werbung. Wiesbaden: Westdeutscher Verlag.

Willems, Herbert (Hrsg.) (2009): Theatralisierung der Gesellschaft. Bd. 1. Wiesbaden: VS Verlag für Sozialwissenschaften.

Willke, Helmut (2001): Wissensgesellschaft. In: Kneer u.a. (2001): 379-398.

Willke, Helmut (1998): Organisierte Wissensarbeit. In: Zeitschrift für Soziologie 27, 3, 1998: 161-177.

Professionalisierungsanforderungen im Trend

Zum Verhältnis von Wissen und Kompetenzen in nachgefragten Profilen

Justine Suchanek

1   Employability – Ein Professionalisierungskonzept für den Arbeitsmarkt?

Die Hochschulen stehen vor die Herausforderung, sich künftig auf einem europäischen Bildungsmarkt behaupten zu müssen. Im Zuge des Bologna-Prozesses haben sich mittlerweile 45 Länder der tief greifenden Hochschulreform angeschlossen, welche auf die Einführung eines einheitlichen Studiensystems mit international anerkannten Studiengängen und -abschlüssen zielt. Die Schaffung eines europäischen Hochschulraumes durch vergleichbare Abschlüsse und ein Leistungspunktesystem soll Studierenden (internationale) Mobilität während des Studiums ermöglichen einen internationalen Arbeitsmarkt eröffnen. Die europäische Dimension in der Hochschulausbildung wird im Wesentlichen durch die Zusammenarbeit in der Qualitätssicherung und die Definition eines gemeinsamen Qualifikationsrahmens vorangetrieben.

Kernelement des europäischen Qualifikationsrahmens und Gegenstand intensiver Debatten ist das Employability-Konzept. Im Wettbewerb um die besten Studierenden können sich nur Studiengänge behaupten, deren Inhalte auf die zukünftige Berufspraxis erfolgreich vorbereiten. Bereits der erste Abschluss soll auf die Anforderungen des Arbeitsmarktes und nicht ausschließlich auf ein weiteres Studium ausgerichtet sein. Da die „Beschäftigungsfähigkeit" eines Studiengangs ein zentrales Kriterium bei der Akkreditierung darstellt, kommt keine Hochschule um die Auseinandersetzung mit dieser Anforderung herum.[1] Allerdings erweist es sich als schwierig – und dies spiegelt sich in der intensiven Debatte um das Employability-Konzept wider – ein schlüssiges Studiengangkonzept zu entwickeln, das optimal auf den Arbeitsmarkt vorbereitet. Die auf europäischer Ebene definierten Deskriptoren, welche die zu erwerbenden Kompetenzen und Lernergebnisse beschreiben und bereits auf nationaler Ebene vorliegen, stellen allenfalls eine Orientierung auf der Meta-Ebene dar, die für die einzelnen Fächergruppen noch eingehender ausgearbeitet werden müssen.[2]

---

[1]   Ein weiter gefasstes Employability-Konzept beinhaltet auch die unterstützende Vorbereitung der Absolventen auf den Arbeitsmarkteintritt, das heißt, das Angebot von Bewerbungstrainings, Career Centern, etc.

[2]   Um Standards auf der Ebene der Fächer zu etablieren, arbeiten mehrere Fächergruppen (Vertreter von mehr als 150 Hochschulen) im Rahmen eines von der EU-Kommission geförderten Projekts „Tuning Educational Structures in Europe" zusammen.

Hierbei ist der Tatsache Rechnung zu tragen, dass Fachqualifikationsrahmen enorm aufwendig sind, da Studiengänge für heterogene Berufsfelder bzw. weitgehend ausdifferenzierte Arbeitsmärkte ausbilden; das heißt, ein Mathematiker über andere Kernkompetenzen verfügen sollte als ein Lehrer. Auch sollte in einem Studiengang die Möglichkeit offen gehalten werden, ob der Mathematiker SAP-Programmierer, Finanzdienstleister oder Unternehmensberater wird. Grade Absolventenbefragungen zeigen, dass ca. 25% aller Hochschulabsolventen in berufsfremden Bereichen tätig werden (Briedis/Minks 2004: 140f). Noch schwieriger wird die Ausrichtung von Studiengängen an potentiellen Berufsfeldern und Arbeitsmärkten, wenn Master-Studiengänge in hohem Grad interdisziplinär angelegt sind. Bereiten Studiengänge auf internationale Arbeitsmärkte vor, ist darüber hinaus zu bedenken, dass in anderen europäischen Ländern unterschiedliche Professionalitätsprofile für die selbigen Berufe nachgefragt werden können (vgl. Suchanek 2006).

Überhaupt stellt es kein leichtes Unterfangen dar, verlässliche Informationen über die Anforderungen der zukünftigen Berufswelt zu gewinnen. Büger/Teichler (2006) verweisen auf das Manko amtlicher Statistiken, keine Aussagen über den Verbleib neuer Hochschulabsolventen zu machen, den Mangel an repräsentativen Absolventenbefragungen, methodische Fehler bei Alumni-Befragungen, spezifische Wahrnehmungsverzerrungen und Interpretationsvorlieben bei Arbeitgeberbefragungen sowie Prognose- bzw. Planungsdefizite bei der Stützung auf Arbeitskräftebedarfsprognosen. Natürlich können alle für sich genannten Informationsquellen wie Puzzles zu einem Gesamtbild der Professionalitätsanforderungen an Akademiker beitragen, allerdings werden Verzerrungen kaum zu vermeiden sein. In diesem Zusammenhang ist aufschlussreich, dass im Tuning-Projekt Arbeitgeber und Hochschuldozenten unterschiedliche Kernkompetenzen als wichtig erachten (Nägeli 2008).

Die Konzepte zur Beschäftigungsfähigkeit der angebotenen Studiengänge sind deshalb daraufhin zu hinterfragen, ob sie den tatsächlichen Anforderungen des Arbeitsmarktes entsprechen. Denn mit der Orientierung auf internationale Kompetenzen und Schlüsselqualifikationen wird ein *Mismatching* keineswegs verhindert. Das in Hochschulen vermittelte Wissen, welches nicht mehr ausschließlich von den Disziplinen definiert wird, orientiert sich immer noch wenig an den tatsächlichen Anforderungen des Arbeitsmarktes:

> „Strukturen und Inhalte des Lehrangebots ergeben sich darüber hinaus aus einer Mischung aus universitärer Profilierungskonkurrenz, wahrgenommener (nicht unbedingt tatsächlicher) Nachfrage nach Kompetenzen auf dem Arbeitsmarkt und internationalen Anpassungszwängen." (Weingart 2003: 137)

Begriffliche Unschärfen und die Schwierigkeit, die verschiedenen Konzepte zur Systematisierung von Kompetenzen bzw. Schlüsselqualifikationen vereinbaren zu können, kommen erschwerend hinzu.[3] Dementsprechend kritisiert Weinert (1998), dass an den Begriff

---

3 Die wissenschaftliche Employability-Diskussion findet in Englisch statt, so dass die Übersetzung in den Begriff „Beschäftigungsfähigkeit" unscharf ist, die KMK schlägt deshalb den Begriff „Berufsfähigkeit" vor (siehe hierzu kritisch Anz 2006). Wie Teichler in diesem Buch zudem feststellt, ist „Beschäftigungsfähigkeit" in der Arbeitsmarktforschung und –politik für besondere Maßnahmen bei „Betreuungskunden" (Definition des Arbeitsamtes), das heißt, für auf dem Arbeitsmarkt schwer vermittelbare Risikogruppen reserviert. Ebenso verhält es sich mit dem Begriff Kompetenz: In Deutschland werden damit Fähigkeiten und Fertigkeiten bezeichnet, die zu eigenverantwortlichem Handeln in privaten, beruflichen und gesellschaftlichen Situationen führen. Danach sind Kompetenzen „die bei Individuen verfügbaren oder durch sie erlernbaren kognitiven Fähigkeiten und Fertigkeiten, um bestimmte Probleme zu lösen, sowie die damit verbun-

Schlüsselqualifikation immer mehr unübersichtliche Bedeutungskategorien angehängt werden (in der Literatur werden nahezu 300 Schlüsselqualifikationen genannt), die ihn zu einem bunten Strauss geistiger, persönlicher und sozialer Wünschbarkeiten degradieren[4]. Es fehlt eine Gewichtung bzw. Konzentration auf Kernkompetenzen, die unabhängig von temporären Entwicklungen des Arbeitmarktes Erfolg versprechen. Dieser Hinweis ist nicht von der Hand zu weisen, denn mit Ausnahme des OECD-Referenzrahmens für Schlüsselkompetenzen sind Kompetenzen-Konzepte bisher weitgehend eklektisch entwickelt und beziehen sich allein auf den Verwertungszusammenhang (Holmes 2000). Sie orientieren sich kaum an sozialwissenschaftlich-pädagogischen Begründungszusammenhängen, geschweige denn an gesellschaftlichen Entwicklungstrends.

Dabei ist von zentralem Interesse, wie das *Verhältnis von Wissens- und Kompetenzentwicklung* gestaltet werden sollte, um die Qualifikationsziele (Wissenschaftlichkeit, Professionalisierungsanforderungen der Arbeitswelt und gesellschaftliche Verantwortung) bestmöglich zu erreichen. Denn in einer Gesellschaft, die sich als Wissensgesellschaft definiert, dabei handelt sich um die Vorstellung einer Gesellschaft, in welcher fast alle Handlungsbereiche zunehmend wissensbasiert sind, verändert sich die Berufsstruktur nachhaltig (Stehr 1994: 36f). Die professionelle bzw. die forschende Verhaltensweise bleibt nicht auf wissenschaftliche Berufsgruppen beschränkt und durchdringt gleichermaßen verschiedenste Berufsfelder (Kurz 1998: 110; Stehr 2000; Suchanek 2006; Weingart 2001). Allerdings bleibt bislang offen, welche Kompetenzen die so genannten „Wissensarbeiter" benötigen, um ihr in der Hochschule erworbenes Wissen in der Arbeitswelt produktiv werden zu lassen. Dies könnte ein wichtiger Hinweis auf Professionalisierungsanforderungen sein, die unabhängig von Moden und temporären Entwicklungen des Arbeitsmarktes Erfolg versprechen.

Vor diesem Hintergrund werden die Professionalisierungsanforderungen an Hochschulabsolventen bezüglich des *Verhältnisses von Wissen und Kompetenzen* näher beleuchtet. Zunächst werden empirische Studien der Bildungsökonomie daraufhin geprüft, ob sie Aussagen über mögliche Wissens- und Qualifikationsdefizite machen, die zu einem *Mismatching* oder *Downgrading* auf dem Arbeitsmarkt führen (2). Eine empirische Exploration

---

denen motivationalen, volitionalen und sozialen Bereitschaften und Fähigkeiten, um die Problemlösungen in variablen Situationen erfolgreich und verantwortungsvoll nutzen zu können" (Weinert 2001: 27). Dagegen wird im Englischen Kompetenz auf seine Verwertbarkeit bezogen. Diesen Sachverhalt bildet im deutschen Sprachraum eher der Begriff „Qualifikation" ab: „Unter Qualifikation hingegen sind Fertigkeiten, Fähigkeiten und Wissensbestände im Hinblick auf ihre Verwertung zu verstehen, das heißt, Qualifikation ist primär aus der Sicht der Nachfrage und nicht des Subjekts bestimmt" (Dehnbostel 2003: 7). Die Europäische Kommission (2000: 14) bringt den Qualifikationsbegriff mit dem Lernergebnis in Verbindung: „Eine Qualifikation ist erreicht, wenn eine zuständige Stelle entscheidet, dass der Lernstand einer Person den im Hinblick auf Kenntnisse, Fertigkeiten und Kompetenzen spezifizierten Anforderungen entspricht. Dass die angestrebten Ergebnisse erreicht wurden, wird durch einen Evaluierungsprozess oder einen erfolgreich abgeschlossenen Bildungsgang bestätigt". Im vorliegenden Text wird der Begriff Kompetenz bevorzugt, da oftmals nicht ersichtlich ist, ab wann eine Verwertbarkeit erzielt wird.

4   Anstatt den Begriff Schlüsselqualifikation in den Zusammenhang mit intellektuellen Fähigkeiten und strukturellen Persönlichkeitsmerkmalen zu bringen, definiert Weinert (1998) Schlüsselqualifikationen als dekontextuierte und entspezialisierte Kenntnisse, die einen Vorrat an funktional-autonomen Wissen bilden. Diese Qualifikationen dienen dazu, über die Fachkenntnisse hinaus eine Übertragbarkeit auf andere Arbeitsfelder oder Wissenskontexte zu vollziehen. Schlüsselqualifikationen können erlernt werden und sind mit dem Erwerb inhaltlichen Wissens eng verbunden.

von Stelleninseraten, vorgestellt werden einige selektive Befunde eines eigens erhobenen Datensatzes, soll konkrete Hinweise darauf geben, wie das Verhältnis von Wissen und Kompetenzen in den nachgefragten Professionalitätsprofilen zu beschreiben ist (3). Abschließend werden aus den empirischen Befunden Thesen abgeleitet, wie das Verhältnis von Wissens- und Kompetenzvermittlung zu gestalten ist, um Hochschulabsolventen für den Arbeitmarkt möglicht erfolgreich zu professionalisieren (4).

2   Mismatching von Akademikern – Ein Qualifikationsparadox?

Die empirischen Befunde der Bildungsökonomie, die nach dem Nutzen, dem Ertrag und der ökonomischen Potenz von Bildung fragt, bestätigen zunächst die grundsätzlich hohe Beschäftigungsfähigkeit von Akademikern. Im

> „Erwerbsleben werden die Bereiche zunehmend kleiner, bei denen die Allokation nur in geringem Maße bildungsgesteuert ist (die Landwirtschaft und andere Formen selbstständiger Erwerbsarbeit). Die professionalisierten und die bürokratisch-großbetrieblichen Arbeitsverhältnisse mit ihren eher bildungsmeritokratischen Rekrutierungsmustern dehnen sich dagegen aus. Selbst wenn für einzelne Individuen Bildungsabschluss und spätere Erwerbsposition nur noch abgeschwächt in Verbindung stehen, kann deshalb im Aggregat der Nexus sogar stärker werden." (Müller 1998: 88)

Durch höhere Bildung kann zunächst das Arbeitslosigkeitsrisiko stark verringert werden, wenn es auch nicht ganz vermieden werden kann (Gilberg/Hess/Schröder 1999; Gleiser 1996; Müller 1998). Bezogen auf das Statusniveau der beruflichen Erstplatzierung verbessert eine tertiäre Ausbildung die Erträge auf dem Arbeitsmarkt, während sie für Personen mit einer Bildungsqualifikation unterhalb der tertiären Bildung geringer werden (Mayer/Blossfeld 1990; Müller 2001: 47). Dass die Karriererelevanz des Faktors Bildung ungebrochen ist, spiegelt sich des Weiteren in den konstanten Einkommensrelationen zwischen verschiedenen Bildungsgruppen wider (Blossfeld 1985; Mincer 1993). In einigen Studien konnte sogar eine zunehmende Einkommensdifferenzierung festgestellt werden (Becker 1997, Wagschal 1997). Das bedeutet, dass

> „die Positionierung auf dem Arbeitsmarkt im Bereich der besser bezahlten Arbeitsplätze immer stärker an den Besitz eines Fachhochschul- bzw. Universitätsbildungszertifikats gekoppelt wird." (Butz 2001: 114)

Der zukünftige Bedarf an Wissensarbeitern, die in sog. lernenden Organisationen auf höchstem Niveau Wissen managen (Willke 2001), wird als enorm prognostiziert[5]:

> "Excellence in manufacturing and marketing is no longer enough to succeed in today's complex and fast-moving marketplace. To survive and thrive, companies must develop and draw upon the talents of a new breed of worker: the knowledge worker." (Anderson Consulting and EIU, zit. nach Evers 1999: 8)

---

5   Dass immer mehr Wissensarbeiter nachgefragt werden, sollen Daten über Sektorenverschiebungen nachweisen. Wegbereiter des wissensökonomischen Forschungsansatzes ist Machlup, der abweichend von dem gängigen Drei-Sektoren-Modell die wirtschaftliche Bedeutung eines vierten Sektors, der „Wissensindustrie", und des damit einhergehenden zunehmenden Gewichts der Wissensarbeiter nachzuweisen suchte.

Wissensarbeiter sind zunehmend nachgefragte, hoch professionalisierte und verwissenschaftlichte, das heißt, akademische Berufsgruppen, und selbst Drucker (1999), der kredentialistische Tendenzen in den USA ablehnt, sieht systematisch erworbenes Wissen und Bildung als zentrale Voraussetzung für Wissensarbeit. Insbesondere vor dem Hintergrund des demographischen Wandels in Deutschland wird prognostiziert, dass noch offensivere Bildungsanstrengungen notwendig werden, um den Arbeitskräftebedarf in Deutschland zu decken (Reinberg/Hummel 2002).

Dennoch mehren sich die Anzeichen, dass Karrieren von Hochschulabsolventen nicht unproblematisch sind. Die berufliche Erstplatzierung nach dem Hochschulstudium findet für viele nicht bruchlos statt, sondern wird von zunehmend lang anhaltenden und mühsamen Suchprozessen begleitet (Konietzka/Seibert 2001). Hochschulabschlüsse sind keineswegs mehr ein Garant für linear aufsteigende Karrieren. Akademiker müssen beim Berufsstart mit ausbildungsinadäquater Beschäftigung und niedrigerem Einstiegsgehalt rechnen (Konsortium Bildungsberichterstattung 2006). Bis zu 25 Prozent aller Hochschulabsolventen werden in Berufsgruppen tätig, in welchen ein Hochschulabschluss nicht zwingend erforderlich ist (Briedis/Minks 2004, Büger/Teichler 2006). Nicht nur traditionell weniger marktgängige Fachrichtungen wie Geistes- und Sozialwissenschaften sind von diesen Entwicklungen betroffen. Seit 1990 ist dieser Trend auch in anderen Fachrichtungen beobachtbar, je nach Konjunkturzyklus kann auch bei Wirtschaftswissenschaftlern ein *Downgrading* festgestellt werden. Ebenso sind eher marktgängige Fachrichtungen wie Medizin und Jura mit geringeren Einkommenschancen und insbesondere am Karrierebeginn mit beruflichen Platzierungsschwierigkeiten verbunden (Fehse/Kerst 2007). Die vom Bildungssystem vergebenen Zertifikate sind kein Schlüssel mehr für eine ebenbürtige Position im Beschäftigungssystem, vielmehr sind sie zur unabdingbaren Minimalvoraussetzung geworden, wenn spezifische Berufschancen gewahrt werden sollen: Bildungspatente sind von einer Distiktionsressource zu einem Distiktions*standard* zurückgestuft worden (vgl. Kraemer/Bittlingmayer 2001).

Bei der Ermittlung von Risikofaktoren für eine inadäquate Beschäftigung (berufliche Position, Niveau der Arbeitsaufgaben und Entsprechung zum fachlich absolvierten Studium) werden vor allem Risiken verteilt nach Geschlecht, Kind, Studienfach, Art des Abschlusses, Studiendauer, etc. identifiziert. Inwieweit hierfür ein *Mismatching* von Anforderungen an Kompetenzen, die in Hochschulen bisher nicht systematisch vermittelt werden, verantwortlich ist, kann nur indirekt abgelesen werden. So wird bei Absolventenbefragungen wiederholt von Qualifikationsdefiziten im Berufsleben berichtet. Briedis/Minks (2004: 115ff) sehen eine mangelnde fachliche Vorbereitung und Eingewöhnung in unbekannte Arbeitsweisen das Hauptproblem. Zeitgleich werden im Arbeitsleben Kompetenzen nachgefragt, auf die Absolventen in ihrer Selbsteinschätzung ebenfalls zu wenig vorbereitet werden (Schomburg u. a. 2001). Bürger/Teichler (2006: 19) sprechen in diesem Zusammenhang von einem Qualifikationsparadox: Einerseits sind Hochschulabsolventen überqualifiziert, weil sie nicht die gesamte Vielfalt der typischen Aufgaben ihres Berufs in ihrer tatsächlichen Arbeitsrolle vorfinden, andererseits sind sie unterqualifiziert, weil sie die Vielfalt der beruflichen Anforderungen nicht im Studium abgebildet werden kann.

Diese Befunden deuten darauf hin, dass sich die Professionalitätsanforderungen an Hochschulabsolventen dahingehend gewandelt haben, dass ein Mehr an Wissen nachgefragt wird und dieses Wissen zeitgleich von Kompetenzen flankiert wird, welche an Hochschulen nur unzureichend vermittelt werden. In der Tat kann man hier von einem *Mismatching* sprechen, wenn wahrgenommene Qualifikationsdefizite aus einer mangelnden Vorbereitung auf die zukünftige Berufssituation resultieren. Problematisch erscheint, dass bislang empirisch nicht geklärt ist, in welchem *Verhältnis die nachgefragten Kompetenzen zum geforderten Wissensprofil* stehen und wie sich dieses in der Wissensgesellschaft verändert hat.

Im Folgenden wird deshalb in einer empirischen Exploration von Stelleninseraten näher untersucht, welche Professionalitätsprofile auf dem Arbeitsmarkt im Trend nachgefragt werden und wie das Verhältnis des nachgefragten Wissens zu den geforderten Kompetenzen zu beschreiben ist.

3 Professionalisierungsanforderungen im Trend – Eine empirische Exploration

3.1 Design der Studie

Eine empirische Exploration von Stelleninseraten kann genauer spezifizieren, welche Kompetenzen Arbeitgeber für den Eintritt in ein Wirtschaftsunternehmen einfordern. Vorgestellt werden einige ausgewählte Befunde einer umfassenden empirischen Studie (Suchanek 2006), die für die hier aufgeworfene Problemstellung relevant sind. Obwohl als Instrument soziologisch kaum erprobt, haben Stellenanzeigen in Bezug auf die Arbeitsmarktrelevanz von Kompetenzen einen hohen Informationswert. Sie spiegeln den von Suchprozessen des Arbeitsmarktes unabhängigen Bedarf wider und geben das für die Stellenbesetzung erwünschte Professionalitätsprofil an. In ihnen drücken sich klar die von Organisationen gestellten *idealtypischen Eintrittsbedingungen* für eine Mitgliedschaft aus:

> „Man hat eine Stelle zu besetzen und sucht den geeigneten Kandidaten (Matching-Problem) [...] Headhunter, Personalvermittlungen, Personalentwickler und der gesamte Trainings- und Seminarmarkt leben von dieser Ungewissheitszone im Bereich der Personalprämissen und des *Matching* von Person und Stelle." (Drepper 2003: 152)

Das Besondere an Stelleninseraten ist ihre antizipatorische Ausrichtung (Hölscher 2002), sie fragen komprimiert jenes Wissen nach, das von Organisationen als besonders wichtig und zukunftsträchtig erachtet wird.

Der Untersuchung liegt ein eigens erhobener Datensatz zu Grunde (Suchanek 2006). Die Studie basiert auf einer zweistufigen Zufallsauswahl von Stellenanzeigen, aufgrund geringer Fallzahlen (n=287) beansprucht sie jedoch keine Repräsentativität, vielmehr handelt es sich um eine empirische *Exploration*. Als Untersuchungsgegenstand wurde die Frankfurter Allgemeine Zeitung (FAZ) ausgewählt, da die sog. Wissensarbeiter und High Potentials eher überregional gesucht werden. Um nachgefragte Kompetenzprofile im Trend zu erfassen, wurden als Erhebungszeitpunkte das markante Jahr 1989 und das zum Zeitpunkt der Erhebung aktuelle Jahr 2002 festgelegt.[6] Die Stelleninserate wurden mittels eines inhaltsanalytischen Verfahrens erfasst, konkret wurde auf der semantisch-semantischen Ebene die Themenanalyse verfolgt. Die strukturierte Themenanalyse basiert auf einem abstrakten Klassifikationsschema, maßgeblich ist hier ein eigens entwickeltes Kodierbuch mit ergänzenden Kategorien.[7] Zusätzlich wurden die Anzeigen einer interpretativ-sinnverstehenden Themenanalyse unterzogen, um wichtige Hinweise auf tiefer liegende Strukturen zu erhalten.[8]

Zentral für die Analyse ist die Konstruktion von Idealtypen. Um das empirische Material zu verdichten, wurden im Sinne von Max Weber (1988) Idealtypen des nachgefragten Wissens und der Kompetenzen gebildet. Bei den identifizierten Wissenstypen handelt es sich somit um Abstraktionen des empirisch nachgefragten Wissens in Stelleninseraten (Weber 1988: 205). Die Professionalitätsprofile sind, um Trends herauszudestillieren, zu Wissenstypen hoch aggregiert. Mit Blick auf die eingangs gestellten Leitfragen werden im Folgenden nur einige ausgewählte Befunde zu den von Arbeitgeberseite nachgefragten Professionalitätsprofilen vorgestellt.

3.2 Befunde zu Professionalisierungsanforderungen an Akademiker

Zunächst können in Stelleninseraten neun Wissenstypen[9] identifiziert werden, die als Einstellungskriterium nachgefragt werden. Zum besseren Nachvollzug sind die Wissenstypen der Funktion, die sie für die Organisation erfüllen, zugeordnet. Manche Wissenstypen leisten für die Organisation zwei Funktionen und werden in einer Schnittmenge abgebildet (Abb. 1).

Auf die *Ökonomisierung der Person* beziehen sich Professionalitätsprofile, die sicherstellen sollen, dass das (künftige) Organisationsmitglied seine hedonistischen, trägen und launischen Seiten den ökonomischen Prozessen und Notwendigkeiten unterordnet. Der *Selbstmanagende Wissenstyp* steht für das Management des eigenen Wissens sowie das persönliche Disziplinverhalten. Zudem verweisen Komponenten wie gehobene Umgangs-

---

6   Bei der Sichtung des Gesamtmaterials konnten keine besonderen Diskrepanzen zwischen den Inseraten der einzelnen Ausgaben beider Jahre festgestellt werden. Daher wurde bei der ersten Auswahlstufe zufällig je eine Zeitung für 1989 und 2002 gezogen. Sodann wurde systematisch jedes dritte Inserat aus diesen Zeitungen erhoben. Die Analyseeinheit ist die angebotene Stelle. Die Erhebung fand entlang von Ausschlusskriterien statt: Nicht berücksichtigt wurden Lehrstellenangebote (Trainees, Volontäre wurden erfasst), geringfügige Beschäftigungen wie 325,- Euro-Jobs, Stellenangebote mit bis zu 19 Stunden pro Woche, Aushilfstätigkeiten ohne Dauercharakter, freie Mitarbeit auf Honorarbasis, Gesuche an Nichtarbeitnehmer (wie Geschäftspartner, Subunternehmer, Franchisenehmer), alle Anzeigen, in denen Privathaushalte als Arbeitgeber auftreten, Stelleninserate außerhalb Deutschlands und nichtinformative Stelleninserate. Informative Inserate enthalten über der Angabe des Berufs hinaus weitere Konkretisierungen der Qualifikationsanforderungen.

7   Um ein möglichst valides Erhebungsinstruments zu entwickeln, erfolgte die Konstruktion zunächst theoriegeleitet, wobei aus dem Datenmaterial sukzessiv Kategorien ergänzt wurden. Ein Pretest, der mit Hilfe einer zweiten Stichprobe das Kategoriensystem auf Konsistenz und Vollständigkeit prüfte, diente zur Modifizierung und Optimierung des Erhebungsinstruments. Mittels der Test-Retest-Methode konnte eine sehr hohe Übereinstimmung der Reliabilität festgestellt werden.

8   Zur Inhaltsanalyse vgl. Lamnek 1989, Merten 1995, Brosius/Koschel 2003.

9   Die Abstrahierung des Datenmaterials zu Typen erfolgte zunächst intuitiv. Durch anschließende Substruktion wurde der ihnen zu Grunde liegende Merkmalsraum rekonstruiert (vgl. Kluge: 104ff).

formen und ein niveauvolles persönliches Format auf „feine Unterschiede" Bourdieu (1987), die der Organisation ökonomische Vorteile bringen sollen, sei es durch die Funktion eines milieuinternen Wahrnehmungsfilters unter Managern oder mittels der Rolle des Repräsentanten gegenüber der Umwelt der Organisation.

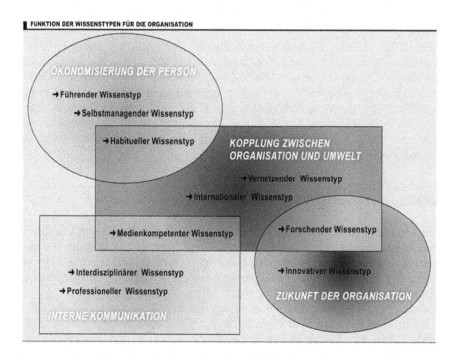

    Abb. 1:   Funktion der Wissenstypen für die Organisation

Der *Führende Wissenstyp* umfasst das Management von Aufgaben und Mitarbeitern. Verlangt werden Führungsqualitäten und Steuerungsvermögen, es geht vor allem um das Ausschöpfen des organisationsinternen Humankapitals durch eine motivierende Leitung. Verbunden mit der Funktion der *Internen Kommunikation* können der Medienkompetente, der Professionelle und der Interdisziplinäre Wissenstyp genannt werden. Sie sollen zur Verbesserung der Kommunikation innerhalb der Organisation beitragen, sei es durch das Management von Schnittstellen, technische Unterstützung von Kommunikationsverläufen oder durch die Integration verschiedener Bereiche. Beim *Medienkompetenten Wissenstyp* handelt es sich vor allem um den kompetenten Umgang mit Informations- und Kommunikationstechnologien. Der *Professionelle Wissenstyp* bezieht sich auf die Ausweitung der professionellen Handlungsweise auf nicht-professionelle Berufsgruppen, denn es geht um Eingriffe in das personale System. Beispiele sind der betriebliche Weiterbildner oder der Unternehmenscoach. Im *Interdisziplinären Wissenstyp* wird das nachgefragte Wissen aus traditionell verschiedenen Disziplinen verdichtet, er bildet eine Art Schnittstellenfunktion zwischen traditionell unterschiedlichen Disziplinen. Die *Kopplung zwischen Organisation und Umwelt* erfüllen der Medienkompetente, der Internationale, der Vernetzende und der Forschende Wissenstyp. Auch wenn Organisationen ein autonomes System darstellen, pflegen sie strukturelle Kopplungen, um Informationen einzuholen, sich an die Umwelt optimal anzupassen und die Marktstrategien durch eine effektive externe Kommunikation zu verbessern. Der *Internationale Wissenstyp* umfasst Wissen, das den internationalen Anschluss von Kommunikation ermöglicht. Beim *Vernetzenden Wissenstyp* handelt es sich um Einstellungsbedingungen, die den Aufbau von Netzwerken zu Mitgliedern anderer Organisationen, zu Kunden oder die Kommunikation und die Teamarbeit in der eigenen Organisation betreffen. In Stelleninseraten wird gefordert, dass die (zukünftigen) Organisationsmitglieder Netzwerke mit Geschick und Diplomatie knüpfen können. Im *Forschenden Wissenstyp* wird das Wissen zusammengefasst, das den Entwurf systematischer Handlungsstrategien durch Forschung und Entwicklung ermöglicht. Mit Forschungswissen kann eine Organisation Informationen über die Umwelt gewinnen (z. B. Marktforschung) oder selbst Produkte entwickeln (Stichwort: immaterielle Produktion). In Inseraten werden u. a. wissenschaftliche Qualifikation, Forschungserfahrung und Methodenkenntnisse nachgefragt. Der Funktion *Zukunft der Organisation* können der Forschende und der Innovative Wissenstyp zugewiesen werden. Da Organisationen ihr „Überleben" dauerhaft sichern wollen, benötigen sie Wissen, das auf die Zukunft der Organisation ausgerichtet ist. Der *Innovative Wissenstyp* umfasst Wissensprozesse, welche Ideen, Kreativität, Gestaltung und Veränderung initiieren. Im Gegensatz zum *Forschenden Wissenstyp* ist er spontan und assoziativ.

Bereits an dieser Stelle wird offensichtlich, dass Arbeitgeber bestimmte Vorstellungen vom Wissen und von den Kompetenzen haben, die ihre (zukünftigen) Mitarbeiter mitbringen sollen. Zum einen handelt es sich dabei um Professionalitätsprofile, die die *Kommunikation* betreffen, zum anderen werden Professionalitätsprofile nachgefragt, die das *Selbstmanagement im weiteren Sinne* umfassen. Die Karriereplanung sowie die gesamte Persönlichkeit sollen gewinnbringend in die ökonomischen Prozesse der Organisation Eingang finden. Schließlich werden Professionalitätsprofile nachgefragt, *die Innovationen vorantreiben*. Ob durch eine forschende Verhaltensweise oder durch assoziative Ideen, die Zukunft der Organisation hängt davon ab, wie innovativ sie sich auf globalen Märkten behaupten kann. Betrachtet man die *Arbeitsmarktanforderungen im Trend* (Abb. 2), wird deutlich, dass Organisationen ihre Eintrittsbedingungen insgesamt verschärft haben.

Heute wird eindeutiger und verdichteter kommuniziert, welches Professionalitätsprofil gefordert ist. Die Bedingungen für eine Stelle haben sich deutlich erhöht, indem unabhängig vom Innovationsbereich und der angebotenen Position ein Mehr an Wissen und Kompetenzen eingefordert wird (siehe auch Suchanek 2006: 187ff). Insbesondere zwei Gruppen von Professionalitätsprofilen werden im Trend besonders nachgefragt: Zum einen die, die sich auf die *Ökonomisierung der Person* beziehen. Als Erfolg versprechend kann das Selbstmanagement bewertet werden. In diesem Professionalitätsprofil verdichten sich Erwartungen an eine bestimmte methodologische Einstellung, das heißt, die Bereitschaft zum lebenslangen Lernen, Zielorientierung und selbstständige Verantwortung. Aber auch der Vernetzende Wissenstyp wird nachgefragt: In dieses Professionalitätsprofil gehen die Netzwerkpflege außerhalb und Schnittstellenmanagement (z. B. Teamarbeit) innerhalb des Unternehmens, ein hohes Maß an Kundenorientierung und interpersonale Fähigkeiten (auch gen. Soziale Kompetenzen) ein. Die zweite Gruppe von Professionalitätsprofilen bezieht sich semantisch auf den *Themenvorrat der Wissensgesellschaft* (siehe Castells 2001, Stehr 2000, Willke 2001, Weingart 1997): Medienkompetenz, Forschungswissen und Interdisziplinarität werden als besonders zukunftsträchtig angesehen. Insbesondere Letztere sind Anzeichen für eine Verwissenschaftlichung von Berufen in dem Sinne, dass *reflexive Wissenselemente zunehmend karriererelevant* sind.

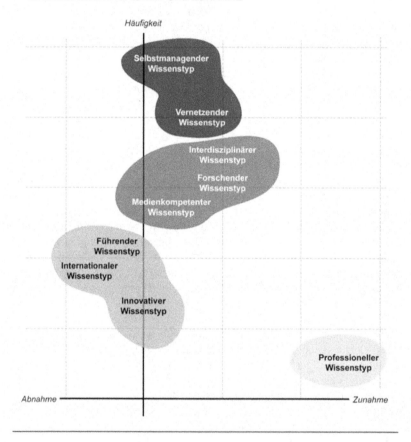

Abb. 2: Trend der nachgefragten Wissenstypen in der FAZ zwischen 1989 und 2002

Dieses Ergebnis stimmt mit den Beobachtungen Weingarts (2001) überein, dass das forschende Verhalten über die Grenzen des wissenschaftlichen Systems hinaus auch in anderen Funktionssystemen institutionalisiert wird. Erfahrungen werden zukunftsgerichtet durch forschendes Verhalten sowie durch systematisches Variieren gewählt und reflektiert. Handlungsstrategien werden in hypothetischen Entwürfen, Simulationen und Modellen erprobt. Ursachen für eventuell auftretende Probleme und Abweichungen werden so lange erforscht, bis bestmögliche Handlungsstrategien entworfen werden können.

Heute wird eindeutiger und verdichteter kommuniziert, welches Professionalitätsprofil gefordert ist. Die Bedingungen für eine Stelle haben sich deutlich erhöht, indem unabhängig vom Innovationsbereich und der angebotenen Position ein Mehr an Wissen und Kompetenzen eingefordert wird (siehe auch Suchanek 2006: 187ff). Insbesondere zwei Gruppen von Professionalitätsprofilen werden im Trend besonders nachgefragt: Zum einen die, die sich auf die *Ökonomisierung der Person* beziehen. Als Erfolg versprechend kann das Selbstmanagement bewertet werden. In diesem Professionalitätsprofil verdichten sich Erwartungen an eine bestimmte methodologische Einstellung, das heißt, die Bereitschaft zum lebenslangen Lernen, Zielorientierung und selbstständige Verantwortung. Aber auch der Vernetzende Wissenstyp wird nachgefragt: In dieses Professionalitätsprofil gehen die Netzwerkpflege außerhalb und Schnittstellenmanagement (z. B. Teamarbeit) innerhalb des Unternehmens, ein hohes Maß an Kundenorientierung und interpersonale Fähigkeiten (auch gen. Soziale Kompetenzen) ein. Die zweite Gruppe von Professionalitätsprofilen bezieht sich semantisch auf den *Themenvorrat der Wissensgesellschaft* (siehe Castells 2001, Stehr 2000, Willke 2001, Weingart 1997): Medienkompetenz, Forschungswissen und Interdisziplinarität werden als besonders zukunftsträchtig angesehen. Insbesondere Letztere sind Anzeichen für eine Verwissenschaftlichung von Berufen in dem Sinne, dass *reflexive Wissenselemente zunehmend karriererelevant* sind. Dieses Ergebnis stimmt mit den Beobachtungen Weingarts (2001) überein, dass das forschende Verhalten über die Grenzen des wissenschaftlichen Systems hinaus auch in anderen Funktionssystemen institutionalisiert wird. Erfahrungen werden zukunftsgerichtet durch forschendes Verhalten sowie durch systematisches Variieren gewählt und reflektiert. Handlungsstrategien werden in hypothetischen Entwürfen, Simulationen und Modellen erprobt. Ursachen für eventuell auftretende Probleme und Abweichungen werden so lange erforscht, bis bestmögliche Handlungsstrategien entworfen werden können.

Von Interesse ist nun, ob im Zeitverlauf *Trends* ausgemacht werden können, die auf einen (zukünftigen) Wandel von eingeforderten Professionalitätsprofilen hinweisen. Denn im Zeitverlauf haben sich die Vorstellungen von dem Wissen und den Kompetenzen, die der (zukünftige) Mitarbeiter mitbringen soll, deutlich verändert, wenn man ihre tiefer liegenden Strukturen betrachtet. Ein besonders plakatives Beispiel hierfür ist der *Medienkompetente Wissenstyp* (Abb. 3).

Unspezifische Medienkompetenzen werden kaum noch nachgefragt. Diese mussten der speziellen Softwarekenntnis, teilweise sehr detailreich in Modulen aufgeführt, weichen. Die *technische Spezialisierung* scheint immer wichtiger zu werden, um Zugang zu Informationen zu erhalten und technische Tools nutzen zu können. Auch werden seltener Kompetenzen genannt, die eine rein technische Entwicklung betreffen (Software Engineering und theoretisches Wissen). Dagegen sind *Zugangskompetenzen* stärker gefordert, sei es über Datenbankabfragen oder im Umgang mit Netzwerktechnologien. Spezielle Medienkompetenzen sind in diesem Sinne Basiskompetenzen, die einen Zugang zu Information und Wissen ermöglichen. Dabei genüge es nicht mehr, die eine oder andere technische Innovation in den eigenen Kenntnisstand zu integrieren, vielmehr machen viele Tätigkeiten den dauerhaften kompetenten Umgang mit den neuen Medien erforderlich: Der Architekt zeichnet nicht mehr auf dem Reißbrett, sondern mit CAD. Der Schornsteinfeger fegt heute keine Schornsteine mehr, sondern benutzt modernste Messtechnik über energiesparende und umweltfreundliche Feuerungsanlagen.

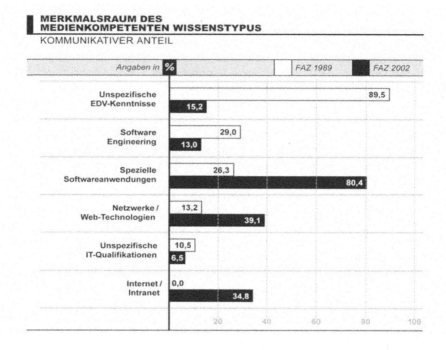

Abb. 3:   Merkmalsraum des Medienkompetenzen Wissenstyps in FAZ-Inseraten
            (Mehrfachnennungen)

Zeitgleich ist eine semantische Verschiebung von der reinen Technik-Kenntnis zur Verknüpfung von Technik-Kenntnis mit ihrem Einsatzbereich ersichtlich, so z. B. das Wissen, wie Informations- und Kommunikationstechnologien für den Wissenstransfer in der Organisation eingesetzt werden können. Organisationen bevorzugen insofern Professionalitätsprofile, wie diese Wissen produktiv werden lassen bzw. auf *Anwendungskontexte* bezogen sind (vgl. auch Degele 2000). In diesem Sinne ist wissensbasierte Technik ein instrumentelles System, welches für politische Steuerung, Entscheidungsbildung und Partizipation eine gewichtige Rolle spielt, bzw. wie Willke (2001: 392) es treffend formuliert, eine „wissensbasierte Infrastruktur". Eine völlig neue Kategorie bilden Medienkompetenzen, die die Informations- und Kommunikationstechnologien betreffen. Hierbei handelt es sich um den qualifizierten, selbstverständlichen Umgang mit Internet-Anwendungen.

Der Medienkompetente Wissenstyp ist ein gutes Beispiel für die *Dynamisierung von Wissen und Kompetenzen im Zeitverlauf.* Professionalitätsprofile, die heute nachgefragt werden, können morgen zum Standard konvertieren oder nicht mehr nachgefragt sein. Die *Bereitschaft zum lebenslangen Lernen* wird als selbstverständlich vorausgesetzt. Zeitgleich entsteht bei der näheren Betrachtung dieses Professionalitätsprofils der Verdacht, dass das Fach- und Domänewissen auf dem Arbeitsmarkt weniger und Zugangskompetenzen zunehmend relevant werden. Dieser Eindruck verkehrt sich mit einem genaueren Blick auf den Forschenden Wissenstypen (Abb. 4).

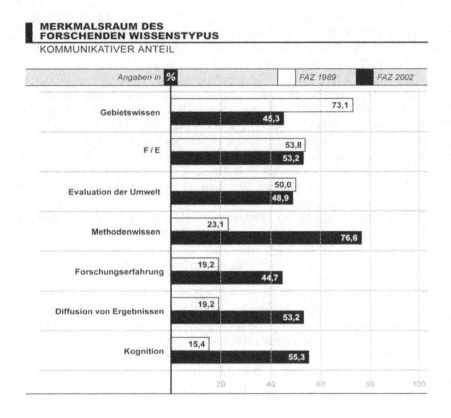

Abb. 4:   Merkmalsraum des Forschenden Wissenstyps in FAZ-Inseraten
            (Mehrfachnennungen)

Es wird ersichtlich, dass die forschende Verhaltensweise nach wie vor eine zentrale Kompetenz ist, die in Wirtschaftsorganisationen erwartet wird. Hierbei handelt es sich um die *Forschung/Entwicklung in der Organisation (F/E)* oder die *Evaluation der Umwelt*. Letzteres thematisieren Organisationen, die darauf spezialisiert sind, andere Organisationen in strategischen und operativen Unternehmensaktivitäten und Entscheidungen zu beraten, oder Organisationen, die durch Forschung regelmäßig Informationen über ihre Umwelt einholen, um gewisse Daten für ihre Produktentwicklungen und den Verkauf von Produkten zu nutzen (Marktbeobachtungen, Marktstrukturanalysen und Entwicklung von Marktvergleichen). Auffällig ist, dass das *Wissenschaftliche Gebietswissen* in Stellenanzeigen seltener gefragt ist. Dabei handelt es sich um spezifisches Fach- und Domänewissen, das bisher erworben wurde und in der Regel durch die formale Qualifikation, Publikationen oder Anderes *nachgewiesen* werden kann. Hingegen hat die Nachfrage nach „Forschungserfahrungen", nach „Methodenwissen" und der „Diffusion von Forschungsergebnissen" zugenommen.

Dieser Befund korrespondiert durchaus mit den empirischen Studien von Degele (1999), die die qualitative Veränderung von Wissen in der Formel *Wandel vom inhaltlichen zum informierten Wissen* zuspitzt. So sei das dominierende Wissen der Prä-Computer-Ära das Wissen 1. Ordnung, auch bezeichnet als das inhaltlich regierte Wissen. Aufgrund der verkürzten Halbwertzeit nehme das Fach- und Domänewissen zugunsten des informierten Wissens ab. Der Einsatz von Kommunikationstechnologie bringt Wissen in eine neue Form, nämlich eine inhaltsarme, dafür verarbeitungs- und inszenierungsfreudige Form. Diese Transformation des Wissens lässt sich in ein Schlagwort fassen: *Doing knowledge* statt *having knowledge.* Nicht mehr der Vielwisser ist gefragt, sondern der Wissens-Virtuose, „ein Surfer, Jongleur, Spieler, der Distanz gegenüber den inhaltlichen Komponenten pflegt, sie aber kompetenzausstrahlend zu inszenieren weiß. Der Wissens-Virtuose sammelt keine Wissensbestände an, sondern bringt sie gezielt in Aktion" (ebd.: 301). Konkret sind Meta-Kompetenzen gefragt, mit denen Wissensmanagement errungen werden kann: Meckel (1999: 36) zählt wichtige Strategien des Wissensmanagements auf, mit denen individuelle Informationsaquise und Wissensverwaltung errungen werden kann: Die Aneignungskompetenz ermöglicht eine Selektion von Informationen, mit Hilfe der Adaptionskompetenz können die Informationen in vorhandene Wissensbestände integriert und aktualisiert werden, die Identifikationskompetenz verhilft dazu, passendes Wissen für Fragestellungen heranzuziehen, mit der Anwendungskompetenz können Handlungsoptionen vom theoretischen Wissen abgeleitet werden und die Verbreitungskompetenz bedient sich der interpersonalen Kommunikation. Degele (2000: 92) unterscheidet drei Phasen des Einsatzes von Metakompetenzen: Wissenserlangung, -verarbeitung, -produktion. Die Erlangung von Wissen erfordert Filter- und Auswahlkompetenzen, diese ermöglichen eine Selektion von Informationen. Die Verarbeitung bedarf Abstraktions- und Strukturierungskompetenzen, so dass die Informationen in vorhandene Wissensschemata integriert und aktualisiert werden können. Für die Wissensproduktion sind Kommunikations- und Koordinationskompetenzen notwendig. Denn es muss passendes Wissen für Fragestellungen herangezogen werden, zudem sollten Handlungsoptionen vom theoretischen Wissen abgeleitet werden. Kommunikation spielt bei der Verbreitung von Wissen eine Rolle. Aber auch die soziale Dimension ist bei Metakompetenzen nicht unwesentlich: Sozialpsychische Kompetenzen beziehen sich auf Kommunikation, Autonomie und Ambiguitätstoleranz, sozialethische Kompetenzen umfassen Folgenbewertung und Verantwortung.

Allerdings verliert das Fach- und Domänewissen nicht insgesamt an Bedeutung, schließlich kann das Methodenwissen als selbiges gewertet werden. Vielmehr wird in den vorliegenden Befunden ersichtlich, dass die Karriererelevanz von Wissen ungebrochen ist, auch wenn zeitgleich Professionalitätsprofile zunehmend Kompetenzbasiert sind. Die Befunde deuten darauf hin, dass es sich um bestimmte Kompetenzen handelt, die von Arbeitgeberseite besonders nachgefragt werden: Die in Stelleninseraten geforderten Zugangskompetenzen zum Wissen, die forschende Verhaltensweise und Transferkompetenzen können mit der Formel „*fuctional access*" interpretiert werden. Diese Tendenz schlägt sich im Internationalen Wissenstyp noch deutlicher nieder: Auch wenn der Internationale Wissenstyp im Zeitvergleich weitaus weniger nachgefragt wird, sind die Anforderungen, die in diesem Professionalitätsprofil verdichtet sind, keineswegs gesunken, denn im Trend wird ein Mehr an *funktionalen Zugangskompetenzen zu der jeweiligen Kultur vorausgesetzt.* Es reicht nicht mehr aus, eine Fremdsprache gelernt zu haben, diese soll zunehmend auf einem bestimmten Niveau beherrscht werden. Gleichzeitig sollen „Auslandsaufenthalte" und ein „Interkulturelles Verständnis" die internationale Flexibilität intensivieren (vgl. Suchanek 2006: 203ff).

Eine weitere Tendenz zeichnet sich in mehreren Professionalitätsprofilen als deutlich stärkerer Zugriff auf die Person ab. So wird der Forschende Wissenstyp in Inseraten durch die Nachfrage nach kognitiven Fähigkeiten wie das analytische, konzeptionelle Denkvermögen oder die Problemlösungskompetenzen abgebildet. Der Klassiker aller Wissensformen wird in der Organisationskommunikation *stärker an Persönlichkeitsdimensionen gebunden.* Diese Tendenz wird im Selbstmanagenden Wissenstyp noch offensichtlicher. Abb. 5 veranschaulicht den Trend von Professionalisierungsanforderungen, die im Selbstmanagement verdichtet sind.

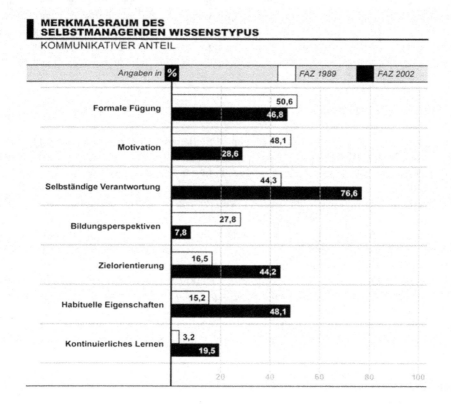

Abb. 5: Merkmalsraum des Selbstmanagenden Wissenstyps in FAZ-Inseraten (Mehrfachnennungen)

Die Tendenz zur Ökonomisierung persönlichkeitsbezogener Dimensionen schlägt sich in mehreren Dimensionen nieder: Die Tätigkeiten im Unternehmen sollen „zielsicher" durchgeführt und „selbstständig verantwortet" werden. Ausschlaggebend für Karrieren sind ebenfalls zunehmend habituelle Eigenschaften, die die Persönlichkeit „abrunden", dabei handelt es sich vor allem um die zunehmende Nachfrage an Repräsentanz und gehobene Umgangsformen. Auffällig ist, dass Bildungsperspektiven im Trend seltener angeboten werden. Zwar können manche Organisationen als vorbildlich gelten, wenn sie „permanente Schulungen zur Förderung der persönlichen Entwicklung sowie der fachlichen und sozialen Kompetenz" anbieten, dennoch wird im Trend die Verantwortung für *das lebenslange Lernen weniger bei dem Unternehmen als beim zukünftigen Mitarbeiter verortet,* von dem „kontinuierliches Lernen" bzw. eine bestimmte methodologische Einstellung bei der eigenen Karriereplanung erwartet wird. Eingelebte Handlungs- und Wahrnehmungsmuster sollen immer wieder in Frage gestellt und das „So haben wir es immer gemacht" verworfen werden. Hier zeichnet sich die Tendenz eines stärkeren Rückgriffs auf die Person ab, es handelt sich dabei um organisatorische Erwartungen an die Lebensführung, Wissensaneignung und Karriereplanung. Der Grad der Selbstverpflichtung[10] erhöht sich: Eigenmotivation, Selbstverantwortung, Selbstdisziplin und insbesondere die Bereitschaft zum lebenslangen Lernen weisen auf erhöhte Anforderungen bezüglich des Selbstmanagements hin, wodurch eine *neuartige Verknüpfung von Wirtschaftskultur und Persönlichkeit* stattfindet.

4   Herausforderung hochschulischer Professionalisierung

Ein Blick auf die Arbeitgeberanforderungen in Stellenanzeigen kann arbeitsmarktrelevante Professionalitätsprofile konkretisieren. Insgesamt können fünf für den Professionalisierungsprozess an Hochschulen relevante Trends in der Verknüpfung von Wissen und Kompetenzen identifiziert werden:

Der erste Professionalisierungstrend wird in erhöhten Anforderungen an das mitzubringende Wissen und die erforderlichen Kompetenzen abgebildet. Es wird im Zeitverlauf mehr und verdichteter kommuniziert, welches idealtypische Profil der (zukünftige) Mitarbeiter mitbringen sollte. Wirtschaftsunternehmen setzen weiterhin auf eine gute wissenschaftliche Ausbildung, zudem soll das hoch professionalisierte Wissen von weiteren Kernkompetenzen flankiert sein. Hochschulen sind insofern gefordert, neben der Entwicklung von schlüssigen Kompetenzen-Konzepten eine *kontinuierlich hochwertige Wissensvermittlung* zu garantieren. Diese sollte nicht nur höchsten Qualitätsstandards genügen, auch ist der Fokus auf den Lernerfolg zu richten. Immer noch konzentrieren sich Universitäten bei ihrer Profilbildung vor allem auf ihre Forschungsschwerpunkte und weniger auf

---

10   Paradigmatisch steht hierfür die Semantik des unternehmerisch denkenden und handelnden Mitarbeiters (Priddat 1996, Faust et al. 2000, Bröckling 2002, Voß/Pongratz 1998). Der neue Unternehmer im Unternehmen soll vor allem ein neues Verhältnis des Arbeitnehmers zu seinem Unternehmen begründen. Die Rücknahme direkter Kontrolle und deren Externalisierung auf die Betroffenen sind meist von einer gleichzeitigen Verfeinerung und Effektivierung indirekter Steuerung von Arbeitsprozessen begleitet. Es werden keine konkreten Anweisungen mehr formuliert, sondern Ziele: Produktionsziele, Innovationsziele und individuelle Karriereziele.

Ihr Profil in Studium und Lehre (Suchanek 2008), was in diesem Zusammenhang als Manko zu werten ist.

Der zweite Professionalisierungstrend zeichnet sich dadurch aus, dass Wirtschaftsorganisationen Professionalitätsprofile nachfragen, die sie wie eine Art Portfoliopaket schnüren. Zu den Wissenstypen, die im Zusammenhang mit der gesellschaftlichen Entwicklung zu einer Wissensgesellschaft interpretiert werden können, denn grade von Hochschulabsolventen wird ein entscheidender Innovationsbeitrag erwartet, treten neoliberalistische Forderungen, die einen deutlich stärkeren Zugriff auf die Person vornehmen. Diese Technik der Verteilung und Ausbalancierung der Risiken des Handelns unter Unsicherheit kann wiederum als Kernmoment der Wissensgesellschaft interpretiert werden. Für die hochschulische Professionalisierung bedeutet dies, dass sozialwissenschaftliche Begründungszusammenhänge und gesellschaftliche Entwicklungen nicht außer Acht gelassen werden können. Es stehen noch enorme Systematisierungsarbeiten an, um zu konsistenten Kompetenzen-Konzepten zu gelangen, die *theoretisch begründet* sind und praktisch verwertet werden können.

Der dritte Professionalisierungstrend wird in der Dynamisierung von Professionalitätsprofilen im Zeitverlauf abgebildet. Bei der Entwicklung von Kompetenzen-Konzepten an Hochschulen macht es insofern wenig Sinn, diese an dem kurzfristigen Bedarf des Arbeitsmarktes auszurichten, vielmehr sollten langfristige Trends und Entwicklungen identifiziert bzw. marktspezifische Prognosen herangezogen werden, um Hochschulabsolventen adäquat auf zukünftige Arbeitsmärkte vorzubereiten. Zentral ist, dass das Employability-Konzept *dynamisch* interpretiert wird, das heißt, die Kernkompetenz für persönliche und organisatorische Change-Management-Prozesse sollte in den Vordergrund gestellt werden. Die Fähigkeit zum lebenslangen Lernen ist ein wichtiger Teil dieser Kernkompetenz.

Der vierte Professionalisierungstrend zeichnet sich dadurch aus, dass hoch qualifiziertes Wissen und persönlichkeitsbezogene Kompetenzen in Professionalitätsprofilen *eng gekoppelt* werden. In Stelleninseraten werden nicht isolierte Kompetenzen aufgezählt, sondern Kernkompetenzen, die das erworbene Fachwissen produktiv werden lassen. Diese werden in der Literatur auch als Meta-Kompetenzen erfasst. Grundsätzlich bedeutet dies, dass man zu einem ganzheitlichen Verständnis von Kompetenzen kommen muss, in welchem es um die autonome Fähigkeit geht, mit Wissen umzugehen, es anzuwenden und zu interpretieren. Hier gelangt man zu einem Kompetenzbegriff, der sich ganz im Sinne von Habermas (1981) als „Zuständigkeit" auffassen lässt und damit auf seine ganz ursprüngliche sozialwissenschaftliche Bedeutung reduziert wird. In hochschulischen Professionalisierungsprozessen kann ein solch aufgefasster Kompetenzbegriff nur über implizite Bildungsprozesse vermittelt werden.

Der letzte Professionalisierungstrend betrifft die Persönlichkeitsbildung. Allerdings sind die Möglichkeiten für die Vermittlung bestimmter persönlichkeitsbezogener Kompetenzen in Lehrveranstaltungen begrenzt. Hier sollten Hochschulen Konzepte der ganzheitlichen Persönlichkeitsbildung als Campus-Angebote umsetzen. Hierzu gehören Sportwettkämpfe und Theaterangebote ebenso wie z. B. Anreizsysteme, stundenweise ehrenamtlich tätig zu werden und gesellschaftliche Verantwortung zu übernehmen.

5   Literatur

Anz, Christoph (2006): „Beschäftigungsfähigkeit". Vereinbarkeit oder Konflikt mit Wissenschaftsorientierung? In: Benz/Kohler/Landfried (2008): D 2.1.

Becker, Irene (1997): Entwicklung der Einkommensverteilung in Deutschland: Zunehmende Spaltung der Gesellschaft? In: WSI Mitteilungen, 10, 1997: 690–700.

Benz, Winfried/Kohler, Jürgen/Landfried, Klaus (Hrsg.) (2008): Handbuch Qualität in Studium und Lehre. Berlin: Raabe.

Berger, Peter .A./Hradil, Stefan (Hrsg.) (1990): Lebenslagen, Lebensläufe, Lebensstile, Göttingen,: Schwartz.

Berger, Peter A./Konietzka, Dirk (Hrsg.) (2001): Die Erwerbsgesellschaft. Neue Ungleichheiten und Unsicherheiten. Opladen: Leske + Budrich.

Blossfeld, Hans-Peter (1985): Bildungsexpansion und Berufschancen. Empirische Analysen zur Lage der Berufsanfänger in der Bundesrepublik. Frankfurt am Main: Campus.

Briedis, Kolja/Minks, Karl-Heinz (2004): Zwischen Hochschule und Arbeitswelt. Eine Befragung der Hochschulabsolventinnen und Hochschulabsolventen des Prüfungsjahres 2001. Hannover: HIS Projektbericht.

Bröckling, Ulrich (2002): Jeder könnte, aber nicht alle können. Konturen des unternehmerischen Selbst. In: Mittelweg 36, 4, 2002: 6-26.

Brosius, Hans-Bernd/Koschel, Friedricke (2003): Methoden der empirischen Kommunikationsforschung. Eine Einführung. Wiesbaden: Westdeutcher Verlag.

Bourdieu, Pierre (1987): Die feinen Unterschiede. Kritik der gesellschaftlichen Urteilskraft. Frankfurt am Main: Suhrkamp.

Bürger, Sandra/Teichler, Ulrich (2006): Besondere Komponenten der Studiengangsentwicklung. Zur berufsstrategischen Gestaltung von Studiengängen. In: Benz/Kohler/Landfried (2008): E 3.1.

Butz, Marcus (2001): Lohnt sich Bildung noch? Ein Vergleich der bildungsspezifischen Nettoeinkommen 1982 und 1995. In: Berger/Konietzka (2001): 95-118.

Castells, Manuel (2001): Die Netzwerkgesellschaft. Das Informationszeitalter I: Wirtschaft, Gesellschaft, Kultur. Opladen: Leske + Budrich.

Degele, Nina (2000): Informiertes Wissen. Eine Wissenssoziologie der computerisierten Gesellschaft. Frankfurt am Main: Campus.

Degele, Nina (1999) Doing knowledge: Vom gebildeten zum informierten Wissen. In: Honegger/Hradil/Traxler (Hrsg.): Grenzenlose Gesellschaft? Tagungsband des 29. Kongresses für Soziologie in Freiburg 1998, Teil 1. Opladen: Leske + Budrich (1999): 459-470.

Dehnbostel, Peter (2003): Informelles Lernen: Arbeitserfahrungen und Kompetenzerwerb aus berufspädagogischer Sicht. In: http://www.swa-programm.de/tagungen/neukirchen/vortrag_dehnbostel.pdf (Zugriff: 1.10.08).

Drucker, Peter F. (1999): Managing Oneself. In: Harvard Business Review, 77 (1999): 64 -75

Europäische Kommission (2005): Auf dem Weg zu einem europäischen Qualifikationsrahmen für Lebenslanges Lernen. Brüssel. In: http://eu2006.bmbwk.gv.at/downloads/bildung_eqf.pdf (Zugriff: 1.10.08).

Evers, Hans-Dieter (1999): Globalisierung der Wissenschaft: Ansätze einer neuen Entwicklungstheorie. Working Paper No 310. Bielefeld.

Fallows, Stephen/Steven, Christine (Hrsg.) (2000): Integrating Key Skills in Higher Education. Emploaybility, transferable skills and learning for life. London: Kogan Page.

Faust, Michael u. a. (2000): Befreit und entwurzelt. Führungskräfte auf dem Weg zum „internen Unternehmer". München/Mering: Rainer Hampp.

Fehse, Stefanie/Kerst, Christian (2007): Arbeiten unter Wert? Vertikal und horizontal inadäquate Beschäftigung von Hochschulabsolventen der Abschlussjahrgänge 1997 und 2001. In: Beiträge zur Hochschulforschung, 1, 29 (2007): 72 -95.

Friedrichs, Jürgen u. a. (Hrsg.): Die Diagnosefähigkeit der Soziologie, Sonderheft der Kölner Zeitschrift für Soziologie und Sozialpsychologie, 36, Opladen: Westdeutscher Verlag.

Gilberg, Reiner/Hess, Doris/Schröder, Helmut (1999): Wiedereingliederung von Langzeitarbeitslosen. Chancen und Risiken im Erwerbsverlauf. In: Mitteilungen der Arbeitsmarkt- und Berufsforschung, 3 (1999): 281-299.

Gleiser, Sigmar (1996): Der Arbeitsmarkt für Akademiker. In: Tessaring (1996): 11-45.

Habermas, Jürgen (1981): Theorie der kommunikativen Kompetenz. In: Habermas/Luhmann (1981): 101-141.

Habermas, Jürgen/Luhmann, Niclas (Hrsg.) (1981): Theorie der Gesellschaft oder Sozialtechnologie. Frankfurt am Main: Suhrkamp.

Holmes, Len (2000): Questioning the skill agenda. In: Fallows/Steven (Hrsg.) (2000): 201-214.

Hölscher, Barbara (2002): Werbung heißt: Kreativität, Idealismus, Gestaltung. In: Willems (2002): 497-511.

Honegger, Claudia/Hradil, Stefan/raxler, Franz (Hrsg.) (1999): Grenzenlose Gesellschaft? Tagungsband des 29. Kongresses für Soziologie in Freiburg 1998, Teil 1. Opladen: Leske + Budrich.

Kluge, S. (1999): Empirisch begründete Typenbildung. Zur Konstruktion von Typen und Typologien in der qualitativen Sozialforschung, Opladen: Leske + Budrich.

Kraemer, Klaus/Bittlingmayer, Uwe H. (2001): Soziale Polarisierung durch Wissen. Zum Wandel der Arbeitsmarktchancen in der „Wissensgesellschaft". In: Berger/Konietzka (2001): 331-356.

Konietzka, Dirk/Seibert, Holger (2001): Die Erosion eines Übergangsregimes? Arbeitslosigkeit nach der Berufsausbildung und ihre Folgen für den Berufseinstieg – ein Vergleich der Berufseinstiegskohorten 1976-1995. In: Berger./Konietzka (2001): 65-94.

Konsortium Bildungsberichterstattung (2006): Bildung in Deutschland. Ein indikatorengestützter Bericht mit einer Analyse zu Bildung und Migration. Bielefeld: Bertelsmann.

Kurtz, Thomas (1998): Professionen und professionelles Handeln. Soziologische Überlegungen zur Klärung einer Differenz. In: Peters (1998): 105-122.

Lamnek, Siegfried (1989): Qualitative Sozialforschung. Methoden und Techniken. Band 2, München: PVU.

Matalik, S./Schade, D. (Hrsg.) (1998): Entwicklungen in Aus- und Weiterbildung: Anforderungen, Ziele, Konzepte. Baden-Baden.

Mayer, Karl U./Blossfeld, Hans-Peter (1990): Die gesellschaftliche Konstruktion sozialer Ungleichheit im Lebensverlauf. In: Berger/Hradil (1990): 297-318.

Meckel, Miriam (1999): Vom Wissen zum Meta-Wissen. Informatisierung und Orientierung (in) der modernen Gesellschaft. In: Medien-Journal, 23, 1999: 30-41.

Merten, Klaus (1995): Inhaltsanalyse. Einführung in Theorie, Methode und Praxis, überarbeitete Aufl.. Opladen: Westdeutscher Verlag.

Mincer, Jacom (1993): Studies in human capital, Cambridge: Edwar Elgar Publishing.

Müller, Walter (2001): Zum Verhältnis von Bildung und Beruf in Deutschland. Entkopplung oder zunehmende Strukturierung? In: Berger/Konietzka (2001): 29-64.

Müller, Walter (1998): Erwartete und unerwartete Folgen der Bildungsexpansion. In: Friedrichs u. a. (1998): 81-112.

Nägeli, Rudolf A. (2008): Europäische Kompetenzen-Konzepte im Bildungsbereich. Bedeutung und Nutzen für die Curriculum-Entwicklung. In: Benz/Kohler/Landfried (2008): D 1.3.

Peters, Sybille (Hrsg.): Professionalität und betriebliche Handlungslogik, Bielefeld: Bertelsmann.

Priddat, Birger P. (1996): Uns geht die Arbeit aus, aber nicht der Arbeiter. Über die Verwandlung der Formen der Arbeit. In: Priddat (1996): 11-25.

Priddat, Birger P. (Hrsg.) (1996): Arbeits-Welten. Forum für Dimensionen und Perspektiven zukünftiger Arbeit, Band 1, Marburg.

Reich, Robert (1992): The work of nations, New York: Vintage Books.

Reinberg, Alexander/Hummel, Markus (2002): Zur langfristigen Entwicklung des qualifikationsspezifischen Arbeitskräfteangebots und –bedarfs in Deutschland. Empirische Befunde und aktuelle Projektionsergebnisse. In: Mitteilungen der Arbeitsmarkt- und Berufsforschung, 35, 2002: 580-600.

Rychen, D.S./Sagalnik, L.H. (Hrsg.) (2001): Defining and Selecting Key Competencies. Göttingen.

Schomburg, Harald u. a. (2001): Erfolgreich von der Uni in den Job. Regensburg: Walhalla.

Stehr, Nico (2000): Die Zerbrechlichkeit moderner Gesellschaften, Weilerswist: Velbrück.

Stehr, Nico (1994a): Arbeit, Eigentum und Wissen. Zur Theorie von Wissensgesellschaften, Frankfurt am Main: Suhrkamp.

Stehr, Nico (1994b): The culture and structure of social inequality. In: International Journal of Group Tensions, 24, 1994: 361-381.

Suchanek, Justine (2009): Die Selbstbeschreibung von Hochschulen. Strategien für den Wettbewerbsvorsprung, die gesellschaftliche Legitimation und Beschäftigungsfähigkeit im Kontext globaler Herausforderungen. In: Willems (2009): 463-484.

Suchanek, Justine (2006): Wissen- Inklusion-Karrieren. Zur Theorie und Empirie der Wissensgesellschaft. Göttingen: Vandenhoek & Ruprecht.

Tessaring, Manfred (Hrsg.) (1996): Die Zukunft der Akademikerbeschäftigung, Nürnberg: Institut für Arbeitsmarkt- und Berufsforschung.

Voss, Günter/Pongratz, Hans (1998): Der Arbeitskraftunternehmer. Eine neue Grundform der Ware Arbeitskraft. In: Kölner Zeitschrift für Soziologie und Sozialpsychologie, 50, 1998: 131-158.

Wagschal, Uwe (1997): Income Distribution, Inequality and Unemployment. Luxemburg Income Studies, Working Paper No. 152.

Weber, Max (1904): Die „Objektivität" sozialwissenschaftlicher und sozialpolitischer Erkenntnis. In: Weber (1922/1988): 146-214.

Weinert, Franz E. (2001): Concept of Competence: A Conceptual Clarification. In: Rychen/Sagalnik (2001): 45-66.

Weinert, Franz E. (1998): Vermittlung von Schlüsselqualifikationen. In: Matalik/Schade (1998): 23-43.

Weingart, Peter (2001): Die Stunde der Wahrheit? Zum Verhältnis der Wissenschaft zu Politik. Wirtschaft und Medien in der Wissensgesellschaft. Weilerswist: Velbrück.

Weingart, Peter (2003): Wissenschaftssoziologie. Bielefeld: Transcript.

Weingart, Peter (1997): Interdisziplinarität – der paradoxe Diskurs. In: Ethik und Sozialwissenschaften, 4, 1997: 521-529.

Willems, Herbert (Hrsg.) (2002): Die Gesellschaft der Werbung. Wiesbaden: Westdeutscher Verlag.

Willems, Herbert (Hrsg.) (2009): Theatralisierungen und Enttheatralisierungen in der Gegenwartsgesellschaft. Wiesbaden: VS Verlag für Sozialwissenschaften.

Willke, Helmut (2001): Systemisches Wissensmanagement. Mit Fallstudien von Carsten Krück, Susanne Mingers, Konstanze Piel, Torsten Strulik und Oliver Vogel. Stuttgart: Lucius + Lucius.

Wohin geht die Reise?

Bildungsmobilität von osteuropäischen Studierenden in der Diskussion[1]

Rita Stein-Redent

1 Einführung und Anmerkungen zur Internationalisierung der europäischen Bildungslandschaft

Bildung ist ein Hauptanliegen nicht nur in den europäischen Ländern ungeachtet aller nationalen Unterschiede und Differenzen. Schaut man sich den europäischen Bildungsbegriff und das Bildungsverständnis genauer an, so fällt zweierlei auf: Zum einen bietet die Europäische Union (EU) ein Forum für Austausch von Ideen und Lösungen im Bildungsbereich, organisiert multinationale Bildungs-, Berufsbildungs- und Jugendpartnerschaften, ist Plattform für Dialoge besonders im Hinblick auf die Umsetzung des Bologna-Prozesses. Zum andern sind alle Mitgliedsländer der EU, auf Grund des Subsidiaritätsprinzips, für die Gestaltung ihrer Bildungssysteme allein verantwortlich. Nichtsdestotrotz wird die Entwicklung einer europäischen Dimension im Bildungswesen und wie erwähnt die Förderung der europäischen Zusammenarbeit zwischen den Bildungseinrichtungen angestrebt. (Wobei eine exakte Definition der europäischen Dimension im Bildungswesen nicht fixiert ist.)

Die Klammer und der Leitgedanke aller Entwicklungen in der EU ist die Lissabonstrategie aus dem Jahre 2000. Die darin formulierte Agenda lautet: die EU soll der wettbewerbsfähigste und dynamischste wissensbasierteste Wirtschaftsraum werden. Dieses Ziel ist sehr hoch gesteckt und bringt unmissverständlich zum Ausdruck, dass auch Bildung immer mehr den Regeln des Wettbewerbes und des Marktes folgen soll bzw. muss. Dabei wird das lebenslange Lernen als immer bedeutender werdende Komponente der Strategie der Europäischen Union hervorgehoben.

Heute stellt sich daher in den nationalen Bildungsgesellschaften, nicht nur in der EU, die Frage nach der Änderung der nationalen Hochschulpolitik im Besonderen, die kompatibel den Erfordernissen von Bologna und der Lissabonstrategie ist (s. Abschnitt 2).

Schaut man auf die schon geschehenen Änderungen im Hochschulbereich und die noch Ausstehenden so kann Folgendes zunächst festgestellt werden:

---

1   Die nachfolgenden Ausführungen beruhen zum Teil auf Auszügen aus einem Forschungsbericht „Die Attraktivität österreichischer Universitäten für Studierende aus Mittel-, Südost- und Osteuropa" gefördert durch das Bundesministerium für Bildung, Wissenschaft und Kultur der Republik Österreich (September 2006) unter Projektleitung von Dr. Elsa Hackl (Universität Wien) und Dr. Rita Stein-Redent (Hochschule Vechta). Da dieses Projekt an Wiener Universitäten durchgeführt wurde, ist das Bezugsland für die Darstellung der Projektinhalte und -ergebnisse Österreich.

1. Es kommt zu einer Expansion des Hochschulsektors insgesamt;
2. stellt sich immer mehr die Frage nach der sozialen und kulturellen Komponente im Hochschulbereich – sind die Hochschulen Bestandteil der nationalen Kultur oder unterliegen sie ausschließlich den „Zwängen" des ökonomischen Systems?
3. Welchen Gestaltungsspielraum haben die Hochschulen heute: machen budgetäre Vorgaben, Fragen wirtschaftlicher Effizienz sie immer mehr zu Wirtschaftsunternehmen?
4. Kommt es in Folge der Anforderungen der Wirtschaft besonders im Hinblick auf die stärkere Orientierung an einer employability der Studierenden zu einer verstärkten Berufsausbildung an den Hochschulen?
5. Was macht heute die akademische Orientierung an einer Hochschule aus?

Auf der europäischen Ebene bedeutet dies, dass mit dem 1999 gestarteten Bologna-Prozess die Hochschulen sukzessive in Wissenschaftsbetriebe umgewandelt werden (sollen), die auf einen Wissensmarkt Wettbewerb ausgesetzt sind. Wettbewerb um Qualität der Ausbildung, finanzielle Mittel (siehe Eliteuniversitäten), Wettbewerb um Studierende, der im Zuge der demografischen Entwicklung noch zunehmen wird. Mit solch einem Wettbewerb werden Parameter vorgegeben, die Bildungsprozesse nationaler Hochschulsysteme vergleichbar machen sollen. Diese Vergleichbarkeit über solche Parameter bedeutet Quantifizierung und Abprüfbarkeit von Leistungen und Wissen. Welche Konsequenzen – positiv wie negativ – damit verbunden sind, steht noch nicht fest. „Bildung ist keine Ware" – mit dieser Aussage wird Kritik, mal mehr und mal weniger, an der gegenwärtigen Bildungspolitik geübt. Eingebunden in diese Kritik wirkt heute der Neoliberalismus als Gesellschaftsmodell in seinem ökonomischen Verständnis.

Betrachtet man die gegenwärtig stattfindenden Prozesse in der Hochschullandschaft der verschiedenen nationalen Staaten so kann man das Folgende erkennen:
1. Die Reformen, die auf der System- und institutionellen Ebene stattfinden, haben dieselben Akteure/innen wie bisher.
2. Alle Reformen orientieren sich an dem auf Staatszugehörigkeit zugeschnittenen Bildungssystem im weitesten Sinne, was die Finanzierung, die Studienvoraussetzungen bis hin zu den Zeitrastern des Studiums angeht.
3. Die Vorteile des nationalen Bildungssystem werden unterstrichen: hier spielen z. B. Bildungstraditionen, Kenntnis der Strukturen formal wie informell eine Rolle, auch können eigene „nationale" Disziplinen „bewahrt" werden.
4. Aber: die Hochschulsysteme waren „reif" für Veränderungen, für Reformen. Bologna hat diesen Prozess befördert und beschleunigt.

Bologna bietet die Möglichkeit als neues Governance, neue Akteure/innen für die Hochschulen zu gewinnen (auch im nicht universitären Bereich). Damit formieren sich neue Netzwerke mit neuen Inhalten. An dieser Stelle soll nicht vergessen werden darauf hinzuweisen, dass die gegenwärtigen Hochschulreformen oft mit traditionellen Interpretationen geschehen, sei es nur damit, dass z. B. der Bolognaprozess als Fortführung der „klassischen" traditionellen Hochschulbildung gesehen und aus diesem Blickwinkel mit negativen Bewertungen versehen wird.

Unbestritten ist Bildung ein Produkt moderner Gesellschaften und ein gleichzeitig wichtiger Faktor für wirtschaftliche und soziale Entwicklung von Gesellschaften. Auf einer allgemeinen Ebene kann von hierfür folgende Funktionen des Bildungssystems erkennen: Das Bildungssystem hat in erster Linie eine Qualifikations- und Allokationsaufgabe, die sich in der Vermittlung von Bildungsinhalten äußert, die wiederum der Vorbereitung auf den Arbeitsmarkt dienen. Diese gesellschaftliche Funktion des Bildungssystems wird zunehmend als Verwertbarkeit von Bildung wahrgenommen, obgleich auch andere Systeme entscheiden, wer welche Bildung wann erhält. Diese Funktion erfährt eine zusätzliche Ausformung dadurch, dass die Schelllebigkeit in den Veränderungen der Produktions- und Wirtschaftsformen zunimmt, somit ein laufend neuer Qualifikationsbedarf besteht – die Wechselbeziehungen zwischen Arbeitsmarkt und Bildungsangebot ständig neu gedacht werden müssen. Aber auch die Bildung verändert das ökonomische System. Es gibt immer mehr Individuen mit besseren Abschlüssen, auch wenn gute Abschlüsse nicht immer eine gute Beschäftigung garantieren, so sind sie doch zwingende Voraussetzung für bessere Chancen auf dem Arbeitsmarkt.

Es bleibt als schon erstes Fazit festzuhalten, dass sich herkömmliche Bildungsstrukturen bereits verändert haben bzw. derzeit verändern. Lernprozesse werden immer mehr auf ökonomisch verwertbare Abschlüsse gestaltet. Lerninhalte gibt der Markt vor, aber auch die Legitimation der Ausgrenzung von Individuen (über das Verhältnis von Bildung und Markt muss an anderer Stelle nachgedacht werden). Fest steht, dass heute schon erkennbar ist:

- Lernen wird in Zukunft immer mehr zu einem selbstorganisiertem Lernen werden; Eigenverantwortung und Selbststeuerung der Lernenden wird ansteigen.
- Es wird zu einer Professionalisierung des eigenen Lernens kommen.
- Die Gesellschaft wird zu einer lernenden Gesellschaft werden.

In der Konsequenz bedeutet dies eine neue Ausrichtung der Bildungspolitik in allen modernen Gesellschaften, einen Umbau der für Bildung im weitesten Sinne zuständigen Institutionen.

Im Zuge der Globalisierung und Internationalisierung von Wirtschaften und Gesellschaften rücken berufliche und wissenschaftliche Mobilitäten immer stärker als Selbstverständlichkeiten ins öffentliche Bewusstsein. Wurde „Brain Drain" Anfang der 1970er Jahre als Phänomen der Abwanderung von Arbeitskräften aus Entwicklungsländern in westliche Industrienationen thematisiert, so hat dieses Phänomen heute angesichts der Öffnung der Grenzen und der EU-Erweiterung ein neue Qualität erreicht und an Brisanz gewonnen und wird immer mehr zum Brain Gain.

Unter den gegenwärtigen Bedingungen der Globalisierung treten neue Formen und Muster von Migration auf, die nicht mit den klassischen Diskursen zu Migration zu erklären und zu bewerten sind, denn es sind solche, die nicht unbedingt zu einer Sesshaftwerdung, letztendlichen Auswanderung und hierfür notwendig vollständigen Integration im Aufnahmeland führen müssen. Die moderne Integrationsforschung hat diese Erscheinungen mit den Zuordnungen „Quasimigration", „zirkuläre Migration" bzw. „transnationale Migration" versehen. Mit diesen Begrifflichkeiten sollen solche Erscheinungen erfasst werden, die zum einen die gesamte Breite der Migration widerspiegeln und hierbei sowohl Wanderung wie Mobilität aufnehmen; und die zum anderen solch grenzüberschreitende Mobilitätsmuster einer Analyse zuführen, die sowohl einer räumlichen, aber auch einer zeitlich begrenzten Mobilität geschuldet sind.

Das heißt, die Entwicklungen in Richtung Internationalisierung führen zu neuen Begrifflichkeiten, Analysekategorien und einem neuen Definitionsrepertoire in bildungstheoretischen und bildungspolitischen Betrachtungen. Eine dieser neuen Entwicklungen betrifft die Konzeption des transnationalen sozialen Raumes. Mit dem Konzept des transnationalen sozialen Raumes werden die Besonderheiten der Wirkungen moderner Migrationsprozesse erfasst, die das Bewegen zwischen den Kulturen und Gesellschaften widerspiegeln und die Entstehung eines neuen sozialen Raumes hervorheben. Transnationalität bedeutet eine spezifische Form von Lebens- und Handlungszusammenhängen, die einerseits durch den sozialen Raum des Herkunfts- und des Aufnahmelandes bestimmt sind und in der Konsequenz bei deren „Durchmischung" zu einem besonders „vermischten" sozialen Raum führen. Das heißt, Dimensionen des Herkunftslandes und des Ziellandes werden mitgenommen bzw. aufgenommen und so interpretiert, dass ein neuer sinnstiftender Lebenszusammenhang entsteht. Hierzu gehört sicher auch das Konzept der „shifting identity", das den Wechsel zwischen Kulturen und Gesellschaften beschreibt. Andererseits bedeutet Transnationalität auch die Aufrechterhaltung sozialer Kontakte über nationalstaatliche Grenzen hinweg. Internationale Migrationsbewegungen sind heute Merkmal moderner Gesellschaften. Sie führen zu Veränderungen der bis dato traditionellen gesellschaftlichen Verhältnisse. Sie sind in ihren Folgen und Konsequenzen zugleich Herausforderung für wissenschaftliche Untersuchungen, nicht nur der Sozialwissenschaften. Historisch geprägte Sozialwelten, die in der Vergangenheit zeitlich und räumlich genau definiert waren, verändern sich heute nicht mehr innerhalb ihrer nationalen Grenzen. Hierbei kommt aber, so Giddens (1992: 51ff.), dem zielgerichteten Handeln der sozialen Akteure in modernen Gesellschaften die entscheidende Bedeutung zu.

Gründe und Ursache, die zu Wanderung und Migration führen, werden mit den so genannten Push- und Pull-Faktoren begründet: Push-Faktoren, sind die Faktoren, die Menschen dazu bringen, ihre Heimatländer zu verlassen. Pull-Faktoren begründen Erwartungen, die Menschen an die Zielländern stellen, in die sie wandern (wollen).[2] Die Auslöser für Migration sind zwar ursächlich entscheidend, werden aber durch vielschichtige Randbedingungen forciert und unterstützt. So sind räumliche Distanz zwischen Herkunfts- und Zielland wichtig. Aber auch Sprache, Zugehörigkeit zu einem bestimmten Kulturkreis, Identifikationen mit der Ziellandgesellschaft haben Einfluss auf Wanderungsentscheidungen.[3] In Zeiten von Informations- und Medienpräsenz spielen auch Kenntnisse über Migrationsmöglichkeiten, politische Regularien, Migrationsrisiken und Informationen über Integrationsmöglichkeiten im Zielland eine nicht unwesentliche Rolle für das Mobil-Sein. Wichtig ist das Vorhandensein von Netzwerken, sozialen wie ethnischen, die die Integration im angestrebten Wanderungsland erleichtern helfen. Einer potenziellen Migration sind, nicht zu vergessen, auch historische und kulturelle Beziehungen zwischen Herkunfts- und Aufnahmeland zuträglich. Wichtig ist, dass Motive und Voraussetzungen für Migrationsent-

---

2   Bei Fassmann/Münz (1996a: 46) finden sich folgende Definitionen zu den sog. Push- und Pull-Faktoren: „Staaten mit prosperierender Wirtschaft, hoher Nachfrage nach Arbeitskräften, hohem Lohniveau sowie demokratischen und rechtsstaatlichen Verhältnissen entwickeln Anziehungskräfte (Pull-Faktoren). Sie werden damit für Migranten aus Staaten mit Unterbeschäftigung, geringem Lohnniveau, stagnierender Wirtschaft, krisenanfälligem politischen System und ethnischer oder religiöser Unterdrückung (Push-Faktoren) attraktiv."

3   Mammey (2001: 32) teilt migrationbestimmende Faktoren in „ökonomisch induzierte Migration", das heißt, Wanderung aus wirtschaftlichen Interessen und in „nichtökonomisch induziere Migration", Wanderungen auf Grund von „ökologische(n) und Hungerkatastrophen, Verfolgungen/Vertreibungen aus politischen und/ oder religiösen Gründen/Kriege".

scheidungen in einem engen Zusammenhang mit Verbesserung von Lebensqualität und mit individuellen Erwartungen der Migranten zu tun haben.

Wie sieht es mit der studentischen Migration aus? Welche Ursachen und Folgen sind mit dieser Art von Migration verbunden? Welchen Beitrag leistet die studentische Migration beim Prozess der Internationalisierung von Gesellschaften? Diesen Fragen soll in den nächsten Ausführungen nachgegangen werden.

2 Zur Problematik studentischer Mobilität

Migrationsbewegungen von Studenten sind nicht nur ein weltweites, sondern auch ein seit den 1960er Jahren quantitativ boomendes Phänomen (Han 2000: 91). Begabte und erfolgsorientierte junge Menschen sehen in der Absolvierung eines Auslandsstudiums eine wichtige Chance, den persönlichen Horizont zu erweitern, neue Kontakte zu knüpfen und sich zusätzliche Karrierechancen zu eröffnen.

Diese Wanderungsbewegungen fanden in der Migrationsforschung bislang selten Aufmerksamkeit. Es gibt bis heute keine spezifischen, auf studentische Migration bezogenen Theorieansätze, obgleich eine Einbettung in Fragestellungen in der allgemeinen Theorie der Migrationsforschung z. B. in der Diskussion der Kettenmigration (vgl. Boyd 1989) oder im Push- and Pull-Ansatz (vgl. Lee 1990) zu finden ist. Enrico Todisco weist in diesem Zusammenhang darauf hin, dass sich das wissenschaftliche Interesse in der empirischen und theoretischen Migrationsforschung auf die unteren Einkommens- und Bildungsschichten richtet und hier besonders auf die Arbeitsmigration:

> „At the moment the bulk of theorizing about international population movements has been focusing mostly in labour flows. Other population movements, as for example the „privileged few" (skilled technicians and professionals) opting to bargain their talents in their efforts to gain access to new land, tend to be conceptualised as variants of the models applied to labour migration." (Todisco 1993: 574)

Erste Ansätze diese Forschungsdefizite zu beheben, finden sich im deutschsprachigen Raum in der so genannten Austauschforschung wieder.[4] Diese Forschungsrichtung hat die soziale Lage ausländischer Studierender zum Gegenstand und versucht auch eine theoretische Verortung. Hierbei geht es insbesondere um die Situation ausländischer Studierender aus Entwicklungsländern vor Ort und vergisst Studierende aus anderen Ländern in ihre Diskussion einzubeziehen. Wenn es um die Folgen und Effekte nach ihren Studium geht, werden zwei Forschungsrichtungen bemüht: Zum einen werden Frage der Reintegration untersucht, die mit der Rückkehr ausländischer Studierender in ihre Heimatländer nach ihrem Studium im Zusammenhang stehen. Eine zweite Forschungsrichtung untersucht die Gründe und Folgen eines Ausbleibens der Rückkehr in die Herkunftsländer. Dieses Phänomen wird als Brain Drain bezeichnet. Brain Drain ist die „Abwanderung von Fachkräften aus Entwicklungsländern in die Industrieländer. Die ersteren übernehmen die Ausbildungs-

---

4   Die erste Erwähnung über die Austauschforschung findet sich bei Dieter Danckwortt 1959a. Eine umfassende Bestandsaufnahme über die Austauschforschung gibt Andreas Thimmel 2001; weiterführend vgl. auch Breitenbach 1974; Tijoe 1987; Schnitzer u. a. 1986.

kosten und die letzteren haben den Nutzen" (Nohlen 1993: 471). Neu sind auch Untersuchungen, die auf der Mesoebene angesiedelt sind: Bedeutung von sozialen Beziehungen und sozialem Kapital im Migrationsprozess (vgl. Faist 2000).

Heute kann nicht verleugnet werden, dass neben immer noch bestehender Arbeitsmigration, „die Elitenwanderung ... Massencharakter angenommen hat" (Münz 1994: 108). Diesem Umstand Rechnung zu tragen, hat sich in jüngster Zeit eine neue Forschungsrichtung im englischen Sprachraum – highly skilled migration[5] – herausgebildet, die sich mit hoch gebildeten Mobilen, vorwiegend mit jenen aus Industrieländern, beschäftigt. Die damit in Beziehung stehenden Fragestellungen werden umso notwendiger, da ein wachsender Trend zum Studium im Ausland oder zu einem Studienabschnitt im Ausland zu verzeichnen ist. Bereits in den 1970er Jahren formulierte Breitenbach:

> „Auslandsausbildung ist (...) ein wechselseitiger Lern- und Anpassungsprozeß, der erfolgt, wenn sich Individuen zu Ausbildungszwecken in einer für sie kulturell fremden Gesellschaft aufhalten und normalerweise nach einer begrenzten Zeitdauer in ihre Heimat zurückkehren. Auf der gesellschaftlichen Ebene ist darunter zu verstehen, der (...) zeitweilige ‚Austausch von Personen' zum Zweck der Ausbildung und Erfahrung. Mit dieser Definition ist eine Abgrenzung der Auslandsausbildung gegenüber Lern- und Anpassungsprozessen innerhalb der eigenen Kultur (Enkulturation, Sozialisation) bzw. zeitlich nicht begrenzten (Einwanderung) oder solchen Auslandsaufenthalten gegeben, die nicht zu Ausbildungszwecken erfolgen (Tourismus, berufliche Auslandstätigkeit)." (Breitenbach 1974: 1)

Dabei sind die Grenzen zwischen Bildungsmigration und Beschäftigungsmigration fließend, da das Ziel „Erwerb von Bildungstiteln in einem anderen Land" nach Abschluss zu einer Arbeitsmigration werden kann. In der Bildungslandschaft der Hochschulen tragen die aktuellen Mobilitätsprogramme der EU dazu bei, diese Prozesse zu befördern. Aber auch die Forschung zu und über Studentenwanderungen ist ein wesentlicher Aspekt der Geschichte von Hochschulen als Forschungs- und Lehrstätte sowie Gegenstand moderner Hochschul- und Wissenschaftspolitik, der Entwicklung nationaler Hochschulsysteme und ihrer europäischen und internationalen Vernetzung.

In den letzten zehn Jahren entstanden neue Formen grenzüberschreitender postsekundärer Bildung, die sowohl personell wie institutionell in den Blick der Forschung zu nehmen sind: Neben der schon verstärkten internationalen Mobilität von Studierenden setzt eine zunehmende curriculare und institutionelle Mobilität grenzüberschreitend ein.

Erleichtert werden diese Weiterentwicklung des Hochschulkontextes durch die zunehmende Autonomie der Hochschuleinrichtungen und deren Internationalisierung. Dabei kommt in diesem Prozess der Unterzeichnung des Bologna-Vertrages eine große Bedeutung zu. Mit dem in Gang setzen des Bologna-Prozesses von 1999 und seinen Erweiterungen (Prag 2001, Berlin 2003, Bergen 2005)[6] verpflichteten sich gegenwärtig über 40 Länder zu Reformierung ihrer jeweiligen Bildungssysteme.[7]

---

5   Hierzu vgl. die Diskussion im Geoforum Vol. 19, Nr. 4/1988.
6   www.europa.eu.int/comm/education/objet_de.pdf
7   Neben dem „Bologna-Prozess" ist auf das Dienstleistungsabkommen GATS der WTO zu verweisen, in dem bis 2005 eine Liberalisierung der grenzüberschreitenden Erbringung von Dienstleistungen vereinbart wurde. Bereits 1994 hat sich die Europäische Union gegenüber den anderen WTO-Ländern verpflichtet, in den meisten Bildungsbereichen freien Marktzugang und gleiche Behandlung zu gewährleisten. Es wurde von der EU eine Marktöffnungsverpflichtung eingegangen, zu einem Zeitpunkt, als von Internationalisierung und Privatisierung des Hochschulwesens kaum die Rede war. Im GATS wurde u.a. ein eigenes Klassifikations-

Hauptziel ist dabei die Schaffung eines europäischen Raumes für höhere Bildung.[8] Damit verbunden sind

- die Verbesserung der Beschäftigungsmöglichkeiten,
- die Ausweitung und Unterstützung von Mobilitäten,
- die Förderung der internationalen Wettbewerbsfähigkeit im Bereich der höheren Bildung.

Zentrale Aspekte dieses Vorhabens sind: Transparenz, Mobilität und Qualität. Das heißt, es wird dazu führen, dass

- das unübersichtliche System der Hochschulqualifikationen vereinfacht und die gegenseitige berufliche und akademische Anerkennung erleichtert wird;
- die Mobilität, die mit einer Anwerbung von Studierenden aus aller Welt einher geht und sich erhöht; und
- ein hohes Qualitätsniveau durch die Implementierung von Qualitätssicherungssystemen gewährleistet wird.

Gleichzeitig wurde durch die Minister der teilnehmenden Staaten bekräftigt, dass Studierende stärker in die Gestaltung des europäischen Hochschulraumes einbezogen werden sollen. Diese Vorhaben haben Auswirkungen auf die Wissenschaftspolitik, ihre Verankerung in einem globalisierten gesellschaftlichen Kontext, unterstützen eine zunehmende Dynamik des Forschungsgegenstandes und fordern seine konzeptionelle Weiterentwicklung geradezu heraus. Hinter diesen grenzüberschreitenden Entwicklungen stehen vier verschiedene, sich aber nicht ausschließende Ansätze:

- Konzepte gegenseitige Verständigung,
- Anreiz zur Migration hochqualifizierter Personen,
- Ertragsorientierungen und
- Capacity Building.

Darin enthalten sind solche Fragestellungen wie

- Welchen Beitrag leistet die Bildungsmobilität zur Entwicklung der Herkunftsländer?
- Welche Bindungen zu den Herkunftsländern bleiben während des Studienaufenthaltes bestehen?

Es besteht also ein deutlicher Forschungsbedarf hinsichtlich individueller Mobilitätsentscheidungen. Bildungsmigranten/innen werden nicht als Einwanderer/innen wahrgenommen. So wurde etwa um 1960 formuliert:

> „Abzugrenzen ist diese Form des Personen-Austausches (Auslandsausbildung) (...) insbesondere vom Tourismus und von der Auswanderung zur Übernahme eines Dauer-Arbeitsverhältnisses im fremden Land. (...) Der Bereich der Auslandsausbildung fällt in die Gruppe der zeitbegrenzten Kontakte im Ausland. (...) Es handelt sich um eine individuelle kulturelle Anpassung und Rückanpassung während und nach einem Aufenthalt in einem für das Individuum fremdem Kultur, der zeitlich begrenzt ist und mit der Absicht angetreten wurde, danach wieder in die Heimat-Kultur zurückzukehren." (Danckwortt 1959: 26)

---

schema für Dienstleistungen entwickelt, das zwölf Sektoren beinhaltet, wobei sich im fünften Sektor die Bildungsdienstleistungen wiederfinden, die wiederum in fünf Kategorien untergliedert sind, wobei die Kategorie drei auf die höheren (tertiären) Bildungsdienstleistungen verweist.

8   Die große wirtschaftliche Bedeutung des Bildungssektors wird daran deutlich, dass die OECD-Länder Mitte der 1990er Jahre durchschnittlich 5,9% des Bruttoinlandsproduktes für Bildung ausgaben, 80% dieser Mittel sind unmittelbare öffentliche Ausgaben für die Finanzierung von Bildungseinrichtungen. (vgl. WTO 1998).

Diese Einschätzung ist auch heute noch präsent: „Der Studienaufenthalt von Ausländern in der Bundesrepublik Deutschland muss generell als vorübergehender, zeitlich befristeter Aufenthalt betrachtet werden" (Ehling 1987: 240). Anders dagegen Esser (1980: 21ff.), der davon ausgeht, dass gerade ausländische AkademikerInnen, Studierende wie WissenschaftlerlerInnen die Fähigkeiten besitzen, sich besonders gut in das Aufnahmeland eingliedern zu können. Die Assimilation wird dadurch begünstigt, da diese Gruppe in der Öffentlichkeit nicht als „Problemgruppe" wahrgenommen wird und in irgendeiner Weise mit Inländern/innen in Konkurrenz tritt: „Die Eingliederung von Wanderern wird meist dann sozialwissenschaftlich behandelt, wenn sie zu einem ‚sozialen Problem' zu werden beginnt" (Esser 1980: 11).

Es besteht immer noch ein Bedarf nach qualitativen Studien, in denen nicht nur sozioökonomische und soziale Aspekte von ausländischen Studierenden Berücksichtigung finden, sondern auch Beiträge für Entwicklungspotenziale von WissenschaftlerInnen für ihre Herkunftsländer formuliert werden können. Es ist problematisch, wenn man davon ausgeht, dass Abwanderung bzw. Mobilität von Studierenden in andere Länder gleichgesetzt wird mit wissenschaftlichen Verlust für ihre Herkunftsländer, denn

> „ (...) diese Mobilität (kann) weder als Exil noch als Bruch mit der Heimat betrachtet (werden). Viele Forscher (das gilt auch für Studierende – Anmerk. R.St.R.) stehen mit den zu Hause Gebliebenen in Kontakt (...). Das erklärt wahrscheinlich, warum die meisten Forscher die Abwanderung der Akademiker nicht als ein Problem ansehen. (...) Früher war die Abwanderung zwangsläufig endgültig, das ist heute aber nicht mehr der Fall.(...) Die Mobilität (...) erlaubt es manchen Forschern, ihre Arbeit weiterzubetreiben, neue Kenntnisse zu erlangen, neue Verbindungen zu knüpfen, neu Netze aufzubauen, was – unmittelbar oder längerfristig – auch ihren Ländern zugute kommt." (Tinguy 1994: 284f.)

Diese Feststellung macht deutlich, dass der Akzent von Mobilitätsforschungen auf die Mittlerrolle von Akademiker/innen gelegt werden sollte, da diese Gruppe sich im Aufnahmekontext wie auch Herkunftskontext bewegt, wenn man davon ausgeht, das Bindungen und Kontakt zum Herkunftsland während des Aufenthaltes bestehen bleiben. Hier greift das Konzept der Transnationalität, das seit Mitte der 1980er Jahre diskutiert wird. Zentrales Element und Inhalt sind unterschiedliche, aber gleichzeitig vonstatten gehende Engagements der Migranten in der Herkunftsgesellschaft und im Aufnahmeland (Arlt 1999: 40ff.). Es gilt das eine wie das andere und hat Bindungen und Folgen für das Aufnahme- wie Entsenderland zu berücksichtigen.

Aus dem eben Beschriebenen werden zwei Forschungsperspektiven sichtbar. Aus makroperspektivischer Sicht kommt es zu einer zunehmenden Internationalisierung der Hochschullandschaft mit den sich daraus ergebenden Handlungsfeldern. Die Mikroperspektive legt den Focus auf Transformationen im Hochschulbereich und in der Scientific Community, da Internationalisierung u. a. auch verbunden ist mit einer quantitativ wachsenden Bildungsmigration und der Intensivierung regionaler und internationaler Netzwerkstrukturen. Die Notwendigkeit weiterer Forschungsvorhaben auf diesem Gebiet wird in folgendem gesehen:

- Grenzüberschreitende Studierendenmobilität sollte analysiert werden, da spezifische Gründe und Lebenszusammenhänge vorliegen, die sich von anderen Migrationsformen unterscheiden.

- Marktausrichtung des europäischen Hochschulraumes und soziale Dimension der Studierendenmobilität sind aktueller Anlass für weitere Forschungen.
- Entstehen neuer sozialer transnationaler Räume, die Dimensionen der Entsender- als auch der Studienländer beinhalten und zu neuen Migrationsinhalten werden.
- Entstehen eines eigenen Kommunikationsraumes bei Studierenden aus einer Region, einem Staat im Studienland.
- Hochschulen sind einer Internationalisierung ausgesetzt und betreiben selbst Internationalisierung.
- Studierende verschaffen sich eigene Zugänge zu Studium im Ausland.
- Akademisches Interesse ist gepaart mit wirtschaftlichen Überlegungen und Arbeitsmarktchancen und die Zunahme des Bildungsnomadentums.
- Bedarf und Strategien von handlungsrelevanten Konzepten zu Migration auch studentischer und deren Folgen muss dies einbeziehen.

3   Ergebnisse des Forschungsprojektes „Attraktivität österreichischer Universitäten für Studierende aus Mittel-, Südost- und Osteuropa"

Im September 2006 wurde ein Forschungsprojekt im Auftrage des Bundesministeriums für Bildung, Wissenschaft und Kultur der Republik Österreich zum Thema „Die Attraktivität österreichischer Universitäten für Studierende aus Mittel-, Südost- und Osteuropa" abgeschlossen. Ein Ziel des Projektes war, eine Forschungslücke zum Thema Mobilität/Migration von Studierenden insbesondere aus Mittel-, Südost- und Osteuropa zu schließen, da hierzu wenige Studien vorliegen.[9] Das Fehlen von Studien zu diesem Thema ist zum einen auf eine mangelhafte internationale Datenlage zurückzuführen. In den einzelnen Ländern werden internationale Studierende unterschiedlich erfasst. Manche Statistiken weisen z. B. Studierende nach Staatsbürgerschaft, andere nach gewöhnlichem Aufenthaltsort aus.[10]

---

9   Neue Migrationstendenzen, die nach dem sozialen Wandel in den Ländern Osteuropas auszumachen sind, sind folgende: Neue Arbeitsmigrationen in den osteuropäischen Ländern selbst oder in westliche Länder (Kraler/Iglicka 2002: 27-58); Wanderungsbewegungen von Kleinhändlern seit Ende der 1980er Jahre (Wallace/Stola 2001); Wanderungen durch Flüchtlinge, Asylsuchende und Personen, die in ihre vormalige Heimat zurückkehren (Codagnone 1998; Dietz 2000).

10   Zwei Dinge sind bei diesen akademischen Wanderbewegungen besonders augenfällig: Einerseits hat die Mobilität nicht nur von hoch qualifizierten Arbeitskräften, sondern auch von Studierenden aus Mittel-, Südost- und Osteuropa im vergangenen Jahrzehnt deutlich zugenommen. Andererseits werden heute immer mehr Frauen zu Akteurinnen dieses Migrationsprozesses (IOM 2004), während lange Zeit Migration als ausschließlich männliches Projekt wahrgenommen wurde. Bei der Studierendenmobilität wiederum ist zu unterscheiden zwischen der Gruppe Graduierten und der von „undergraduates". Besonders die zuletzt genannte Gruppe ist wenig erforscht (King 2002: 89-106), denn Evaluierungen des ERASMUS Programm haben eine andere Zielrichtung. Bei der studentischen Mobilität ist zudem zwischen BildungsausländerInnen – das sind Staatsangehörige eines anderen Staates, die ihre Hochschulberechtigung an einer ausländischen Schule erworben haben – und BildungsinländerInnen – sie sind Staatsangehörige eines anderen Staates, die ihre Hochschulzugangsberechtigung an Schulen im Land ihres Studiums erworben haben – zu unterscheiden. Bei letzteren handelt es sich meist wohl um die zweite oder dritte Generation von MigrantInnen. Die zuerst genannte Gruppe dagegen sind die international mobilen Studierenden, die sich für ein Studium im Ausland entschieden haben und die das Potenzial für den (zusätzlichen) „Brain Gain" mit bilden.

Diese Vernachlässigung hat zum anderen auch damit zu tun, dass Studierende als spezifische Migrationsgruppe politisch lange Zeit kaum wahrgenommen wurden, da sie weder als Konkurrenten um Arbeitsplätze noch um Wohnraum in Erscheinung traten.

Im Jahr 2004 wurde eine EU-Richtlinie zu den Einreise- und Aufenthaltsbedingungen von Drittstaatsangehörigen zur Absolvierung eines Studiums veröffentlicht[11], um die hier entstandenen Defizite zu beseitigen (zumindest ansatzweise). Ende Juni 2006 wurde das Thema auch bei dem Treffen der OECD Minister in Athen konstatiert, indem man erkannte, dass in allen Staaten die Migration von WissenschafterInnen und StudentInnen gestiegen sei; allerdings sei die Migrationsbewegung in den verschiedenen Staaten unterschiedlich ausgeprägt.[12]

Internationalität war in der Wissenschaft seit jeher, wenn auch aus unterschiedlichen Gründen, ein Wert. Selbst rigide politische Systeme unterdrückten internationale Kommunikation und den Austausch von WissenschafterInnen und Studierenden nicht völlig, sondern ließen diese – wenn auch kontrolliert – zu. Eine enorme Steigerung erlebten die Wanderbewegungen von Studierenden aber erst in den letzten 20 Jahren. Dies hängt zum einen damit zusammen, dass die Studierendenzahlen generell gestiegen sind und man die Hochschulsysteme fast aller OECD Ländern heute als „mass higher education", wenn nicht „universal higher education" Systeme bezeichnen kann (Trow 1974). Damit ist das akademische Mobilitätspotential selbstverständlich größer geworden. Zum anderen ist die Wanderungsexpansion auch darauf zurückzuführen, dass die Akademiker-Mobilität und internationale Erfahrung in den OECD Staaten seit den 1960er Jahren zunehmend als ökonomischer Wert von internationalen Organisationen propagiert und unterstützt wird. Seit 1989, also mit den Veränderungen in Osteuropa, dem Zerfall der Sowjetunion und den wirtschaftlichen Umgestaltungen Chinas, ist diese Bewegung eine weltweite geworden.

2003 studierten 2,12 Millionen Studierende aus OECD und Partnerstaaten außerhalb ihres Heimatlandes. Seit 1998, das heißt innerhalb von fünf Jahren, hat sich damit ihre Zahl beinahe verfünffacht. 70% dieser internationalen Studierenden studieren in nur fünf Staaten, nämlich in den USA (28%) in Großbritannien (12%), Deutschland (11%), Frankreich (10%) und in Australien (9%). Die Herkunft der internationalen Studierenden ist auf bestimmte Staaten konzentriert: Im OECD Bereich kommen die meisten internationalen Studierenden aus der Republik Korea, diese machen aber nur 4,2% aller internationalen Studierenden aus. Es folgen Japan, Deutschland, Frankreich, Griechenland und die Türkei, deren Anteil an allen internationalen Studierenden zwischen 3 und 2% beträgt. Aus den OECD Partnerstaaten kommen die meisten Studierenden aus China (12,8%), Indien (5%) und Südostasien (rund 6%). (Vgl. OECD 2005)

Bemerkenswert sind aber nicht nur die Anteile der Staaten am weltweiten „internationalen Studierendenmarkt". Vielmehr kommt der Grad der Internationalisierung eines Hochschulsystems durch den Anteil der internationalen Studierenden an der Gesamtzahl seiner Studierenden zum Ausdruck: Hier liegt Australien mit fast 18% internationalen Studieren-

---

11   Richtlinie 2004/114/EG des Rates vom 13. Dezember 2004 über die Bedingungen für die Zulassung von Drittstaatsangehörigen zur Absolvierung eines Studiums oder zur Teilnahme an einem Schüleraustausch, einer unbezahlten Ausbildungsmaßnahme oder einem Freiwilligendienst.
12   Meeting of OCED Education Ministers. Higher Education: Quality, Equity and Efficiency, 27-28 June 2006/ Athens, Chair`s Summary, http://www.oecd.org/topic/0,2686,en_2649_37455_1_1_1_1_37455,00.html

den an australischen Universitäten klar an der Spitze. Die USA, die in absoluten Zahlen die meisten internationalen Studierenden aufnehmen, erreichen in relativen Zahlen nur magere 3,7%. Die drei europäischen Staaten mit dem absolut höchsten Anteilen an internationalen Studierenden (Großbritannien, Deutschland und Frankreich) liegen dagegen auch in relativen Zahlen hoch: Großbritannien (10,1%), Deutschland (10,1%) und Frankreich (8,2%) (vgl. Bundesministerium für Bildung und Forschung 2005a: 11). Der absolute „Marktanteil" Österreichs an den internationalen Studierenden erscheint mit rund 1% bescheiden (vgl. OECD 2005: 285). Mit seinem relativen Anteil – 10,8% aller Studierenden an Universität und Fachhochschulen sind internationale Studierende (vgl. Bundesministerium für Bildung und Forschung 2005a: 5, 74) – liegt Österreich allerdings durchaus im Spitzenbereich aller Staaten.

Ein Ziel des Projektes bestand darin zu erfragen, warum Studierende aus den MOEL (mitteleuropäischen Ländern) und SOEL (südosteuropäischen Ländern) in Österreich, also im Ausland, studieren, und welche Pläne sie hinsichtlich ihres künftigen Aufenthaltslandes haben, also ihre Wanderbewegungen zu untersuchen.[13]

Für die Wanderung von Studierenden hat sich seit dem Erasmus-Programm der Begriff Studierendenmobilität durchgesetzt. Vorher wurde vor allem die Migration von Studierenden aus den Entwicklungsländern thematisiert. Kehrten diese nach einem Studium in den entwickelten Industriestaaten tatsächlich in ihre Heimatländer zurück, wie dies die meist aus Entwicklungshilfegeldern gesponserten Stipendienprogramme vorsahen? Oder – wie die Kritiker vorbrachten – blieben sie im Studienland, und es kommt zu einem Brain Drain der Entwicklungsländer und einem Brain Gain der Gaststaaten. Beides, Brain Drain und Brain Gain, wird seit einem Jahrzehnt auch für die Wanderbewegungen aus den MOEL und SOEL in die EU-15 oder die USA thematisiert (Koszalka/Sobieszczanski 2006).

Inzwischen sind die Wanderungen von Studierenden nicht nur wesentlich zahlreicher, sondern auch zunehmend komplexer geworden. Zu den Begriffen des Brain Drain und Brain Gain ist der Begriff Brain Waste[14] hinzugekommen. Dieser relativiert die Gewinn- und Verlustrechnung von Talenten zwischen den Aufnahme- und Sendestaaten und unterstellt, dass sowohl Beschäftigungshindernisse in den Studienländern als auch fehlende Beschäftigungsmöglichkeiten in den Heimatländern der Studierenden zu Verlusten führten. Da dazu kommt, dass Studierende und AkademikerInnen vielfach hin-, her- und weiterwandern – ist im Rahmen dieses Projektes auch der Begriff „akademisches Nomadentum" („academic nomadism") entstanden.

---

13 Neue Migrationstendenzen, die nach dem sozialen Wandel in den Ländern Osteuropas auszumachen sind, sind folgende: Neue Arbeitsmigrationen in den osteuropäischen Ländern selbst oder in westliche Länder (Kraler/Iglicka 2002); Wanderungsbewegungen von Kleinhändlern seit Ende der 1980er Jahre (Wallace 2001: 31); Wanderungen durch Flüchtlinge, Asylsuchende und Personen, die in ihre vormalige Heimat zurückkehren (Codagnone 1998; Dietz 2000).

14 Economist 8.12.2005, The brain-drain cycle.

3.1 Beschreibung der Befragung

Es ist zunächst auf den explorativen Charakter des Projektes hinzuweisen. Aus diesem Grund wurde der Fragebogen so gestaltet, dass er zwar einige für die österreichische Hochschulpolitik wichtige Fragen enthielt, aber auch getestet werden konnte, in welche Richtung eine umfassendere und Länder vergleichende Untersuchung gehen könnte. Es wurden zudem Fragen aufgenommen, die sich in einer Studie über ausländische Studierende in Wien wieder finden (Kohlbacher/Reeger 2005), um eventuell Vergleiche ziehen zu können.

Auch die Entscheidung über die Stichprobe war von diesem explorativen Charakter geleitet. Es wurde keine Zufallsstichprobe gezogen, sondern die zu Befragenden nach Ländergruppen, Studienfächern und Geschlecht geschichtet und ausgewählt.[15] Der Grund dafür war, dass die nach Ländergruppen unterschiedlichen Einreise- und Aufenthaltsbedingungen sowie deren unterschiedliche politische und wirtschaftliche Situation berücksichtigt werden sollten (EU Mitgliedsstaaten, Beitrittskandidaten, SOE (Südosteuropa), GUS (Gemeinschaft unabhängiger Staaten)). Die Auswahl nach Studienrichtungen erfolgte nach deren unterschiedlicher Attraktivität bei den Studierenden. Die Auswahl nach Geschlecht sollte dem höheren Anteil an weiblichen Studierenden Rechnung tragen. Für die Auswertung der Rückläufe wurde die Einhaltung der Länder-, Geschlechts- und Studienrichtungsquote nochmals überprüft, um den Anliegen der Befragung zu entsprechen.

3.2 Zu einigen Befragungsergebnissen

Der Fragebogen über das Mobilitätsverhalten von Studierenden aus den MOE- und SOE-Staaten umfasste ca. 100 Fragen. Die Antworten wurden auf folgende Themen hin ausgewertet:
1. Motive für das Studium in Österreich
2. Studienort Wien und seine Universitäten
3. Integration und Netzwerke
4. Finanzierung des Studiums und soziale Herkunft
5. Mobilitätsmuster: Hier bleiben, Rückkehr und Weiterwandern?

Jeder der oben genannten Themenbereiche wurde im Laufe der Durchführung des Forschungsprojektes graphisch dargestellt und interpretiert.[16] Für die Studie wurden insgesamt 277 Fragebögen versandt bzw. verteilt, wobei 240 Fragebögen von den Wiener Universitäten (Universität, Medizinische Universität, Wirtschaftsuniversität, Technische Universität) an osteuropäische Studierende verschickt sowie 22 Fragebögen persönlich verteilt und 16 Fragebögen von TeilnehmerInnen der Vorstudienlehrgänge beantwortet wurden. Mit einem Rücklauf von 93 Fragebögen, die für die Studie verwendet werden konnten, lag die Rück-

---

15   Östereichische Hochschulstatistik, Sonderauswertung, WS 2004. Zur Auswahl der Studienrichtungen ist zu sagen, dass die populärsten, wie z. B. Wirtschaftsstudien, Rechtswissenschaft, Politikwissenschaft, Medizin ausgewählt wurden.
16   Für die vorliegenden Ausführungen wird insbesondere auf den Punkt 5 – die Mobilitätsmuster hingewiesen.

laufquote bei 33,5%. Die Aufteilung nach Aussendung und Rücklauf entsprechend der untersuchten Universitäten sieht wie folgt aus:

	Ausgesandte (in absoluten Zahlen)	Rückläufe (in absoluten Zahlen)	Ausgesandte (gemessen an der Gesamtzahl)	Rückläufe (gemessen an der Gesamtzahl)
Persönlich	25	25	9,0%	26,8%
Universitätslehrgang	16	16	5,7%	17,2%
Universität Wien	87	21	31,4%	22,5%
Wirtschaftsuniversität	70	13	25,2%	13,9%
Medizinische Universität	46	12	16,6%	12,9%
Technische Universität	33	6	11,9%	6,5%

Tabelle 1: Aussendung und Rücklauf der Fragebögen

Diese zentrale Fragestellung des Projekts betrifft in direkter Weise die Mobilität bzw. Migration der Studierenden. Wie sehen sie ihre weiteren geplanten Karrieren aus? Wollen sie zurückkehren, in Österreich bleiben oder in ein anderes Land weiterziehen?

Eine Analyse gestaltet sich in diesem Punkt schwierig, da bei den Studierenden bei der Beantwortung dieser Fragen Unsicherheiten zu erkennen sind. So antworteten 48,9% sie wollen nach dem Studium in Österreich bleiben. 14,1% gaben an, in die Heimat zurückkehren zu wollen, und 13% wollen nach dem Studium in Österreich in ein anderes Land gehen. Diese insgesamt 76% wissen offensichtlich mit relativer Sicherheit, was sie nach ihrem Abschluss in Österreich machen wollen, doch 13% gaben gar keine Antwort und weitere 10,8% gaben Mehrfachantworten. Es ist davon auszugehen, dass diese rund 24%, die keine oder unklare Antworten gaben, unsicher hinsichtlich ihrer beruflichen Zukunft sind.

	In Österreich bleiben	In die Heimat zurückkehren	In ein anderes Land gehen	Wenn ja, welches?
SOE	61 %	28,6 %	22,7 %	USA,GB, CAN,E
GUS	80 %	11,1 %	27,3 %	D,CH,E
EU Neu	61,1 %	26,4 %	22,2 %	GB,NL
EU Beitrittskandidaten	64,3 %	20 %	21,4 %	ITA,D,USA, Israel

Tabelle 2: Mobilitätsentscheidungen nach Ländern (mit Mehrfachnennung)

Zwischen den Geschlechtern gibt es bei den Fragen nach der künftigen Mobilität nur marginale Unterschiede und auch ländermäßig herrscht in dieser Frage Eintracht. Berücksichtigt man die Mehrfachantworten, so wollen fast 67% aller Studierenden egal aus welchen Ländern nach Ende ihres Studiums in Österreich bleiben. 22% bzw. 23% wollen zurück in die Heimat – ausgenommen die Studierenden aus der GUS, von denen nur 11% nach Hause zurückkehren wollen – oder weiterwandern. (Vgl. Tabelle 2)

Die Antwortverweigerer sind auf alle Länder verteilt, besonders stark scheint die Unsicherheit aber für Studierende aus den GUS-Ländern zu sein. 18,3% von ihnen geben keine

Antwort auf diese Frage, während beispielsweise Studierende der neuen Beitrittsländer dies nur zu 5% tun.

Etwa ebenso viele Studierende wie in ihre Heimat zurückkehren wollen, also ca. ein Viertel, wollen nach dem Studium in Österreich in ein anderes Land gehen. Es scheint, dass diese Studierenden Österreich als Durchzugsland betrachten. Die Staaten, in die die Studierenden danach gehen wollen, sind europäische Staaten, hauptsächlich Deutschland und Großbritannien. Aber auch die USA und Kanada werden genannt.

4   Zusammenfassende Ergebnisse des durchgeführten Projektes

Folgend werden einige zentrale Befunde der Studie thesenhaft umrissen:

Die Studierenden aus den untersuchten Ländern haben zu einem Großteil einen gebildeten sozialen Hintergrund, doch ihre Einkommensverhältnisse lassen nicht darauf schließen, dass diese Familien vermögend sind. Vielmehr dürfte es sich um Mittelklassefamilien handeln, die ihren Kindern eine möglichst gute Ausbildung ermöglichen wollen. Die Länder, in die die meisten weiter wandern wollen, sind Großbritannien oder die USA.

Hauptmotiv für ein Studium in Österreich ist die Verbesserung der Fremdsprachenkenntnisse. Der Großteil der Studierenden hätte auch im Heimatland studieren können – möglicherweise nicht an der Universität ihrer Wahl – erhofft sich aber durch ein Auslandsstudium bessere Chancen. Wien wurde als Studienort gewählt, weil die Stadt bereits bekannt war bzw. Verwandte und Freunde hier leben. Etwa 40% der Studierenden wurde das Studium in Wien mehr oder weniger empfohlen, nur 21% sind von seiner sehr guten Qualität überzeugt. Jedoch sind drei Viertel der Befragten mit ihrem bisherigen Studienverlauf zufrieden; wirklich unzufrieden sind nur 1,1%.

Die geografische Nähe Wiens spielt für knapp über 20% der Befragten aus den neuen EU-, den Beitrittskandidaten- und den Balkan-Staaten eine Rolle; die Attraktivität und das Freizeitangebot Wiens sind nur in geringem Ausmaß relevant.

Eher wenige Studierende aus den MOE- und SOE-Staaten wohnen mit ÖsterreicherInnen zusammen; es dürfte aber ein Wunsch nach mehr Kontakt bestehen. Studierende aus den SOE-Ländern befinden sich mehr in Netzwerken von Freunden und Verwandten, als dies bei den übrigen Befragten der Fall ist.

Ihre Freizeit verbringen rund 35% der Studierenden zu einem großen Teil mit ÖsterreicherInnen, nur 11% haben in ihrer Freizeit keinen Kontakt zu diesen. Auffällig ist hier der Geschlechter- und Länderunterschied; allgemein haben Frauen mehr Kontakt zu ÖsterreicherInnen. Rund ein Drittel der Studierenden – 34% der männlichen und 36% der weiblichen – verbringen ihre Freizeit allein. Ein Drittel der Männer und ein Viertel der Frauen fühlen sich in Wien bzw. Österreich eher fremd. Rund 10% leiden unter Einsamkeit.

Ein Großteil der Studierenden jedoch, die nach Wien kommen, um internationale Kontakte zu knüpfen, scheint dies zu gelingen: denn ein Großteil verbringt seine Freizeit mit ÖsterreicherInnen oder anderen AusländerInnen.

Das Österreichbild hat sich für 60% im Laufe ihres Studienaufenthaltes verbessert, aber für 40% nicht. Dies könnte mit der Schwierigkeit, in Österreich Anschluss zu finden, zusammenhängen: Über 60% meinen, dass es nicht leicht sei, mit ÖsterreicherInnen in Kontakt zu kommen.

Trotz der Schwierigkeit der Kontaktaufnahme scheint mehr als der Hälfte der Studierenden die österreichische Mentalität zu gefallen. Noch höher liegt der Anteil jener, der sich eine/n österreichische/n PartnerIn vorstellen kann: Es sind 67%, obwohl oder weil nur 41% angeben, viele österreichische Freunde zu haben?

Was die Bildung und Integration in neue Netzwerke betrifft, scheint es sowohl Länder- als auch Geschlechterunterschiede zu geben: Studierende aus den neuen EU-Staaten und der GUS sind mit ÖsterreicherInnen am meisten und fast gleich gut vernetzt. Frauen sind – außer bei Studierenden aus der GUS, deren Männer mehr mit ÖsterreicherInnen vernetzt sind – generell mehr „integriert" als Männer.

Die Auswertungsergebnisse über die Integration in Österreich deuten darauf hin, dass Integration von Seiten der Studierenden zwar gewünscht wird, es in der Realität aber Schwierigkeiten gibt, sich einzuleben. Eine wesentlich unterschiedliche Wahrnehmung zwischen den Geschlechtern ist dabei nicht zu bemerken.

Die Kosten für ein Studium im Ausland werden zum überwiegenden Teil von den Eltern getragen: Rund drei Viertel der Befragten geben an, ausschließlich oder zum großen Teil von den Eltern unterstützt zu werden. Dies ist nicht erstaunlich, da es kaum österreichische oder andere Stipendien gibt. Auch eine Berufstätigkeit ist wegen der eingeschränkten Beschäftigungsregelungen nur sehr beschränkt möglich. Trotzdem finanziert sich rund ein Drittel ihr Studium zu einem großen Teil durch einen Job neben dem Studium. Durchschnittlich stehen den Studierenden ca. 600 Euro zur Verfügung; dies entspricht in etwa dem Betrag, der auch österreichischen StudentInnen zur Verfügung steht.

Ein Drittel der Väter der Studierenden sind im öffentlichen Dienst tätig und haben einen Hochschulabschluss, ein weiteres Viertel ist selbständig. Von den Müttern sind mit 38% noch mehr im öffentlichen Dienst tätig und haben ein Studium abgeschlossen. Etwa 50% der Eltern verfügt über einen Studienabschluss. Der ArbeiterInnenanteil bei den Eltern liegt unter 10%. Damit kommen die befragten Studierenden im Wesentlichen aus Mittelklassefamilien, die meist auch über Hochschulerfahrung verfügen.

Auf die Frage nach ihren künftigen Aufenthaltsländern geben nur rund drei Viertel der Befragten eine eindeutige Antwort, ein weiteres Viertel gibt keine oder Mehrfachantworten. Unsicherheit bezüglich ihrer Zukunft besteht für Studierende aus allen Staaten, am größten scheint sie für GUS-Angehörige zu sein: Über 18% von diesen beantworten die Frage nicht. Generell dürften etwa 67% aller Studierenden planen, in Österreich zu bleiben, 22% bzw. 23% wollen in die Heimat zurückkehren oder weiterwandern. Als Destinationen für Weiterwandern werden mehrheitlich die europäische Staaten, aber auch die USA und Kanada genannt.

5 Anregungen für eine Weiterbeschäftigung mit der Thematik

Die transnationale Perspektive von Migrationsprozessen, so auch von Studierenden, zeigt, dass hier globale, lokale und persönliche Angelegenheiten eng miteinander verwoben sind. In diesem Zusammenhang ist es nachfragenswert, wie das Leben in der Fremde gegenüber der Herkunftscommunity legitimiert wird. Leider findet sich in der Literatur kaum ein Verweis auf Handlungs- und Deutungskompetenzen in Bezug auf Heimat bei mobilen Studierenden. Auch hat die Studie gezeigt, dass die Problematik realer Affinitäten bei der Herausbildung einer neuen ethnischen Identität bei mobilen Studierenden gesondert zu analysieren ist. Es erscheint in diesem Zusammenhang auch notwendig, ob und wie eine selektive und kreative Konstruktion des Ortes erfolgt, der Heimat imaginiert, auch wenn dies nur temporär angelegt ist und welche Art „Gemeinschaftsglaube und -sinn" bei Studierenden aus einer Nation in einem Aufnahmeland entsteht. Dies erscheint bei den dauerhaft unsteten und zeitlich begrenzten Mobilitätsverhalten von Studierenden sicher ein Problem zu sein. Das Gehen und Kommen zwischen Heimat und Aufnahmeland und ein mögliches Weiterwandern, die Entstehung neuer sozialer Räume haben Auswirkungen auf Gesellschaften insgesamt. Auch die Mobilitätserwartungen und -folgen von Studierenden haben hierauf Einfluss. Es bleibt zu untersuchen, ob ausländische (ethnische) Communities, die sich über lange Zeiträume in einem Aufnahmeland herausgebildet haben, Studierende ihrer Ethnie, ihrer Herkunft aufnehmen oder durch die Besonderheiten ihres Mobilitätsverhaltens keinen Zutritt hier finden. Der permanente Szenewechsel, zwischen Heimatort, Studienort, neuem Studienort, das Leben zwischen und innerhalb unterschiedlichster Kulturen, das Doppelleben von ausländischen Studierenden führt zu Beziehungsnetzwerken, Kommunikationsräumen und -inhalten eigener Art, führt zur Herausbildung neuer Dimensionen von kulturellem und sozialem Kapital. Die Effekte und Folgen einer „Vaterlandslosigkeit", die sich durch die spezifischen Wanderungsbewegungen bei Studierenden herausbildet, sind heute noch nicht absehbar. Die Frage nach einem Identitätsbezug (ist dies überhaupt notwendig?) lässt sich aus heutiger Sicht schwer beantworten.

Die Interessenlage ausländischer Studierender orientiert sich an der Ausrichtung ihres Studiums nach Marktprinzipien; das Selbstverständnis eigener Qualifikation wird von ihnen sehr hoch bewertet und wird als „Investition in die eigene Person" begriffen.

Durch das Wandern zwischen den Kulturen, das von Studierenden zunächst episodisch gedacht ist, setzt eine Multiplikation und Pluralisierung sozialer Zugehörigkeit ein, die auf flexiblen Formen von Mitgliedschaft, Abgrenzung, Identität zu einer sozialen Gruppe beruht und neue Formen u. a. von Solidarität in einer „Zeitgemeinschaft" entstehen lässt. Ähnlich verhält es sich mit der „Business-Klasse", die aus Managern, Geschäftsleuten, Beratern besteht und die sich schon immer zwischen Ländern bewegen, multikulturell und mobil sind, identifizieren sich eher mit der Firma oder dem Unternehmen, denn mit ihrem Heimatland.

Offensichtlich sollte das Switchen dieser Migrationsgruppen zwischen daheim und in der Fremde genauer untersucht werden. Gleichzeitig stellt sich die Frage, ob die Wanderungen der „Wissensarbeiter/innen" Besonderheiten gegenüber anderen Wanderungsgruppen aufweisen und wie mit diesen umzugehen ist, so wirken bei diesen Gruppen z. B. Staatsgrenzen nicht als Selektionsfilter. Auch bleibt zu untersuchen, welche Formen sozialer Zugehörigkeit zu Gemeinschaften sich unter den Bedingungen der gesellschaftlichen Entwicklungen herausbilden, ob ein Punkt individueller Identität benötigt wird und wie mit der Multiplikation sozialer Zugehörigkeiten zu verschiedenen Kontexten umgegangen wird. Der „flexible Mensch", den Richard Sennet (2000) beschrieb, ist auch durch die Gruppe der wandernden Studierenden Wirklichkeit geworden. Für künftige Forschungen in diesem Bereich lassen sich folgende Fragestellungen ableiten:

- Welche Aufgaben und Verantwortungen hat/kann der Nationalstaat im Bereich der Bildung unter den Bedingungen der Globalisierung übernehmen?
- Wie sieht eine neue Hochschulpolitik des Raumes aus?
- Welche politischen und ökonomischen Implikationen sind damit verbunden?
- Welche Rolle spielen dabei ausländische Studierende?

Zum Verhalten von mobilen Studierenden:

- Sind die Handlungen der Studierenden in diesem Prozess ausschließlich an den homo oeconomicus gekoppelt?
- Gibt es beim studentischen Mobilitätsverhalten Kontinuitäts- oder Traditionslinien?
- Kann man bei den Studierenden eine kulturelle Dynamik, eine Veränderung ihres eigenen Selbstverständnisses erkennen?
- Wie sieht es mit der Erfüllung von Wünschen bzw. Ablehnung in der „Zeitheimat" aus?
- Wie wirkt der Faktor Fremdheit bei den Studierenden am Studienort?
- Welches Bild von Heimat wird durch die Studierenden in den Studienort mittransportiert?
- Welche Auswirkungen hat das biografische Gepäck auf Handlungen und Deutungen und Konstruktion eines neuen sozialen Raumes im Hochschulort?
- Entsteht bei den ausländischen Studierenden eine eigene Identität?
- Benötigen Studierende eine Legitimation für ihren Aufenthalt in der Fremde?
- Ist das Studium ein Durchgangsstadium, das ausschließlich von Effekten der ökonomischen Verwertbarkeit begleitet wird?
- Welches Empowerment gewinnen Studierende durch ein Studium im Ausland?
- Begründen Studierende aus Osteuropa eine neue Mobilitätstradition?
- Welche Ursachen hat eine verstärkte weiblich geprägte studentische Mobilität aus diesen Ländern?
- Was sind Ursachen für das Nicht-Zurückkehrenwollen?

6 Zusammenfassende Thesen

Moderne Migrationsprozesse lassen neue Vergesellschaftungsformen entstehen. Gemeinschaften konstituieren sich auf Zeit und haben spezifische Zugangs- und Ablehnungscodes. Migrationsbedingungen, Auslöser für Wanderung(en) und daraus resultierende Handlungsspielräume sind individuell differenziert und können heute in kein einheitliches Bild gebracht werden. Auch Faktoren wie Zeit, Raum, Lokalität differenzieren eher, als dass sie Verallgemeinerungen gestalten, geschweige denn Gesetzmäßigkeiten erkennen lassen.

Im Prozess globaler Wanderungen bilden sich den aktuellen Realitäten angepasste Strategien und Identitätskonstruktionen der Wanderer heraus. Migrationsprozesse inklusive aller grenzüberschreitenden Aktivitäten führen zur Herausbildung transnationaler Beziehungen, gehen über nationalstaatliche Grenzen hinaus. Mobile Studierende sind dabei aktive Akteure in diesem Prozess, besonders bei der Internationalisierung der Hochschullandschaft und der Umsetzung des Bologna-Prozesses.

7   Literaturverzeichnis

Arlt, Herbert (Hrsg.) (1999): Kulturwissenschaft – transdisziplinär, transnational, online. Zu fünf Jahren INST-Arbeit und Perspektiven kulturwissenschaftlicher Forschungen. St. Ingbert: Röhrig Universitätsverlag.

Bade, Klaus. J. (2000): Europa in Bewegung. Migration vom späten 18. Jahrhundert bis zur Gegenwart. München: Beck.

Breitenbach, Diether (1974): Auslandsbildung als Gegenstand sozialwissenschaftlicher Forschung. Saarbrücken: Verlag d. SSIP-Schriften, Heft 20.

Boyd, Monica (1989): Family and personal networks in international migration. In: International Migration Review: 23, 1989: 638-670.

Bundesministerium für Bildung und Forschung (2005a): Internationalisierung des Studiums. Ausländische Studierende in Deutschland. Deutsche Studierende im Ausland. Bonn/Berlin.

Bundesministerium für Bildung und Forschung (2005b): Statistisches Taschenbuch 2005. Bonn/Berlin.

Codagnone, Cristiano (1998): The New Migration in Russia in the 1990s. In: Koser/Lutz (1998): 39-59.

Currle, Edda (2004): Migration in Europa. Daten und Hintergründe. Stuttgart: Lucius & Lucius.

Danckwortt, Dieter (1959a): Internationaler Jugendaustausch. München: Juventa.

Danckwortt, Dieter (1959b): Probleme der Anpassung an eine fremde Kultur – eine sozialpsychologische Analyse der Auslandsausbildung. Köln: Carl-Duisburg-Gesellschaft.

Dietz, Barbara (2000): German and Jewish migration from the former Soviet Union to Germany: background, trends and implications. In: Journal of Ethnic and Migration Studies, 26 (4), 2000: 635-652.

Ehling, Manfrd (1987): Ausländer an deutschen Hochschulen – das Studium von Ausländern in der Bundesrepublik Deutschland – historische, theoretische und soziale Aspekte. Darmstadt: Wissenschaftliche Buchgesellschaft.

Esser, Hartmut (1980): Aspekte der Wanderungssoziologie. Assimilation und Integration von Wanderern, ethnischen Gruppen und Minderheiten. Darmstadt: Luchterhand.

Faist, Thomas (2000): The Volume and Dynamics of International Migration and Transnational Social Spaces. Oxford: Clarendon Press.

Fassmann, Heinz/Münz, Rainer (Hrsg.) (1996): Migration in Europa. Historische Entwicklung, aktuelle Trends, politische Reaktionen. Frankfurt am Main: Campus.

Fassmann, Heinz /Münz, Rainer (1996a): Europäische Migration – ein Überblick. In: dies. (1996): 13-52.

Geißler, Rainer (1992): Die Sozialstruktur Deutschlands. Opladen: Westdeutscher Verlag.

Geoforum (1988), Vol. 19, Nr. 4.

Giddens, Anthony (1992): Kritische Theorie der Spätmoderne. Wien: Passagen Verlag.

Hackl, Elsa/Stein-Redent, Rita (2006): Die Attraktivität österreichischer Universitäten für Studierende aus Mittel-, Südost und Osteuropa. Institut für Politikwissenschaft, Wien.

Han, Petrus (2000): Soziologie der Migration. Erklärungsmodelle, Fakten, Politische Konsequenzen. Stuttgart: UTB für Wissenschaft.

Han, Petrus (2003): Frauen und Migration. Stuttgart: UTB für Wissenschaft.

Hoffmann- Nowotny, Hans-Joachim (1970): Migration. Ein Beitrag zu einer soziologischen Erklärung. Stuttgart: Enke.

IOM (2004): The World in Motion: Short Essay on Migration and Gender. Wien.

King, Russel (2002): Towards a New Map of European Migration. In: International Journal of Population Geography, Vol. 8, 2002: 89-106.

Kohlbacher, Josef/Reeger, Ursula (2005): Aus aller Herren Länder? Wien als Studienort und internationale Bildungsmetropole. Institut für Regionalforschung, Österreichische Akademie der Wissenschaften. Wien: Verlag der ÖAW.

Koser, Khalid/Lutz, Helma (Hrsg.) (1998): The New Migration in Europe. Social Construction and Social Realities. Basingstoke: MacMillian Press.

Koszalka, L./Sobieszczanski, J. (2006): Brain Drain-Brain Gain. Introduction and Short overview of the Situation in Eastern Europe, Education International (IV Conférence Internationale sur L'enséignement supérieur et la recherché, Dakar 2003.) Underhill, W, Down the Drain, Newsweek International 2006. Hier: http://www.msnbc.msn.com/id/13880608/site/newsweek/

Kraler, Albert/Iglicka, K. 2002: Labour Migration in Central and Eastern European Countries. In: Laczko/Stacher/Klekowski von Koppenfels (2002): 27-58.

Kreckel, Reinhard (Hrsg.) (1983): Soziale Ungleichheiten. Soziale Welt. Sonderband 2, Göttingen: Schwartz.

Laczko, Frank/Stacher, Irene/Klekowski von Koppenfels, Amanda (Hrsg.) ((2002): New Challenges for Migration Policy in Central and Eastern Europe. The Hague: Asser Press.

Lee, Everett (1990): Eine Theorie der Wanderung. In: Szell (1990): 115-129.

Mammey, Ulrich (2001): Europa im Fokus internationaler Migration. In: Geographische Rundschau, Jg. 53, Nr. 2, 2001: 32-36.

Morokvasic, Mirjana/Rudolph, Hedwig (Hrsg.) (1994): Wanderungsraum Europa: Menschen und Grenzen in Bewegung. Wissenschaftszentrum Berlin für Sozialforschung. Edition Sigma.

Münz, Rainer (1994): Rahmenbezug II: Bevölkerung und Wanderung in Europa, In: Bade (1994): Kap. II.

Nohlen, Dieter u.a. (1993): Handbuch der Dritten Welt. Band 1. Bonn: Dietz.

Nuscheler, Franz (2004): Internationale Migration. Flucht und Asyl. Wiesbaden: VS Verlag für Sozialwissenschaften.

OECD (2005): Bildung auf einem Blick.

Pries, Ludger (2001): Internationale Migration. Bielefeld: transkript.

Pries, Ludger (Hrsg.) ((1997): Transnationale Migration. Soziale Welt. Sonderband 12, Baden-Baden: Nomos.

Schnitzer, K. u. a. (1986): Probleme und Perspektiven des Ausländerstudiums in der Bundesrepublik Deutschland – Untersuchungen über Studienverlauf, Studienbedingungen, soziale Lage und Reintegration von Studenten aus Entwicklungsländern. Hrsg. v. HIS, Hannover.

Sennet, Richard (2000): Der flexible Mensch. Die Kultur des neuen Kapitalismus. Berlin/München: btb.

Simmel, Georg (1968): Soziologie. Untersuchungen über die Formen der Vergesellschaftung. Frankfurt am Main: Suhrkamp.

Szell, György (Hrsg.) (1990): Regionale Mobilität, Elf Aufsätze, München: Nymphenburger.

Thimmel, Andreas (2001): Pädagogik der internationalen Jugendarbeit: Geschichte, Praxis und Konzepte Interkulturellen Lernens. Schwalbach /Ts: Wochenschau-Verlag.

Tijoe, Loan Eng (1987): Asiaten über Deutsche. Kulturkonflikte ostasiatischer Studentinnen in der Bundesrepublik Deutschland – historische, theoretische und soziale Aspekte. Berlin: Verlag für wissenschaftliche Publikationen.

Tinguy, Anne de (1994): Die Abwanderung der Akademiker der „GUS" nach Frankreich. In: Morokvasic/Rudolph (1994): 284-285.

Todisco, Enrico (1993): Intellectual, professional and skilled migrations. In: Studi emigrazione, No. 112, 1993: 574-590.

Treibel, Annette (1999; 2008): Migration in modernen Gesellschaften: Soziale Folgen von Einwanderung, Gastarbeit und Flucht. 4. Aufl. (2008), Weinheim: Juventa.

Trow, M. (1974): Problems in the Transition from Elite to Mass Higher Education. In: OECD (ed.): Policies for Higher Education, General Report, Paris.

Wallace, Claire/Stola, Dariusz (Hrsg.) (2001): Patterns of Migration in Central Europe. Basingstoke: Palgrave.

WTO (1998): Education Services.Background Note by the Secretariat, 13. September 1998.

Internet:

www.bundesregierung.de/Content/DE/Publikation/IB/Anlagen/ausl_C3_A4nderbericht-4,property=publicationFile.pdf

www.europa.eu.int/comm/education/objet_de.pdf

www.msnbc.msn.com/id/13880608/site/newsweek/

www.migrationinformation.org/Glossary

www.oecd.org/topic/0,2686,en_2649_37455_1_1_1_1_37455,00.html

www.soziales.nuernberg.de/migration/allgemein.html

,Neue Medien': gut, besser, effizienter!

Über das Neue und über das Bessere an ,neuen Medien' in der universitären Lehre

Volker Bank

1   Die Universität im ökonomischen Umbruch

Das deutsche Hochschulwesen sieht sich in massiver Form vielfältigen Anforderungen aus den unterschiedlichsten gesellschaftlichen Interessensphären ausgesetzt. Nun ist das nicht dem Grundsatz nach verwunderlich, stellt man sich die ,Gesellschaft' mit Niklas Luhmann als ein soziales System vor, das in eine Reihe von Subsystemen unterteil- und beschreibbar ist. Die Subsysteme ihrerseits sind nicht isoliert, sondern machen miteinander kommunizierend die Gesellschaft aus. Dazu gehören als Subsysteme die Wirtschaft, die Kunst, die Religion, das Recht, die Politik und auch die Wissenschaft und das Erziehungssystem (Luhmann 1984 ff.).

Hatten sich das Erziehungssystem und das Wissenschaftssystem im Mittelalter den Interessen der Kirchen und in dieser Gestalt der Religion zu beugen, wurden Wissenschaft und Erziehung mit der Aufklärung, der Französischen Revolution und zunehmend bis gegen Ende des 20. Jahrhunderts die Steuerungsmacht säkularisiert. Die Politik versuchte also, durch Instrumentalisierung der Erziehung und Wissenschaft ihre Interessen umzusetzen. Allerdings kann man im Gegensatz zu der einseitigen Unterjochung der die Religion feststellen, dass die Politik tatsächlich auch wenigstens neben dem Recht als eine der legitimen Steuerungsinstanzen für die Gesellschaft betrachtet werden kann. So ist diese Fremdsteuerung von gesellschaftlich reflexiver Kraft, und es sind deswegen relativ geringfügige Verwerfungen und Eingriffe zu registrieren. Nicht von ungefähr hatte der Modernisierer des preußischen Hochschulwesens und damit der faktische Begründer der deutschen Universität als einer solchen, Wilhelm von Humboldt festgestellt: Für „Bildung ist Freiheit die erste und unerläßliche Bedingung." (1792/ 1851: 9).

Die Fremdsteuerung von Erziehung und Wissenschaft durch die Religion hatte zuvor durch die eindimensionale Interessenlage in beiden Bereichen nur wenige wahrhaft glänzende Ergebnisse hervorgebracht. Die auf die Entwicklung der Gesellschaft späterhin reflexiv angelegten Interessen der politischen Instanzen brachten zwar ebenfalls Maßnahmen mit dem Ziel der Stabilisierung der Institutionen mit sich, etwa in Form einer Erziehung der Jugend, die mit militärischen Interessen des Staates verbunden worden war; selbst noch in den siebziger Jahren des 20. Jahrhunderts war von der Politik noch eine weitreichende Bildungsexpansion ausgelöst worden, die mit den Zielen der sozialen Chancengleichheit und der geschlechtlichen Gleichberechtigung betrieben wurde. Insgesamt aber konnten sich in der von Humboldt eingeforderten akademischen Freiheit die Wissenschaften in einer in Deutschland zuvor nicht dagewesenen Art und Weise innerhalb von nicht einmal einem Jahrhundert zu einem weltweit führenden Niveau in mannigfachen Disziplinen entwickeln. Erst, als der Bereich der Politik sowohl Erziehung und Wissenschaft sich erneut in einer eindimensionalen weil quasi-religiösen Art und Weise unterwarf, war es mit dieser Vorrangstellung schlagartig vorbei, auch wenn der Skandal nicht wie geplant eintausend, sondern lediglich zwölf schlimme Jahre andauerte.

Die Restaurationsphase nach dem Zweiten Weltkrieg, die gerade erst wieder deutsche Wissenschaftler als führend auswies (will man die Nobelpreisfähigkeit als sicherlich diskussionsbedürftigen Indikator hier vereinfachend gelten lassen), ist mit der Revolution bologneser Art bereits wieder vorbei. Seit der Ära der ‚Reagonomics' und des ‚Thatcherismus' in den frühen achtziger Jahren wurde gesamtgesellschaftlich ein ständig zunehmender Druck ökonomischer Argumente, genauer: neoliberal geprägter ökonomischer Argumente, ausgeübt. Mittlerweile scheint die Gesellschaft kritiklos auf die Umsetzung ökonomischer Argumente eingestellt, wie Hedtke anmerkt:

> „Eigengesetzlichkeit und Eigenwert der Ökonomie werden betont, der Zeitgeist verlangt den Primat der Ökonomie ... Im Zweifelsfall stehen die ‚Gesetze' der Ökonomie über den Gesetzen des Gemeinwesens. Im gleichen Geiste erklärt sich die Ökonomik zur universalen Grammatik der Sozialwissenschaften ..." (Hedtke 2002: 1).

Obwohl eigentlich damit im o.g. Luhmannschen Sinne die Kommunikationen eines Subsystems (Wirtschaft) die des Gesamtsystems (Gesellschaft) bestimmen, und nicht umgekehrt (wie es vernünftigerweise zu erwarten wäre), gilt diese Ökonomisierung der Argumente eben mittlerweile auch für das Bildungssystem im Allgemeinen (vgl. Bank 2005: 19 ff.) und das Hochschulsystem im Speziellen. Wirkmächtig ergänzt werden die ökonomistischen Postulate durch die der Globalisierung. Es gibt ein weitgehend wechselseitig transzendentales Verhältnis von Ökonomisierungs- und Globalisierungsargumenten: Die Globalisierung sorgt dafür, dass ökonomische Argumente stets mit der drohenden Keule des nationalen Untergangs ausgerüstet sind. Das Muster ist hier: Wenn diese oder jene Maßnahme nicht durchgeführt wird, obwohl überall in der Welt dieses Praxis ist, dann wird es zu einer Abwanderung von Ressourcen kommen oder es wird die zentrale bzw. einzige Ressource ‚Humankapital' gar nicht erst aufgebaut, und dann ist die Volkswirtschaft, der Standort dazu verdammt, im Wettbewerb zu verlieren. Einreden sind so kaum mehr möglich. Insofern ist die Globalisierung die Bedingung der Möglichkeit von Ökonomisierung auf breiter Front. Gleichzeitig hat die Ökonomie, angefangen mit David Ricardos Theorie der komparativen Kostenvorteile, die Globalisierung überhaupt erst eingeleitet (vgl. Bank 2009; vgl. Ricardo 1817).

In der Praxis der Hochschulen ist die Diktatur des ‚*Oeconomicus*' augenfällig in der Strukturrevolution nach bologneser Rezept angekommen, auch Studiengebühren sind zu den erstrangigen Veränderungen in jüngerer Zeit zu rechnen (vgl. ausführlicher Bank 2009). Didaktische Argumente von Substanz haben hier keine Rolle für die politischen Entscheidungen gespielt, wiewohl sich durchaus didaktische Argumente gefunden haben: Für die Entscheidung indes waren sie belanglos. Die berühmte ‚Untertunnelung' des Studentenberges der achtziger Jahre ist demgegenüber noch eine halbwegs unfreiwillige Sparmaßnahme, die im Grunde mit für das Entstehen verschiedener (didaktischer!) Gründe für die aktuellen bologneser Reformen mit verantwortlich zu machen ist. Denn – mit der Veränderung der Studierneigung noch mitten im ‚Tunnel' ist der ‚Berg' unversehens in ein ‚Plateau' übergegangen und die Untertunnelung hat sich als kostengebremstes Dauerphänomen fest etabliert. Noch mehr: Die OECD verlangt in kurzen Abständen von der Bundesrepublik, zur Sicherung des wirtschaftlichen Wachstums und unter souveränem und hartnäckigem Ignorieren der Qualitäten der Dualen Ausbildung, die Studierquote deutlich zu erhöhen (zuletzt drastisch 2006: „Deutschland verliert ... den Anschluss"), was angesichts von Weltwirtschaftskrise und ohnehin chronisch leerer Kassen in den öffentlichen Haushalten nur bedeuten kann, dass die Universitäten dauerhaft im Tunnel bleiben werden.

Vor diesem Hintergrund ist es naheliegend, ja zwingend notwendig nach Lösungskonzepten zu schauen, die es möglich erscheinen lassen, mit dem nunmehr verstetigten Überfüllungsproblem umzugehen. So gesehen muß den Rektoren und Universitätspräsidenten die Nutzung Neuer Medien – in aller Regel verstanden als Implementation von E-Learning, jüngst verknüpft mit dem Stichwort ‚Notebook-Universität' – als messianische Rettung aus der bildungsökonomischen Klemme schlechthin erscheinen. In diesem Zusammenhang erweist sich, dass die einst von Flechsig formulierte, technologische Sehnsucht, den Unterricht von der „physischen Präsenz" des Lehrers abzulösen, den Unterricht damit zu „objektivieren" (Flechsig 1976: 16) – und damit wohl auch die Übermittlung (welcher Ideologie auch immer) von der Unzuverlässigkeit der Lehrperson als systematischer Störgröße bereinigen. Daß Technik ohne eine verpflichtende humanistische Rückbindung beliebigen Zwecken dienlich sein kann, dass Technik ideologieinvariant ist, erweist sich auch in dem jetzt eingetretenen Umstand, wo die Ideologeme dem Ökonomischen entliehen werden.

Jetzt liegt unversehens ‚das Neue' an den ‚neuen Medien' in der Wegrationalisierung der Dozentinnen und Lehrer. Die naheliegende Erwartung ist, die studentischen Massen zu mutmaßlich erheblich geringeren Kosten zu beschulen. Werden dann von mehreren Universitäten dieselben Lehrprogramme genutzt, wird es noch billiger! – die ersten Kooperationen gedeihen längst und feiern ihre ersten Jubiläen (vgl. beispielsweise Schumann 2008). Auch für die Wiederwahl der Universitätsleitung ergibt die Einrichtung von Computerkabinetten Pluspunkte, denn der Rektor kann sich vor den neuen Geräten in der Presse mit passendem Foto präsentieren... Neue Medien als dominante Alternative im Zeitalter des Ökonomismus.

Nun hat sich schon in mehr als einer Hinsicht gezeigt, dass ökonomische Postulate in Bildungs- und Erziehungskontexten kaum einmal mehr als ökonomistisches Wunschdenken ist (vgl. insgesamt Bank 2005), und so scheint es nötig, einen kritischen Blick darauf zu richten, ob die ‚neuen' Medien denn ihr Heilsversprechen in didaktischer Bewertung auch werden halten können. Es wird wohl zwar ebenso anachronistisch wie praktisch wirkungslos sein, und doch alles andere als überflüssig sondern wissenschaftlich geboten, die Neuen Medien als Konzepte der universitären Lehre aus didaktischer Perspektive zu beleuchten – allein schon um den Ressourcenzuteilern deutlich zu sagen, dass es eines Tages, wenn sich der Irrtum auf breiter Front aufklären wird, sie sich keineswegs mit dem Hinweis exkulpieren können, sie hätten es doch nicht wissen können und ganz nach dem state-of-the-art sowie den ökonomischen Zwängen gehorchend bestmöglich die Ressourenverteilung entschieden.

2   Die Universität in der medialen Erneuerung

Der medialen Vermittlung kommt im Unterricht in institutionell ausgegliederten Lernprozessen – wie an Schulen oder Universitäten – eine zentrale Rolle zu. Ihre Aufgabe ist es, den Mangel an Anschaulichkeit, den die Abwesenheit eines konkreten Objektes als Unterrichtsgegenstand mit sich bringt, so gut es geht abzumildern. Es kann aber auch vorkommen, dass dem Medium die eigentliche Aufgabe der Umsetzung der didaktischen Schutzfunktion oder der didaktischen Ökonomiefunktion zukommt, indem die ungefährliche oder wenigstens schneller oder zu geringeren Kosten wiederholbare mediale Darstellung das Lernen dem Grunde nach oder den Kosten nach ermöglicht.

Es sollen hier zunächst die Begriffe klargelegt werden – Medien und ‚neue Medien‘, dann ferner die Rolle der fachlichen Spezifität des Medieneinsatzes und des Einsatzes von neuen Medien angesprochen werden bevor am Beispiel der Ökonomie die spezifischen Eigenarten der ‚neuen Medien‘ näher untersucht werden.

2.1 Medium und ‚neue Medien‘

Das Medium, von lateinisch ‚in der Mitte liegend‘, findet begrifflich eine weite Verwendung, im Allgemeinen nimmt der Begriff in der intuitiven alltagssprachlichen Rezeption Bezug auf die Massenmedien. Im Kontext universitärer Lehre hingegen ist das Medium als Unterrichtsmedium zu betrachten, sofern nicht zufällig die Massenmedien das Erkenntnisobjekt darstellen. Das Unterrichts-Medium drängt sich in gewisser Weise zwischen die Lernenden und den Gegenstand des Lernens, wie es sich durch eine modifizierte Darstellung des didaktischen Dreiecks veranschaulichen läßt (vgl. Abb. 1):

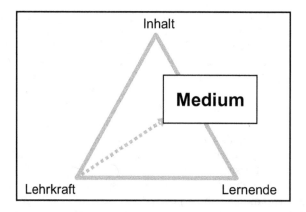

Abbildung 1: Medien im didaktischen Dreieck (Quelle: eigene Erstellung)

Die Steuerungskompetenz bezüglich des Einsatzes der Medien verbleibt in jedem Falle bei der Lehrkraft. Hinsichtlich der Steuerungsmöglichkeiten sind zwei Aspekte zu unterscheiden: Zum einen betrifft die Steuerungskompetenz die Frage, *ob* und wenn ja, *wie* ein Medium im unterrichtlichen Zusammenhang gebraucht wird. Zum anderen gibt es aber auch bei einigen Medien eine Regelungskompetenz, die dem Medium inhärent bleibt, was etwa der Fall bei Büchern und bei Computerlehrprogrammen ist. Selbst wenn sich ein Autodidakt für den Einsatz eines Mediums völlig selbständig entschlossen hat, bleibt das Potential und die Anwendbarkeit des Mediums durch seinen Autor oder Urheber vorgeformt. Alle Nutzungsentscheidungen der Lernenden können nur im Rahmen dessen vonstatten gehen, was der sogenannte ‚implizite Autor‘ des Buches (vgl. de Toro 1986: 19 ff.) oder des Computerprogrammes vorab willentlich oder unbewußt längst definiert hat.

Zur besseren Kommunikation über die Unterrichtsmedien ist eine Reihe von Typologien vorgeschlagen worden (vgl. dazu Zusammenstellungen etwa bei Neven 1983: 456 ff.; Otto 1985: 88 ff.). Die meisten davon bemühen sich nicht, wie etwa Adl-Amini 1994 um eine didaktische Leitlinie der Ordnungsvorstellung, sondern sind in teils grotesker Weise begrifflich inkonsistent, didaktisch nicht interpretierbar oder allzu häufig beides zugleich. Andere wiederum vermögen in ihrer Umfänglichkeit nicht die beabsichtigte Übersicht über die Unterrichtsmedien zu vermitteln. Das Problem dürfte darin liegen, dass versucht worden ist, an einem jeweils einheitlichen Kriterium ausgerichtete Klassifikationen zu finden, was augenscheinlich nicht gelingen kann. Die Einheitlichkeit des taxonomischen Erscheinungsbildes wird nicht selten mit einem Wechsel des Kriteriums erkauft. Es zeichnen sich jedoch Hauptdimensionen der didaktischen Beschreibung von Medien ab, so dass hier statt einer Taxonomie eine Ordnung anhand von zwei Kategorien (das heißt, linear unabhängigen Dimensionen) als Grundlage der Kommunikation über Medien vorgeschlagen werden soll.

Unterrichtsmedien sind zu unterscheiden nach ihrer graduellen Nähe zur Realität und nach den Einwirkungsmöglichkeiten, die Lehrkraft oder Schüler bei der Nutzung verbleiben. Grenzfall der ersten Dimension ist die Einbringung der Unterrichtsgegenstände in den Lehrsaal. Hier kann man darüber streiten, ob eine Laborratte im Rahmen einer Unterrichtseinheit über Nagetiere die Rolle eines Mediums einnimmt oder ob sie nicht tatsächlich eine unvermittelte Auseinandersetzung mit der Realität ermöglicht. Das gegenüberliegende Extrem dürfte ein auf reine verbale Darstellung begrenzter Text sein. Die andere Kategorie ergibt sich aus der spontanen bzw. situationsspezifischen Gestaltbarkeit des Mediums. Hier hat sich insbesondere die Kreidetafel bewährt, die im Rahmen ihrer zweidimensionalen Beschränktheit und im Rahmen des gegebenen Platzangebotes im Grunde ohne weitere Vorbereitung beliebige Inhalte darzustellen helfen kann. Als Extrem gegenüber kann man Medien wie den Lehrfilm einordnen, der nach der Entscheidung über seinen Einsatz in der Lehre keinerlei Gestaltungsmöglichkeiten zuläßt, außer vielleicht das Überspringen oder Wiederholen einzelner Abschnitte.

So zeigen sich die ‚neuen Medien‘ als Medien, die die Extrema der Kategorien vermeiden und vorzugsweise im II. und III. Quadranten (vgl. Abb. 2) zu verorten sein werden. Die heutigen ‚neuen‘ Medien sind in aller Regel computergestützte Formen der didaktischen Medialisierung, sie unterstützten mithin verschiedene Formen des sogenannten E-Learnings. So sind sie weder ausschließlich vorgeformt, noch geht in der Regel die Formbarkeit des medialen Einsatzes der ‚elektronischen Medien‘ so weit, dass sie ähnlich frei wie eine Kreidetafel gestaltbar wären. Der Realitätsgrad kann niemals den Realitätsgrad überschreiten, den die einzelnen medialen Komponenten (Texte, Bilder, Filme, Audiostreams) aufweisen.

Das Bemühen um eine systematische Erfassung der Unterrichtsmedien geschieht sicher auch nicht zuletzt im Bemühen um das Aufspüren handlungsleitender Anweisungen über ‚gute' oder ‚schlechte' Unterrichtsmedien, also darüber, welche Medien nun zum Lehren und Lernen geeigneter als andere seien. Dieses Bemühen entdeckt sich etwa in der Vermutung, dass die ‚neuen Medien' ein höheres Maß an Selbstregulation der Lernenden zuließen – und in der stillschweigenden Vermutung, dass selbstreguliertes Lernen auch motivierteres und damit effizienteres Lernen bedeute.

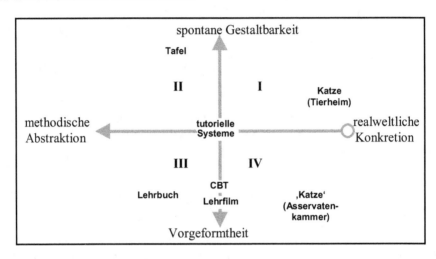

Abbildung 2: Ordnungsversuch der Medien (Quelle: eigene Erstellung)

So treffen in der Dimension „methodische Abstraktion vs. realweltliche Konkretion" die Aspekte der Anschaulichkeit und der Verständlichkeit aufeinander. Es lassen sich leicht Beispiele dafür finden, dass mal die Abstraktion mal die Konkretion anschaulicher wirkt. Im Gegenzuge unterstützt mal die Konkretion die Verständlichkeit, mal diese von dem stärker abstrahierenden Medium erreicht. So etwa zeigen sich Atommodelle erheblich verständlicher als das in realweltlicher Konkretion jemals erreichbar sein wird. Andererseits kann durch die Abstraktion die Anschaulichkeit sogar verbessert werden, wie der Grad der Anschaulichkeit komplexer oder schnell ablaufender Prozesse durch Simulation verbessert werden kann. Zugleich kann durch Abstraktion das Verständnis des Ablaufens dieser Prozesse, eingebettet in ihre ‚normalen' Bedingungen beeinträchtigt werden.

Hinsichtlich der Kategorie „spontane Gestaltbarkeit vs. Vorgeformtheit" stehen zum Beispiel die Authentizität des Lehrkontextes bzw. des Lehrerverhaltens (vgl. dazu Tausch & Tausch 1977: 214 ff.) als positiver Aspekt gegen die Möglichkeiten einer hoch elaborierten, das Detail und die Komplexität der Zusammenhänge respektierenden stark vorgeformten Darstellung zu Buche, was seinerseits je nach didaktischer Absicht unter Umständen besonders positiv zu bewerten sein kann. Ähnlich verhält es sich hinsichtlich der Beurteilungskategorien Flexibilität und Strukturiertheit: Beides kann – ganz nach situativer Notwendigkeit wichtig oder verzichtbar sein. Die didaktische Qualität des Mediums ist also insgesamt nicht ohne Kenntnis der situativen, mindestens aber der fachdidaktischen Anforderungen beurteilt werden.

2.2 Unterschiedliche fachdidaktische Anforderungen an die Qualität der Medien

Damit ist an dieser Stelle darzulegen, inwieweit fachliche Bindungen den Einsatz unterschiedlicher Medien rechtfertigen oder gar erfordern. Dieses kann unmöglich für die gesamte Breite der Fächer geschehen, wie sie an einer Universität gelehrt werden, sondern muß ebenfalls schon in exemplarischer Form geschehen. Als gelernter Wirtschaftswissenschaftler und Handelslehrer greife ich hier auf die Ökonomie zurück und versuche die jeweiligen Beobachtungen gegen typische didaktische Probleme des naturwissenschaftlichen Unterrichts abzugrenzen.

Die Lehre der Ökonomie ist von vornherein mit dem Problem behaftet, einem Mangel an Anschaulichkeit zu unterliegen. Sicher kann man aus dem Hörsaal herausgehen und einen Wochenmarkt oder die Besuchergalerie einer Börse besuchen: Wie die Preisbildung vonstatten geht, wird dadurch längst noch nicht begreifbar. Eine mediale Repräsentation unter Unterrichtsbedingungen ohne Exkursion wird diese Problematik eher noch verschärfen. Die Faßlichkeit ökonomischer Zusammenhänge – insbesondere solcher volkswirtschaftlicher Natur, aber auch im Kontext betrieblichen Wirtschaftens wird eher durch Abstraktion verbessert. Abstraktion erzwingt indessen Repräsentation anstelle der doch von Pestalozzi pauschal präferierten Präsentation; sie ist mithin grundsätzlich auf eine mediale Darstellung angewiesen. Da diese Darstellung sich in der Regel in wenigen Formen vollziehen kann, ist auch nur eine eingeschränkte Zahl von Medien einsetzbar, vor allem eben Bücher. Druckmedien wiederum lassen außer dynamischen Darstellungen normalerweise alle Repräsentationsformen ökonomischer Erkenntnis zu (vgl. Abb. 3).

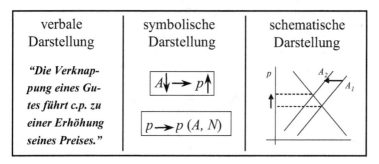

Abbildung 3: Alternative Repräsentationsformen in der Lehre der Ökonomie (Quelle: eigene Erstellung)

Demgegenüber können die Naturwissenschaften in einem sehr viel höheren Maße auf Präsentation setzen – soweit expositorisch gelehrt wird und nicht gleich auf entdeckende Lernverfahren gesetzt wird (vgl. zur Dichotomie ‚expositorisch' – ‚entdeckend' z. B. Bruner 1963). Die Möglichkeit, unmittelbar auf Experimente zu setzen, konkrete Objekte auch im

Unterrichtsraum vorzuführen, ist häufig gegeben. Nichtsdestoweniger setzt die reflektierte Auseinandersetzung mit dem im Experiment Beobachteten eine Abstraktion auf Ursache-Wirkungs-Zusammenhänge voraus. Diese Reflexion lässt sich auch im entdeckenden Lehr-Lern-Designs durch mediale Repräsentation stützen oder in expositorischen Herangehensweisen fördern. Mitunter ist aber auch die Naturwissenschaft mangels Anschaulichkeit des Konkreten auf eine vollständig abstrahierende Medialisierung angewiesen, wie beispielshalber in der Lehre der Chemie in Form der bunten Plastikmolekülmodelle mit Druckknopfbindung statt Elektronenbindung. So gesehen hat die Lehre der Naturwissenschaften einen doppelten Vorteil gegenüber der Lehre der Ökonomie: Naturwissenschaftliche Phänomene sind jenseits einer extremen mikroskopischer oder makroskopischer Phänomenologie der unmittelbaren Erfahrung zugänglich. Dort, wo die Strukturen zu klein (Atome) oder zu groß (Universum) sind, oder wo Prozesse zu komplex, zu schnell oder zu langsam sind, gibt es vielfach Medien, die helfen können, die Prozesse in einen für unseren Erfahrungshorizont nachvollziehbaren objekthaft-faßbaren und zeitlich-erlebbaren Zusammenhang zu transformieren (Mikroskope, Teleskope, Modelle; Zeitrafferfilme, Zeitlupenfilme). Auch können Medien helfen, Komplexität durch isolierte Kausalmodelle mit Parametervariation zu reduzieren und damit faßlich zu machen.

3 Vermutete und begründete Vorteile der ‚neuen Medien'

Im weiteren Gang der Untersuchung soll die vorliegende Literatur hinsichtlich der Vorteile gesichtet werden, welche die Nutzung der ‚neuen Medien' im Unterricht bringen könnte.

3.1 Mediale Mythen

Der erste Mythos, der kaum haltbar ist, liegt darin, dass es sich bei den computergestützten multimedialen Lernprogrammen um eine dem Grunde nach neuartige Medienform handele. Sicherlich gibt es Aspekte, die eine solche Position rechtfertigen könnten, diese werden weiter unten dargelegt werden, in der Mehrzahl der Fälle indessen ist hier allenfalls ein Fortschritt in der Effizienz des schnellen Wechsels von einem Medium zum anderen feststellbar. In dieser Sichtweise wird hingegen nicht grundsätzlich Neues und damit auch nichts grundsätzlich Besseres angeboten (wobei ohnehin die Gleichung ‚neu = besser' nur in Nordamerika umfassenden Anspruch auf Wahrheit hat).

So finden in Computerlernprogrammen Texte, Fotografien, Zeichnungen, und symbolische Darstellungen, gesprochene Texte und szenische Darstellungen sowohl von Fiktion als auch Realität Anwendung. Nun ist es so, dass die Nutzung textlicher und symbolischer Darstellungen seit der Erfindung der Schrift für unterrichtliche Zwecke genutzt werden, spätestens seit der Erfindung des Buchdruckes ist kein Aspekt des Neuen mehr dabei. Wenig später kamen auch Stiche und entsprechende Zeichnungen hinzu – und wurden von Comenius in dessen *Orbis Pictus* nachweislich zum Zwecke des Massenunterrichts gezielt eingesetzt.

Gesprochene Texte oder sonstige auditive Darbietungen sind ebenfalls keine Erfindung, die das Prädikat ‚neu' beanspruchen könnten – schließlich gibt es die Reproduktion von Schallaufnahmen seit der Erfindung der Tonwalze im 19. Jahrhundert, der Schallplatte kaum später. Spätestens seit der massenhaften Verbreitung der Tonbandcassette in den siebziger Jahren, die sich gegenüber den anderen Tonmedien durch gewissermaßen ‚lehrersichere' Handhabung, Wiederbespielbarkeit und große Kostenvorteile auszeichnet, ist der regelmäßige Einsatz im Unterricht gang und gäbe. Was für die auditiven Medien gilt, ist entsprechend für die Bildmedien zu sagen: die ebenfalls aus dem 19. Jahrhundert stammende Fotografie wurde wiederum nur wenig später um die Kinematografie erweitert. Stehende und laufende Bilder sind als Abbildungen in Lehrbüchern, als Lehrfilme im Medienverleih schon lange im Gebrauch und schließlich als Videocassetten wenigstens seit den späten siebziger Jahren absolute Standardmedien.

Kurzum, ‚neu' ist an den ‚neuen Medien' insgesamt recht wenig; selbst den Verbund von Medien hat man im pädagogischen Aufbruch der Nach-68er-Jahre vielfach bemüht, man denke allein an die Radiokollegs, die Rundfunksendungen mit Büchern und teils weiteren Medien im Verbund didaktisch ausgestaltet hatten. Freilich ist der Computer als Universalmedium hier im Vorteil, weil sich der Wechsel von einer medialen Darstellung zur nächsten leicht bewerkstelligen lässt – und je nach Ausgestaltung des Lehrmaterials auch parallele Darstellungen verschiedener medialer Zugänge möglich sind.

Mit der Neuigkeit der ‚neuen Medien' werden weitere Vermutungen verknüpft, die – wie z. B. zusammenfassend Clark & Feldon (2005) in einer Forschungsreview zeigen, ebenfalls weitgehend Mythencharakter haben. Für die meisten der Vermutungen, etwa dass durch die Nutzung von Selbstlernprogrammen (1) das Lernen intensiviert oder ausgedehnt werde, dass insbesondere (2) eine Stärkung der Motivation – möglicherweise im Zusammenhang der (3) besonderen Förderung von Selbststeuerung und Unterstützung von entdeckendem Lernen – oder vor allem (4) eine Anpassung an unterschiedliche Lernstile geschehe, gibt es entweder klare empirische Gegenbefunde oder doch wenig eindeutige empirische Aussagen, wo bei den ‚positiven', d.i. bestätigenden Forschungsergebnissen in aller Regel angreifbare Meßdesigns zugrundeliegen. Schließlich gibt es auch das Argument eher apologetischen Charakters (wider die Unpersönlichkeit der Programme), dass der Einbau animierter ‚Tutoren' Bezug ersetzen könne – ebenfalls mit empirischem Widerspruch.

3.2 Allgemeine Aspekte ‚neuer Medien' mit didaktischem Neuigkeitsgehalt

Wiewohl es wie oben dargelegt eine ganze Reihe von übertriebenen Erwartungen bezüglich der didaktischen Innovationskraft der ‚neuen Medien' gibt, sind dennoch auch Besonderheiten zu vermerken. Bernd Weidenmann benennt zwei Hauptvorteile der computerbasierten ‚neuen Medien': Multimodalität und Multicodalität, das heißt, die Potentialität zum ansprechen unterschiedlicher Sinne und die unterschiedlichen Darstellungsformen (vgl. Weidenmann 1997). Schnotz et al. (2001) ergänzen diese didaktisch relevanten neuen Aspekte um die Aspekte dynamische Darstellungsform (z. B. bei Simulationen), interaktive Nonlinearität (v. a. bei Hypertexten) und den der Unterstützung von Binnendifferenzierung. Bank und Wilckens (2009) verweisen auf die Möglichkeit der Content Distribution mit

Internetportalen als Grundlage von integrierten Lern-Lehr-Prozessen. Die beiden letzteren Aspekte sollen in einem eigenen Teilkapitel behandelt werden.

Mit Lernmedien, die auf Multimediarechnern gegründet sind, können mehrere Sinneskanäle parallel oder sequenziell ohne aufwendige Umrüstzeiten angesprochen werden. So können auditive und visuelle Reize gleichermaßen gut dargeboten werden. Weitere Sinneskanäle werden allerdings auch von den ‚neuen Medien' nicht angesprochen, will man von den Panels für Darstellungen in der Braille-Schrift für Blinde absehen. Hierin ist ein tatsächlich innovatives Forschungsdesiderat zu erkennen, dass auch allgemein haptische, gustatorische und olfaktorische Reize didaktische Herangehensweisen zu unterstützen vermöchten. Etwa in der medizinischen Ausbildung ließe sich dadurch die klinische Phase entlasten, indem nicht nur Aufnahmen pathologischer und normaler Körperzustände visuelle Lernmöglichkeiten neben verbalen Beschreibungen böten, sondern auch olfaktorische Diagnostik oder Tastbefunde repräsentierbar würden. In der Lehre der Ökonomie ist indessen wegen der hohen Symbolgebundenheit die Multimodalität ohne weitere Bedeutung. Allenfalls Behinderungen (z. B. Sehbehinderung; vgl. dazu allgemein Niegemann et al. 2004: 57), würden die Multimodalität in dem Sinne nutzen, als das Gehör dann der einzige Sinneskanal würde. Eine eigene didaktische Qualität im Normalbereich ist hier aber nicht zu erkennen, da die Studierenden im Fach Ökonomie gewöhnlich kaum von zusätzlichen auditiven Darbietungen profitieren würden. Man kann sich aber auch Grenzfälle vorstellen, dass die Einspielung einer Orginalvorlesung von einem Nobelpreisträger wie Paul Samuelson neben der Lektüre seines grundlegenden Werkes zur Volkswirtschaftslehre zusätzliche motivationale Momente in das didaktische Design mit einzubringen vermöchten. Ähnliches ließe sich über visuell kontrastierte Darstellungen von Reichtum und von Armut erhoffen. Klar ist, dass der didaktische Mehrwert einer Multimodalität in Fächern wie der Volkswirtschaftslehre im affektiven und nicht im kognitiven Lernzielbereich läge.

In vergleichbarer Weise wäre die Bewertung für den Vorteil der Multicodierbarkeit bzw. der multiplen Darstellungsformen für die Lehre ökonomischer Inhalte einzuordnen. Hier ist sicher das Argument der Effizienz gültig, im Sinne kurzer oder ganz entfallener Umrüstzeiten und auch im Sinne der leichteren Handhabbarkeit. Dieses gilt auch im Vergleich zum Medienverbund, der sich letztlich nie als normales didaktisches Medienkonzept hat durchsetzen können – weder an Universitäten noch an Schulen. Hier dürfen sich die Volkshochschulen eine gewisse Vorreiterrolle anrechnen lassen, die nun durch multimediale Multicodierbarkeit aber wieder egalisiert ist. Für das Abspielen eines Films mit dem Mediaplayer bedarf es nicht einer spezifischen technischen Ausbildung und natürlichen Fingerfertigkeit wie noch bei der Vorführung der guten alten 16-mm-Unterrichtsfilme.

Die alternative oder additive Darstellung in Audiostreams, Bildern, Texten oder Videostreams ist wegen der hohen Symbolgebundenheit in der Lehre der Ökonomie weniger bedeutsam, wiewohl Charlie Chaplin mit diversen Ausschnitten seines Films „Moderne Zeiten" einen Klassiker für Vorlesungen der Betriebswirtschaftslehre in der Auseinandersetzung mit dem Taylorismus und Fordismus geschaffen hat, der erst recht nicht in einem computergestützten Selbstlernprogramm fehlen dürfte.

Ökonomische Kausalität kennt so gut wie nie einmal Monokausalität. Kaum wurde eine Zauberformel je häufiger ausgesprochen als die *ceteris-paribus*-Klausel in der Volkswirtschaftslehre. Das setzt ein erhebliches Abstraktionsvermögen voraus, zum Einen seitens derjenigen, dies sich zum ersten Mal mit der Materie beschäftigen, zum Anderen seitens derjenigen, die versuchen, mithilfe der gewonnenen Einsichten praktische Politik zu betreiben. An dieser Stelle ist einer der größten Vorteile der computergestützten Multicodalität zu sehen, denn die für die wirtschaftswissenschaftlichen Symbolsysteme lässt sich die Dynamik des ‚kleinen t', also die Entwicklung über die Zeit unter gezielter Manipulation der kausalen Parametervariablen simulieren. Ob es sich um volkswirtschaftliche Wachstumsprozesse oder betriebswirtschaftliche Geschäftsmodelle handelt, Simulationen können die analytisch und empirisch erarbeiteten ökonomischen Entwicklungen in kurzer Zeit nachvollziehbar darstellen und alternative Szenarien durchspielen. Wenngleich es sich nicht um tatsächlich erlebte Erfahrungen handelt, sondern nur um erfahrungsnah dargebotene Erkenntnis (vgl. zu den unterschiedlichen didaktischen Qualitäten von Erkenntnis und Erfahrung Jongebloed 1998), kann man in kurzer Zeit Dinge erlernen, die zu erlernen in der Kürze der Spanne eines Lebens – vielleicht unter der Ausnahme besonders turbulenten Zeitengängen – in der Wirklichkeit der Lebenserfahrung nicht möglich sind und zugleich aber die kognitive Statik der Analyse weit hinter sich lassen. Wie so etwas konkret aussehen kann, haben schon früh die Simulationsprogramme von Dietrich Dörner (1992) angedeutet.

Ökonomische Zusammenhänge sind nicht nur multikausal, sondern in der Regel zudem kreislaufförmig angeordnet. Damit verbunden ist nicht nur die didaktisch kniffelige Frage, womit anzufangen ist, sondern auch wie diese Zusammenhänge am besten dargestellt werden können. Die Einführung des Begriffes der ‚Konjunktur' stellt die Lehrenden vor solche Probleme, bezeichnet das Wort ‚Konjunktur' doch ‚das Zusammenhängende', das ‚miteinander Verbundene' (vgl. Abb. 4). Die Konjunktur, mithin das Gesamt der Entwicklungen in der Volkswirtschaft und über diesen nationalen Rahmen hinaus wird formalrechtlich im Stabilitätsgesetz in den Blick genommen, das die Regierung dazu anhält, gleichermaßen Wachstum, Vollbeschäftigung, Preisstabilität und außenwirtschaftliches Gleichgewicht im Blick zu halten. Diese vier Aspekte werden als ‚magisches Viereck' bezeichnet und gehen über die engere Bedeutung der Konjunktur als Wachstums- oder Schrumpfungsentwicklung der Wirtschaft hinaus. Es sind gleichermaßen stabilitätspolitische wie konjunkturpolitische Maßnahmen vor dem Hintergrund der möglichen Entwicklungen von Ex- und Importen etc. zu bedenken. Was nun unterschiedliche Parameter (wachsender Außenbeitrag durch Exportsteigerung, durch Importrückgang; Lohnforderungen der Gewerkschaften und dergleichen mehr) für Auswirkungen auf ‚die Konjunktur' haben können, läßt sich durch Versuch und Beobachtung durch isolierte oder parallele Veränderung von Parametern verschiedener Variablen an einem Simulationsmodell darstellen, begrifflich werden die Zusammenhänge aber in der Form Hypertexten nachvollziehbar, denn die Begriffe des Stabilitätsgesetzes setzen im Prinzip den Begriff der Konjunktur bereits voraus, dieser wiederum den Begriff der wirtschaftlichen Entwicklung, den Wachstumsbegriff, die Meßkonzepte für wirtschaftliches Wachstum und so weiter und so fort.

Die neuen Medien haben ganz klar den Vorteil, interaktive Nonlinearität zu ermöglichen, das heißt, durch Verlinkung Texte zu Hypertexten weiterzuentwickeln. Dieser Vorteil dürfte in allen zyklisch aufgebauten Begriffsräumen hochrelevant sein, sicher aber in der akademischen Lehre der volkswirtschaftlichen Zusammenhänge. Die Kritik von Tergan (2007), der bei Hypermedien Desorientierung und kognitive Überlastung diagnostiziert hat, das heißt, dass sich die Lernenden ohne die Führung einer Lehrkraft in den unendlichen Weiten des Hypertextes verliefen und den eigentlichen Zweck ihres Erkenntnisstrebens aus dem Blick verloren hatten, ist ernstzunehmen, sollte aber insbesondere für Laien Gültigkeit haben. Bei Studenten kann man unter Umständen bereits von einer gewissen Vorkenntnis ausgehen, die es ihnen ermöglichen sollte, auch selbständig die Hypertexte durchzugehen. Anders dagegen sind Hypertexte im schulischen Unterricht zu bewerten: hier können sie, wie Tergans Untersuchungen gezeigt haben, nicht die Lehrkraft substituieren, sondern ihr nur sekundieren; die erhoffte ökonomische Entlastung bleibt aus.

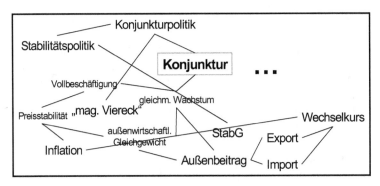

Abbildung 4: Hypertextualität des Begriffes ‚Konjunktur' (Quelle: eigene Erstellung)

Zugleich ist bei der Gestaltung der Hypertexte kaum zu übersehen, dass ihre didaktische Anlage weit hinter bereits gewonnene Erkenntnisse zurückgefallen ist. Dies mag daran liegen, dass die technischen Möglichkeiten der computerbasierten ‚neuen Medien' vermutlich zumeist von Programmierfreaks entwickelt worden sind. Es liegt aber sicher ein erhebliches Entwicklungspotential in einer didaktischen Weiterentwicklung der ‚neuen Medien', die ja – wie schon Heimann (1962) zu den Unterrichtsmedien überhaupt überzeugend argumentiert hat – in einem wechselwirkenden Verhältnis zu den übrigen didaktischen Entscheidungsgrößen stehen. Ein wesentlicher Gewinn wäre aus der Berücksichtigung der Einsichten der Hermeneutik zu erwarten, die vom zirkulären Durchlaufen des Ganzen und seiner Teile und der mit jedem Durchlauf wachsenden Einsicht geprägt war (vgl. dazu die übersichtliche Darstellung bei Danner 1994). Würde man die kognitive Landkarte des Ganzen und seiner wesentlichen Teile zum didaktischen Anfangsprinzip des Hypertextes machen, wäre vermutlich die oben ausgeführte Kritik nie so erforderlich geworden. Auch ist es nach den Grundsätzen der Hermeneutik sinnvoll, nicht die gleichen Texte anzubieten, wenn ein zweiter Begriff zur Klärung eines ersten Begriffes nur kurz angeklickt wird, um den vorgeordneten Begriff besser verstehen zu können oder wenn ein zweiter Begriff selbst erarbeitet wird. In ebendiesem Sinne sollte ein Text unterschiedliche Detaillierungsgrade aufweisen, die vom ersten, zweiten, bis zum n-ten Aufruf anwachsen sollten. Schließlich ist der Zustand des ‚lost in hyperspace' vermutlich weitgehend auch dadurch veranlaßt, dass in der Regel keine Information über die verbleibenden Lernmöglichkeiten des hypermedialen Lernprogrammes angeboten werden.

3.3 Innovation der wissensdistributiven Unterrichtsstrukturen durch ‚neue Medien'

Als einer der wesentlichen Vorteile der ‚neuen Medien' wird die Individualisierung genannt (vgl. Schnotz et al. 2001: 465). Vor dem Hintergrund neuer Didaktikkonzepte und zunehmend inhomogener Vorkenntnisse der Studierenden ist dieses in der Tat relativ pauschal als relevant zu betrachten, wiewohl (wie oben erwähnt) die empirischen Befunde über den Erfolg der Umsetzung des Individualisierungsaspekts durch die ‚neuen Medien' nicht eindeutig ausfallen. Sicher ist aber, dass im Interesse einer Binnendifferenzierung die technische Unterstützung kann eine Lehrkraft distributiv entlasten kann.

Eine ganz eigene didaktische Qualität wird spezifisch durch den Einsatz von Internetportalen erreicht (vgl. dazu Bank/Wilckens 2009). Nicht nur, dass hier vernetzte Strukturen der Informationsdistribution möglich werden, welche die hierarchische Distribution (Lehrer-Schülerin oder Lehrerin-Medium-Schüler; *content management*) durch eine vernetzte Distribution zwischen den Schülern untereinander ergänzen oder ganz ablösen (*content distribution*; vgl Abb. 5).

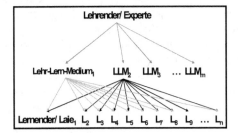 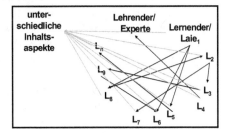

Abbildung 5: Content Distribution mit ‚neuen Medien' und mit ‚ganz neuen Medien' (Quelle: eigene Erstellung)

Betrachtet man die seit langem etablierten Unterrichtsverfahren, so kommt man schnell zu der Auffassung, dass zwar in den didaktischen Schriften seit Erfindung der ‚Reformpädagogik' allenthalben ‚schüleraktivierende' oder ‚teilnehmerzentrierte' Unterrichtsverfahren gefordert werden (vgl. z. B. May 2007: 81), welches selbst die ‚modernsten' E-Learning-Systeme nicht einlösen. Immer stehen sich Lehrende und Lernende diametral gegenüber, auch wenn die Virtualisierung durch E-Learning-Medien oder Fernlehrkurse die Beteiligung der Lehrkraft verdecken. Die einen haben das Wissen, und die anderen sollen es erwerben.

Wirklich ‚modern' wäre ein Unterricht dann, wenn Schüler ihre Rolle als eher passiv geprägte Lern-Konsumenten bzw. Rezipienten zugunsten einer aktiven Rolle als Bildungsproduzenten bzw. Autoren oder Lehrenden ihrer Mitschüler verlassen. Diese doppelte Rolle finde ihren Ausdruck in einem Neologismus, der aus Rezipient (Empfänger) und Autor (bzw. *auto-* = selbst) zu ‚Autozipient' zusammengesetzt werde. Hierin spiegelt sich die übernommene und aktiv gestaltete Eigenverantwortung der Lernenden wider. „Der ‚Autozipient' wird somit bestimmt als: ‚Lernender, der in eigener kreativer Gestaltungsarbeit, die eine Lehrabsicht enthalten kann (aber nicht muß), Lerngegenstände aufnimmt'" (Bank/Wilckens 2009: 155). Im Rahmen schulischer Projekte (zur Projektmethode vgl. Frey 1990,

Jung 1997) kann man erkennen, wie der Ansatz des Lerners als Autozipient seine Wirkung entfaltet. Lernende und Lehrende bilden im Unterrichtsprozess ‚Produktionsteams', die Unterrichtsinhalte nicht nur ‚handlungs*orientiert*', sondern in der realen Welt faktisch handelnd auf- oder ausbauen und anderen Bildungsinteressierten preisgünstig zur Verfügung stellen. Der Wert der Arbeit und des eigenen Wissens findet schließlich durch die Veröffentlichung als erwerbbares Angebot Anerkennung. Das motiviert wiederum zur Öffnung für Inhalte und Formen, die von den anderen Projektgruppen eingebracht worden sind. Das Produkt des Lernprozesses ist dann eine Art Lern-Lehr-Multimedium, das Funktionen des Lehrbuches, des Schulheftes und anderer Medien miteinander vereint und die Ergebnisse des Lernprozesses des einen Lernenden zum Einen mitteilbar und nachvollziehbar macht, sowie sie zum Anderen als Ausgangspunkt für den nächsten Lernenden werden lassen kann. Internetzportale eröffnen in der Tat neue didaktische Dimensionen, wie es seit der Einführung des Schulbuches mit Comenius' *Orbis pictus*, mit dem die Lerngegenstände in zuvor nicht gekannter Art und Weise distribuierbar wurden, nicht mehr vorgekommen ist.

Mit Internetzportalen ergeben sich für den Unterricht gegenüber den übrigen sogenannten ‚neuen Medien' didaktisch anders geartete Zugangsweisen, die eine teilnehmerzentrierte Unterrichtsperspektive praktisch und wirksam unterstützen. Die besondere Stärke dieses Internetzmediums liegt darin, dass Medium und Methode in einer offenkundigen und nicht hintergehbaren wechselseitigen Verwiesenheit stehen. Anders als im Fall von Lernprogrammen ist mit Internetzportalen nicht ein fest vorgegebenes Spektrum an kognitiven Lernzielen zu erarbeiten, sondern das Lernen erfolgt in weitaus höherem Maße tatsächlich und für den Schüler erfahrbar in einer selbstbestimmten Form. Zugleich ist durch den unterliegenden Projektcharakter in der Lehr-Lern-Methodik das Lernergebnis der Beliebigkeit entzogen, sondern erfolgt gleichwohl zielbewußt. Da die Ergebnisse am Ende öffentlich zugänglich sind, hat das Lernen Authentizitätscharakter, ohne in ausschließlich funktionales Erfahrungslernen abzugleiten. Die Lehrkraft behält – anders als bei der Produktion von Wikis – ihre Rolle als kontrollierende und führende Instanz; es wird gar nicht erst versucht, sie überflüssig zu machen, sondern bleibt als steter Bezug im Lern-Lehr-Prozess erhalten.

4   Fazit: ‚Neu' = ‚besser' – auch medial?

In der Gesamtbetrachtung zeigt sich: ‚Neu' ist nicht einfach ‚besser'. Vermutlich ist selbst im Mutterland der Gleichsetzung von ‚neu' und ‚besser' der tiefere Grund der Gleichheit darin zu suchen, dass man halt die Defekte des Neuen noch nicht kennen kann und aus dem erblich gewordenen Optimismus des Aufbruchs hinter dem Horizont stets das Bessere erwartet. Dabei erweist sich – zumindest in der exemplarischen Auseinandersetzung vor dem fachdidaktischen Hintergrund der Ökonomie – dass bei den Medien ‚neu' in vielerlei Hinsicht noch nicht einmal dem Grunde nach ‚neu' ist, sondern allenfalls praktischer im Gebrauch. Die Einfachheit des Gebrauches erlaubt tatsächlich eine größere Selbständigkeit im Lernen mit den ‚Neuen Medien', gerade wenn man den Medienverbund von Schrift, Bild- und Tonmedien mit der Multimedialität der modernen Rechentechnik vergleicht.

Allerdings erschließen sich damit noch lange keine didaktisch neuen Räume. Eine wirkliche didaktische Neuerung ergibt sich erst mit der Nutzung von Simulationsprogrammen, die eine Darstellung dynamischer Prozesse ermöglicht und über die gezielte Beeinflussung von Parametern Wirkungszusammenhänge ein Stück weit ‚erfahrbar' macht. Eine neue Qualität ist sicherlich auch Hypertextprogrammen zuzuerkennen, die sich didaktisch gesehen weniger für die Erkundung eines neuen Wissensgebietes eignen, sondern die eher Stärken im ‚Overlearning' haben, das heißt, in der erneuten lernenden Auseinandersetzung mit Inhalten, die man schon einmal beherrscht hat. Am weitesten reicht der didaktische Innovationsgrad von Internetzportalen, welche die Aufhebung der individuellen Grenzen zwischen Lehren und Lernen ermöglichen.

Letztlich aber ist die Substitution des lehrenden Menschen durch die lehrende Maschine niemals restlos zu bewältigen. Dieser Gedanke mag den Protagonisten des E-Learning gerade auch im Hinblick auf die Universitäten gekommen sein, was sich wohl hinreichend deutlich in der neueren Tendenz zum sogenannten *blended learning* zeigt. Dabei wird der frühere technokratische und heutige ökonomische Substitutionsgedanke (Computer statt Dozenten) durch eine Art additive Mischung (*blending*, dt.: Verschneiden) in der gläubigen Hoffnung darauf abgelöst, dass sich die Nachteile des personalisierten und des computerisierten Lehrens und Lernens gegenseitig kompensieren mögen (... und wunderbarerweise nicht damit zugleich die Vorteile). So oder so müssen die Programme – die Produktivität des Wissenschaftsbetriebes in Form weiterer Erkenntnisse unterstellt – regelmäßig gewartet und aktualisiert werden. Überschlägig hat Issing die Kosten für die Erstellung einer Stunde Lernprogramm 1997 auf 12.500 € (bei hohem Textanteil) bis 60.000 € (bei hohem Bewegtbildanteil) veranschlagt. Das heißt, dass man zwar davon ausgehen kann, dass die variablen Kosten durch Einsatz neuerer Medien reduziert werden können, die Durchschnittskosten – die an dieser Stelle die entscheidende betriebswirtschaftliche Größe darstellen – aber wegen der gestiegenen Fixkosten nur dann auch fallen werden, wenn eine hinreichend große Anzahl von Studenten diese Programme absolviert. Eine ganz neue Interpretation von Comenius' Anspruch „*Omnes omnia omnino*" (Allen alles auf mannigfaltige Weise lehren)! Gerade auch aus diesem Gründen wird der Einsparungseffekt wesentlich geringer ausfallen können als von der von der Ökonomie getriebenen Hochschulpolitik derzeit erhofft wird. Wartung der Programme und tutorielle Begleitung des Lernens wird eine Absenkung der Kosten der Lehre nicht ohne weitere Qualitätsverluste zulassen. Internetzportale können zwar den qualitativen Anspruch der Einheit von Forschung und Lehre wieder realistisch machen, kostengünstiger wird die Hochschulausbildung dadurch nicht – obzwar möglicherweise dennoch ökonomisch vorteilhaft durch gesteigerte Leistungen zu gegebenen Kosten.

Ökonomisch pervers (d.i., dass das Gegenteil der angestrebten Ziele erreicht wird) wird es indessen dann, wenn man die Kosteneffizienz auf die Spitze triebe und nur noch ein einziges Lernprogramm bundesweit, oder am besten gleich weltweit zu einem Thema zuließe: Dann hätten die Universitäten den letzten Anspruch, Universitäten zu sein, aufgegeben. Kreativität, Innovation und damit Zukunftsentwicklung entspringt der originellen, kantigen und individuell geprägten Lehre durch den Hochschullehrer. Die Erteilung der *venia legendi* war einstmals Ausweis und Vorbedingung, an einer deutschen Universität lehren zu dürfen – die älteren unter den Lesern werden sich noch erinnern. Die ‚Venia' konnte zwar keine innovative Persönlichkeitsstruktur garantieren, doch war sie für jeden erkennbar eine Aufforderung, neues Wissen zu erforschen und im fachumspannenden Wechselwirkungsfeld der Lehre gedeihen zu lassen. Darauf aber kommt es an: Medien sind

Instrumente, Mittel eben. Sie haben mithin keinen eigenen Sinn, wohl aber – bei angemessenem Einsatz – ihren didaktisch (!) guten Zweck. Ihr Innovationsgehalt, ihr eigener Gehalt an Neuigkeit ist zweckgebunden, nur der neue Gedanke allein, welchen sie transportieren, ist sinnstiftend.

5   Literatur

Adl-Amini, Bijan (1994): Medien und Methoden des Unterrichtes. Donauwörth: Ludwig Auer.

Bank, Volker (Hrsg.) (2005): Vom Wert der Bildung. Bern/Stuttgart/Wien: Haupt.

Bank, Volker (2005): Ihr aber habt daraus eine Räuberhöhle gemacht. Ökonomität und Ökonomismus in der Bildung. In: Bank (2005): 19-37.

Bank, Volker (2009): Das Ende des Parvenüs in Bologna. Über die ökonomische Legitimation der Hochschulreform und ihre sozialdynamischen Bremseffekte. In: Pädagogische Rundschau 63, Heft 2/2009: 229-245.

Bank, Volker/Wilckens, Peter (2009): Internetzportale als dynamische Lern-Lehr-Medien. In: Seeber (2009): 149-159.

Bruner, Jerome S. (1963): The Process of Education. New York: Vintage Books.

Clark, Richard E./Feldon, David F. (2005): Five Common but Questionable Principles of Multimedia Learning. In: Mayer (2005): 97-115.

Danner, Helmut (1994): Methoden geisteswissenschaftlicher Pädagogik. Einführung in Hermeneutik. Phänomenologie und Dialektik. 3. Aufl., München/Basel: Reinhardt.

De Toro, Alfonso (1986): Die Zeitstruktur im Gegenwartsroman am Beispiel von G. Garcia Marquez' Cien años de soledad, M. Vargas Llosas La casa verde und A. Robbe-Grillets La maison de rendez-vous (Acta Romanica, Band 2). Tübingen: Gunter Narr Verlag.

Dörner, Dietrich (1992): Die Logik des Mißlingens. Strategisches Denken in komplexen Situationen. Reinbek: Rowohlt.

Flechsig, Karl-Heinz (1976): Die technologische Wendung in der Didaktik, in: Issing/Knigge-Illner (1976): 15-38.

Frey, Karl (1990): Die Projektmethode. Weinheim/Basel: Beltz.

Hedtke, Reinhold (Hrsg.) (2001): Ökonomische und politische Bildung – (k)ein schwieriges Verhältnis? In: sowi-onlinejournal 1/2002. Eingestellt in: www.sowi-online.de/journal/2001-1index.html (Stand März 2007).

Heimann, Paul (1962): Didaktik als Theorie und Lehre. in: Die Deutsche Schule. Zeitschrift für Erziehungswissenschaft und Gestaltung der Schulwirklichkeit 54, Nr. 9/1962: 407-427.

Humboldt, Wilhelm von (1792/1851) Ideen zu einem Versuch, die Gränzen der Wirksamkeit des Staates zu bestimmen. Breslau: Trewendt.

Issing, Ludwig J./Knigge-Illner, Helga (Hrsg.) (1976): Unterrichtstechnologie und Mediendiaktik, Weinheim/Basel: Beltz.

Issing, Ludwig (Hrsg.) (1997): Information und Lernen mit Multimedia. 2. Aufl., Weinheim/Basel: Beltz.

Issing, Ludwig (1997): Instruktions-Design für Multimedia. In: Issing (1997): 151-176.

Jongebloed, Hans-Carl (Hrsg.) (1998): Wirtschaftspädagogik als Wissenschaft und Praxis – oder: Auf dem Wege zur Komplementarität als Prinzip (Moderne der Tradition 1). Kiel: Bajosch-Hein Verlag.

Jongebloed, Hans-Carl (1998): Komplementarität als Verhältnis: Lernen in dualer Struktur. In: Jongebloed, (1998): 259-286.

Jung, Eberhard (1997): Projekt – Projektunterricht: mehr als eine Methode. Schwalbach: Wochenschau-Verlag.

Kortzfleisch, Harald F.O. von/Bohl, Oliver (Hrsg.) (2008): Wissen, Vernetzung, Virtualisierung. Köln: Josef Eul.

Luhmann, Niklas (1984): Soziale Systeme. Grundriß einer allgemeinen Theorie. Frankfurt am Main: Suhrkamp.

Luhmann, Niklas (1988): Die Wirtschaft der Gesellschaft. Frankfurt am Main: Suhrkamp.

Luhmann, Niklas (1990): Die Wissenschaft der Gesellschaft. Frankfurt am Main: Suhrkamp.

Luhmann, Niklas (1993): Das Recht der Gesellschaft. Frankfurt am Main: Suhrkamp.

Luhmann, Niklas (1995): Die Kunst der Gesellschaft. Frankfurt am Main: Suhrkamp.

Luhmann, Niklas (2000a): Die Religion der Gesellschaft. Frankfurt am Main: Suhrkamp.

Luhmann, Niklas (2000b): Die Politik der Gesellschaft. Frankfurt am Main: Suhrkamp.

Luhmann, Niklas (2002): Das Erziehungssystem der Gesellschaft. Frankfurt am Main: Suhrkamp.

May, Hermann (2007): Didaktik der ökonomischen Bildung. München: Oldenbourg.

Mayer, Richard E. (Hrsg.) (2005): The Cambridge Handbook of Multimedia Learning. Cambridge u.a.: Cambridge Univ. Press.

Neven, Peter (1983): Medien und Arbeitsmittel. In: Kompendium Fachdidaktik Wirtschaftswissenschaften (WBST, Bd. 3, TB II). Düsseldorf (1983): 445-495.

Niegemann, Helmut L./Hessel, Silvia/Hochscheid-Mauel, Dirk/Alanski, Kristina/Deimann, Markus/Kreuberger, Gunther (2004): Kompendium E-Learning. Heidelberg: Springer.

Otto, Gunther (1985): Medien der Erziehung und des Unterrichts. In: Otto, Gunther/Schulz, Wolfgang (Hrsg.) (1985): Methoden und Medien der Erziehung und des Unterrichts (Enzyklopädie Erziehungswissenschaft, Bd. 4). Stuttgart: Klett-Cotta.

OECD [Organisation for Economic Co-operation and Development] (2006): OECD-Studie „Bildung auf einen Blick": Deutschland verliert in der Hochschulausbildung den Anschluss (Pressemitteilung). Berlin. Eingestellt in: http://www.oecd.org/dataoecd/52/3/37392690.pdf (März 2009).

Seeber, Günther (Hrsg.) (2009): Forschungsfelder der Wirtschaftsdidaktik. Herausforderungen – Gegenstandsbereiche – Methoden. Schwalbach am Taunus: Wochenschau-Verlag.

Ricardo, David (1817): On the Principles of Political Economy and Taxation. London: John Murray.

Schnotz, Wolfgang/Seufert, T./Bannert, Maria (2001): Lernen mit Multimedia: Pädagogische Verheißungen aus kognitionspsychologischer Sicht. In: Silbereisen/Reitzle (2001): 457-467.

Schumann, Matthias (2008): Gestaltungspotentiale kooperativer Studiengänge mit Hilfe internetbasierter virtueller Lehrangebote – Praktische Erfahrungen aus zehn Jahren Winfoline. In: Kortzfleisch/Bohl (2008).

Silbereisen, Rainer K./Reitzle, Matthias (Hrsg.) (2001): Psychologie 2000. Bericht über den 42. Kongress der Deutschen Gesellschaft für Psychologie in Jena 2000. Lengerich: Pabst Science Publishers.

Tausch, Reinhard/Tausch Anne-Marie (1977): Erziehungspsychologie. Begegnung von Person zu Person. 8. Aufl., Göttingen/Toronto/Zürich : Verlag für Psychologie Hogrefe.

Weidenmann, Bernd (1997): Multicodierung und Multimodalität im Lernprozess. In: Issing (1997): 45-62.

IV. Management der Universität

Change Management an Hochschulen

Zu den Potentialen des Coaching einer Expertenorganisation

Ute Langenbeck, Justine Suchanek und Barbara Hölscher

1 Problemstellung: Qualitätsmanagement als Daueraufgabe der Hochschulen

Obgleich den deutschen Hochschulen seit langer Zeit eine hartnäckige *Reformresistenz* unterstellt wird (vgl. z. B. Thieme 2002), befindet sich derzeit das gesamte deutsche Wissenschafts- und tertiäre Bildungssystem in einem enormen Restrukturierungs- und Reformierungsprozess. Dass dieser Reformprozess in Gang gekommen ist, liegt aber sicherlich nicht an dem Reformwillen und Reformanstoß der Mehrheit der Hochschulen und deren Lehrenden; liegt also weniger an einer interner Steuerungsleistung. Vielmehr kommt die Reform der Hochschulen als von Außen verordneter Bologna-Prozess daher, der das tradierte, auf Humboldt zurückgehende Selbstverständnis von Universität und von vielen Lehrenden zunächst zu einer grundlegenden Reform ihrer internalisierten Werte und Normen auffordert. Dies ist inzwischen kein Geheimnis mehr, sondern gar in Medien der Öffentlichkeit mitgeteilt worden. So war zum Beispiel in 2002 im Spiegel Online zu lesen:

> „Von den sagenhaften Eigenschaften der Hochschule, die Wilhelm von Humboldt im Jahr 1809 entwarf, ist an den Unis von heute nichts mehr zu finden. Die inspirierende Gemeinschaft von Lehrenden und Lernenden? Kaum möglich, wenn in Massenfächern wie Jura oder Betriebswirtschaft [oder mancherorts nunmehr auch Sozialwissenschaften; d. Verf.] 1000 Studenten in Hörsaalbänken und auf dem Fußboden sitzen, um einer Einführungsvorlesung zu lauschen.
> Einheit von Forschung und Lehre? Bis ein Student sich durch die Wirren des Grundstudiums gekämpft hat und erstmals mit der Forschung in Berührung kommt, vergehen zumeist Jahre. Und für viele Professoren sind die Studenten lediglich eine lästige Randerscheinung der Universität, nur an der Hochschule, um sie von ihrer eigentlichen Aufgabe, der Forschung, abzuhalten." (Hielscher/Koch/Schmidt 2002)

Denn – so muss ergänzt werden – gemessen werden Professoren und das gesamte wissenschaftliche Personal der Universitäten vordergründig an ihrer Reputation. Reputation bemisst sich aber an dem Output von Forschung, an der Einwebung von Drittmitteln und der Publikationsliste, weniger jedoch an der Qualität ihrer Lehre oder der Betreuungsleistung von teilweise mehreren Hundert Studierenden. Bei gleichbleibender Stundenzahl der Arbeitstage stecken Hochschulangehörige damit in einem Rollenkonflikt, der sich aus dem Humboldtschen Selbstverständnis der Einheit von Lehre und Forschung ergibt.

Zunächst jenseits dieser noch völlig ungelösten Misere des wissenschaftlichen Hochschulpersonals befinden sich die deutschen Hochschulen bereits voll im Prozess der Bewältigung von vielschichtigen Reformaufgaben, die es in sich haben. Um diese vielfältigen

Aufgaben zu bewerkstelligen, bedarf es der Entwicklung eines *Change Managements* sowie einer Kultur der Veränderung, die dem oben skizzierten, tradierten Geist der Hochschulen oft zuwiderläuft. Insbesondere folgende Veränderungen stehen auf der Agenda der Hochschulreformierung:

- *Erneuerung der Leitungsstrukturen:* Neujustierung des Verhältnisses von Partizipation und Management;
- *Profilbildung im Wettbewerb:* Klärung von Rolle und Funktion der eigenen Hochschule in der Zukunft
- *Hochschulmanagement:*
  - gezielte Prozess-Steuerung für eine kontinuierliche Weiterentwicklung der Hochschulorganisation,
  - Aufbau eines professionellen Qualitätsmanagements;
  - Aufbau eines Qualitätssicherungssystems im Bereich Studium und Lehre;
  - Verbesserung der Steuerung der Leistungsprozesse in Forschung und Lehre;
- *Wandel der Organisationskultur:*
  - Reform von Strukturen und Verhaltenweisen in Verwaltung und Wissenschaft;
  - Implementierung von Selbstreflexions- und Feedbackschleifen;
  - Entwicklung neuer Organisationsformen und Managementtechniken;
  - Austarierung des Verhältnisses von Individuum und Organisation.

Eingebettet in diesen Gesamtkontext ist seit Ende der 1990er Jahre mit der *Qualitätssicherung* an Hochschulen zum einen die Evaluation von Lehre und Forschung, zum anderen die Akkreditierung von Studienprogrammen verbunden. Mit Beschlussfassung der Kultusministerkonferenz vom März 2007 sowie den vom Akkreditierungsrat im Februar 2008 ratifizierten „Kriterien für die Systemakkreditierung" haben die Hochschulen die Wahl, ihre Studienprogramme weiterhin akkreditieren oder sich im Wege der Systemakkreditierung bescheinigen zu lassen, dass „ihr Qualitätssicherungssystem im Bereich von Studium und Lehre geeignet ist, die Qualifikationsziele und die Qualitätsstandards ihrer Studiengänge zu gewährleisten" (Akkreditierungsrat 29.02.2008).

Nicht allein deshalb befinden sich die Hochschulen mitten im Prozess, ein nachhaltiges Qualitätsmanagement aufzubauen. Damit verbunden ist die Einführung oder Verbesserung

- von Qualitätsplanung,
- von Qualitätslenkung,
- von Qualitätsförderung,
- der institutionellen Qualitätskultur,
- des institutionellen Qualitätsmanagements,
- der professionellen Verknüpfung von Organisations- und Personalentwicklung.

Auf dieser Folie widmet sich der vorliegende Beitrag den Möglichkeiten eines Change-Hochschulmanagements unter den Bedingungen einer relativen Reformresistenz des Hochschulwesens. Zunächst werden einige Besonderheiten der Hochschulen als Organisation mit eigenem Werte- und Normensystem als Kennzeichen einer eigener Organisationskultur vorgestellt (2). Sodann werden mögliche Erfolgsfaktoren des Change-Hochschulmanagements sowie des Organisations-Coaching von Hochschulen behandelt (3).

2 Besonderheiten der Organisation Hochschule

Die vielfältigen neuen Erwartungen an Hochschulen erfordern die Einleitung von Veränderungsprozessen, deren Komplexität einzigartig ist. In einem ersten Zugriff erscheint es relativ unproblematisch, Hochschulen als Organisationen zu verstehen und mit den Instrumenten des *Change Managements* zu *coachen*.[1] Allerdings unterscheiden sich hochschulische Strukturen und Prozesse historisch von anderen Organisationstypen.

Aus systemtheoretischer Perspektive haben sich Organisationen in der modernen Gesellschaft herausgebildet, um die Komplexität der Systeme, hier des Wissenschaftssystems zu reduzieren, indem Programme entwickelt und angewandt werden, so z. B. die Fortentwicklung wissenschaftlicher Theorien und Gestaltung von Lehrmodulen. In diesem Sinne forschen und lehren Hochschulen im Kontext gesellschaftlicher Erwartungen und Rahmenbedingungen, hierbei handelt es sich z. B. um Gesetze, welche die Finanzierung von Hochschulen oder etwa das Berufungsprozedere festschreiben. Das Besondere an Hochschulen ist, dass sie in zwei Funktionssystemen verflochten sind. Im 19. Jahrhundert treten die Hochschulen aus der Bindung an Dienstleitungsfunktionen im Bereich des Religionssystems oder des Personalbedarfs des frühmodernen Staates heraus und organisieren Forschung und Lehre im Wissenschafts- und Erziehungssystem (Luhmann 1997: 784; Müller 1990). Ihre historisch enge Kopplung an den Staat, die Sprache ist auch von nach geordneten Behören, führte dazu, dass Hochschulen nach wie vor finanziell weitgehend abhängig sind und viele Entscheidungen nicht in der Hochschule selbst, sondern von der Politik getroffen werden.

Werden Organisationen als ein organisiertes Sozialsystem mit einer formalen Struktur verstanden (vgl. Drepper 2003: 96ff; Luhmann 1997), für die die Strukturierung von Verhaltenserwartungen kennzeichnend ist, für interne Verhaltenssicherheit sorgt und diese nach außen abgrenzt[2], ist für die Hochschule eine Uneindeutigkeit von Verhaltenserwatungen zu beschreiben:

> „Es braucht eine ‚Hochschuldidaktik‘ oder zumeist: improvisierte funktionale Äquivalente, um unter Gesichtspunkten der Lehre zu entscheiden, welche wissenschaftlichen Texte sich eignen; und umgekehrt bildet eine noch so qualifizierte Lehre keine Reputation als Forscher. Die Systeme bleiben getrennt, aber dass sie gleichsam in Personalunion operieren, wirkt sich auf eine schwer bestimmbare Weise auf wissenschaftliche Publikation und, vielleicht noch stärker noch, auf eine gewisse Wissenschaftslastigkeit und Praxisferne der Ausbildung an Universitäten aus." (Luhmann 1997: 784)

---

1 *Coaching* bezeichnet die lösungs- und zielorientierte Begleitung von Personen, vorwiegend im beruflichen Umfeld. Zweck ist deren Selbstreflexion zu fördern, deren selbstreflexive Wahrnehmung zu verbessern und deren Erleben und Verhalten in diesem Sinne zu beeinflussen. Der professionelle Coach (Trainer) begleitet die Organisationsmitglieder bei der Realisierung eines Anliegens oder der Lösung eines Problems. Ziel des Coachings im beruflichen Kontext ist vor allem die Verbesserung der Lern- und Leistungsfähigkeit unter Berücksichtigung der Ressourcen. Oftmals wird unter Coaching ausschließlich das Coaching von Führungskräften verstanden.

2 Die Formalität von Organisationen schlägt sich in festgelegten Mitgliedschaften und Motivationen bzw. in der Anerkennung und Befolgung von Verhaltenserwartungen nieder. Diese Mitgliedschaftsregeln werden beim Zutritt in die Organisation anerkannt. Mitgliedschaft ist dabei ein Symbol für eine Rolle bzw. für einen Komplex stabilisierter Verhaltensweisen. Die Mitgliedsrolle „setzt dadurch selektive Standards, (...) indem sie einen Selektionsrahmen und Möglichkeitsraum für prinzipiell mögliches Verhalten definiert." (Drepper 2003: 100ff.)

Zentral ist, dass Organisationen entscheidungsbasierte Systeme sind, sie bestehen aus Entscheidungen und verknüpfen diese. Dies tun sie, indem sie durch Bezug auf andere Entscheidungen wieder zu Entscheidungen kommen. Entscheidungsprämissen sind Entscheidungsprogramme, Kommunikationswege und Personal. Drepper definiert Programme als

> „… selbst konstruierte Unterscheidungen, Strukturen, die kommunikativ konstituierten Sinn festhalten und durch Entscheidung verbindlich gemacht werden müssen. (...) Hier steht erneut die Unterscheidung von Konditional- und Zweckprogrammen im Hintergrund. *Konditionalprogramme* sind eher vergangenheitsbezogene „wenn-dann"-Routinen, die Bedingungen und Konsequenzen von Entscheidungen unterscheiden, während *Zweckprogramme* zukunftsbezogen zwischen zu erreichenden Zwecken bzw. Zielen und dafür einzusetzenden Mitteln unterscheiden." (Drepper 2003: 148; Hervorheb. im Original)

Die Entscheidungsprämisse „Kommunikationswege" bezieht sich vor allem auf das Problem der Komplexität. Hierüber werden Informationsverarbeitungsprozesse strukturiert, nämlich „mit wem, wie über was redet; wer wie über was entscheidet, und wer von wem, wie Entscheidungen entgegennimmt oder vorbereitet" (Drepper 2003: 153). Das Besondere an der Gruppenuniversität ist jedoch, dass ihre Entscheidungsfindungsprozesse entsprechend des „garbage can"-Modells funktionieren und deshalb als „organized anarchies" beschrieben werden können (vgl. Cohen/March/Olsen 1972). An Hochschulen findet man laut dieser Forschergruppe durch „Ambiguität" gekennzeichnete Entscheidungssituationen. Diese sind durch inkonsistente und nicht-operationale Ziele, das heißt, durch schlecht definierte oder inkonsistente Ziele, die einer hohen Variabilität folgen, durch eingeschränktes Wissen und unvollkommene Technologien, das heißt, auf Grundlage mangelnder Informationen, zufällig gewonnener Erfahrungen und aus der Not geborener Annahmen gefällte Entscheidungen, sowie durch wechselnde Teilnehmer und Aufmerksamkeit charakterisiert. Problematisch ist, dass anders als in Wirtschaftsorganisationen, wo die Bedingungen einer organisierten Anarchie höchstens temporär auftreten können, diese Situation in Hochschulen der Regelfall ist. In einer organisierten Anarchie fällt jedes Hochschulmitglied autonome Entscheidungen. Studenten entscheiden, was und wann sie lernen, Dozenten, welche Inhalte sie lehren und Ministerien, was sie finanziell unterstützen. Die Ressourcen werden ohne Bezug zu strategischen Zielen verteilt und das System von niemandem kontrolliert (Cohen/March 1974).

Das Besondere an der Organisation Hochschule ist, dass sie über die Eigenschaften der „loosely coupled systems" (vgl. Weick 1976; siehe auch Musselin 2007) verfügt. Dies macht dahingehend Sinn, da Hochschulen besondere Organisationen sind, *die Wissen produzieren und vermitteln*, was sie zu *Expertenorganisationen* macht, deren Mitglieder in hohem Maße autonom sind (Pellert 1999). Lose gekoppelte Systeme zeichnen sich durch eine starke Differenzierung, Individualität und eine hohe Autonomie der Individuen aus. Dies wirkt sich auf die Kommunikationswege aus. Diese sind zwischen den einzelnen heterogenen Teilen zufällig, individuell und schwach. Es gibt wenig übergeordnete Strategien und Ziele.

Damit das lose gekoppelte System Hochschule nach außen erkennbar und eine Identität hat, spielt die informale Struktur der Organisation eine gewichtige Rolle. Hierfür wesentlich sind die bereits in der Einleitung skizzierten gemeinsamen Humboldtschen Werte, die internalisierten Einstellungen und latenten Erwartungsstrukturen, sprich: die universitäre, durch das Wissenschaftssystem geprägte *Organisationskultur*:[3] So verstehen sich Universitäten nach wie vor als Hochschulen mit Promotionsrecht. Ihr Auftrag ist die Pflege und Entwicklung der Wissenschaften, die in Forschung und Lehre zu vertreten sind. Dem Humboldtschen Modell nach soll in Universitäten „Einheit von Forschung und Lehre" herrschen. Aus den oben benannten Gründen ist dies aber seit geraumer Zeit immer weniger möglich und führt für das wissenschaftliche Personal zu einem Dilemma, zu einem Rollenkonflikt zwischen angestrebter Reputation durch Forschung einerseits und den Erwartungen an Lehr- sowie Betreuungsleistungen in einer Massenuniversität andererseits. Beides sind fest verankerte Werte der hochschulischen Organisationskultur. Und das Streben nach der Erfüllung dieser Aufgaben folgt bestimmten normativen Vorgaben: Einerseits denen der jeweiligen Scientific Community, die vor allem die Normen der Forschung, der Einwerbung von Drittmitteln sowie der Publikationsleistungen vorgeben. Andererseits gelten für Lehre und Betreuung von Studierenden die Normen der Hochschulen vorgegeben von den Bildungsministerien. Erst neuerdings gelten hier nun, über diverse Mittler, die Normen, die sich aus dem Bologna-Prozess herleiten. Diese sind aber hier zu Lande nicht „historisch gewachsen", sondern mehr „politisch verordnet".

In der „Vor-Bologna-Prozess-Zeit" waren die Erwartungshaltungen und Forderungen der hochschulischen Umwelt nach Effizienz und Effektivität („Ökonomisierung der Hochschule") kein Thema. Es galten allein die Ethik und das Ideal der Grundlagenforschung, Erkenntnisgewinnung und Reinheit der Wissenschaften als integeres, nicht zweckgebundenes Ziel und als normative Vorgabe des Wirkens als Wissenschaftler/in und Hochschullehrer/in (zu den relativ „uneindeutigen" Zielen vgl. ausführlich Jahr 2007: 15ff). Durch eine hieran angelehnte universitäre Organisationskultur entlang des tradierten Humboldtschen Modells konnte in der „Vor-Bologna-Prozess-Zeit" das lose gekoppelte Wissenschafts- und Hochschulsystem unter einem einheitlichen und alt-bewährten Dach integriert werden. Hieran ist im deutschen Hochschulwesen das gesamte wissenschaftliche Personal ausgerichtet, so wurde es sozialisiert und dessen Werte und Normen wurden und sind internalisiert. Deshalb war und ist es schwierig, Veränderungsprozesse in der Hochschullandschaft top-down umzusetzen. In lose gekoppelten Systemen scheint es fast unmöglich, einen Wandel zentral durchzusetzen, so dass besondere Instrumente des Change Managements herangezogen werden müssen, um Veränderungsprozesse zu initiieren und zu steuern.

3 Change-Hochschulmanagement und Organisations-Coaching von Hochschulen

Empirische Fallstudien von hochschulischen Veränderungsprozessen weisen auf bestimmte Erfolg versprechende Faktoren eines Change-Hochschulmanagements hin, die die Hochschule erfolgreich durch turbulente Zeiten führen und an denen ein Hochschul-Coaching-Konzept ansetzen sollte:[4] Im Rahmen eines *Hochschul-Coaching-Konzepts soll* sich der

---

3   Bezug nehmend auf die Organisationskultur der Hochschule beschreibt Jahr die Hochschule als bürokratische, als kollegiale, als politische Organisation sowie als organisierte Anarchien (Jahr 2007: 20-26).

4   Vor dem Hintergrund der Definition zum Coaching von Personen (s. Fußnote 1) wird hier unter *Organisations-Coaching* die Initialisierung und Begleitung eines ressourcenorientierten Entwicklungs- und Verände-

erste Erfolgsfaktor auf das strategische Management bzw. die Vision beziehen. Unternehmerische Hochschulen, wie sie von Clark (1998: 3f) als solche bezeichnet werden, *sollen* ein Gesamtkonzept bzw. eine Systemlösung des unternehmerischen Handelns und Denkens entwickelt haben, das die ganze Hochschule inklusive ihrer Institute, Fakultäten, Verwaltung etc. einschließt und das sich als kollektives unternehmerisches Handeln auf dem Weg der Transformation niederschlägt.

Unter den Bedingungen der strukturellen Leitungsambivalenz der Hochschulrektoren, die sich durch „Zielambivalenz, Kompetenzaufteilung, pluralistische Entscheidungsfindungsprozesse, teilweise Eingliederung der Hochschulleitung in die staatliche Bürokratie, Diffusität der Leitungsanforderungen" (Beckmeier/Neusel 1992: 43) auszeichnet, *soll* ein wesentlicher Erfolgsfaktor die Beteiligung aller Stakeholder und Hochschulmitglieder sein, manchmal sogar der Öffentlichkeit. Um verschiedene Interessen in den Wandlungsprozess integrieren zu können, übernimmt die Hochschulleitung die Rolle des „Verhandlungsführers und des Krisenmanagers, Politikers und Katalysators" (Beckmeier/Neusel 1992: 87). Amerikanische Studien zeigen, dass nur eine starke Hochschulleitung Veränderungsprozesse erfolgreich managen kann (Clark 2000). Damit eng verknüpft, sind die Implementierung einer reflexiven Organisationskultur und der Wille zu Veränderungen.

So stellt Coaching für Hochschulen, insbesondere für deren Leitungen, bisher noch eine Ausnahme dar. Dies hat u. a. mit personalen und organisatorischen Merkmalen von Hochschulen zu tun, die mit zentralen Annahmen und Vorgehensweisen von Coaching nur schwer kompatibel sind. Dies bezeichnen auch die oben beschriebenen Soll-Normen und Soll-Effekte, die oft mehr ein Wunschdenken anzeigen als wirkliche Folgeerscheinungen.

3.1 Universitärer Habitus und Coaching

Das normative Habituskonzept (Bourdieu 1982) akademischer Hochschulakteure fußt auf dem zentralen Glaubenssatz *„Bewahre deine Autonomie"*. Dies steht einer bedeutenden Prämisse des Coaching, nämlich der Bereitschaft zum offenen Dialog über persönliche Werte und Erfahrungen, Erlebnisse, Befürchtungen und offene Fragen diametral gegenüber. Der für das Selbstverständnis von Hochschulmitgliedern außerordentlich hohe Wert der Autonomie, wie er in der universitären Kommunikation und der überdehnten Interpretation des Grundgesetzartikels der „Freiheit von Forschung und Lehre" permanent zum Ausdruck kommt, lassen den Gedanken, Hilfe, Begleitung oder Unterstützung „unter vier Augen" (Loos 1991) in Anspruch zu nehmen, als abwegig erscheinen. Befürchtungen des Imageverlustes für den Fall, dass ein Coaching ruchbar würde, führen dazu, dass Hochschulleitungen einem Coaching mit deutlicher Skepsis, ja Ablehnung begegnen. Dass beispielsweise ein

---

rungsprozesses einer Organisation verstanden. Es geht von der Prämisse aus, dass die Entwicklungsziele sowie die Maßnahmen zu deren Erreichung von den Akteuren der Organisation selbst entwickelt werden müssen. Der Organisationscoach hat die Aufgabe, die Akteure in die Lage zu versetzen, einen Selbstreflektionsprozess der Organisationskultur zu durchlaufen. Hierbei versucht der Coach, Erfahrungen mit Veränderung in der Vergangenheit in das kollektive Gedächtnis der Organisation zu rufen. Auf dieser Basis soll an Erfolgserfahrungen der Vergangenheit und deren Handlungsmodelle angedockt werden, um diese als Kompetenz- und Motivationsressourcen für den anstehenden Veränderungsprozess zu gewinnen und einsetzen zu können.

Präsident und ein Coach eine zeitlich begrenzte, absolut diskrete und produktive „Reflektionsgemeinschaft" bilden, liegt bisher noch außerhalb der persönlichen Problemlösungs- und Entlastungsversuche der Führungseliten von Hochschulen.

Diese als persönlich empfundene, zugleich systemisch bedingte Disposition der Leitungspersonen geht einher mit der überzogenen Erwartung, aufkeimende Konflikte schon allein in den Griff zu bekommen, was zu einer allmählichen Konflikteskalation führt. Der zunehmende Handlungsdruck bei subjektiv erlebten Fehlschlägen und Scheiternsängsten für die Zukunft kann zu einer allmählichen Verdrängung der realen Rahmenbedingungen sowie zu Erklärungsmustern führen, die die Ursache der Probleme vornehmlich den Umständen und anderen Akteuren zuschreiben. Der Selbstschutz vor einer als feindlich empfundenen Umwelt führt zu asymmetrischen Kommunikationsformen, die einem erfolgreichen Management der Hochschule zuwider laufen.

Die im Coaching grundlegende Annahme der Ressourcenorientierung steht einem (oftmals subkutanen) *Top-Down-Führungskonzept*, wie es heute noch in Hochschulen anzutreffen ist, deutlich entgegen. Ressourcenorientierung in Organisationen folgt der Annahme, dass die im Haus vorhandenen Kompetenzen geborgen, gefordert und gefördert werden müssen. Passiert dies nicht, so hat das sowohl demotivierende Effekte für die Mitarbeiter als auch dysfunktionale Auswirkungen für die Leistungsfähigkeit des Systems. Dies führt zu wechselseitig sich verstärkenden Lähmungserscheinungen sowohl in der Leitung als auch bei den Mitarbeitern. Stillstand gerät zur hochschulinternen Alltagserfahrung, während die für die öffentliche Legitimation erforderliche, politisch korrekte Reformrhetorik der Präsidenten ungemindert zu vernehmen ist und der systemische Handlungsdruck weiter steigt.

Dies wiederum hat seine Gründe u. a. in paradoxalen *Erwartungshaltungen der Hochschulmitglieder an die Hochschulleitung:* letztere soll basisdemokratisch managen – ein Widerspruch in sich – Entscheidungen zum Wohle des Ganzen treffen und dabei nicht ein einziges Partialinteresse negativ tangieren. Dies führt zu einer für die Leitungen von Hochschulen schwer erträglichen Rollenkonfusion von Partizipation und Management (Nickel 2007), die sowohl von Seiten der akademischen Welt der Fachbereiche, Institute und Gremien als auch von den Mitgliedern der Administration durch paradoxe und damit nicht erfüllbare persönliche und politische Erwartungen permanent gefördert wird. Nicht selten koppeln dabei die Hochschulmitglieder ein ausgeprägtes Anspruchdenken an Führung und Versorgung durch Staat und Hochschule mit einer eklatanten Unbereitschaft, sich von jenen führen zu lassen, die die Verantwortung für das Ganze zu tragen bereit sind.

Dies zeugt von einem Führungstabu und Führungsdilemma dieser Organisationsformen. Gehen wir von der Definition Neubergers aus, dass Führung die bewusste Beeinflussung der Mitarbeiter zum Zwecke der Erreichung von Organisationszielen darstellt, so wird deutlich, dass es Hochschulen hier an mehreren Voraussetzungen fehlt. Es mangelt an

- *einem Führungskonzept*, das über die Rhetorik der Kooperation, der Kommunikation und der Transparenz hinausgehend ein Verständnis und eine Vorstellung von entscheidungsorientierter und damit auch konflikthafter Führung entwickelt;
- *einer gezielten Personalentwicklung*, die die Leitung und das mittlere Management auf ein gemeinsames konfliktbereites Führungsverständnis einstimmt, sie aber auch mit Methoden der Konfliktprophylaxe vertraut macht;

- *einem Rollen- und Selbstverständnis der Mitarbeiter*, das Führung zulässt und Entscheidungen, die anerkannten und transparenten Regeln genügen, folgt;
- *einer zyklischen Diskussion über die Zukunft und die Aufgaben der Organisation*, so dass handlungsleitende Organisationsziele für die Akteure erkennbar werden;
- *einem positiven Verständnis von Einflussnahme und Motivation*, das dies nicht mit Manipulation und Fremdbestimmung verwechselt;
- *einer kollektiven Selbstverständigung über Werte, Normen, über Leistung, über Rituale und Tabus*, die es ermöglichen ein gemeinsames Selbstbild und eine reflexive Organisationskultur zu entwickeln.

Diese Defizite führen u. a. zur auch von der Leitung implizit anerkannten Vorrangstellung von Individualinteressen und -zielen vor den (diffusen) Organisationszielen der Hochschule, die zudem als legitimer Ausdruck einer allgemeinen Individualisierung verstanden wird. So kann ein abgelehnter Urlaubsantrag im Gegenzug zur „Kriegserklärung" an den Chef, so kann die Nachfrage zum Sachstand einer Vorlage als Misstrauensvotum und Eingriff in die „Privatsphäre" gewertet werden; so können Regelungen zum Zeitmanagement als autoritäre Einmischung wahrgenommen, so können unliebsame Arbeitsaufträge nicht selten mit Krankmeldungen quittiert werden. So ist es nicht erstaunlich, dass Art und Umfang der Leistungserbringung mehrheitlich persönlichen Motiven, Neigungen und Antreibern folgten und folgen. Hierbei sind Vorstellungen wirksam, die für den öffentlichen Dienst und hierarchisch strukturierten Verwaltungen und deren Akteure charakteristisch sind: ein zu undifferenziertes Menschenbild, ein Organisations-Missverständnis und ein zu diffuser Führungsansatz. Erschwerend kommt nach Doppler/Lauterburg hinzu, dass das

> „… Modell der traditionellen Organisationsstruktur mit ihrer streng hierarchischen Absicherung von Macht auf allen Stufen mit einer ganzen Reihe schwerwiegender, die Gesamteffektivität einschränkender Probleme verbunden" ist. (Doppler/Lauterburg 2008: 156)

Probleme als da wären der Kult der Einzelverantwortung, der einer fruchtbaren Kooperation im Weg steht, das Denken in Positionen, statt in Aufgaben und Funktionen, die zu langen Wege zwischen „oben" und „unten", zu viele Autokraten in Stab und Linie, die versuchen, ihre Existenz durch gegenseitig sich lähmende Interventionen zu rechtfertigen. So nimmt es nicht Wunder, dass Hochschulleitungen in den letzten zwei Jahrzehnten frustrierende Führungserfahrungen sammeln mussten. Zudem müssen sie seit mehr als fünfzehn Jahren, weniger freiwillig denn oktroyiert, einen tief greifenden und aufreibenden Veränderungsprozess managen. Dabei sind so manche Versuche, Hochschulen zielgerichtet und nachhaltig zu reformieren, versandet. Oft waren die Beharrungsinteressen stärker als die Kräfte der Veränderung. Zeitraubende Beratungen in den Gremien zermürbten die Beteiligten und führten nicht selten zu Resignation und Rückzug in die Nische der Stagnation.

Als Impulsgeber unabweisbarer Veränderungen (z.B. „Bologna" oder zyklische Einsparauflagen des Landes) gelten Hochschulleitungen dabei nicht selten als Störenfried hochschulinterner Routinen. Das stößt auf vielfachen Widerstand. Infolge dessen sind mit der Regelung zahlreicher, zum Teil sich gegenseitig verstärkender Konflikte befasst:

Rollenkonflikte der Hochschulleitungen:
- Politiker versus Manager,
- Bottom-up versus Top-down,

- Partizipation versus Management,
- Konsens versus Konflikt,
- Aufgaben- versus Mitarbeiterorientierung.

Erwartungskonflikte der Hochschulleitungen:
- externer Veränderungsdruck und internes Beharrungsinteresse,
- Politik und Hochschule,
- Verwaltung und Wissenschaft,
- Autonomie und Staatlichkeit.

Hochschulleitungen stehen damit vor der schwierigen Aufgabe, diese verschiedenen Ziel- und Wertekonflikte diplomatisch zu lösen. Trotz dieses, durch zahlreiche Faktoren bedingten Leidensdrucks der Führungsmannschaft von Hochschulen wird Coaching hier noch als Eingeständnis persönlicher Inkompetenz und Schwäche gewertet. Die lakonische Sicht, ein Coaching als persönliches Fitnessprogramm zur bewussten Förderung der Selbstreflexion, zur Steigerung der beruflichen Leistungsfähigkeit, zur Konfliktprophylaxe oder zur Deeskalation, zur Organisation von Reformen u. ä. zu betrachten, ist in der universitären Organisationskultur hingegen noch eine Rarität.

Dies mag an Autonomie betonten Selbstkonzepten liegen, aber auch an einem Selbstverständnis, sich als intellektuelle Elite nicht in die Hände nicht-professoraler Coachs begeben zu wollen. „Wieso sollten die es denn besser wissen können?" Gerade aber in solch einer Frage wird ein Missverständnis über Methoden des Coaching deutlich, die sich deutlich von Beraterkonzepten der Vergangenheit verabschiedet haben. Es geht weniger um externe „Expertise", nicht um von Beratern in dicken Ordnern zusammengestellten Analysen, sondern um die Aktivierung eigener Problemlösungskompetenzen bei jenen, die auch in Zukunft für die Geschicke und den Fortgang der Hochschule verantwortlich sind: die Hochschulmitglieder, Leitung, Fachbereiche, Mitarbeiter etc. Hierbei spielt der Coach die Rolle des nicht-involvierten, daher weniger „betriebsblinden" Prozessbegleiters, der sich eine Zeit lang an das Klientensystem andockt, ohne selbst in „das System zu fallen", ohne damit selbst zum Betroffenen zu werden, ohne sich der Interpretation der Wirklichkeit des Klienten unkritisch anzuschließen oder ohne eine Koalition mit einem Teil des Klientensystems zu übernehmen (vg. Doppler,/Lauterburg 2008: 503).

3.2 Hochschulen unter öffentlichem Handlungsdruck

Im geschilderten Sinne sind zum einen die motivationalen und organisationskulturellen Voraussetzungen, Hochschulen zu coachen, noch wenig entwickelt. Zum anderen stehen deutsche Hochschulen seit über einem Jahrzehnt unter erheblichem, öffentlichem, zum Teil widersprüchlichem Handlungsdruck, der die Leitungen mit weiteren Konfliktherden konfrontiert:

Politischer Druck:
- staatliche Regulierung/ Deregulierung,
- Außensteuerung (z.B. durch Evaluationen und Akkreditierung),
- äußerer Reformdruck.

Gesellschaftlicher Druck:
- Konkurrenzdruck (Wettbewerb),

- Anforderungen externer, vielfach wissenschaftsfremder Anspruchsgruppen,
- Spannungsfeld von gesellschaftlichem Auftrag und universitärer Realität.

Binnendruck:

- akademische Selbstverwaltung,
- hierarchische Selbststeuerung,
- hochschuleigener Reformanspruch,
- disparate Partialinteressen.

Die Hochschulen befinden sich zudem – wie kaum eine andere Organisation – in einem prekären Spagat zwischen Selbst- und Fremdbild, in einer Art Wahrnehmungsfalle.

Selbstbild:

- Tradition,
- Autonomie,
- Freiheit von Lehre und Forschung,
- Unvergleichbarkeit der Institution mit anderen Systemen,
- aufkommender Zweifel an der Sinnhaftigkeit der Organisationsstruktur.

Fremdbild:

- „träger Tanker",
- ineffiziente Organisation,
- unzeitgemäße Leitungsstrukturen,
- Skepsis im Hinblick auf die Anpassungsfähigkeit,
- Mischung aus Selbstgenügsamkeit und Wahrnehmungsverweigerung,
- selbstreferentieller Autismus.

Der hiermit verbundene Veränderungsdruck lastet sowohl auf den Führungskräften als auf auch den Mitarbeitern und führt zu strukturellen und sozialen Konflikten. In solchen Situationen kann Hochschul-Coaching eine hilfreiche Unterstützung bieten.

4   Change Management in der Organisation Hochschule – Fazit

Vielfältiger werdende externe Forderungen nach der programmatischen Effizienz und Effektivität der Hochschulen forcieren einen Veränderungsdruck. Mit dem Schlagwort „Superkomplexität" (Barnett 2000) wird die Ausdifferenzierung von Referenzbezügen der Hochschule zu ihrer Umwelt versinnbildlicht. Da Hochschulen überwiegend vom Steuerzahler finanziert werden, stellt die Öffentlichkeit nicht nur Fragen nach dem Verbleib und der Effizienz der investierten Mittel, sondern auch nach dem Nutzen für die Gesellschaft. In einem rohstoffarmen Land wie Deutschland, in welchem Forschung und Bildung als wichtigste Ressourcen gelten und die Produktionsfaktoren Boden, Arbeit und Kapital längst abgelöst haben (Stehr 2000), wächst das Interesse am Output der Hochschulen.

Hochschulmitglieder wie allgemein auch andere Mitglieder anderer Organisationen sind nur unter gewissen Voraussetzungen bereit, sich für einen Veränderungsprozess zu öffnen und ihn mit zu tragen und mit zu gestalten. Systemische Voraussetzungen für die Bereitschaft zur Veränderung sind der Mangel an Geld oder Mangel an Zeit. Personale Voraussetzungen für die Bereitschaft zur Veränderung sind empfundene Angst oder vorantreibende Lust. In als normal empfundenen Stabilitätsperioden sind diese Voraussetzungen für das Individuum nur selten gegeben. Das heißt, der Motor der Veränderung springt nicht intrinsisch an. Die Beharrungsneigung ist plausibel: Warum sollte man zur Veränderung eines subjektiv als komfortabel erlebten Systems beitragen?

Um dennoch eine Veränderungsmotivation zu befördern, ist von Coachs im Einzelfall zu prüfen, ob und mit welchen Belohnungserwartungen die Bereitschaft zur Mitwirkung an Veränderungsprozessen geweckt werden kann. Ferner stellt sich die Frage, inwiefern eine Veränderung an sich für die Beteiligten als positiver Wachstumsprozess imaginiert werden kann. Der Vorteil eines Perspektivenwechsels läge für den Einzelnen in der Bereicherung der Sichtweisen, der Vermehrung von Erlebnis- und Interpretationswelten.

„Es gibt in der Praxis kein Lernen und keine Veränderung ohne Widerstand" (Doppler/Lauterburg 2008: 336). Ausbleibender Widerstand zeugt vice versa davon, dass die Beteiligten nicht an die Realisierung der Veränderungsabsichten glauben. Um optionalen Widerstand gegen Veränderungsambitionen zu mindern, ist es wichtig, auch Bewahrenswertes, Erfolge und positive Erfahrungen herauszuarbeiten. Dies kann mit einer ausgewogenen Mischung an Fragestellungen gelingen, die positive Anker in der Vergangenheit genauso ermöglichen wie die kritische Reflektion nicht gelungener Maßnahmen.

Für die Akteure ist es eine Frage der Ehre, dass ein Veränderungsprozess seine Begründung nicht allein in einer Defizitbilanz des Bisherigen haben darf. Die gänzliche Entwertung geleisteter Arbeit und entwickelter Routinen darf dabei als *No-Go* für den Veränderungsprozess betrachtet werden. Hingegen ist die Notwendigkeit der Anpassung des Systems an veränderte, externe Rahmenbedingungen ein legitimer Handlungszusammenhang, der leicht überzeugt und hohe Plausibilität genießt. Ob und inwiefern diese Überlegungen bislang bei den Umsetzungen des Bologna-Reform-Prozesses eingeflossen sind, bleibt an dieser Stelle eine offene und nicht eindeutig zu beantwortende Frage.

5 Literatur

Akkreditierungsrat 29.02.2008, http://www.akkreditierungsrat.de.

Barnett, Ronald (2000): Realizing the University in an Age of Supercomplexity. Buckingham: The Society for Research into Higher Education (SRHE) & Open UP.

Beckmeier, Carola/Neusel, Aylâ (1992): Leitungsstrategien und Selbstverständnis von Hochschulpräsidenten und -rektoren, Kassel: Werkstattsberichte.

Bourdieu, Pierre (1982): Die feinen Unterschiede? Frankfurt am Main: Suhrkamp.

Clark, Burton R. (2000): Sustaining Change in Universities. Continuities in case studies and concepts. Maidenhead, UK: SRHE and Open University Press.

Clark, Burton R. (1998): Creating Entrepreneurial Universities. Organizational Pathways of Transformation. Oxford, London, UK: Pergamon Press.

Cohen, Michael D./March, James G./Olsen, Johan P. (1972): A Garbage Can Model of Organizational Choice. In: Administrative Science Quarterly 17, 1972: 1-25.

Michael D./March, James G. (1974): Leadership and Ambiguity. The American President. New York: McGraw-Hill.

Doppler, Klaus/Lauterburg, Christoph (2008): Change Management. Den Unternehmenswandel gestalten. Frankfurt am Main: Campus Verlag.

Drepper, Thomas (2003): Organisationen der Gesellschaft. Opladen: Leske+Budrich.

Greif, Siegfried (2008): Coaching und ergebnisorientierte Selbstreflexion. Göttingen: Hogrefe-Verlag.

Hielscher, Almut/Koch, Julia/Schmidt, Caroline (2002): Uni zum Wohlfühlen. In: Der Spiegel Online (22.7.2002). Nr. 30/2002: 57.

Jahr, Volker (2007): Innivation und Macht in der Organisation Hochschschule. Diss., Universität Kassel: Kassel University Press, www.upress.uni-kassel.de.

Kibed, Matthias Varga von/Sparrer, Insa (2005): Ganz im Gegenteil. Tetralemmaarbeit und andere Grundformen Systemischer Strukturaufstellungen – für Querdenker und solche, die es werden wollen. Heidelberg: Carl-Auer-Systeme.

König, Eckard/Volmer, Gerda (2008): Handbuch Systemische Organisationsberatung. Weinheim/Basel: Beltz.

Königswieser, Roswita/Exner, Alexander (2006): Systemische Interventionen. Architekturen und Designs für Berater und Veränderungsmanager. Stuttgart: Schäffer-Poeschel.

Krücken, Georg u. a. (Hrsg.) (2007): Towards a Multiversity? Universities between Global Trends and National Traditions. Bielefeld: Transcript.

Loos, Wolfgang (2005): Unter vier Augen: Coaching für Manager. Landsberg: Verlag moderne Industrie.

Luhmann, Niklas (1997): Die Gesellschaft der Gesellschaft. 2 Bände. Frankfurt am Main: Suhrkamp.

Müller, Rainer A. (1990): Geschichte der Universität. Von der mittelalterlichen Universität zur deutschen Hochschule. München: Nikol Verlag.

Musselin, Christine (2007): Are Universities Specific Organizations? In: Krücken u. a. (2007): 63-86.

Neuberger, Oswald (2002): Führen und Führen lassen. Ansätze, Ergebnisse und Kritik der Führungsforschung. Stuttgart: UTB.

Nickel, Sigrun (2007): Partizipatives Management von Universitäten. Zielvereinbarungen, Leitungsstrukturen, staatliche Steuerung. Mering: Rainer Hampp Verlag.

Özdemir (2008): Organisations-Coaching: Wie Coaching und Organisationsentwicklung zusammen kommen. In: Coaching-Magazin 3/2008: 28-32.

Pellert, Ada (1999): Die Universität als Organisation. Wien: Böhlau.

Reinhardt, Christina/Kerbst, Renate/Dorando, Max (Hrsg.) (2006): Coaching und Beratung an Hochschulen. Bielefeld: UVW.

Rückerl, Thomas/Rückerl, Torsten (2008): Coaching mit NLP-Werkzeugen Weinheim: Wiley-VCH Verlag.

Schreyögg, Astrid. (2002): Konfliktcoaching. Frankfurt am Main: Campus.

Schreyögg, Astrid (2005): Coaching von Doppelspitzen. Frankfurt am Main: Campus.

Schreyögg, Georg (2003): Organisation. Grundlagen moderner Organisationsgestaltung. Wiesbaden: Gabler.

Schuler, Heinz/Sonntag, Karlheinz (2007): Handbuch der Psychologie: Handbuch der Arbeits- und Organisations-psychologie. Göttingen: Hogrefe-Verlag.

Stehr, Nico (2000): Die Zerbrechlichkeit moderner Gesellschaften. Weilerswist: Velbrück.

Thieme, L. (2002): Qualitätsmanagement und Marketing an deutschen Hochschulen. 1-14. evanet.his.de/evanet/forum/pdf-position/ThiemePosition.pdf

Watzlawik, Paul (2003): Menschliche Kommunikation: Formen, Störungen, Paradoxien. Bern: Huber.

Hochschule und Managementmethoden

Prozessoptimierung im Zeichen von New Public Management

Felix Klostermeier

1 Einleitung

Anlass für die wiederkehrend intensiven Diskussionen über das deutsche Hochschulwesen ist dessen struktureller und finanzieller Notstand (Monopolkommission 2000: 9). Dieser ist gepaart mit einem beklagenswerten Umgang mit den zur Verfügung gestellten Ressourcen und verbunden mit einem häufig schwach ausgeprägten Willen zur Veränderung (Mittelstraß 1997: 48). Angesichts der knappen öffentlichen finanziellen Mittel steigt allerdings der Druck, sich leistungsorientierter und wirtschaftlicher zu verhalten. Zudem wird eine stärkere Öffnung für die Interessen und Bedürfnisse der Gesellschaft erwartet (Nickel 2003: 219). Ausgelöst durch den sogenannten Bologna-Prozess wird eine neue Studienstruktur eingeführt, durch die sich Fachhochschulen und Universitäten annähern und in eine Konkurrenzsituation geraten (Müller-Böling 2000: 18; Gützkow/Quaißer 2005: 8-9). Für die Universitäten aber beginnt nicht erst hier ein Wettbewerb um Studierende (Ziegele 2008: 5). Aufgrund der Zahlung von Studiengebühren werden die Studierenden zu souveränen Konsumenten der von wissenschaftlichen Einrichtungen erbrachten Dienstleistungen und üben damit durchaus einen Einfluss auf den Markterfolg aus (Schütte 1998: 189-207). Immer stärker wächst deshalb die Aufmerksamkeit, die auf Unterschiede im Profil und vor allem in der Reputation von Hochschulen des gleichen Typs gelegt wird. Dies geht mit einer Stärkung des "Neo-Liberalismus", der die Segnungen von Marktkonkurrenz preist, und mit einer Stärkung des "Neo-Institutionalismus" einher, nach dem der Staat sich stärker von einer Detail-Steuerung der von ihm geförderten Institutionen lossagt und eher über globale Zielvorgaben und nachträgliche Leistungsbewertung agiert (Teichler 2003: 153).

Während in der Vergangenheit sogar bezweifelt wurde, ob Hochschulen überhaupt reformierbar seien, ist das deutsche Hochschulsystem nun in Bewegung gekommen (Hanft/ Müskens 2005: 3; Sidler 2005: 28). Mit dem Ansatz des New Public Management, der betriebswirtschaftliche Managementkonzepte auf den öffentlichen Sektor überträgt, wird diesen Anforderungen Rechnung getragen (Becker 2007: 19). Dem können sich auch die staatlichen Bildungsanstalten nicht verschließen, wenn sie sich der Entstaatlichung, Deregulierung, Ausgliederung, Autonomisierung und Vermarktung stellen wollen (Prisching 2003: 163). Es wird deutlich, dass eine Hochschule, die in diesem Wettbewerb bestehen will, gute Leistungen anbieten und vor allem erbringen muss. In einer Organisation sind dafür qualitativ hochwertige Geschäftsprozesse und deren Management notwendig. Nur so ist eine für den Kunden zufrieden stellende Leistungserbringung möglich (Epple 2000:

137). Es liegt daher nahe, Ziele, Methoden und Instrumente des in Unternehmen bereits etablierten Geschäftsprozessmanagements auch auf Hochschulen zu übertragen.

Im Folgenden wird auf die Hochschule als Organisation und damit als Ort der stattfindenden Prozesse eingegangen. Ferner wird der Hintergrund für die Verbesserung von Prozessen an Hochschulen vermittelt und schließlich auf zwei mögliche Ausprägungen eingegangen.

2 Hochschule als Organisation

Die Hochschule ist eine Organisation (Wissel 2007: 38), die zum tertiären Bildungsdienstleistungssektor gehört (Janetzke 2001: 4). Das Hochschulsystem ist durchaus homogen, da aufgrund weitgehend gleichartiger Zulassungsbedingungen und Standards die Organisation und Studienstruktur einheitlich ist (Pellert 1999: 141). Die Hochschule kann aufgrund ihres Dienstleistungscharakters und ihrer Funktion als Dienstleistungsbetrieb angesehen werden (Bolsenkötter 1976: 3; Bolsenkötter 1977: 383; Janetzke 2001: 4; Krumbiegel 1997: 22-24; Müller-Böling 1994: 3-4; Wissel 2007: 39). Das von ihr erzeugte Produkt ist Wissen (Pellert 1999: 17).[1]

Die Organisationslehre in ihrer klassischen Form unterscheidet konzeptionell zwischen Aufbau- und Ablauforganisation. In der Praxis sollten diese Elemente immer gemeinsam betrachtet werden. Vertikal wirkt ein Aufgaben- und Kompetenzgefüge, horizontal werden die Abläufe des Verwaltungshandelns strukturiert. Die Aufbauorganisation mit dem Aufgaben- und Kompetenzgefüge gliedert die Organisation in arbeitsteilige Einheiten. Die Ablauforganisation umfasst die Gestaltung sämtlicher Arbeitsvorgänge mit ihrer Reihenfolgeplanung und Zuordnung einzelner Tätigkeiten zu Aufgabenträgern (Becker 2007: 24-25)[2]. Die Hochschule ist aber nur bedingt auf ein Unternehmen oder eine öffentliche Verwaltung zu reduzieren, da sie quasi beides vereint. Sie umfasst lose gekoppelte Systeme teilautonomer Einheiten genauso wie bürokratische Formen der Aufbauorganisation.[3] Die eher hierarchisch organisierte Verwaltung arbeitet zusammen mit einem lose gekoppelten System von Experten, die für den Output der Organisation zuständig sind. Diese Experten zeichnen sich durch eine hohe Selbstständigkeit aus, die ihnen die notwendige Flexibilität ermöglicht, aber auf Kosten einer effizienten und effektiven Führung geht (Pellert 2003: 195; Gellert 1993: 64; Breiter 2008: 25). Hinzu kommt, dass die Verwaltung oft ein fachliches Interesse daran hat, die Gesamtorganisation zu gestalten, dass dies von den Experten, also den Hochschullehrern jedoch als Einschränkung ihrer Arbeit erlebt wird. Auf die Experten verstärkt sich außerdem zunehmend der Druck, angesichts einer zunehmend wissensbasierten sozio- ökonomischen Entwicklung, die Wissen verstärkt als Produktionsfaktor sieht, ihren entsprechenden, auch ökonomischen, Beitrag zu leisten (Pellert 2002: 21; Pellert 1999: 44). Das führt zu einem Spannungsfeld zwischen den Organisationsstrukturen und -kulturen (Pellert 2003: 192; Hanft 2000: 17), ein Spannungsfeld, welches die Hoch-

---

1   Prisching 2003: 172 verweist dazu auf Langenberg 1999: 77-94.
2   Becker verweist dazu auf Beschorner/Peemöller 2006: 63, Bühner 2004: 11, Kosiol 1976.
3   Vgl. auch Breiter 2005; Engels 2001; Krücken 2004; Pellert 1999; Pellert/Welan 1995; Seufert/Miller 2003; Stichweh. 2004; Weick 1976; Weick. 1982.

schulleitung nicht ignorieren kann, da die größere institutionelle Autonomie ihr eine weitergehende Führungsaufgabe beschert (Pellert 2003: 192), zu der die Lösung des Konfliktes gehört. Managementansätze, wie sie von dem oben erwähnten New Public Management mit dem Ziel der Verbesserung von Qualität, Effizienz und Effektivität der Dienstleistungsproduktion im öffentlichen Sektor gebündelt werden, finden so Interessenten. Haupteigenschaft von Modernisierungsbestrebungen durch New Public Management ist der Wechsel von der Input- zur Outputorientierung und damit zu einer verstärkten Kundenausrichtung (Becker. 2007: 15f).4 Diese steht für die Hochschule in Zukunft noch stärker im Mittelpunkt, da ihr Leistungserstellungsprozess ohne Kundenbeteiligung in der Regel nicht möglich ist (Cordes 2001: 110). Mit der klassisch inputorientierten Steuerung sind Zweck- und Abnehmerorientierung (Effektivität), bzw. Wirtschaftlichkeit (Effizienz) kaum erreichbar. Vielmehr führt sie zu Verschwendung. Nur bei der direkten Steuerung über Produkte sind Zielgenauigkeit (Effektivität) und Wirtschaftlichkeit (Effizienz) erreichbar (Becker 2007: 16).

Dieser Ansatz findet sich unter anderem in der Akkreditierung wieder, durch die die Lehre als einer der Geschäftsprozesse der Hochschule auf ihre Qualität geprüft wird. Die Begutachtung dieses Outputs wird durch die Programmakkreditierung zertifiziert. Im Rahmen der Prozess- oder Systemakkreditierung findet alternativ eine Begutachtung der Entstehung des Outputs statt (Hanny 2008: 1-35; Hopbach 2008: 2-4; Kohler 2008: 2).

Dennoch darf es keine Reduktion der Hochschule auf die Lehr- oder Forschungsprozesse geben, denn gerade die Verwaltungs- und Organisationsprozesse sind es, mit denen die Studierenden unzufrieden sind, vielmehr müssen alle Prozesse, die das Leben an einer Hochschule prägen, im Fokus stehen (Methner 2002: 168-169).

3 Prozesse an Hochschulen

An dieser Stelle wäre ein Modell der Hochschulprozesse hilfreich, um die typischen Abläufe illustrieren zu können. Ein vollständiges Prozessmodell für Hochschulen sowie ein standardisiertes Verzeichnis, das die Prozesse bis auf einen detaillierten Konkretisierungsgrad beschreiben würde, sind jedoch bisher nicht entwickelt worden.[5] Die zur Verfügung stehenden Modelle[6] lassen sich auf das Wertkettenmodell nach Porter (1985: 37) zurückführen. Sie bestätigen, dass sich die Prozesse unabhängig von der untersuchten Domäne einer Organisation in Führungsprozesse, Kernprozesse und Supportprozesse aufteilen lassen (Becker 2007: 30).[7]

Zu den Führungsprozessen einer Hochschule können die Hochschulentwicklungsplanung, das Controlling und Ähnliches gezählt werden. Als Kernprozesse einer Hochschule lassen sich die Aus- und Weiterbildung, die Forschung und der Know-How-Transfer in

---

4   Becker verweist auf Budäus 1998: 108; Küchler: 2000; S. 94; Naschold/Bogumil 2000: 79.
5   Dem Autor ist kein vollständiger Prozesskatalog für Hochschulen bekannt, so dass er begonnen hat ein Modell zu erstellen.
6   Nickel 2008: 44; Gaberscik 2007: 108; Lojewski 2008: 63; Kocian 2007: 33; Petzoldt 2008: 78; Klapper 2008: 5; Frevert/Spiekermann 2008: 5; Jürgens 2007: 31; Janssen 2008: 61; Binner 2005: 31; Binner 2007: 10; Fachhochschule Hannover 2008: 13; Methner 2002: 173.
7   Becker verweist auf eine Übersicht von Bokranz/Karsten 2003: 234.

Unternehmen und Institutionen betrachten, die direkt zur Wertschöpfung beitragen. Als Beispiele für Supportprozesse in Hochschulen, die einem reibungslosen Ablauf der Kernprozesse dienen, lassen sich die Bereitstellung von EDV-Infrastruktur oder Lehr- und Lernmitteln nennen, die zwar nicht direkt wertschöpfend aber dennoch notwendig sind, um die Kernprozesse ausführen zu können.[8] (Cordes 2001: 109)

Die Supportprozesse können in prozessbezogene Supportprozesse (Beispiel: Informationsversorgung) und prozessübergreifende Supportprozesse (Beispiel: Personalwesen) unterschieden werden. Erstere lassen sich als interne Dienstleistungen auffassen und können direkt innerhalb einzelner Kernprozesse aufgerufen werden. Letztere stellen eher die notwendigen Ressourcen für die Führungs- und Kernprozesse bereit (Becker 2007: 32). Die Rolle der Supportprozesse ist es, die Kernprozesse zu unterstützen, um alle Aktivitäten der Organisation auf ein Wirkungsziel hin auszurichten (Kronthaler 2008: 14).

4   Prozessoptimierung an Hochschulen

In öffentlichen Verwaltungen ist eine Aufbauorganisation oft historisch gewachsen. Erst wurde eine vertikale Arbeitsteilung durchgeführt und dann den Stellen zugeordnet (Becker 2007: 28-29). Eine funktionsorientierte Aufgaben- und Kompetenzverteilung führt aber häufig zu ineffizienten Arbeitsabläufen. Viele kleine Organisationseinheiten, zu viele Hierarchieebenen sowie einflussreiche Querschnittseinheiten hemmen ein eigenverantwortliches Arbeiten an der Basis und damit eine prozessorientiertere Abwicklung der Aufgaben (Becker 2007: 13). Dieser defragmentierte Ansatz blieb deshalb oft auf eine zeitorientierte Reihenfolgeplanung beschränkt und folgte damit den Prinzipien des Taylorismus. Sie besagen, dass sich Rationalisierungseffekte ergeben, wenn Mitarbeiter sich auf klar umrissene Teilaufgaben spezialisieren (Becker 2007: 28-29).[9] Aus diesem Grund konzentrieren sich Hochschulen auch bei ihrer Leistungsmessung häufig auf existierende Betriebsprozesse und verharren bei der funktionalen Sicht und damit den Leistungen einzelner Abteilungen.[10] So wird beispielsweise in der Lehrevaluation auf eine Leistungssteigerung der einzelnen Professoren, Fachbereiche etc. fokussiert, die Gesamtstrategie der Hochschule aber nicht berücksichtigt (Stein 2003: 186). Verkannt wird damit, dass die Optimierung einzelner Stellen nicht zu einem Optimum für die gesamte Organisation führen muss, und durch die Fokussierung auf eine Tätigkeit der Blick auf den Kontext einer Aufgabe verloren geht (Becker 2007: 28-29). Die Optimierung von Durchlaufzeiten mag in der industriellen Fertigung sinnvoll sein, die strategische Bedeutung oder den Wert und die Dringlichkeit einzelner Aufgaben lässt sie außer Acht (Gaitanides 1983: 61-62). So zielen denn auch die Verbesserungen einer so entstandenen Prozesslandschaft häufig nur auf einzelne Prozesse, weil bei der großen Anzahl der in der Verwaltung durchgeführten Prozesse der Aufwand zu groß wäre, alle zu erfassen und zu verändern. Maßnahmen mit Querschnittscharakter, wie die

---

8   Stratmann (2007: 9) nennt als Supportprozesse die Aktivitäten der Hochschulverwaltung, Bibliotheken, Rechenzentren, Laboratorien, Archiven sowie Studentenwerken mit Einrichtung wie beispielsweise Mensen, Kindergärten oder Wohnheimen trennt dabei aber nicht zwischen Funktion und Prozess.

9   Becker verweist auch auf Kalenborn 2003: 23.

10   Stein 2003: 186 verweist hier auf Kaplan/Norten 1997: 89.

Verbesserung eines Geschäftsprozesses, haben eine wesentlich höhere Wirkung (Becker 2007: 40). Ein Geschäftsprozess

> „ist ein spezieller (Kern-)Prozess, der der Erfüllung der obersten Ziele der Unternehmung (Geschäftsziele) dient und das zentrale Geschäftsfeld beschreibt.[11] Wesentliche Merkmale eines Geschäftsprozesses sind die Schnittstellen des Prozesses zu den Marktpartnern des Unternehmens (Kunden, Lieferanten)" (Becker 2004: 6-7).

Geschäftsprozesse orientieren sich an der Wertschöpfungskette mit dem Zweck, Leistungen entsprechend den aus der Unternehmensstrategie abgeleiteten Zielen zu erstellen (Schmelzer/Sesselmann 2006: 10). Die Zielorientierung ist Voraussetzung für Qualitätshandeln und Leistungsoptimierung (Wolff 2008: 2), denn „ohne Zielsetzungen und vorherige Zielorientierung bleibt das Handeln blind" (Wolff: 2008: 1), und es können keine Geschäftsprozesse mit hoher Qualität entstehen, die die Erstellung hochwertiger Leistung ermöglichen und damit die Bedürfnisse der Nachfrager befriedigen (Epple 2000: 137).

Ziele, bzw. Strategien von Hochschulen lassen sich aus gesetzlichen Vorgaben, aber auch aus marktbezogenen Überlegungen, die aufgrund der zunehmenden Konkurrenz auf den Bildungsmärkten erforderlich werden, ableiten (Janetzke 2001: 6). Sie sind der Beginn jeder Verbesserungsbemühung und die Grundlage für verbesserbare Geschäftsprozesse. Die zunehmende Eigenverantwortung, die Hochschulen übernehmen müssen, bedarf jedoch eigenen Zielsetzungen und der Fähigkeit, sich selbst zu steuern. Dafür werden geeignete Management-Instrumente für die Selbstbeobachtung benötigt (Ziegele 2008: 4). Die so gewonnenen Werte entwickeln ihre Aussagekraft jedoch erst, wenn sie mit anderen Werten in Beziehung gesetzt werden, erst dann wird ihre Güte transparent. Hierfür bieten sich zwei Methoden an: zum einen das Benchmarking, das einen Vergleich mit anderen Organisationen oder Teilen der eigenen Organisation unterstützt und zum anderen ein Reifegradmodell, das ein Referenzmodell bietet, mit dem sich eine Organisation vergleichen kann.

4.1 Benchmarking als Selbststeuerungsinstrument an Hochschulen

Benchmarking ist ein Instrument der Selbststeuerung für eine autonome, eigenverantwortliche Organisation (Ziegele 2008: 4). Es handelt sich um eine Methode zur Identifikation von Verbesserungsmöglichkeiten in einer Organisation, die eine kontinuierliche Leistungsverbesserung bewirken sollen (Straub 1997: 46). Dies geschieht durch die Gegenüberstellung der in der Organisation erbrachten Leistungen mit denen eines als besser identifizierten Vergleichspartners (Siebert 1998: 7).[12] Der Vergleich findet anhand von sogenannten Benchmarks statt, bei denen es sich sich um Referenzpunkte handelt, an denen eine Leistung gemessen werden soll. Der Abstand der Werte deckt Optimierungsmöglichkeiten in der Organisation auf (Winter 2007: 9-10; Kronthaler 2008: 16; Ziegele 2008: 2-5). Ein internes Benchmarking erfolgt innerhalb der Organisation, ein externes Benchmarking konkurrenzbezogen, branchenbezogen oder branchenunabhängig außerhalb der eigenen

---

11 Becker 2004: 7. Becker verweist hier auf Nordsieck 1972: 8f., der den Betriebsprozess, die Summe aller Geschäftsprozesse eines Unternehmens, als die schrittweise Verwirklichung des Betriebszieles definiert.
12 Siehe auch Gaitanides 2007: 237-240; Damkowski 2000: 267; Kronthaler 2008: 16; Ziegele 2008: 2-9.

Organisation (Mertins/Siebert 1997: 78). Häufig werden Geschäftsprozesse miteinander verglichen, um Anregungen für eine Optimierung zu erhalten (Siebert 1998: 27-29). Der Vergleich mit anderen impliziert aber auch ein Öffnen gegenüber potentiellen Konkurrenten. Dies widerspricht dem Versuch sich zu profilieren und einen etwaigen Informationsvorsprung zu wahren. Die Motivation für die Transparenz liegt im Falle von Hochschulen darin, dass sie nicht alleine im Wettbewerb bestehen können. Sie müssen sich in strategischen Allianzen einbringen oder fusionieren. Das Benchmarking kann die Wettbewerbsposition aller Teilnehmer stärken (Ziegele 2008: 5)[13], zumal das Benchmarking meist den Verwaltungsbereich der Hochschule im Blick hat, der nicht profilbildend ist.

Der Prozess des Benchmarking durchläuft mehrere Phasen (Wildemann 2002: 44). In der Zielsetzung werden der Rahmen des Benchmarkingprojektes, das Ziel sowie die Art des Benchmarkings festgelegt. Im Zuge der internen Analyse, erfolgt eine Bestandsaufnahme aller Aktivitäten in der Organisation. Ergebnis ist ein Fragenkatalog, der im Falle eines externen Benchmarkings, Grundlage für den Informationsaustausch mit einem Benchmarkingpartner sein wird. Die nächste Phase ist der Vergleich. Hier erfolgen die Auswahl der Vergleichsorganisation, ein Besuch dieser Organisation, eine Datenerhebung und die Ermittlung der Ursachen für die Unterschiede. Nachfolgend werden Maßnahmen erarbeitet, mit denen eine Schließung der Leistungslücke zwischen den Vergleichsorganisationen gelingt und die Benchmarkingziele erreicht werden. Abschließend erfolgt die Maßnahmenumsetzung. Dabei soll das Gelernte nicht kopiert, sondern mit dem Ziel der Verbesserung auf die eigene Organisation übertragen werden (Küting/Lorson 1996: 131-132).

Der Vorteil des Verfahrens für Hochschulen kann sicher in der unkomplizierten Anwendbarkeit, der individuellen Auswahl von Prozessen und der freien Entscheidung für oder gegen einen Vergleichspartner gesehen werden. Deshalb kommt das Instrument an Hochschulen durchaus zum Einsatz (Ziegele 2008: 5; Meyer Guckel 2008: 2). Zu den Nachteilen gehören der fehlende Zwang, sich auch in unbeliebten Prozessbereichen messen zu lassen, die Intransparenz darüber, ob der Vergleichspartner nur relativ besser aber nicht absolut gut war und die eher willkürliche Auswahl der zu untersuchenden Prozesse. Weitere Hürden stellen dar: das aufzubauende Vertrauen, die überschaubare Anzahl attraktiver Partner und die zu Erwartenden Spannungen bei einer schlechten Beurteilung. Diese Nachteile vermeidet die im nächsten Kapitel vorgestellte Methode. Sie bietet eine systematische Vergleichsmöglichkeit mit einem als Referenz ausgewiesenen Modell für Dienstleistungen und kann auf Hochschulen übertragen werden.

4.2 Erläuterung eines Reifegradmodells am Beispiel des Capability Maturity Modells Integration (CMMI)

Zur Beurteilung eines Prozesses müssen durchgeführte Aktivitäten, Ein- und Ausgangsdaten sowie die Ressourcen begutachtet werden. Dies geschieht beispielsweise mit Hilfe einer Liste von bewährten Praktiken, die dann bestimmten Reifegraden zugeordnet sind. Die dafür geeigneten Modelle werden Reifegradmodelle genannt (Hörmann 2006: 3-4).

---

13   Hierzu s. auch Ziegeles Anmerkungen zu dem Benchmarking Club Technischer Universitäten BMC dem, 1996 gegründet, inzwischen acht technisch ausgerichtete Universitäten angehören.

Durch die Reifegradmodelle können also anhand vordefinierter Kriterien verschiedene Stufen der Reife von Geschäftsprozessen unterschieden werden. Je höher die ermittelte Reife ausfällt, desto besser sind die Voraussetzungen für eine hohe Effektivität und Effizienz der Geschäftsprozesse erfüllt (Schmelzer/Sesselmann 2006: 9).

Als erstes Reifegradmodell gilt das Quality Management Maturity Grid von Crosby (Fraser 2002: 246)[14]. Aus diesem entwickelten sich die Capability Maturity Modelle (Fraser et al. 2002: 246-247; Schmied et al. 2008: 3). Zu dieser Gruppe gehört das heute am weitesten verbreitete Modell, das Capability Maturity Model Integration (CMMI). Dieses wurde vom Software Engineering Institute (SEI) der Carnegy Mellon University in Pittsburgh im Auftrag des amerikanischen Verteidigungsministeriums entwickelt (Balzert 1998: 362; Bush et al. 1993: 8-10; Kneuper 2006: 1-2). Ursprünglich war das CMMI lediglich ein Fragebogen zur Selbstbewertung der Zulieferer der amerikanischen Streitkräfte. Im Laufe der Zeit erwuchs daraus ein Referenzmodell[15] (Schmelzer/Sesselmann 2006: 304), zuerst nur für die Prozessoptimierung der Entwicklung von Software, später auch für Dienstleistungen allgemein (Schmied 2008: 3-10). Das CMMI wurde im Laufe der Zeit in immer neuen Branchen angewendet und ausgebaut. Genau in dieser Spezialisierung des Modells liegt der Vorteil von CMMI im Vergleich zu eher generalistischen Modellen (EFQM) und ISO Standards. Die prozessorientierte Sichtweise der DIN EN ISO 9000:2000 ermöglicht beispielsweise vermehrt Aussagen zur Produkt- und Prozessqualität (Hawlitzky 2002: 215), fordert aber lediglich die Festlegung von Kriterien und Methoden zur Messung der Prozesse ohne sie vorzugeben (Scheermesser 2003: 22). Beim EFQM-Modell für Business Excellence zählen die Prozesse zu den Gestaltungsgrößen sowie den Resultaten. Ein ermittelter Reifegrad zeigt jedoch kein Ergebnis der Prozessmessung und auch keine Veränderung dieser Ergebnisse vor und nach einer Prozessverbesserung. Wenn also ein Geschäftsprozess nach den Prozesskriterien der Excellence-Modelle bewertet wird, kann keine Aussage über den momentanen Qualitätszustand der Geschäftsprozesse getroffen werden (Scheermesser 2003: 23).

Obschon das CMMI ein komplexes Dokument ist, basiert es auf vier einfachen Prinzipien. Das erste besagt, dass die Weiterentwicklung von Prozessen immer möglich ist. Sie benötigt jedoch Zeit. Nach dem zweiten Prinzip wird die Reife eines Prozesses über verschiedene voneinander unterscheidbare Stufen definiert. Das CMMI liefert für die Einordnung zur jeweiligen Stufe Indikatoren. Das dritte Prinzip besagt, dass die Weiterentwicklung nur durch Priorisierung bestimmter Aufgaben erreicht werden kann. Erst wenn die Praktiken einer Stufe zur Routine geworden sind und nahezu automatisch ablaufen, sollte die Erreichung einer nächst höheren Stufe anvisiert werden. Durch das vierte Prinzip wird transparent, dass eine Prozessreife nur bei ausreichender Pflege erhalten werden kann. Nachhaltige Veränderungen in den Rahmenbedingungen der Prozesse setzen permanente Anstrengungen zum Erhalt der Prozessqualität voraus (Dymond 2002: 10).

---

14   Das Modell wird beschrieben in Crosby 1979: 25-40. Eine Überarbeitung des Modells findet sich in Crosby 2000: 49-77.

15   Vergleiche Algermissen 2002: 1392: Referenzmodelle sind allgemeingültig, also auf eine Vielzahl von Organisationen übertragbar, robust, das heißt ohne große Anpassungen übertragbar und müssen eine ausreichende Konsistenz aufweisen, mit der die Widerspruchsfreiheit innerhalb des Modells gemeint ist. Referenzmodelle bieten eine allgemeingültige Realitätsbeschreibung und können als Grundlage für organisationsspezifische Konkretisierungen dienen.

Das Capability Maturity Model Integration (Abb. 1) bietet Maßnahmen zur Prozessverbesserung in den Anwendungsgebieten Entwicklung (Engineering), Beschaffung (Akquisition)
und Dienstleistung (Services). Der Hochschulprozess Lehre kann beispielsweise der
Dienstleistung zugeordnet werden.

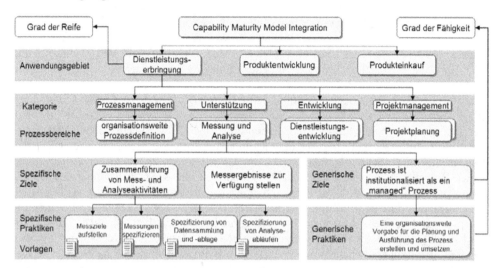

Abb. 1:   Darstellung des Capability Maturity Model Integration exemplarisch für den
           Prozessbereich Messung und Analyse
           (Eigene Darstellung angelehnt an CMMI Product Team 2009: 10-14, 224-239)

Jedes der genannten Anwendungsgebiete wird aufgeteilt in verschiedene je nach Anwendungsgebiet variierende Prozessbereiche (Process Area). Dazu gehören z. B. Ursachenana-
lyse und Problemlösung, Konfigurationsanalyse, Entscheidungsanalyse und -findung, integriertes Projektmanagement, Messung und Analyse, Organisationsweite Innovation und Verbreitung, Organisationsweite Prozessdefinition, organisationsweiter Prozessfokus, Leistung
organisationsweiter Prozesse, organisationweites Training, Qualitätssicherung, Risikoma-
nagement, Dienstleistungsentwicklung, Projektplanung, -verfolgung und -steuerung.[16] Die
Prozessbereiche sind jeweils einer von vier Kategorien zugeordnet. Diese Kategorien sind
Prozessmanagement (Process Management), Projektmanagement (Project Management),
Entwicklung (Development) und Unterstützung (Support). Projektmanagement bezieht sich

---

16   Nach CMMI Product Team 2009: 10-11sind das für das Anwendungsgebiet Services die Prozessbereiche:
     Capacity and Availability Management (CAM), Causal Analysis and Resolution (CAR), Configuration Ma-
     nagement (CM), Decision Analysis and Resolution (DAR), Integrated Project Management (IPM), Incident
     Resolution and Prevention (IRP), Measurement and Analysis (MA), Organizational Innovation and De-
     ployment (OID), Organizational Process Definition (OPD), Organizational Process Focus (OPF), Organiza-
     tional Process Performance (OPP), Organizational Training (OT), Project Monitoring and Control (PMC),
     Project Planning (PP), Process and Product Quality Assurance (PPQA), Quantitative Project Management
     (QPM), Requirements Management (REQM), Risk Management (RSKM), Supplier Agreement Manage-
     ment (SAM), Service Continuity (SCON), Service Delivery (SD), Service System Development (SSD), Ser-
     vice System Transition (SST), Strategic Service Management (STSM)

auf zeitlich begrenzte, eher einmalige Aktivitäten, Prozessmanagement hat die Qualität der wiederkehrenden Aufgaben im Blick. Die Entwicklung bezieht sich auf die Kernaufgabe der Organisation, der die Unterstützungsaufgaben untergeordnet sind. Beispielhaft soll dies an der Erbringung von Lehre an einer Hochschule erläutert werden. Diese muss in Form einer Veranstaltung entwickelt werden. Sie weist Aspekte des Projektmanagements auf, wenn es um die Durchführung einer einzelnen Veranstaltungseinheit geht. Die Qualifizierung der Dozenten, die Erstellung der Modulbeschreibung, die Verknüpfung der Veranstaltung mit einem Raum hat mittlerweile an vielen Hochschulen prozessualen Charakter. Unterstützend wirkt eine Funktion wie das Prüfungsamt bei formalen Fragen wie der Teilnahmevoraussetzung oder der Archivierung der Leistungsnachweise oder eine andere Stelle bei der Evaluation der Veranstaltung durch die Studierenden.

Damit ist die Struktur des Modells beschrieben. Diese wird nun um eine Hierarchie erweitert, indem alle Prozessbereiche jeweils einem Reifegradniveau von eins bis fünf zugeordnet sind. Der erste Reifegrad (unvollständig/initial) stellt die niedrigste Reifegradstufe dar und beschreibt unreife Abläufe ohne Planung und Steuerung. Ihre Struktur ist weder dokumentiert, noch geplant oder durch Gestaltungsempfehlungen unterstützt. Erzielte Erfolge resultieren einzig aus der Qualifikation, Motivation und Erfahrung der beteiligten Mitarbeiter. Erfolge lassen sich nicht reproduzieren und haben insofern den Charakter eines Zufallsereignisses. Auf der zweiten Reifegradstufe (geführt/managed) sind ein Projektcontrolling und eine Qualitätssicherung eingeführt worden. Im dritten Reifegrad (zielorientiert/defined) sind Planung und Steuerung von Entwicklungsprozessen organisatorisch verankert. Der Schwerpunkt verlagert sich hier auf die Organisation. Die Mitarbeiter können, angesichts der organisationsweiten Existenz von standardisierten Vorgehensweisen, Methoden und Instrumenten, die an sie gestellten Aufgaben in gleich bleibender Qualität erfüllen. Der vierte Reifegrad (quantitativ geführt/quantitatively managed) spiegelt eine Prozessorientierung in der Organisation und dem Qualitätsmanagement wider. Hier werden intensiv Metriken und Kennzahlen genutzt, um Ergebnisse von Arbeitsabläufen vorhersagen zu können. Im Rahmen des Qualitätsmanagements werden zur Überprüfung und Beurteilung der Stabilität und Qualität der Entwicklungsprozesse statistische Methoden herangezogen. Um die Effizienz von Prozessen und deren Teilprozessen zu messen, werden quantitative Methoden eingesetzt. Eine Definition quantitativer Ziele für alle beteiligten Mitarbeiter stellt die Verbesserung der Qualität von Produkten und Prozessen sicher. Im fünften Reifegrad (laufend verbessert/optimized) wird die Prozessqualität vorausschauend geplant und prozessbegleitend gesteuert. Hauptaugenmerk liegt auf der kontinuierlichen Auswahl und Einführung von Verbesserungen sowie der systematischen Analyse von noch auftretenden Fehlern und Problemen. Im Rahmen des prozessorientierten Qualitätscontrolling werden nicht nur die Prozess- und Produktdaten gemessen, sondern auch die Daten der Veränderung des Qualitätsniveaus. Durch das Qualitätsmanagement wird eine aktive Weiterentwicklung der Organisationskultur zu einer Qualitätskultur betrieben (Chrissis 2007: 52-57; Hawlitzky 2002: 205; Kneuper 2006: 19). Übertragen auf die Hochschullehre kann vielleicht kein Beispiel für die erste Stufe gefunden werden. Eine Differenzierung zwischen den Stufen zwei bis fünf kann aber beispielsweise festgemacht zwischen zufälliger oder geplanter Lehrerfahrung, keiner oder einer systematischen Weiterqualifizierung, keiner oder einer institutionalisierten Rückmeldung durch Kollegen oder Studierende, ob die Veranstaltung losgelöst von einem oder eingebunden in ein fachbereichsweites Curriculum ist, ob ein Einbezug der Fachbereichsziele und Hochschulstrategie vorliegt oder nicht.

Die Ausrichtung der Verbesserungsbemühungen innerhalb der Prozessbereiche wird durch die Ziele (Goals) vorgegeben. Als Hilfe werden Praktiken (Practices) dargestellt, die für die Erreichung der Ziele notwendig sind. Es wird durch sie nicht beschrieben, auf welchem Wege ein Ziel erfüllt werden soll. Dies kann nur von der jeweiligen Organisation entschieden werden. Es werden lediglich Formen für das Vorgehen gegeben, die individuell ausgefüllt werden müssen. Die jeweiligen Praktiken sind auf mehreren Seiten vorgestellt und durch Vorlagen (Work Products) ergänzt. Sowohl Ziele als auch Praktiken gibt es in zwei Ausprägungen. Zum einen werden die generischen Ziele (Generic Goals) und Praktiken (Generic Practices) genannt, die für die gesamte Organisation gelten. Zum anderen gibt es spezifische Ziele (Specific Goals) und Praktiken (Specific Practices), die sich auf die Kernprozesse des Unternehmens konzentrieren.

Der Transfer dieser Methode auf die Hochschule mit Fokus auf die Evaluation der Veranstaltung könnte damit folgende Form annehmen: Im Anwendungsgebiet Dienstleistung würde im Prozessbereich Messung und Analyse, das der Kategorie Unterstützung zugeordnet ist, das spezifische Ziel verfolgt werden die Mess- und Analyseaktivitäten zusammenzuführen. Als spezifische Praktiken mit beigefügten Vorlagen stehen Messziele aufstellen und spezifizieren sowie Spezifizierung von Datensammlung, -ablage und Analyseabläufen zur Verfügung. Für viele Hochschulen mögen die Praktiken ohnehin schon umgesetzt worden sein, aber wird auch überall das Ziel die verschiedenen Mess- und Analyseaktivitäten zusammenzuführen verfolgt? Wird fernerhin das generische Ziel, den Prozess zu institutionalisieren, fest in die Abläufe zu verankern verfolgt? Gibt es tatsächlich die generische Praktik eine organisationsweite Vorgabe für die Planung und Ausführung des Prozesses zu erstellen und umzusetzen? Genau hier liegt die Stärke des Modells. Es geht strukturiert und systematisch vor, bezieht die strategische wie die konkrete Ebene mit ein und bietet Unterstützung bei der Optimierung, denn das eben beschriebene Beispiel orientiert sich an einem Prozessbereich der lediglich dem zweiten Reifegrad zugeordnet ist.

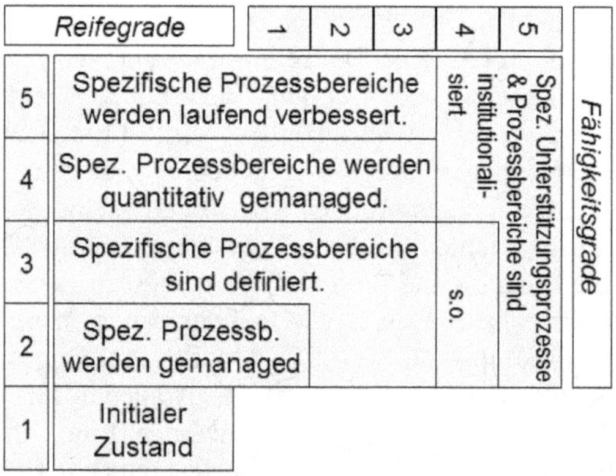

Abb. 2:   Darstellung des Zusammenspiels von Reife- und Fähigkeitsgraden
           (Eigene Darstellung angelehnt an CMMI Product Team 2009: 21, 31)

Prozessbereiche mit ihren jeweiligen Zielen und Praktiken für drei weitere Reifegrade sind also zu durchlaufen, bis der Prozess optimierend abläuft.

Die Reife eines Prozesses ergibt sich aus dem Erfüllungsgrad der spezifischen Ziele seiner Prozessbereichen. Diese sind unterschiedlichen Reifegraden zugeordnet. Erst wenn die Ziele der Prozessbereiche, die einem Reifegrad zugeordnet sind erfüllt wurden, kann der nächste Reifegrad in Angriff genommen werden.

Der Grad der Erreichung der generischen Ziele gibt hingegen Auskunft über die Fähigkeit der Organisation in Bezug auf die Prozessoptimierung: je höher dieser Reifegrad, desto stärker sind die Prozesse institutionalisiert und synchron in ihrer Fokussierung.

Die Beschreibung der Reife- und Fähigkeitsgrade werden in ihren jeweiligen Ausprägungen vom Service Engineering Institute (SEI) der Carnegie Mellon University aus Pittsburgh vorgegeben. Das Institut wird dabei unterstützt von Vertretern der Wirtschaft aber auch von Vertretern der Regierung. Das CMMI bietet damit die Möglichkeit, sich an einem allgemeingültigen Optimum (innerhalb des gewählten Anwendungsgebietes) zu messen und sich daran auszurichten. Würden sich die Hochschulen an diesem Standard ausrichten, wären die Synergien enorm. Die individuellen Umsetzungen würden einer gemeinsamen Struktur folgen. Eine stärkere Standardisierung hätte eine Verringerung von historisch gewachsenen Sonderwegen zur Folge was ressourcensparende Konsequenzen für die Informationstechnologie (IT) aber auch für die kapazitäre Überlastung mancher Abteilung hätte. Es wäre ein einfacherer Wissenstransfer zwischen Hochschulen möglich, der bei mehreren Hochschulen an einem Ort beispielsweise zu einer gemeinsamen Nutzung örtlicher Zentralfunktionen (Mensa, Bibliothek, IT) führen könnte.

5   Fazit

Ausgegangen wurde in diesem Beitrag von einer Situation an Hochschulen, in der sich diese immer größeren Herausforderungen gegenübersehen. Es wurde weiterhin auf die Gemeinsamkeiten zwischen einer Hochschulorganisation und einer privatwirtschaftlichen Organisation eingegangen. Abweichungen in Führungsstruktur, -kultur und Zielsystem sollten nicht dazu benutzt werden dürfen, notwendige Schritte zu verhindern (Vernau 2008: 6), also wurden sie vernachlässigt. Im Fokus stand vielmehr die Ablauforganisation, die sich nicht grundsätzlich unterscheiden. Deshalb, schien eine Übertragung von Methoden, die in Unternehmen zur Verbesserung der Prozesse genutzt werden, auf Hochschulen möglich. Die Methode des Benchmarking ist ein von Hochschulen bereits genutzter Weg der Prozessoptimierung, doch weist er Mängel auf. Dazu gehört vor allem die Intransparenz über die Güte des Vergleichspartners von der man nicht weiß ob sie nur relativ oder absolut gut ist. Mit dem CMMI steht seit kurzer Zeit ein Instrument zur Verfügung, das diesen Mangel behebt, indem es einen Vergleich mit einem Optimum ermöglicht. Ein Einsatz an Hochschulen scheint möglich und sinnvoll. Dies konnte gezeigt werden an einem Beispiel durch das eine Facette des Modells (Prozessbereich Evaluation) auf einen Hochschulprozess (Lehre) übertragen wurde. Die dadurch aufgeworfenen Fragen zeugen von der Systematik des Verfahrens und geben einen Eindruck von der Mächtigkeit des CMMI. Seine verbreitete Nutzung könnte zu Verbesserungen der Prozesse vor Ort kommen. Durch die Standardisierung von Abläufen könnten aber auch hochschulübergreifende Synergien geschöpft werden. Ein Transfer schließlich von Hochschulen und Unternehmen, die CMMI bereits nutzen, könnte einen weiteren Vorteil bieten. Durch die methodische Unterstützung durch das CMMI und die Vernetzung mit anderen Hochschulen oder Organisationen der privaten Wirtschaft, könnten die Hochschulen den Anforderungen, die sich in verstärktem Maße an sie stellen, besser gerüstet entgegensehen.

6   Literatur

Algermissen, Lars et al.(2002): Referenzmodellierung. In: WISU 2002, Band 31, 11. 2002: 1392-1395.

Balzert, Helmut (1998): Lehrbuch der Software-Technik. Heidelberg: Spektrum.

Becker, Jörg et al. (2004): Prozessmanagement – Ein Leitfaden zur prozessorientierten Organisationsgestaltung. 5. Auflage. Berlin: Springer Verlag.

Becker, Jörg et al. (2007): Prozessorientierte Verwaltungsmodernisierung – Prozessmanagement im Zeitalter von E-Government und New Public Management. Berlin: Springer Verlag.

Benz, Winfried et al. (Hrsg.) (2008): Handbuch Qualität in Studium und Lehre. Stuttgart: Raabe Verlag.

Berkau, Carsten (Hrsg.) (1996): Kostenorientiertes Geschäftsprozessmanagement – Methoden, Werkzeuge, Erfahrungen. München: Vahlen.

Beschorner, Dieter/Peemöller, Volker (2006): Allgemeine Betriebswirtschaftslehre – Grundlagen und Konzepte. 2. Auflage. Herne: NWB Verlag.

Binner, Hartmut (2005): Integrierter Qualitätsmanagement-, Organisations- und IT-Gestaltungsansatz im Hochschulbereich. In: DNH – Die Neue Hochschule 2005. Heft 2-3. 2005: 30-34.

Binner, Hartmut (2007): Systematische Hochschulentwicklung auf der Grundlage integrierter Organisations- und Personalregelkreise. In: DNH – Die Neue Hochschule 2007. Heft 3. 2007: 8-12.

Bolsenkötter, Heinz (1976): Ökonomie an der Hochschule. Die Hochschule als Dienstleistungsbetrieb, Folgerungen aus einer betriebswirtschaftlichen Untersuchung. 3. Band. Düsseldorf: Nomos Verlag.

Bolsenkötter, Heinz (1977): Betriebswirtschaftslehre der Hochschule. In: Zeitschrift für betriebswirtschaftliche Forschung. Heft 29. 1976: 383 – 398.

Bokranz, Rainer/Karsten, Lars (2003): Organisations-Management in Dienstleistung und Verwaltung. 4. Auflage. Wiesbaden: Gabler.

Böttcher, Wolfgang/Terhart, Ewald (Hrsg.) (2004): Organisationstheorie in pädagogischen Feldern. Analyse und Gestaltung. Wiesbaden: Verlag für Sozialwissenschaften.

Breiter, Andreas (2008): ITIL für Hochschulen – Fluch oder Segen? In: Wannemacher et al. (2008): 24-35.

Breiter, Andreas et al. (2005): E-Learning braucht E-Administration. Organisatorische Einbettung digitaler Medien in Hochschulen. In: Das Hochschulwesen. Heft 5. 2005: 175-180.

Budäus, Dietrich (Hrsg.) (1998): Organisationswandel öffentlicher Aufgabenwahrnehmung. Baden-Baden: Nomos Verlag

Budäus, Dietrich (1998): Organisationswandel öff.entlicher Aufgabenwahrnehmung als Teil des NPM. In: Budäus (1998): 99-118.

Bühner, Rolf (2004): Betriebswirtschaftliche Organisationslehre. 10. Auflage. München: Oldenbourg Verlag.

Bush, Marilyn et al. (1993): Key practices of the capability maturity model, version 1.1. Pittsburgh: Software Engineering Institute. Carnegie Mellon University.

Chrissis, Mary et al. (2007): CMMI. Guidelines for Process Integration and Product Improvement, 2. Auflage, Upper Saddle River: Addison-Wesley.

Clark, Burton (Hrsg.) (1933): The Research Foundations of Graduate Education Berkeley. Los Angeles: University of California Press.

CMMI Product Team (2009): CMMI® for Services. Version 1.2 – Technical Report: Software Engineering Institute. Carnegy Melon University. Abgerufen am 28.04.2009 unter http://www.sei.cmu.edu/pub/documents/09.reports/09tr001.pdf

Cordes, Jens et al. (Hrsg.) (2001): Hochschulmanagement – Betriebswirtschaftliche Aspekte der Hochschulsteuerung. Wiesbaden: Deutscher Universitätsverlag.

Crosby, Philip (2000): Qualitätsmanagement. Wien: Ueberreuter Wirtschaft.

Crosby, P. (1979): Quality is Free: the Art of Making Quality Certain. New York: McGraw-Hill.

Damkowski, Wulf (2000): Qualitätsmanagement. In: Damkowski et al. (2000): 198-219.

Damkowski, Wulf et al. (Hrsg.) (2000): Das Krankenhaus im Wandel. Konzepte, Strategien, Lösungen, Berlin: Kohlhammer.

Dymond, Kenneth (2002): CMM Handbuch – Das Capability Maturity Model für Software. Berlin: Springer.

Engels, Maria (2001): Die Steuerung von Universitäten in staatlicher Trägerschaft – Eine organisationstheoretische Analyse. Wiesbaden: Deutscher Universitäts-Verlag.

Epple, Martin (2000): Prozessqualität – Ansätze zum Qualitätsmanagement bei innerbetrieblichen und zwischenbetrieblichen Prozessen. Bamberg: Difo-Druck OHG.

Fachhochschule Hannover (Hrsg.) (2008): Qualitätsmanagement-Handbuch der FHH. Abgerufen am 02.05.2009 unter http://www.fh-hannover.de/fileadmin/media/doc/qm/Qualitaetsmanagement/QM-Handbuch/Mutterhandbuch.pdf

Fraser, Pete et al. (2002): The use of maturity models/grids as a tool in assessing product development capability. In: IEEE International Engineering Management Conference (2002): 244-249.

Frevert, Petra/Spiekermann, Frank (2008): Erfahrungsbericht: Geschäftsprozessmanagement im Rahmen der Neuausrichtung der Finanzprozesse. Abgerufen am 28.04.2009 unter http://www.dini.de/fileadmin/workshops/geschaeftsprozesse/frevert_spiekermann_gpm-neuausrichtung-der-finanzprozesse.pdf

Gaberscik, Gustav 2007: Ein Qualitätsmanagementmodell für Forschung und Lehre – Stand der Umsetzung und weitere Ziele am Beispiel der TU Graz. In: Qualität in der Wissenschaft. Heft 4. 2007: 104-109.

Gaitanides, Michael (1983): Prozessorganisation. München: Vahlen Verlag.

Gaitanides, Michael (2007): Prozessorganisation. 2. Auflage. München: Vahlen Verlag.

Gellert, Claudius (1993): The Conditions of Research Training in Contemporary German Universities. In: Clark (1993): 45-69.

Gützkow, Frauke/Quaißer, Gunter (2005): Denkanstöße zum Bologna-Prozess. In: Gützkow/Quaißer (2005): 9-14.

Gützkow, Frauke/Quaißer, Gunter (Hrsg.) (2005): Jahrbuch Hochschule gestalten 2005 – Denkanstöße zum Bologna-Prozess. Bielefeld: Universitätsverlag Webler.

Hanft, Anke/Müskens, I. (Hrsg.) (2005): Bologna und die Folgen für die Hochschule. Bielefeld: Universitätsverlag Webler.

Hanft, Anke/Müskens, Isabel (2005): Einleitung. In: Hanft/Müskens (2005): 3-6.

Hanft, Anke (Hrsg.) (2000): Hochschulen managen? Zur Reformierbarkeit der Hochschulen nach Managementprinzipien, Neuwied, Krifte, Berlin: Luchterhand Verlag.

Hanft, Anke (2000): Sind Hochschulen reform(un)fähig? Eine organisationstheoretische Analyse. In: Hanft (2000): 3-24.

Hanny, Birgit (2008): Gegenstände der Akkreditierung – Programme, Institutionen, Prozesse, Systeme – Eine Einordnung. In: Benz et al. (2008): F 1.2.

Hawlitzky, Nicholas (2002): Integriertes Qualitätscontrolling von Unternehmensprozessen. München: TCW GmbH & Co. KG.

Hoebink, Hein (Hrsg.) (1997): Perspektiven für die Universität 2000 – Reformbestrebungen der Hochschulen um mehr Effizienz. Neuwied: Luchterhand.

Hörmann, Klaus et al. (2006): SPICE in der Praxis – Interpretationshilfe für Anwender und Assessoren. Heidelberg: dpunkt.Verlag.

Hopbach, Achim (2008): Kriterien für die Akkreditierung von hochschulinternen Qualitätssicherungssystemen. In: Benz, Winfried et al. (2008): F 2.5.

IEEE International Engineering Management Conference (Hrsg.) (2002): Proceedings of IEEE International Engineering Management Conference 2002 (IEMC-2002). Cambridge.

Janetzke, Philipp (2001): Flexibles und Regelbasiertes Workflow – Management an Universitäten. Hamburg: Verlag Dr. Kovac.

Janssen, Johann (2008): IT-gestütztes prozessorientiertes Qualitätsmanagement an der Hochschule Fulda. Abgerufen am 29.04.2009 unter http://www.university-partners.de/improve08/vortraege/2_1_HS_Fulda_Janssen.pdf

Jürgens, Barbara (2007): Institutionelle Evaluation des Qualitätsmanagements in Lehre und Studium an der Technischen Universität Braunschweig. Abgerufen am 28.04.2009 unter http://www.tu-braunschweig.de/Medien-DB/gdp/berichtinstev.pdf

Kalenborn, Axel (2003): Prozessorganisation und Workflow-Management – Organisationstheoretisches Konzept und informationsthechnische Umsetzung (Dissertation Universität Trier). Aachen.

Kaplan, Robert/Norten, David (1997): Balanced Scorecard – Strategien erfolgreich umsetzen. Stuttgart: Schäffer-Poeschel.

Klapper, Frank (2008): Prozessorientierte Hochschule. Abgerufen am 02.05.2009 unter http://www.dini.de/fileadmin/workshops/geschaeftsprozesse/klapper_prozessorientierte-hochschule.pdf

Kneuper, Ralf (2006): CMMI – Verbesserung von Softwareprozessen mit Capability Maturity Model Integration. 2. Auflage. Heidelberg: dpunkt.verlag.

Kocian, Claudia (2007): Prozesslandkarte für Hochschulen. In: DNH – Die Neue Hochschule 2007. Heft 2. 2007: 32-36.

Kohler, Jürgen (2008): Systemakkreditierung: Wesentlicher Inhalt, erreichter Stand und Entwicklungsdesiderate. In: Benz, Winfried et al. (2008): F 2.6.

Korsch, Dietrich/Sieg, Ulrich (Hrsg.) (2004): Die Idee der Universität heute. München: K.G. Saur.

Kosiol, Erich (1976): Organisation der Unternehmung. Wiesbaden: Gabler Verlag.

Küchler, Sven (2000): Der prozeßorientierte Ansatz zur Verwaltungsmodernisierung des öffentlichen Sektors in Deutschland am Beispiel einer niedersächsischen Kommunalverwaltung (Dissertation Universität Osnabrück). Frankfurt am Main.

Kronthaler, Ludwig (2008): Leitbildentwicklung und Profilbildung. In: Benz et al. (2008): E 4.1.

Krücken, Georg (2004): Hochschulen im Wettbewerb – eine organisationstheoretische Perspektive. In: Böttcher/Terhart (2004): 286-303.

Krumbiegel, Jörg (1997): Integrale Gestaltung von Geschäftsprozessen und Anwendungssystemen in Dienstleistungsbetrieben: Wiesbaden: DUV.

Küting, Karlheinz/Lorson, Peter (1996): Benchmarking von Geschäftsprozessen als Instrument der Geschäftsprozessanalyse. In: Berkau, Carsten (1996): 121-140.

Langenberg, Donald (1999): The transformed University: New Means, New Media, New Students. In: Magerl, G. et al. (1999): 77-94.

Lojewski von, Ute (2008): Qualitätsmanagement mit Schwerpunkt Prozessqualität: Das Beispiel der Fachhochschule Münster. In: Beiträge zur Hochschulforschung. Heft 1. 2008: 60-72.

Lüthje, Jürgen/Nickel, Sigrun (Hrsg.) (2003): Universitätsentwicklung – Strategien, Erfahrungen, Reflexionen. Frankfurt am Main: Verlag Peter Lang GmbH.

Magerl, Gottfried et al. (Hrsg.) (1999): Die Wissenschaft und ihre Lehre. Wien: Böhlau Verlag.

Mertins, Kai/Siebert, Gunnar (1997): Prozessorientiertes Benchmarking – Vorgehensweise für die Durchführung effektiver Benchmarking-Projekte. In: Töpfer (1997): 77-90.

Methner, Helmut (2002): Qualitätsmanagement an Hochschulen – ein Werkstattbericht. In: Reil, Thomas; Winter, Martin (2002): 166-176.

Meyer-Guckel, Volker (2008): Best Practice als Methode – Funktion, Bewertung und Kommunikation von Beispielen guter Praxis im Rahmen von Wettbewerben im Hochschulsystem. In: Benz, Winfried et al. (2008): E 4.1.

Mittelstraß, Jürgen (1997): Universität und Effizienz? Eine philosophische Betrachtung. In: Hoebink, Hein (1997): 47-62.

Monopolkommission (2000): Wettbewerb als Leitbild für die Hochschulpolitik – Sondergutachten Band 30. Baden-Baden: Nomos Verlagsgesellschaft.

Müller-Böling, Detlef (1994): Die neue Deutsche Hochschule. Herausforderung an die Universitätsadministration. Abgerufen am 04.05.2009. http://www.che.de/downloads/AP5.pdf

Müller-Böling, Detlef (2000): Die entfesselte Hochschule. Gütersloh: Verlag Bertelsmann Stiftung.

Naschold, Frieder/Bogumil, Jörg (2000): Modernisierung des Staates – New Public Management in deutscher und internationaler Perspektive. 2. Auflage. Opladen: Leske und Budrich Verlag.

Nickel, Sigrun (2003): Neupositionierung zwischen Staat und Markt – Zum Zusammenhang zwischen New Public Management, Hochschulentwicklung und Rechtsform. In: Lüthje/Nickel (2003): 203-216.

Nickel, Sigrun (2008): Qualitätsmanagementsysteme an Universitäten und Fachhochschulen: Ein kritischer Überblick. In: Beiträge zur Hochschulforschung. Heft 1. 2008: 16-38.

Nordsieck, Fritz (1972): Betriebsorganisation. Lehre und Technik, Textband. 2. Auflage. Stuttgart: Poeschel Verlag.

Pellert, Ada (1999): Die Universität als Organisation – Die Kunst, Experten zu managen. Wien: Böhlau Verlag.

Pellert, Ada (2002): Hochschule und Qualität. In: Reil/Winter (2002): 21-29.

Pellert, Ada (2003): Hochschulreform oder der Ausgleich von Spannungsfeldern. In: Schnedl/Ulrich (2003): 192-199.

Pellert, Ada/Welan, M. (1995): Die formierte Anarchie – Die Herausforderung der Universitätsorganisation. Wien: WUV-Universtitäts-Verlag.

Petzoldt, Jürgen et al. (2008): Qualitätsmanagement für Lehre und Forschung: Erfahrungen der Technischen Universität Ilmenau. In: Beiträge zur Hochschulforschung 2008. Heft 1. 74-93 Abgerufen am 02.02.2009 unter http://www.ihf.bayern.de/?download=1-2008_gesamt.pdf

Porter, Michael (1985): Competitive Advantage – Creating and Sustainung Superior Performance, New York: The Free Press.

Prisching, Manfred (2003): Die Zukunft der Universität – Verwertbarkeit, Multioptionalität und Multimedialisierung. In: Schnedl, Gerhard/Ulrich, Silvia (2003): 163-176.

Reil, Thomas; Winter, Martin (Hrsg.) (2002): Qualitätssicherung an Hochschulen: Theorie und Praxis. Bielefeld: Bertelsmann-Verlag

Scheermesser, Sandra (2003): Messen und Bewerten von Geschäftsprozessen als operative Aufgabe des Qualitätsmanagements. Beuth: DGQ.

Schmied, Jürgen et al. (2008): Mit CMMI Prozesse verbessern! Umsetzungsstrategien am Beispiel Requirements Engineering. Heidelberg: dpunkt.verlag.

Schmelzer, Hermann/Sesselmann, Wolfgang (2006): Geschäftsprozessmanagement in der Praxis: Kunden zufrieden stellen – Produktivität steigern – Wert erhöhen, 5. Auflage, Hamburg: Hanser Verlag.

Schmid, Andrea (2006): Der TQM-Ansatz. Möglichkeiten zur Umsetzung an einer Fachhochschule. In: evanet Positionen 2006. 2-9. Abgerufen am 02.04.2009 unter http://www.hrk.de/de/download/dateien/06-2006_-_TQM-Ansatz_Moeglichkeiten_zur_Umsetzung_an_einer_FH_-_Schmid.pdf

Schnedl, Gerhard/Ulrich, Silvia (Hrsg.) (2003): Hochschulrecht Hochschulemanagement Hochschulpolitik. Wien, Köln, Graz: Böhlau Verlag.

Schütte, Gerd (1998): Kompetenzen und Finanzen – Überlegungen zum Thema Studiengebühren. In: DBW. Heft 2. 1998: 189-207.

Seufert, Sabine/Miller, Damian (2003): Nachhaltigkeit von eLearning-Innovationen: Von der Pionierphase zur nachhaltigen Implementierung. In: MedienPädagogik. 2003. Abgerufen unter www.medienpaed.com/03-2/seufert1.pdf am 23.04.2009

Sidler, Fredy (2005): Studiengangsprofile: Die Konzeption „outcome-orientierter" Studiengänge. In: Hanft/Müskens (2005): 28-51.

Siebert, Gunnar (1998): Prozess-Benchmarking – Methode zum branchenunabhängigen Vergleich von Prozessen. Berlin: IPK Berlin.

Stein, Bärbel (2003): Konzeption eines mehrdimensionalen Kennzahlensystems als Instrument der Erfolgssteuerung in der öffentlichen Verwaltung – dargestellt am Beispiel der Hochschulen. Berlin: proBUSINESS Verlag.

Stichweh, Rudolf (2004): Neue Steuerungsformen der Universität und die akademische Selbstverwaltung: die Universität als Organisation. In: Korsch/Sieg (2004): 123-134.

Stratmann, Friedrich et al. (2007): Benchmarking von Supportprozessen in Hochschulen. HIS: Forum-Hochschule. 2007. Nr.6. Abgerufen unter http://www.his.de/pdf/pub_fh/fh-200706.pdf am 22.04.2009

Straub, Rolf (1997): Benchmarking: Eine Darstellung des Benchmarking als modernes Instrument zur Leistungsverbesserung. Zürich: o.V.

Teichler, Ulrich (2003): Hochschulzulassung und Struktur des Hochschulwesens. In: Schnedl/Ulrich (2003): 143-158.

Töpfer, Armin (Hrsg.) (1997): Benchmarking – Der Weg zu Best Practice. Berlin: Springer Verlag.

Vernau, Katrin (2008): Hochschul – Controlling. In: Benz et al. (2008): E 7.4.

Wannemacher Klaus et al. (Hrsg) (2008): ITIL goes University? Serviceorientiertes IT -Management an Hochschulen- Konzepte und erste Praxiserfahrungen. HIS: Forum-Hochschule. 2008. Nr.8.

Weick, Kurt (1976): Educational Organizations as Loosely Coupled Systems. In: Admistrative Science Quaterly. Heft 1. 1976: 1-19.

Weick, Kurt (1982): Administering Education in Loosely Coupled Schools. In: Phi Delta Kappa. Heft 10. 1982: 673-676.

Wildemann, Horst (2002): Prozess-Benchmarking – Leitfaden zur Erreichung von Quantensprüngen in Geschäftsprozessen. 8. Auflage. München: TCW GmbH & Co. KG.

Winter, Winni (2007): Benchmarking als Instrument der strategischen Planung – Formen und Prozesse. Saarbrücken: VDM Verlag Dr. Müller.

Wissel, Carsten von (2007): Hochschule als Organisationsproblem- Neue Modi universitärer Selbstbeschreibung in Deutschland. Bielefeld: Transcript Verlag.

Wolff, Klaus (2008): Zielorientierung als Grundstein und Prozesselement des erfolgreichen Qualitätsmanagements. In: Benz et al. (2008): E 1.1.

Ziegele, Frank/Yorck, Hener (2008): Benchmarking in der Hochschulepraxis – Effizienzsteigerung und Prozessoptimierung durch kooperatives Handeln. In: Benz et al. (2008): E 7.2.

Über die Autorinnen und Autoren

Bank, Volker, Prof. Dr., Jg. 1964; Professor für Berufs- und Wirtschaftspädagogik an der TU Chemnitz. Studium der Wirtschaftswissenschaften, Wirtschaftspädagogik und Romanistik an den Universitäten Karlsruhe und Kiel. Lehrtätigkeiten als Fremdsprachenassistent am Gymnasium und an der Ingenieurshochschule (ENSEA) in Cergy bei Paris sowie als Studienreferendar an den Beruflichen Schulen in Rendsburg. 1992-2006 in verschiedenen Funktionen, zuletzt als Wissenschaftlicher Oberassistent am Institut für Pädagogik der Universität Kiel. 2003-2004 Lehrbeauftragter am Institut für Schulpädagogik der Universität Rostock. Arbeitsgebiete: Systemisches Change Management (Organisationsentwicklung), Bildungscontrolling, Bildungsorganisation und -ökonomie, Ökonomische Bildung.

Böhler, Fritz, M. A.; Lehrbeauftragter am Programm Wissenschaftsforschung der Universität Basel und forscht zur Transformation der Geistes- und Sozialwissenschaften im Zeichen des „Cultural Turn".

Endruweit, Günter, Prof. (em.) Dr. jur., Jg. 1939; ehemaliger Direktor des Instituts für Soziologie der Christian-Albrechts-Universität Kiel. Arbeitsgebiete: Allgemeine Soziologie einschließlich Methodologie sowie Arbeits-, Entwicklungs-, Gemeinde-, Industrie-, Land-, Organisations-, Planungs-, Rechts- und Techniksoziologie.

Hölscher, Barbara, Prof. Dr. rer. soc., Jg. 1964; Professorin für Soziologie und Geschäftsführende Direktorin des Instituts für Sozialwissenschaften der Christian-Albrechts-Universität zu Kiel. Studium der Soziologie sowie Promotion 1996 und Habilitation 2003 an der Universität Bielefeld. 1990-1993 Tätigkeit in Marktforschung und im Marketing eines Wirtschaftsunternehmens. In 1996 Gastdozentur an St. Petersburg State University (Russland). Arbeits- und Lehrgebiete: Soziale Ungleichheit und Sozialstruktur; Medien-, Kultur- und Wirtschaftssoziologie; Marketing-, Professions- und Lebensstilforschung; Wissenschafts- und Hochschulforschung; Methoden der empirischen Sozialforschung.

Kahlert, Heike, Dr. rer. soc., Diplom-Soziologin, Diplom-Supervisorin (FH) und Organisationsberaterin; Projektleiterin am Institut für Soziologie und Demographie der Universität Rostock. Arbeitsschwerpunkte: Transformationen des Wissens in der Moderne, Geschlechterverhältnisse und sozialer Wandel im Wohlfahrtsstaat, Soziologie der Bildung und Erziehung, Gleichstellungsbezogene Organisationsentwicklung im Public-Profit-Bereich.
E-mail: heike.kahlert@uni-rostock.de

Klostermeier, Felix, promoviert an der Universität Osnabrück mit dem Forschungsschwerpunkt „Hochschulprozesse". Er hat sein Studium in Göttingen als Diplom Handelslehrer abgeschlossen. Die darauf folgenden Jahre war er bei der Siemens AG auf verschiedenen Positionen mit unterschiedlichen Aufgaben betraut. Ein Schwerpunkt lag auf dem Knowledge Management.

Kreckel, Reinhard, Prof. Dr. (em.), Jg. 1940; ehemaliger geschäftsführender Direktor des Instituts für Hochschulforschung (HoF) an der Leucorea in Wittenberg. Studium der Soziologie, Geschichte und Philosophie in West-Berlin, Paris, Aix-en-Provence und München, Promotion 1969. 1969-73 wissenschaftlicher Assistent an der Universität München, anschließend Lecturer und Senior Lecturer für Soziologie an der Universität Aberdeen (Schottland). 1977-1992 lehrte er Soziologie an der Universität Erlangen-Nürnberg. Nach internationalen Gastprofessuren lehrte er 1992-2006 lehrte er als Soziologe an der Martin-Luther-Universität Halle-Wittenberg. 1996-2000 war er ihr Rektor. Arbeitsgebiete: Theoretische Makrosoziologie, Soziologie sozialer Ungleichheiten, Geschlechter- und der Hochschulforschung.

Krücken, Georg, Prof. Dr., Jg. 1962 in Bad Honnef; Stiftungslehrstuhl für Wissenschaftsorganisation, Hochschul- und Wissenschaftsmanagement an der Deutschen Hochschule für Verwaltungswissenschaften Speyer. Studium der Soziologie, Philosophie und Politikwissenschaft in Bielefeld und Bologna. Promotion 1996 und Habilitation 2004 an der Fakultät für Soziologie der Universität Bielefeld. 1999-2001 DFG-Forschungsstipendiat am Department of Sociology, Stanford University. 2004 Gastprofessur am Sciences Po, Centre de Sociologie des Organisations, Paris. Zahlreiche Veröffentlichungen in den Bereichen Wissenschafts- und Hochschulforschung, Organisationssoziologie, Neo-Institutionalismus. Weitere Informationen unter: www.dhv-speyer.de/kruecken

Langenbeck, Ute, Dr.; Coach und Beraterin an Hochschulen. Studium der Sozialwissenschaften und Geschichte an der RWTH Aachen; Referentin im Landtag NRW; Forschungsreferentin RWTH Aachen; Geschäftsführerin der Landeshochschulkonferenz Niedersachsen; Dezernentin für Entwicklungsplanung an der Universität Osnabrück.

Maasen, Sabine, Prof. Dr. rer. soc.; Professorin für Wissenschaftsforschung/Wissenschaftssoziologie an der Universität Basel und Leiterin des Programms Wissenschaftsforschung an der Universität Basel. Studium der Soziologie, Linguistik und Psychologie an der Universität Bielefeld. Im Jahr 1996 Promotion im Fach Soziologie („summa cum laude"), 2001 Habilitation ebenfalls an der Universität Bielefeld. Gegenwärtiger Arbeitsschwerpunkt: Wissenschaftssoziologie der Neurowissenschaften.

Mai, Manfred, Jg. 1953; Referent für Innovationspolitik in der Staatskanzlei Nordrhein-Westfalen. Chemiestudium an der Fachhochschule Aachen; Studium der Sozialwissenschaften und Germanistik in Berlin, Zürich und Marburg. Habilitation in Soziologie an der Universität Münster. Apl. Professor für Politikwissenschaft an der Universität Duisburg-Essen. Mehrjährige Tätigkeit im Bereich Medien- und Wissenschaftspolitik beim VDI und in der Landesregierung Nordrhein-Westfalen.

Meier, Frank, Dr., Jg. 1975; wissenschaftlicher Mitarbeiter am Institut für Soziologie der FernUniversität Hagen. Arbeitsschwerpunkte: Soziologische Theorie, Wissenschafts- und Hochschulforschung, Organisationsforschung;
E-Mail: frank.meier@fernuni-hagen.de

Pasternack, Peer, Dr. habil.; Forschungsdirektor des Instituts für Hochschulforschung (HoF) an der Universität Halle-Wittenberg. 1994 Abschluss des Studiums Politikwissenschaft, 1998 Promotion am Fachbereich Pädagogik der Carl von Ossietzky Universität Oldenburg, 2005 Habilitation am Fachbereich Gesellschaftswissenschaften der Universität Kassel. 1996 bis 2001 Hochschulforscher und Forschungskoordinator am Institut für Hochschulforschung (HoF) an der Universität Halle-Wittenberg, 1997-2002 Lehrbeauftragter für Politikwissenschaft an der Universität Leipzig. Arbeitsgebiete: Hochschulorganisation und -steuerung, Qualitätssicherung und -entwicklung, Hochschulpolitik und Hochschulreform sowie ostdeutsche Wissenschaftsgeschichte.

Popov, Ivaylo Hristov, Dipl.-Ökonom; ehemaliger wissenschaftlicher Mitarbeiter am Lehrstuhl für Makroökonomie und am Lehrstuhl für Ökonomie und Politik des tertiären Bildungssystems an der Universität Osnabrück. Studium der Volkswirtschaft an der Universität Hannover. Initiator und Geschäftsführer des Modellprojekts StatiPedja;
http://www.StatiPedja.com.

Stein-Redent, Rita, Priv.-Doz. Dr. oec.; Geschäftsführerin des Zentrums für Deutsch-Russischen Wissenstransfer (ZDR) an der Hochschule Vechta. Arbeitsgebiete: Bildungssoziologie, Osteuropaforschung, Familiensoziologie, Sozialstrukturanalyse.
E-Mail: rita.stein-redent@uni-vechta.de.

Suchanek, Justine, Dr. rer. soc., Jg. 1973; wissenschaftliche Assistentin am Lehrstuhl für Politik und Ökonomie des tertiären Bildungssystems an der Universität Osnabrück. Studium der Soziologie in Bielefeld und Straßburg, 2005 Promotion an der Fakultät für Soziologie an der Universität Bielefeld. Arbeitsgebiete: Hochschulforschung, Professions- und Organisationssoziologie, Wissenssoziologie und Methoden empirischer Sozialforschung.

Teichler, Ulrich, Prof. (em.) Dr.; ehemaliger Geschäftsführender Direktor des Internationalen Zentrums für Hochschulforschung (vormals Wissenschaftliches Zentrum für Berufs- und Hochschulforschung). Dipl.-Soz. (FU Berlin), wiss. Mitarbeiter am MPI für Bildungsforschung; Promotion zum Dr. phil., seit 1978 Professor an der Universität Kassel. Forschungs-Fellowships bzw. Professuren in Belgien, Japan, den Niederlanden und den USA. Langjährig Vorsitzender des Consortium of Higher Education Researchers und Präsident der EAIR; Mitglied der Academia Europaea und der International Academy of Education; Dr. hc. der Universität Turku.

Weingart, Peter, Prof. (em.) Dr.; ehemaliger Direktor des Instituts für Wissenschafts- und Technikforschung an der Universität Bielefeld. 1961-1967 Studium der Soziologie, Volkswirtschaftslehre, Betriebswirtschaftslehre und des Staatsrechts an der Albert-Ludwigs-Universität Freiburg und an der Freien Universität Berlin; bis 1968 University Fellow an der Princeton University in New Jersey, USA, 1969 Promotion zum Dr. rer. pol. an der Freien Universität Berlin; seit 1973 Professor an der Fakultät für Soziologie der Universität Bielefeld mit dem Schwerpunkt Wissenschaftssoziologie.